böhlau

Geschichte in Köln – Beihefte

Beiträge zur Stadt- und
Regionalgeschichte Bd. 3

Herausgegeben von
Thomas Deres, Christian Hillen,
Michael Kaiser, Martin Kröger,
Stefan Lewejohann, Georg Mölich,
Joachim Oepen, Wolfgang Rosen,
Lars Wirtler und Stefan Wunsch

Stefan Lewejohann
Georg Mölich (Hg.)

Köln und Preußen

Studien zu einer
Beziehungsgeschichte

Gedruckt mit freundlicher Unterstützung durch

LVR Qualität für Menschen
FÖRDERVEREIN GESCHICHTE IN KÖLN
LEMPERTZ 1845
Venator & Hanstein Buch- und Graphikauktionen

und des Erzbistums Köln

Bibliografische Information der Deutschen Nationalbibliothek:
Die Deutsche Nationalbibliothek verzeichnet diese Publikation in der Deutschen Nationalbibliografie; detaillierte bibliografische Daten sind im Internet über http://dnb.d-nb.de abrufbar.

Umschlagabbildungen:
Vorderseite: Die Erhebung der Schlacht- und Mahlsteuer in Köln,
Wilhelm Kleinenbroich, 1847 (Köln, Kölnisches Stadtmuseum, Inv.-Nr. HM 1895/300;
Foto: Rheinisches Bildarchiv, rba_c016091).
Rückseite: Ausschnitt der Titelseite einer Glückwunschadresse an den Kölner Weihbischof Baudri,
1877 (Köln, Historisches Archiv des Erzbistums Köln).

Korrektorat: Dore Wilken, Freiburg
Satz: büro mn, Bielefeld
Druck und Bindung: Hubert & Co. BuchPartner, Göttingen
Printed in the EU

Vandenhoeck & Ruprecht Verlage | www.vandenhoeck-ruprecht-verlage.com

ISSN 0720 3659, ISBN der aktuellen Ausgabe: 978-3-412-50603-2

Inhalt

Vorwort

Stefan Lewejohann und Georg Mölich

Dieses Buch vereinigt Studien und Abhandlungen zu einer Beziehungsgeschichte[1] zwischen Köln, dem Rheinland und Preußen. Neben Konfliktfeldern, die lange im Zentrum der wissenschaftlichen Betrachtung standen, sind durchaus auch produktive gegenseitige Einflüsse und Wechselwirkungen zwischen der Domstadt und dem preußischen Staat zu entdecken, die eben auch zu einer Beziehungsgeschichte gehören.

Die Zeit der preußischen Herrschaft in Köln wie insgesamt am Rhein ist in den vergangenen Jahren intensiver in das Blickfeld des historischen Interesses gerückt. Besonders im Jahr 2015 stand das Thema anlässlich des Gedenkens an die preußische „Besitzergreifung" vor 200 Jahren in Ausstellungen, Vortragsreihen und vielen anderen Präsentationsformen im Fokus.

Der vorliegende Sammelband hat eine eigene, verwickelte Entstehungsgeschichte. Einige der Beiträge basieren auf Vorträgen, die bei einer Tagung des Fördervereins Geschichte in Köln e. V. am 11. September 2015 in Köln unter dem Titel „Köln als preußische Stadt – Aspekte der Stadtgeschichte seit 1815" gehalten wurden. Weitere fünf Aufsätze fußen auf Vorträgen, die bei einer Tagung präsentiert wurden, die bereits 2006 in Aachen stattfand und die sich mit dem Thema „Das ‚Katholische Milieu' im Rheinland. Kultur – Gesellschaft – Politik im 19. Jahrhundert" beschäftigte. Weitere überarbeitete Einzelvorträge in diesem Band, vornehmlich aus dem schon erwähnten „Jubiläumsjahr" 2015, kamen erfreulicherweise hinzu. Zusammengehalten werden diese unterschiedlichen Beiträge durch eben die darin reflektierten direkten und indirekten Beziehungsebenen zwischen der Domstadt, dem Rheinland und den „Preußen" – und den sich daraus ergebenden Geschichten und Wahrnehmungen. So enthält der vorliegende Sammelband Beiträge, die sich mit der Rolle des Militärs in der Festungsstadt am Rhein ebenso beschäftigen wie mit Aspekten der konfessionell

1 Dazu Georg Mölich: Einleitung: Rheinland, Westfalen und Preußen – eine Beziehungsgeschichte, in: Georg Mölich/Veit Veltzke/Bernd Walter (Hg.): Rheinland, Westfalen und Preußen. Eine Beziehungsgeschichte, Münster 2011, S. 7–12, sowie ders.: Preußen und das Rheinland. Beziehungs- oder Konfliktgeschichte? Ein Essay, in: Guido von Büren/Michael Gutbier (Hg.): Das preußische Jahrhundert. Jülich, Opladen und das Rheinland zwischen 1815 und 1914, Goch 2016, S. 39–48.

vor allem durch den Katholizismus geprägten Situation in Köln, der öffentlichen Präsenz Preußens im Bildungsbereich oder im öffentlichen Stadtraum durch die vielen Monarchendenkmäler. Insgesamt entsteht so ein facettenreiches neues Bild der städtischen Entwicklung Kölns in preußischer Zeit, das auch zur Überprüfung von etablierten Geschichtsbildern einlädt. Ein Überblick zur Erinnerungskultur im Kontext der verschiedenen „Preußenjubiläen" am Rhein leitet den Band ein – und ein Blick auf den im preußischen Köln sozialisierten Konrad Adenauer und dessen Verhältnis zu „Preußen" beschließt den Band.

Es bleibt den Herausgebern noch das herzliche „Danke schön" an alle Autorinnen und Autoren, die ihre überarbeiteten Texte für die Drucklegung in diesem Sammelband zur Verfügung gestellt haben und teilweise lange Wartezeiten in Kauf genommen haben. Ein Autor, Dr. Peter Dohms, verstarb im Frühjahr 2019 und konnte das Erscheinen des Bandes leider nicht mehr erleben.

An dieser Stelle gilt es auch den verschiedenen Förderern zu danken, die durch ihr großzügiges finanzielles Engagement das Erscheinen dieses Bandes ermöglicht haben.

Die Herausgeber hoffen, dass der Band mit ganz unterschiedlichen Beiträgen – von Überblicksaufsätzen bis hin zu Spezialstudien – viele Leserinnen und Leser findet, die diese Texte als Angebot zur Beschäftigung mit unterschiedlichen und teilweise kontroversen Aspekten der Stadt- und Regionalgeschichte verstehen.

Köln, im Mai 2019

1865–2015: „Preußen-Jubiläen“ in Köln und im Rheinland

Erinnerungskulturen im Wandel

Georg Mölich

Das historische Thema „Preußen“ gehört zu den umstrittenen Themen der deutschen wie europäischen Geschichte seit dem 18. Jahrhundert. Vielfältige Debatten um die Rolle und Bedeutung des preußischen Staates und seiner Herrscher für die Entwicklung Deutschlands formulierten dazu ganz unterschiedliche Sichtweisen und Positionen.[1] Die Epoche der preußischen Herrschaft am Rhein seit 1815 im Besonderen war über viele Jahre und Jahrzehnte ein problematisches Feld der historischen Selbstwahrnehmung bei Rheinländerinnen und Rheinländern – man denke etwa an die dezidierte Ablehnung des „Preußentums“ nach der offiziösen Aufhebung des Preußischen Staates 1947 und an viele preußenkritische politische Einlassungen bedeutender Politiker aus dem Rheinland in der Nachkriegszeit und in der frühen Bundesrepublik.[2] In Köln gab und gibt es gerade auch in der öffentlichen Wahrnehmung und auch in öffentlichen Stellungnahmen einen sorgsam gepflegten antiborussischen Affekt, nach dem „Preußen“ als etwas nicht eigentlich zu Köln gehöriges, wesensmäßig Fremdes zu verstehen sei, das sogar von den Kölnern durchgängig aktiv bekämpft wurde. „‚Köln contra Preußen‘ – eine von vielen modernen Legenden, die in Köln [...] verbreitet sind“ urteilte der Köln-Historiker und Journalist Carl Dietmar schon 1999 sicher zutreffend.[3] Eine systematische Analyse der Wahrnehmung und

1 Eine aktuell publizierte, umfangreiche Anthologie bietet ein vielschichtiges Bild dieser Bewertungen bis ins 21. Jahrhundert: Hans-Jürgen Bömelburg/Andreas Lawaty (Hg.): Preußen. Deutsche Debatten 18.–21. Jahrhundert. Eine Anthologie, Stuttgart 2018, umfassend angelegt darin die Einleitung der Herausgeber, S. 9–93. Dieser Aufsatz geht zurück auf mehrere Vorträge, die im Laufe des Jahres 2015 an verschiedenen Orten (Düsseldorf, Dortmund und Köln) gehalten wurden.

2 Vgl. dazu Beispiele bei Michael Kißener: Hasslieben am Rhein. Vergleichende Beobachtungen zur bayerischen und preußischen Präsenz am Rhein im 19. und 20. Jahrhundert, in: Franz J. Felten (Hg.): Preußen und Bayern am Rhein, Stuttgart 2014, S. 47–62. Zudem mit dem Fokus auf Nordrhein-Westfalen Veit Veltzke: „Über den Tod hinaus“: Gedanken über die Beziehung Nordrhein-Westfalens zu einem untergegangenen Staat, in: Georg Mölich/Veit Veltzke/Bernd Walter (Hg.): Rheinland, Westfalen und Preußen. Eine Beziehungsgeschichte, Münster 2011, S. 382–398.

3 Carl Dietmar: Wie die Kölner sich ihre Wahrheit basteln, in: Kölner Stadt-Anzeiger vom 31. Dezember 1999. Vgl. insgesamt ders.: Kölner Mythen oder wie Legenden entstehen. Ein Beitrag zum kollektiven Selbstverständnis einer Stadt, Köln 1999 (veränderte Neuauflage 2005).

Bewertung des Themas „Preußen" in der neueren und neuesten Geschichte der Stadt Köln und des Rheinlands insgesamt ist ein Desiderat.[4] Neuere Darstellungen zeigen als Gesamtbefund aber recht eindeutig, dass die lange gepflegte antipreußische Legende sich (was die Faktenlage angeht) doch auf recht dünnem Eis bewegt.[5]

Dieser Beitrag versucht mit dem Blick auf zurückliegende „Preußen-Jubiläen" in Köln[6] und im Rheinland seit 1865[7] einige Beispiele des Umgangs mit „Preußen" im Kontext der lokalen und regionalen Erinnerungskultur[8] zu beleuchten.[9] Dabei wird das erste „runde" Jubiläum des Jahres 1865 deutlich

4 Vgl. als knappen Überblick für Köln: Georg Mölich: Kölner Blicke auf Preußen – oder: was bleibt, und wie geht man damit um ..., in: Stefan Lewejohann/Sascha Pries (Hg.): Achtung Preußen! Beziehungsstatus: kompliziert. Köln 1815–2015, Mainz 2015, S. 149–155.

5 Vgl. für Köln innerhalb der groß angelegten Kölner Stadtgeschichte die Bände 9 und 10 von Jürgen Herres: Köln in preußischer Zeit, 1815–1871, Köln 2012 (mit Hinweis auf den schon in den 1840er Jahren verwendeten Begriff der „rheinisch-preußischen Vernunftehe", S. 423), und von Thomas Mergel: Köln im Kaiserreich 1871–1918, Köln 2018, bes. S. 16–21, zudem den Beitrag von Thomas Mergel in diesem Band; als Ergänzung auf der Ebene des kleinstädtisch-ländlichen Raumes im Westen von Köln unlängst Horst Matzerath: Wie die Erftstädter schließlich auch preußisch wurden, in: Jahrbuch der Stadt Erftstadt 28 (2019), S. 123–163. Vgl. zudem als lokale Fallstudie Melanie Twrsnick: Nationalidentität und Eigenwahrnehmung in Bonn 1871–1914. Eine Lokalstudie zu Kaiserbesuchen im Bonner Raum, in: GiK 62 (2015), S. 132–148.

6 Zur spezifisch städtischen Jubiläumskultur mit entsprechenden Literaturhinweisen Ulrich Rosseaux: Die erinnerte Stadt. Zur Geschichte städtischer Jubiläen, in: DüssJb 84 (2014), S. 13–34.

7 Grundsätzlich sei darauf hingewiesen, dass für die folgenden Zeitschnitte (1865, 1915, 1965, 1990 und 2015) darauf verzichtet wird, den jeweiligen Zeitkontext durch entsprechende allgemeine Forschungsliteratur zu hinterlegen – das hätte den Anmerkungsteil unnötig erweitert.

8 Der Begriff „Erinnerungskultur" hat in den letzten Jahren eine ungeheure Bedeutung im kulturwissenschaftlichen Diskurs erlangt. Ich verzichte hier aus Platzgründen auf die Auflistung und Diskussion der einschlägigen Beiträge und verwende den Begriff neutral-deskriptiv. Ein sehr guter Überblick zum Konzept sei genannt: Christoph Cornelißen: Erinnerungskulturen, Version: 2.0, in: Docupedia-Zeitgeschichte, 22. Oktober 2012 http://docupedia.de/zg/cornelissen_erinnerungskulturen_v2_de_2012, DOI: http://dx.doi.org/10.14765/zzf.dok.2.265.v2 [Stand: 4. 1.2019].

9 Ein solcher Blick ist m. W. bisher nicht umfassend versucht worden. Einzige mir bekannte Ausnahme ist Rolf Wittenbrock: 1815 und das „Schlachtfeld der Erinnerung" in der regionalen Geschichtspolitik am Beispiel von Saarbrücken und St. Johann, in: Eva Kell/Sabine Penth (Hg.): Vom Empire zur Restauration. Die Saarregion im Umbruch 1814–1820, Saarbrücken 2016, S. 287–307. Vgl. zudem als Überblick zu den Feierlichkeiten im Rheinland: LVR-Archivberatungs- und Fortbildungszentrum, Archiv des LVR: Die Feierlichkeiten anlässlich der Zugehörigkeit der Rheinprovinz zum Königreich Preußen (1815–1865–1915–2015), Dokument des Monats Mai 2015, https://afz.lvr.de/de/archiv_des_lvr/dokument_des_monats/dokument_2015_05/2015_05.html [Stand: 4. 1.2019]. Zu Veröffentlichungen seit 1915 im Kontext der verschiedenen Jubiläen vgl. zusammenfassend Beate-Carola Padtberg: Die rheinisch-preußische Geschichte zwischen 1815 und 1915 im Spiegel der Veröffentlichungen seit dem Ersten Weltkrieg. Ein Forschungsüberblick, in: Joseph Hansen: Preußen und Rheinland von 1815 bis 1915. Hundert Jahre politischen Lebens am Rhein. Mit Beiträgen von Everhard Kleinertz und Beate-Carola Padtberg und einer Auswahlbibliographie hg. von Georg Mölich, Köln 1990, S. 327–349.

den größten Raum einnehmen, während die anderen Jubiläumsjahre nur eher knapp behandelt werden. Die beiden letzten Beispiele (1990/2015) können nur mit subjektivem Einschlag angesprochen werden, da der Verfasser dieses Beitrages als Mitarbeiter des Landschaftsverbandes Rheinland an der Planung und Gestaltung dieser Jubiläumsaktivitäten verantwortlich beteiligt war.[10]

1865

Die spezifische Beziehungsgeschichte zwischen den Rheinlanden und Preußen nach 1815 verdichtet sich signifikant im ersten echten Jubiläum im Jahr 1865, in dem an die „50-jährige Vereinigung der Rheinprovinz mit dem preußischen Staat“ erinnert wurde – so die Bezeichnung des entsprechenden Aktenkonvoluts im Bestand Oberpräsidium im Landeshauptarchiv Koblenz.[11] In diesem Jahr gab es in der Rheinprovinz auf unterschiedlichen Ebenen Festveranstaltungen zum 50. Jahrestag der „Besitzergreifung“ von 1815. Zudem sind aus unterschiedlichen politischen und konfessionellen Lagern Denkschriften oder publizistische Beiträge erschienen, die einen intensiven Eindruck vom Stand der „Beziehungsgeschichte“ unter den politischen Rahmenbedingungen des damals noch die öffentliche Diskussion bestimmenden preußischen Verfassungskonfliktes bieten.[12]

Der Rückbezug auf die „Besitzergreifung“ von 1815 und deren rituelle Umsetzung im Rheinland ist dabei für das Verständnis der Feierlichkeiten von 1865 wichtig. Im Mai 1815 hatten die beiden neuen rheinischen Provinzen in Aachen dem preußischen König in einem umfänglichen, auf alte Rituale bezogenen Ablauf gehuldigt. Mit der Studie von Werner Tschacher[13] liegt eine umfassende Untersuchung auch zu den „Repräsentationen“ preußischer Herrscher in Aachen im „langen“ 19. Jahrhundert vor, die hier als Referenzwerk ausgewertet werden

10 Als Historiker beim Landschaftsverband Rheinland seit 1987 tätig und in dieser Funktion an der Planung, Vorbereitung und Durchführung der Aktivitäten des LVR im Kontext der Gedenkjahre an die „Besitzergreifung“ in den beiden genannten Jahren aktiv beteiligt.

11 Vgl. Inventar des Bestandes Oberpräsidium der Rheinprovinz, Teil 1, Koblenz 1996, S. 536 (Best. 403, Nr. 9527).

12 Erstmals im Zusammenhang für die Rheinprovinz wurde das Thema behandelt bei Ute Schneider: Politische Festkultur im 19. Jahrhundert. Die Rheinprovinz von der französischen Zeit bis zum Ende des Ersten Weltkrieges (1806–1918), Essen 1995, S. 171–178. Zudem knapp Jürgen Herres/Bärbel Holtz: Rheinland und Westfalen als preußische Provinzen (1814–1888), in: Mölich/Veltzke/Walter: Rheinland (Anm. 2), S. 113–208, hier S. 178–180.

13 Werner Tschacher: Königtum als lokale Praxis. Aachen als Feld der kulturellen Realisierung von Herrschaft. Eine Verfassungsgeschichte (ca. 800–1918), Stuttgart 2010, einschlägig vor allem Kap. VI „Inkompatible Traditionen: Preußisches Königtum im katholischen Aachen (1815 – um 1890)“, S. 244–313, und Kap. VII „Die mediale Charismatisierung legaler Königsherrschaft: Wilhelm II., Karl der Große und Aachen (um 1890–1918)“, S. 314–378.

kann, um exemplarisch zu zeigen, welche besonderen Konstellationen im Rahmen unserer Fragestellungen anzutreffen waren. Schon die Entscheidung, die mit dem „Besitzergreifungspatent" vom 5. April 1815 vollzogene Einverleibung des Rheinlands in den preußischen Staat durch eine zentrale Huldigungsfeier in Aachen am 15. Mai 1815[14] zu bekräftigen, zeigte die besondere Rolle, die der alten Kaiserstadt zugewiesen wurde. Die offizielle Begründung für die Ortswahl war entsprechend eindeutig:

> Allein die Stadt Aachen vereinigt mit Alter, Größe und schicklichem Local auch noch die ehrwürdige Eigenschaft einer Krönungsstadt der erhabensten Deutschen Regenten, indem nach Kaiser Karl dem Großen allein 35 Deutsche Kaiser darin gekrönet worden, und sie verdient es also, nachdem seit 1717 keine Huldigung mehr daselbst stattgefunden, daß in ihren Mauern ein biederes Deutsches Volk dem biedersten der Könige den Eid der Treue schwöre.[15]

Auf die Durchführung der Huldigungsfeier von 1815 und deren Wahrnehmung kann hier nicht weiter eingegangen werden.

Die Veranstaltungen zur Erinnerung[16] an diesen formalen Akt sollten 1865 entsprechend aufwendig begangen werden. Die zentralen Veranstaltungen fanden in Aachen und in Köln Mitte Mai 1865 statt. Die Großveranstaltung in Aachen[17] mit der Anwesenheit des preußischen Monarchen und seiner Gattin wurde minutiös geplant[18] und „sollte als Triumph der preußischen Monarchie inszeniert werden" – so die Einschätzung von Tschacher. Besonders galt das für die zentrale Huldigungsfeier vor dem Rathaus, das mit „Erinnerungsobjekten der reichsstädtischen Epoche" geschmückt war.

Landtagsmarschall Freiherr Clemens August von Waldbott-Bassenheim betonte in seiner Rede die nachhaltige Verbesserung der Lage in der Rheinprovinz

14 Zu dieser Huldigungsfeier von 1815: Max Bär: Die Behördenverfassung der Rheinprovinz seit 1815, Bonn 1919 (Nachdruck Düsseldorf 1998), S. 98–103; Schneider: Festkultur (Anm. 12), S. 44–49; Tschacher: Königtum (Anm. 13), S. 255–269.

15 Bekanntmachung von Generalleutnant Graf von Gneisenau und Geh. Staatsrat Sack, Aachen, den 22. April 1815, zitiert nach Tschacher: Königtum (Anm. 13), S. 259.

16 Neben die Erinnerung trat 1865 auch schon die sehr frühe fachhistorische Beschäftigung mit dem Ereignis von 1815. Vgl. Waldemar Harleß: Die Huldigung der Rheinlande zu Aachen am 15. Mai 1815, in: Zeitschrift des Bergischen Geschichtsvereins 2 (1865), S. 289–304 (mit pathetischer Schlussformulierung).

17 Vgl. dazu umfassend: Tschacher: Königtum (Anm. 13) Kapitel 6 und 7 (S. 244–378); speziell das Kapitel „Die inszenierte Jubel-Huldigungsfeier der Reichsmonarchie 1865" (S. 287–298).

18 Der umfangreiche Programmentwurf des provinzialständischen und städtischen Komitees der Stadt Aachen vom 27. April 1865 ist ediert und damit gut zugänglich in Gaby Huch (Bearb.): Zwischen Ehrenpforte und Inkognito: Preußische Könige auf Reisen. Quellen zur Repräsentation der Monarchie zwischen 1797 und 1871, Bd. 2, Berlin 2016, (= Acta Borussica N. F., 2. Reihe: Preußen als Kulturstaat, Abt. II, Bd. 7), S. 1326–1329.

seit 1815 in den sozialen Verhältnissen und im Aufschwung von Handel und Industrie sowie Kunst und Wissenschaft. Am gleichen Tag fand dann ebenfalls in Aachen die feierliche Grundsteinlegung für die neue polytechnische Hochschule in Aachen statt – also ein weit in die Zukunft weisendes innovatives Strukturprojekt des preußischen Staates im Westen. In der Rede des Aachener Regierungspräsidenten Friedrich von Kühlwetter hieß es dazu programmatisch:

> Die Gründung der polytechnischen Schule ist die Blüthe der geistigen und materiellen Entwicklung, zu welcher die Rheinprovinz gelangt ist unter dem preußischen Regiment und durch dasselbe. (…) Sie soll errichtet werden als sichtbares Denkmal der Vereinigung der Rheinprovinz mit Preußen, indem sie diese Vereinigung in ihren Wirkungen und Folgen darstellt; sie ist der geistige Ausdruck der Liebe und der Dankbarkeit, in dem die Provinz sich heute erhebt.[19]

Das sich anschließende große Festbankett[20] im Aachener Rathaus knüpfte symbolpolitisch an die vielen Krönungsmähler an, die an diesem Ort im Mittelalter gefeiert wurden. In der Ansprache des Monarchen bei diesem Festbankett bezog sich Wilhelm I. auf die sich in der gesamten Feier ausdrückende positive Gesinnung der Rheinländer: „Möge diese Feier diese Gesinnung immer mehr befestigen und so trinke ich auf das Wohl der Stadt Aachen, der Rheinprovinz und des ganzen Deutschen Vaterlandes.“[21]

Die Jubiläumsveranstaltungen von 1865 in Aachen können insgesamt als Erfolg für den preußischen Staat im Kontext seiner Bemühungen um die Rheinprovinz gesehen werden. Es wurden die „intensive[n] Bemühungen aller Beteiligten, die Jubel-Huldigungsfeier als nationales Verbrüderungsfest unter den Auspizien des Reichsmonarchen zu inszenieren“ deutlich. Andererseits schaffte es Wilhelm I. nicht, die vielfältigen Anknüpfungsmöglichkeiten mit seinem Königtum in symbolische Verbindung zu bringen, er blieb ein „blasser Landesherr“.[22] Zudem war nicht zu verkennen, dass es große Dissonanzen zwischen der staatlichen Regierungsebene des Regierungspräsidenten und der kommunalen Ebene gab. Der Regierungspräsident unterstellte den kommunalen Spitzen Eigeninteressen bei der Planung und Realisierung der Festveranstaltung. „Das Jubiläumsfest war kein adäquates Mittel, unterschiedliche Interessengruppen

19 Nikolaus Schüren: Die Jubel-Huldigungsfeier der Vereinigung der Rheinlande mit der Krone Preußens und die Grundsteinlegung zur königlich Rheinisch-Westphälischen polytechnischen Schule in Aachen am 15. Mai 1865, Aachen o. J. (1865), S. 35.

20 Der preußische Kronprinz Friedrich Wilhelm als Begleiter des Königs in Aachen notierte in seinem Tagebuch lapidar „Großes Monstrediner im Kaisersaal.“, Kaiser Friedrich III. Tagebücher 1848–1866, hg. von Heinrich Otto Meisner, Leipzig 1929, S. 389.

21 Schüren: Jubel-Huldigungsfeier (Anm. 19), S. 55.

22 Beide Zitate nach Tschacher: Königtum (Anm. 13), S. 298.

Abb. 1: Grundsteinlegung des Königsdenkmals auf dem Heumarkt am 16. Mai 1865, Emil Hartmann, 1865 (Köln, Kölnisches Stadtmuseum, Grafische Sammlung, Inv.-Nr. HM 1915/198; Foto: Rheinisches Bildarchiv, rba_166748)

zur Erreichung eines gemeinsamen Zieles zu einen, da die Vielzahl dahinterstehender Absichten und Intentionen nicht mehr auf einen gemeinsamen Nenner gebracht werden konnten."[23]

23 Schneider: Festkultur (Anm. 12), S. 174, dort S. 173 f. auch die Quellenbelege für die Konkurrenzsituation der Ebenen.

Auch in Köln sollte das Herrschaftsjubiläum 1865 festlich begangen werden.[24] In der Domstadt geriet aber dieses Vorhaben in lokale und allgemeinpolitische Turbulenzen. Hintergrund war der 1865 in einer heißen Phase befindliche preußische Verfassungskonflikt, an dem gerade Kölner Abgeordnete ausgesprochen aktiv beteiligt waren. Zudem war durch die offizielle Feier in Aachen klar, dass Köln hier zurückstehen würde. Hier wurde zum Herrschaftsjubiläum das Fest der Grundsteinlegung für das Denkmal für Friedrich Wilhelm III. in Köln[25] am 16. Mai 1865 auf dem Heumarkt geplant, an dem das preußische Monarchenpaar teilnehmen sollte. Die treibende Kraft für eine groß angelegte Festveranstaltung zum Jubiläum war in Köln Alexander Bachem, der seit 1863 als Oberbürgermeister amtierte. In der Stadtverordnetenversammlung stellte er am 9. März 1865 den Antrag auf die Bewilligung eines Kredits von 6.000 Talern für die Finanzierung der für Mai geplanten Erinnerungsfeier. Dieser Antrag wurde mit 13 zu 11 Stimmen in der Stadtverordnetenversammlung abgelehnt, was für Bachem einem Debakel gleichkam. Denn diese Entscheidung wurde schnell auch am Hof in Berlin bekannt – und schon am 14. März 1865 schrieb der preußische König Wilhelm I. eigenhändig an seinen Ministerpräsidenten Otto Graf Bismarck:

> Beim heutigen Vortrag vergaß ich, mit Ihnen über den Beschluß der Kölner Stadtverordneten zu sprechen, die jede Beteiligung an der Feier des 50jährigen Festes der Vereinigung mit Preußen abgelehnt haben [...]. Ich erwarte vom Präsidenten und Oberpräsidenten Moeller und Pommer Esche einen Bericht über diesen schmählichen Vorgang, da ich natürlich nicht nach Köln kommen kann, wenn diesem Skandal nicht ein eklatantes Gutmachen folgt.[26]

Der Kölner Oberbürgermeister setzte die Wahl einer Deputation durch, die nach Berlin reisen sollte, um den König zur Grundsteinlegungsfeier einzuladen. Zudem bemühte er sich durch einen Zeitungsaufruf erfolgreich darum,

24 Dazu knapp Herres: Köln (Anm. 5), S. 327–329; Schneider: Festkultur (Anm. 12), S. 175 f.; Thomas Parent: Die Hohenzollern in Köln, Köln 1981, S. 85–89; ausführlich Thomas Parent: ‚Passiver Widerstand' im preußischen Verfassungskonflikt. Die Kölner Abgeordnetenfeste, Köln 1982, S. 261–282 (Kap. VIII: Das Jubiläum der fünfzigjährigen Zugehörigkeit des Rheinlands zu Preußen).

25 Zum Denkmal und seiner langen Planungs- und Entstehungsgeschichte Michael Puls: Zur Genese des Reiterdenkmals für Friedrich Wilhelm III. in Köln von 1855 bis 1878. Ein Thema in plastischen Variationen zwischen Rauch und Begas, in: Ralf Beines/Walter Geis/Ulrich Krings (Hg.): Köln: Das Reiterdenkmal für König Friedrich Wilhelm III. von Preußen auf dem Neumarkt, Köln 2004, S. 75–159; Walter Geis: Der König, Staatsbeamte, Geheimräte, Künstler und ihre Berater. Förderung und Verzögerung bei der Errichtung des Denkmals, in: ebd., S. 201–248, zur Grundsteinlegung bes. S. 219 ff.; Iris Benner: „Auch andre Thöne schlagen an mein Ohr ..." Zeitgenössische Kritik am Denkmal Friedrich Wilhelms III. in Köln, in: ebd., S. 525–539, zur Grundsteinlegung bes. S. 534 ff.

26 Das Handschreiben ist abgedruckt bei Huch: Ehrenpforte (Anm. 18), S. 1322 f.

die fehlenden Mittel für die Festveranstaltung aufzutreiben. Am 24. März 1865 fand eine oppositionelle Bürgerversammlung unter der Leitung von Johann Classen-Kappelmann, einem der Köpfe der Opposition im Verfassungskonflikt, statt. In einer dort verabschiedeten Resolution wurde deutlich gemacht, dass der schwelende Verfassungskonflikt eine Jubelfeier für Preußen nicht angebracht erscheinen lasse:

> Diese Verhältnisse dürften nicht außer Acht gelassen werden, da das Fest einen durchaus politischen Charakter haben würde. Die Reaction werde dasselbe (...) dahin missdeuten, daß die Bevölkerung der Rheinprovinz im Gegensatz zu ihren erwählten Vertretern mit dem gegenwärtigen Regierungssysteme übereinstimme. Daß das aber nicht der Fall sei, darüber werde wohl bei Niemandem ein Zweifel obwalten.[27]

Die Festveranstaltung mit der Grundsteinlegung fand dann am 16. Mai 1865 wie geplant statt – mit Beteiligung Wilhelms I. und seiner Entourage. Der Heumarkt wurde militärisch abgeriegelt und nur geladene Gäste wurden zur Grundsteinlegung zugelassen (die Königsfamilie, das preußische Ministerium, Angehörige des Adels, des hohen Klerus sowie der Zivil- und Militärbehörden).[28] Nach den vielfältigen Querelen im Vorfeld war die Einschätzung des Monarchen doch eher positiv: Die Kölner Volksstimmung beweist, „daß meine Regierung doch nicht so schlecht sein muß, als sie durch die Presse und die niederträchtige Kammeropposition gemacht wird".[29] Und der mitgereiste Kronprinz Friedrich hielt in seinem Tagebuch sogar fest: „Die Rheinländer haben heute bezeugt, daß sie durchdrungen sind von dem Wert, seit 50 Jahren Preußen zu sein, und daß trotz der traurigen inneren Spaltungen die patriotische und wirklich loyale Gesinnung der altpreußischen Landesteile auch auf Rheinland sich übertragen habe."[30]

Um die Bandbreite der Befassung mit dem Thema Preußen im Rheinland in der politischen Publizistik im Jahr 1865 wenigstens anzureißen,[31] sollen einige Beispiele aufgeführt werden. Zunächst sei ein interessanter preußenfreundlicher

27 Aus der Resolution vom 24. März 1865, zitiert nach Benner: Thöne (Anm. 25), S. 535.
28 Zur sehr unterschiedlichen Berichterstattung über das Fest in den verschiedenen Presseorganen vgl. Benner: Thöne (Anm. 25), S. 535.
29 Wilhelm I. an seine Ehefrau vom 21. Mai 1865, zitiert nach Parent: Widerstand (Anm. 24), S. 280f.
30 Friedrich III.: Tagebücher (Anm. 20), Eintrag vom 16. Mai 1865, S. 389f.
31 Erwähnt werden soll hier am Rande auch eine historiographische Bilanz aus dem Jahr 1865: Johann Heinrich Milz: Zur fünfzigjährigen Jubelfeier der Einverleibung der Rheinprovinz in Preußen, Berlin 1865 [Separatdruck aus Zeitschrift für preußische Geschichte und Landeskunde 2 (1865), S. 393–433]. Dr. Johann Heinrich Milz (1830–1909) war seit 1859 Lehrer am Königlichen Gymnasium in Aachen, von 1884 bis 1901 war er später Direktor des Marzellengymnasiums in Köln. Sein überaus positives Fazit zur preußischen Zeit im Rheinland gipfelt in der Formulierung „Die Rheinprovinz hat […] unter dem milden, segenspendenden Scepter der Hohenzollern ihr schönstes Zeitalter erlebt." (S. 40).

Zeitungsartikel aus dem nationalkonservativen „Waldbröler Kreisblatt" vom 18. März 1865 zitiert,[32] der in der staatlichen Überlieferung bewahrt wurde, und der sich sehr kritisch mit der Ablehnung der Kostenübernahme der Stadt Köln für den feierlichen Empfang des Königs in der Domstadt auseinandersetzte. Dort heißt es: Es

> ... drängt sich die Bemerkung auf, daß die in den Sommer des Jahres fallende 50jährige Jubelfeier kein politisches sondern ein patriotisches Fest ist, das mit der preußischen Verfassungsfrage und Sympathien oder Antipathien und mit den Maßnahmen irgendwelcher Regierung in keiner Beziehung stehen kann. Die Jubelfeier gilt dem Andenken der wunderherrlichen Tat, die die Rheinlande vor fünfzig Jahren preußisch machten, es gilt dem Begriffe, dem Gedanken, der Würde Ehre und der Verherrlichung Preußens als desjenigen Staates, dessen König und Volk überall für die Güter des Geistes, für Recht, Freiheit des Gedankens und Gewissens, für nationale Ehre an der Spitze Deutschlands als dessen Flammenschwert und erzener Schild eintrat, es gilt der Größe und Herrlichkeit unseres Vaterlandes.

Weiter hieß es: „Glücklicherweise wurzelt die angeborene Ehrfurcht und Liebe für Preußens König, die Begeisterung für Preußens Größe zu tief in dem Volkssinne und Gemüte, als das der Versuch eines vereinzelten Insultes sie erschüttern könnte."

Ein weiteres Beispiel aus der Gruppe der preußenfreundlichen Beiträge sei angeführt. Der in Elberfeld geborene Rudolph Schramm (1813–1882), mittlerweile ein königstreuer Publizist auf der Seite Bismarcks, veröffentlichte 1865 eine polemische Broschüre zum Preußen-Jubiläum am Rhein, die anonym erschien.[33] Er attackiert scharf die „armselige kölnische Klein= und Spießbürger=Gesellschaft", die keinen Respekt vor dem preußischen Monarchen habe. Der Autor argumentiert weiter, dass Preußen die weltgeschichtliche Aufgabe gelöst habe, ein „wirklich deutsches Königthum, ein wirklich deutsches gestaatetes Volksthum zu schaffen."

> Die Hohenzollern und die Preußen mit ihnen haben es [das Königtum, G. M.] geschaffen und uns, den durch den Krummstab und durch die Raub= und Bettel=, Soldaten= und Gensdarmen=Wirthschaft der Franzosen in einen fast molluskenartigen Brei zusammen geknetet gewesenen Rheinländern, ist sehr Großes und

32 Der Artikel wurde aus der staatlichen Überlieferung vollständig abgedruckt in Huch: Ehrenpforte (Anm. 18), S. 1324–1326.

33 [Rudolph Schramm]: Zur fünfzigjährigen Jubelfeier der Einverleibung der Rheinprovinz in Preussen. Von einem Rheinpreußen, Berlin 1865. Die Autorschaft Schramms wurde schon zeitgenössisch vermutet. Schramm gehörte im Vormärz und in der Revolution von 1848/49 zum linken demokratischen Spektrum, später wurde er dann zu einem Verfechter der Bismarck'schen Politik, für die er aktiv und wohl auch im Auftrag des preußischen Ministerpräsidenten in der Rheinprovinz arbeitete. Vgl. Parent: Widerstand (Anm. 24), S. 70 f.

> Glückliches geschehen, als wir nun plötzlich im Jahre 1815 ohne eigenes Verdienst und Zuthun an dieser hohenzoller=preußischen Schöpfung betheiligt wurden und allmählig im Preußischen Reiche den festen und ewigen Ankergrund unseres nationellen Daseins und das weithin leuchtende und siegende Princip seiner staatlichen Verwirklichung, die wir gefunden, erkannten.[34]

Der in Südwestdeutschland wirkende linksliberale Publizist Ludwig Eckardt (1827–1871)[35] war wahrscheinlich der Autor einer 1865 publizierten preußenkritischen Flugschrift mit dem Untertitel „Gegen die Kölner Loyalitäts-Deputation".[36] In dieser Schrift setzt sich der mit den Kölner Verhältnissen umfassend vertraute Autor (er war Korrespondent einer Frankfurter Zeitung in der Domstadt) ausführlich mit dem Verhältnis von Preußen und den Rheinlanden auseinander. Er kritisiert vor allem die Versäumnisse der preußischen Verfassungspolitik, die die entsprechenden Zusagen seit 1815 nicht eingehalten habe, und wehrt sich vehement gegen die Kölner Loyalitätsbekundungen gegenüber der Krone. Die damit verbundenen politischen Forderungen nach Aufhebung des Dreiklassenwahlrechts, nach Vereidigung der Beamten und des Heeres auf die Verfassung, nach Beseitigung des Herrenhauses und nach Einführung eines Ministerverantwortlichkeitsgesetzes bringen die zentralen Forderungen der linksliberalen Opposition in Preußen auf den Punkt.[37]

Eine weitere rheinische Stadt soll noch kurz in den Blick genommen werden. In Bonn, an der dort 1818 gegründeten Rheinischen Friedrich-Wilhelms-Universität, also einer preußischen Gründung,[38] hielt der Geschichtsprofessor Heinrich von Sybel am 15. Mai 1865 eine Festrede in der Aula der Universität, die unter dem Titel „Preußen und Rheinland" auch schnell gedruckt wurde.[39] Heinrich von Sybel (1817–1895),[40] gebürtiger Rheinländer aus Düsseldorf, war 1861 von München an die Rheinuniversität nach Bonn gekommen. Er gehörte im Kontext

34 Zitate Schramm: Jubelfeier (Anm. 33), S. 4–6.

35 Der aus Wien stammende Eckart war eine der führenden Gestalten der Demokraten in den 1860er Jahren in Württemberg. Vgl. Rolf Weber: Kleinbürgerliche Demokraten in der deutschen Einigungsbewegung 1863–1866, Berlin 1962, S. 130ff. Zur Verfasserfrage Parent: Widerstand (Anm. 24), S. 271.

36 Ein Wort an das preußische Volk zur Jubelfeier der Wiedergeburt Deutschlands. Gegen die Kölner Loyalitäts-Deputation, Frankfurt a. M. 1865. Hinweis dazu bereits in Hans Rosenberg: Die nationalpolitische Publizistik Deutschlands. Vom Eintritt der Neuen Ära in Preußen bis zum Ausbruch des deutschen Krieges (1857–1866), Bd. 2, Berlin 1935, S. 860 (Nr. 1207).

37 Wort (Anm. 36), S. 13f.

38 Dazu jetzt umfassend: Dominik Geppert (Hg.): Preußens Rhein-Universität 1818–1918. Geschichte der Universität Bonn, Bd. 1, Göttingen 2018, darin besonders Heinz Schott: Universitätspolitik als Integrationspolitik (1818–1849), S. 43–157.

39 Heinrich von Sybel: Preußen und Rheinland, Bonn 1865.

40 Zu von Sybels politischen Sichtweisen in den 1860er Jahren umfassend Hellmut Seier: Die Staatsidee Heinrich von Sybels in den Wandlungen der Reichsgründungszeit 1862–1871, Lübeck etc. 1961, passim.

des Verfassungskonfliktes durchaus zu den vehementen Kritikern der preußischen Politik unter Bismarck. Gleichwohl entwickelte er in seiner häufig zitierten Festrede ein eher konsensorientiertes Bild des Verhältnisses von „Preußen und Rheinland":

> Wenn heute in allen Theilen unseres Landes der Anschluß der Rheinprovinz an den preußischen Staat mit freudigem Jubel begangen wird, so geziemt es sich für die rheinische Universität, im vollsten Tone ihr Dankeswort mit der Stimme der Nation zu vereinigen. [...] Heute in stumpfem Schweigen zu verharren, wäre für sie eine Verläugnung ihrer Aufgabe, ein Ausdruck niedriger Gesinnung gewesen.

Sehr kritisch sieht von Sybel den Zustand des rheinischen Raumes vor der „Besitzergreifung" durch Preußen:

> Man bedarf keine weitern Aufschlüsse, um zu begreifen, wie derselbe Volksstamm, der als Theil des preußischen Staates heute durch industriellen Fleiß, lebhaftes Bildungsstreben und politischen Freiheitssinn in reißender Progression seinen Reichthum steigert, damals, trotz eines dreißigjährigen Friedensstandes, in immer tieferer Armuth und geistiger Dumpfheit stagnirte.

Das Verhältnis im Jahr 1865 skizziert der Redner dann folgendermaßen:

> Wir haben keinen Grund zu dem Anspruch, das deutsche Mustervolk, der deutsche Musterstaat zu sein. Aber umso fester dürfen wir es erklären: wie dieses Preußen einmal ist, mit seinen Schroffheiten und Schwächen, mit seiner Tüchtigkeit und Kraft, mit seiner großen Geschichte und seiner gewaltigen Zukunft, wir gehören zu ihm, wir wollen zu ihm gehören. [...] Mit dankbarer Freude darf die Rheinprovinz auf den Tag der Vereinigung mit dem Staate blicken, der ihr zum ersten Male das Bewußtsein politischen Lebens geschenkt, der ihre Grenzen zwei Menschenalter hindurch in festem Frieden geschirmt, der ihren Gewerbfleiß einen der größten Märkte Europa's eröffnet, der ihre Jugend wieder in die Wissenschaft und Literatur des deutschen Vaterlandes eingeführt, der ihre Kirchen mit einer auch heute noch seltenen Unabhängigkeit ausgestattet hat. Und ihres Dankes hat sich die Rheinprovinz nicht zu schämen, denn sie darf sagen, daß sie nicht bloß der empfangende Theil in dem Bunde gewesen ist. [...] Die preußische Krone hat das Rheinland zum Leben erweckt; das rheinische Volk hat dem preußischen Staate Ehre gemacht: ein festeres Band des Zusammengehörens läßt sich nicht denken. Heil unserm Rheinland. Heil unserm Staate. Heil unserm Könige.[41]

41 Die vorstehenden Zitate in von Sybel: Preußen (Anm. 39), S. 3, 19 und 25f.

Dezidiert benennt von Sybel gegen Ende der Rede auch den aktiven Part der Rheinprovinz an der Entwicklung: „Ihre Männer, in Preußens Staatsleben geübt, haben in den entscheidenden Krisen an entscheidender Stelle gestanden, und mehr als einmal ihr Gewicht in die Waagschale des Fortschritts geworfen.“[42] Das war unter den Bedingungen des Verfassungskonfliktes eine mehr als deutliche Sprache!

Bisher nicht wahrgenommen wurde die interessante Reaktion des borussophil-konservativen Historikers Heinrich von Treitschke in den „Preußischen Jahrbüchern“ von 1865 in lobendem Bezug auf die gedruckte Festrede Heinrich von Sybels in der Bonner Universität – interessant auch in der Blickrichtung von außen auf das Rheinland:

> Möchte das Rheinland in der Pracht und Fülle seiner Natur, in dem unvergleichlichen Wachsthum seiner Städte, seiner Industrie niemals vergessen, daß die braven Krieger aus der sandigen Mark, aus dem verödeten Pommern und Preußen es waren, die seine Ketten lösten, die ihm die Vorbedingung jedes Wohlstandes und jedes menschenwürdigen Daseins – eine staatliche Existenz zum Geschenk brachten. Vieles hat der Westen uns seitdem wieder vergolten; er gab uns tüchtige Männer in Staat und in der Industrie, reiche Antriebe zum politischen Fortschritt, er war ein Sporn und Hebel für unsere Entwicklung. Ein talentvolles, bewegliches, glückliches Volk sind unsere Brüder am Rhein, aber nur wenige Verblendete unter ihnen können wähnen, daß ohne den Zusammenhang mit einem großen volkswirthschaftlichen und geistigen Gemeinwesen, durch eigene Kraft und eigenen Fleiß die Städte Cöln oder Düsseldorf, Coblenz oder Aachen je geworden wären, was sie heute sind. Wir sind durch das Ganze gewachsen und dem Ganzen schulden wir den Dank für Alles, was wir haben.[43]

Treitschke beobachtete die Festeuphorie am Rhein durchaus, wie ein Zitat aus einem Brief an einen Kollegen belegt.[44]

Ute Schneider interpretiert die Feierlichkeiten von 1865 in der Rheinprovinz als „einen Umbruch der staatlichen Festpolitik“, denn die Regierung „... begann [...] 1865, die politische Differenzierung zu nutzen und öffentliche Feste ganz gezielt zur Erhaltung der eigenen Macht und der verbündeten Kräfte einzusetzen“.[45] Jubiläumsfeierlichkeiten wie die von 1865 wurden so gerade auch im Kontext des Verhältnisses von Preußen und Rheinland verstärkt zu einem Feld der politischen Auseinandersetzung im symbolischen Bereich.

42 Sybel: Preußen (Anm. 39), S. 26.
43 [Heinrich von Treitschke]: Notizen, in: Preußische Jahrbücher 15 (1865), S. 702–704.
44 Max Cornicelius (Hg.): Heinrich von Treitschkes Briefe. Zweiter Band, Leipzig 1918, S. 396f. (Nr. 457), Brief an den Historiker Friedrich von Weech in Karlsruhe vom 15. Mai 1865: „Einen kleinen Trost fand ich in der heutigen Kölnischen Zeitung; da singt der alte Rhein selber zum Jubelfeste: ‚ich bin ein Preuße, will ein Preuße sein.‘“
45 Schneider: Festkultur (Anm. 12), S. 177.

1915

Das „runde“ Jubiläum der „Besitzergreifung“ von 1815, das 1915 zu begehen war, wurde im Vorfeld an unterschiedlichen Orten der Rheinprovinz geplant und vorbereitet.[46] Es fällt auf, dass es großangelegte historiographische Projekte gab, die nach einhundert Jahren eine erste Bilanz der Zugehörigkeit des Rheinlandes zu Preußen ziehen wollten und die im Folgenden vor allem behandelt werden. Zudem sollte in Aachen mit einer umfassenden „Krönungs-Ausstellung“ das 100-jährige Jubiläum der Zugehörigkeit der Rheinprovinz begangen werden. Die Ausstellung konnte – bedingt durch den Ersten Weltkrieg – nicht stattfinden. Die geplante Ausstellung und ihr geschichtspolitischer Kontext sind ausführlich von Rüdiger Haude untersucht worden, sodass dieses Thema hier ausgespart wird.[47] Auch die vielfältigen öffentlichen Veranstaltungen, die zur Feier des Jubiläums für den Mai 1915 geplant waren, konnten kriegsbedingt nicht durchgeführt werden.[48]

Als umfassender wissenschaftlicher Beitrag zum Jubiläum war ein zweibändiges Sammelwerk geplant worden, zu dem der Kölner Stadtarchivar und Historiker Joseph Hansen (1862–1943)[49] bereits 1911 entsprechende Planungen vorlegte (ein gedrucktes Programm datiert vom 12. Juni 1911). Es sollte die Geschichte der Rheinprovinz seit 1815 bis zur Gegenwart behandelt werden. Die voluminösen Bände erschienen kriegsbedingt erst 1917 unter dem Titel: „Die Rheinprovinz 1815–1915. Hundert Jahre preußischer Herrschaft am Rhein“.[50] Ausgewiesene Wissenschaftler behandelten in Einzelbeiträgen neben Politik-, Rechts- und Wirtschaftsgeschichte auch Bildungs-, Kirchen-, Schul-, Kultur- und Kunstgeschichte

46 Zum Folgenden vgl. im Überblick auch LVR-AFZ: Feierlichkeiten (Anm. 9).

47 Dazu umfassend: Rüdiger Haude: „Kaiseridee“ oder „Schicksalsgemeinschaft“. Geschichtspolitik beim Projekt „Aachener Krönungsausstellung 1915“ und bei der „Jahrtausendausstellung 1925“, Aachen 2000, bes. S. 33–110.

48 Zu den reduzierten Feierlichkeiten in Aachen vgl. ebd., S. 85–88.

49 Zu Hansen ausführlich Everhard Kleinertz: Joseph Hansen (1862–1943), in: Hansen: Preußen (Anm. 9), S. 273–325, zum Sammelwerk „Die Rheinprovinz“, S. 307. Hansen war es auch, der als amtierender Vorsitzender des Verbandes Deutscher Historiker (von 1913 bis 1922) für Frühjahr 1915 einen Historikertag in Köln plante, der die hundertjährige Vereinigung der Rheinlande mit Preußen als geschichtsträchtiges Jubiläum zum Anknüpfungspunkt haben sollte. Die Tagung der deutschen Historiker sollte mit diesem „staatstragenden Anlass“ verbunden werden. Kriegsbedingt fand auch diese herausgehobene Veranstaltung nicht statt, obwohl sie „versprach angesichts der in Aussicht genommenen Beteiligten ein Höhepunkt der Historikertagsgeschichte zu werden.“ Dazu: Matthias Berg: Krise und Neubeginn, in: Ders./Olaf Blaschke/Martin Sabrow (u. a.): Die versammelte Zunft. Historikerverband und Historikertage in Deutschland 1893–2000, Band 1, Göttingen 2018, S. 156–199, hier S. 156 f., dort auch die Zitate.

50 Joseph Hansen (Hg.): Die Rheinprovinz 1815–1915. Hundert Jahre preußischer Herrschaft am Rhein, 2 Bde., Bonn 1917. Zum Sammelwerk insgesamt und zu Hansens Leistung knapp Georg Mölich: Nachwort, in: Hansen: Preußen (Anm. 9), S. 373 f.

des Rheinlandes. Auf die nachhaltige Bedeutung dieses Werkes kann hier nicht näher eingegangen werden. Hansen formulierte im Vorwort klar die Aufgabe des Werkes: „Leitender Gesichtspunkt des ganzen Werkes sollte aber auch hier der Verschmelzungsprozeß zwischen dem preußischen Staat und der Rheinprovinz sein, so wie er sich dem heutigen Beobachter bei rein wissenschaftlicher Betrachtung darstellt."[51] In diesem Vorwort skizziert Hansen deutlich die besondere Herausforderung, welche die neue Provinz im Westen für den preußischen Staat bedeutete, da Preußen nach 1815

> ein ganzes Menschenalter hindurch die bureaukratisch-absolutistische, auf den Adel gestützte Herrschaftsform aufrecht erhielt. Der Gegensatz, in den es dadurch zu dem im Rheinland überwiegenden öffentlichen Bewußtsein trat, hat den Assimilationsprozeß wesentlich behindert und verlangsamt. [...] Der Rheinprovinz ihrerseits erwuchs die Aufgabe [...] die stagnierende preußische Verfassungspolitik in Fluß und das selbstgenügsam-konservative Preußen der nationalen Einheitsbewegung zugänglich zu erhalten.

Joseph Hansens eigener Beitrag „Das politische Leben"[52] thematisierte das wechselseitige rheinisch-preußische Verhältnis und stellt insofern auch einen frühen Beitrag zur „Beziehungsgeschichte" zwischen Preußen und seiner westlichsten Provinz dar, in dem gerade auch die politischen Einflüsse des Rheinlands auf den preußischen Gesamtstaat betont werden.

Ein weiteres umfassendes Sammelwerk aus parteipolitischer Sicht ist anzuführen. Aus dem Umfeld der Rheinischen Zentrumspartei entstand die Idee eines Sammelbandes, der dann 1915 unter dem Titel „Zur Jahrhundertfeier der Vereinigung der Rheinlande mit Preußen"[53] erschien und teilweise umfassende Beiträge u. a. zu Politik, zur kirchlichen Entwicklung, zu Wirtschaft, Justizwesen, Bildungswesen, Kunst und sozialer Kultur enthielt. Aus Sicht der Rheinischen Zentrumspartei sollen die besonderen Verdienste der Rheinprovinz für den Gesamtstaat betont werden. „Die Rheinlande fühlen sich heute als ein dem staatlichen Organismus fest eingefügtes Glied der preußischen Gesamtmonarchie, und wollen nichts anderes sein, allerdings ein in jeder Beziehung völlig gleichberechtigtes Glied."[54] Dieser dezidierte Anspruch des Zentrums wird auch in dem Ausblick ebenfalls aus der Feder von Bachem deutlich: „Mehr noch als früher gilt für die Katholiken: Mitten

51 Ebd., Bd. 1, S. V. Die folgenden Zitate S. VII f.

52 Joseph Hansen: Das politische Leben, in ebd., Bd. 1, S. 610–861. Diese Darstellung erschien 1918 auch als eigenständige Buchpublikation, vgl. Hansen: Preußen (Anm. 9).

53 Julius Bachem (Hg.): Zur Jahrhundertfeier der Vereinigung der Rheinlande mit Preußen. Eine Denkschrift hg. im Auftrage eines Kreises rheinischer Freunde, Köln 1915.

54 Julius Bachem: Einführung, in: ebd., S. 7–10, Zitat S. 7.

hinein in das nationale Leben! Immer mittun, immer dabei sein! [...] Hier ist vieles versäumt worden. Hier muß vieles nachgeholt werden. Je eher es nachgeholt wird, umso besser; um so nachdrücklicher können auch die Katholiken allüberall im öffentlichen Leben ihren Platz an der Sonne beanspruchen.“[55]

Für die Stadt Köln gab es zum Preußenjubiläum die Planung und Realisierung eines monumentalen Werkes zur Stadtgeschichte: „Die Stadt Köln im ersten Jahrhundert unter Preußischer Herrschaft 1815 bis 1915“,[56] das von Thomas Mergel als „Teil der Selbsthistorisierung der Stadt“ interpretiert wird[57] und das auf fast 2.000 Druckseiten eine eindrucksvolle historische und statistische Bilanz präsentieren konnte.

Der zweite, schon 1915 publizierte Band beschreibt auf über 700 Seiten „Die Verwaltung der Stadt Köln seit der Reichsgründung in Einzeldarstellungen“. Die eigentliche historische Darstellung im ersten Band ist aufgeteilt. Den zweiten Teil schrieb Georg Neuhaus, Direktor des Statistischen Amts der Stadt Köln, unter dem Titel „Die Entwicklung der Stadt Köln von der Errichtung des Deutschen Reiches bis zum Weltkriege“. Den ersten Teil übernahm der renommierte Heidelberger Wirtschafts-, Sozial- und Kulturhistoriker Prof. Eberhard Gothein (1853–1923),[58] der als protestantischer Preuße mit dieser Aufgabe 1913 vom Kölner Stadtrat mit dem enormen Honorarangebot von 10.000 Reichsmark beauftragt wurde, worüber sich Gothein selbst wunderte. In einem Brief an seine Frau schrieb er zur Kölner Perspektive auf das Problem: „Alles katholisch machen und nie davon reden, sondern tun, als ob der Katholizismus gar nicht da wäre, ist ihre höchste Diplomatie.“[59] Konzeptionell erweiterte Gothein den Auftrag um die wirtschaftliche Dimension, sodass der Band von 700 Seiten dann den umfassenden Titel „Verfassungs- und Wirtschaftsgeschichte der Stadt Cöln vom Untergang der Reichsfreiheit bis zur Errichtung des Deutschen Reiches“ erhielt. In die Darstellung integriert, aber nicht eigentlich beauftragt, waren mehr als hundert Seiten zur „Franzosenzeit“ in Köln, die Gothein gleichsam als notwendige Vorgeschichte ansah. Insgesamt interpretiert Gothein die preußische Herrschaft als „positive, ordnende und politisch und vor allem wirtschaftlich zukunftweisende“ Periode der Stadtgeschichte.[60]

55 Julius Bachem: Ausblick, in: ebd., S. 263–268, Zitat S. 265.
56 Stadt Cöln (Hg.): Die Stadt Cöln im ersten Jahrhundert unter Preußischer Herrschaft. 1815 bis 1915, 2 Bde. in drei Teilen, Cöln 1915/1916.
57 Mergel: Köln (Anm. 5), S. 373 f.
58 Zu Gothein umfassend Michael Maurer: Eberhard Gothein (1853–1923). Leben und Werk zwischen Kulturgeschichte und Nationalökonomie, Köln/Weimar/Wien 2007, S. 287–291 zur Geschichte der Stadt Köln.
59 Gothein an seine Frau Marie Luise Gothein am 16. April 1913, zitiert ebd., S. 288.
60 So die Gesamtbewertung von Maurer, ebd. S. 290.

Ein letzter, aber wichtiger Hinweis: Im Jubiläumsjahr, am 15. und 16. Mai 1915, wendet sich Joseph Hansen mit einem längeren Zeitungsartikel in der Kölnischen Zeitung zu Wort, der dann auch rasch als Separatdruck publiziert wurde.[61] Hansen schreibt – wie Kleinertz ausführt – den „Artikel zur inneren Stärkung der Heimatfront", in dem er die ehemaligen Gegner des preußischen Machtstaates (Liberale, Katholiken und Sozialdemokraten) als nun unter den Bedingungen des Krieges eingereiht in die nationale Einheitsfront interpretiert.

1965

Unter gänzlich anderen geschichts- und erinnerungspolitischen Rahmenbedingungen stand im Rheinland das Jahr 1965, in dem 150 Jahre „Preußen am Rhein" hätten gefeiert werden können. In Aachen, also der Stadt, die immer eine exponierte Rolle bei den realisierten oder geplanten Jubiläumsaktivitäten gespielt hatte, wurde vom 26. Juni bis zum 19. September 1965 die große Europaratsausstellung „Karl der Große. Werk und Wirkung" mit riesigem Erfolg präsentiert.[62] Aufhänger war ein eher ephemeres Datum: das 800-jährige Jubiläum der Kanonisierung Karls des Großen im Jahre 1165. Damit war im Rheinland die Aufmerksamkeit im Kontext historischer Rückbesinnung viel stärker auf das „christliche Abendland" und Karl den Großen als europäische Leitfigur fokussiert als auf das im öffentlichen Geschichtsdiskurs eher randständige Thema Preußen. Offizielle Festveranstaltungen zum „Jubiläum" sind im Rheinland ausgeblieben. Etwas anders sieht das in Westfalen aus, wo man das Jubiläum durchaus nutzte, um die Selbstständigkeit Westfalens vor dem Hintergrund einer von der nordrhein-westfälischen Landesregierung damals

61 Joseph Hansen: Hundert Jahre preußischer Herrschaft am Rhein. Zum 15. Mai 1915, Köln 1915. Zu diesem Beitrag Kleinertz: Hansen (Anm. 49), S. 300 f. Die vielfältigen Presseartikel zum Jubiläum können hier nicht ausgebreitet werden. Ein Beispiel: Schon im April 1915 erschien in der Kölnischen Zeitung (Nr. 405 vom 21. April 1915) ein Artikel von Mathieu Schwann unter dem Titel „100 Jahre! Köln unter preußischer Herrschaft" mit dem apologetischen Schlusssatz: „Preußen, die Zufluchtsstätte des deutschen Gewissens, Preußen der Schützer des deutschen Gedankens in der Welt!"

62 Vgl. zusammenfassend zu dieser Ausstellung Philippe Cordez: 1965: Karl der Große in Aachen. Geschichten einer Ausstellung, in: Peter van den Brink/Sarvenaz Ayooghi (Hg.): Karl der Grosse – Charlemagne. Karls Kunst, Dresden 2014, S. 17–29. Zum allgemeinen Kontext Hermann Schäfer: Kulturelle Wiederbelebung. Ausstellungen in Westdeutschland vom Kriegsende 1945 bis in die 1960er Jahre, in: Klaus Hildebrand (u. a.) (Hg.): Geschichtswissenschaft und Zeiterkenntnis. Von der Aufklärung bis zur Gegenwart. Festschrift zum 65. Geburtstag von Horst Möller, München 2008, S. 641–653, hier: S. 651 f. Die Ausstellung verzeichnete 224.000 Besucher.

in Gang gesetzten Verwaltungsreform in einem Festakt im Schloss in Münster demonstrativ zu positionieren.[63]

Im Wissenschaftsbereich gab es im Rheinland eine durchaus hochkarätig besetzte Tagung des Bonner Instituts für geschichtliche Landeskunde der Rheinlande, die als 23. Arbeitstagung vom 12.–14. April 1965 unter dem Titel „Preußen und die Rheinlande 1815–1965“ mit Referenten wie Rudolf Vierhaus, Rudolf Morsey, Hermann Conrad, Horst Lademacher, Helmut Croon, Karl-Georg Faber und Albert Verbeek stattfand. Da die Vorträge zumeist zeitnah publiziert wurden,[64] erbrachten sie ein breit gefächertes und teilweise neues Bild der preußischen Zeit des Rheinlandes und dürfen als damals durchaus tragfähige Forschungsbilanz gesehen werden.

Walter Först,[65] Leiter der WDR-Landesredaktion zwischen1961 und 1985, publizierte als Herausgeber zum Jubiläumsjahr immerhin den breit angelegten Sammelband „Die Rheinlande in preußischer Zeit. 10 Beiträge zur Geschichte der Rheinprovinz“.[66] Der Band wurde geradezu als Ersatz für entsprechende Jubiläumsfeiern gepriesen[67] und verstand sich als neuer Versuch, die Geschichte der Rheinprovinz zu deuten, wobei neben der politischen Geschichte auch die Wirtschafts-, Sozial- und Kulturgeschichte einbezogen wurde. Im Vorwort von

63 Hierzu die Publikation 150 Jahre Verwaltungsraum Westfalen 1815/1965. Ansprachen und Vorträge anlässlich der Festveranstaltung ‚150 Jahre eigenständiges Westfalen' am 18. Oktober 1965 in Münster, Dortmund 1966. Die Broschüre enthielt nicht nur die verschiedenen Vorträge, sondern auch „Pressestimmen“ (S. 49–55) und Texte und Stellungnahmen zur geplanten Verwaltungsreform (S. 56–69). Schreiben (Umdruck) des Direktors des Landschaftsverbandes Westfalen-Lippe, Anton Köchling vom 28. März 1966 an Landesrat Schaefer, Landschaftsverband Rheinland, in dem es heißt: „... ich [habe] es nicht bedauert, daß die Jubiläumsveranstaltung durch die Diskussion über eine Neuordnung der Verwaltungsstruktur zusätzliche Aktualität und weitere Akzente erhielt“ (Schreiben im Besitz des Verfassers). Vgl. knapp dazu Karl Teppe/Michael Epkenhans: Einleitung, in: dies. (Hg.): Westfalen und Preussen. Integration und Regionalismus, Paderborn 1991, S. 1–20, hier S. 8.

64 Die Aufsätze von Faber, Vierhaus und Morsey erschienen in den RhVjbll 30 (1965), S. 132–220, der Aufsatz von Verbeek in Rheinische Heimatpflege N. F. 2 (1965), S. 86–98, der Beitrag von Conrad in: Josef Wolffram/Adolf Klein (Hg.): Recht und Rechtspflege in den Rheinlanden, Köln 1969, S. 78–112.

65 Zu Walter Först (1920–1993) im Kontext der frühen Geschichtspolitik des Landes NRW vgl. Christoph Cornelißen: Der lange Weg zur historischen Identität. Geschichtspolitik in Nordrhein-Westfalen seit 1946, in: Thomas Schlemmer/Hans Woller (Hg.): Bayern im Bund. Bd. 3: Politik und Kultur im föderativen Staat 1949 bis 1973, München 2004, S. 411–484, zu Person und Rolle Försts S. 453 ff. Eine umfassende Würdigung von Walter Först ist ein Desiderat. Seine grundsätzlichen Überlegungen zu einer Landesgeschichte Nordrhein-Westfalens aus dem Jahr 1965 sind zusammengefasst in Walter Först: Zwanzig und hundertfünfzig Jahre. Aspekte der Landesgeschichte, in: ders. (Hg.): Menschen, Landschaft und Geschichte. Ein rheinisch-westfälisches Lesebuch, Berlin 1965, S. 107–114.

66 Walter Först (Hg.): Die Rheinlande in preußischer Zeit. 10 Beiträge zur Geschichte der Rheinprovinz, Köln/Berlin 1965.

67 [Hans Rudolf Hartung]: Ein Jahrtausend und 150 Jahre. Zu zwei neuen Publikationen, in: neues rheinland Heft 45 (August/September 1965), S. 43: „Auch diesem Werk hat der Landschaftsverband Rheinland das Erscheinen ermöglicht, sozusagen an Stelle einer Jubiläumsfeier mit preisenden, mit viel schönen Reden.“

Theo Burauen, Kölner Oberbürgermeister und Vorsitzender der Landschaftsversammlung Rheinland, wird beklagt, dass die preußische Zeit des Rheinlandes in der breiten Öffentlichkeit immer noch weitgehend unbekannt sei:

> Zwanzig Jahre nach dem Ende des Zweiten Weltkrieges und 150 Jahre nachdem der Wiener Kongreß das Rheinland und Westfalen zu preußischen Provinzen machte, ist die Zeit dafür reif, auch die neuere rheinische Landesgeschichte zu erforschen und darzustellen – nicht zuletzt für die Nachgeborenen, mögen sie im Rheinland aufgewachsen oder Kinder von Flüchtlingen und Vertriebenen aus den östlichen Provinzen des ehemaligen Preußen sein.[68]

Im Rahmen der WDR-Landesredaktion wurden 1964/1965 zusätzlich noch eine größere Anzahl von fachlich-journalistischen Hörfunkbeiträgen zur Preußenzeit an Rhein und Ruhr gesendet.[69]

Es war aber gerade Walter Först, der sich kritisch mit der Geschichtsvergessenheit am Rhein im Blick auf Preußen auseinandersetzte. In einem Essay[70] beschäftigte er sich mit dem blinden Fleck der preußischen Zeit in der Geschichtswahrnehmung der Menschen am Rhein, die nur in einer Tradition des „Selbstbehauptungswillens" gegen fremde Mächte und eben auch gegen Preußen verortet wird. „Es gibt Rheinländer, für die diese Zeit länger dauerte, für die sie nie aufgehört hat, für die der antipreußische Affekt immer stärker gewesen ist als der antifranzösische. Sie wollen auch heute noch nichts davon wissen, daß die Rheinprovinz eine preußische Provinz war und daß das Rheinland seine Einheit erst in preußischer Zeit gefunden hat."[71]

In einem 1969 publizierten Fachbeitrag unter dem Titel „Der Ertrag eines Jubiläums"[72] bilanzierte der Historiker Karl-Georg Faber, ein ausgewiesener Spezialist im Bereich der rheinischen Geschichte des 18. und 19. Jahrhunderts,[73] den fachlich-wissenschaftlichen Ertrag des Jubiläumsjahres. Er führt dabei aus, dass zwar die Existenz des preußischen Staates und damit auch seiner Westprovinzen 1945/1947 zu Ende gegangenen sei.

68 Vorwort, in Först: Rheinlande (Anm. 66), S. 5.

69 Als Beispiel: Eva Brües: Erhalten, Erneuern, Vollenden. Schinkels Wirken im Rheinland, in: Först: Menschen (Anm. 65), S. 250–261 (u. a. Titel gesendet im WDR-Rundfunk am 29. August 1965).

70 Walter Först: Geschichte wird im Rheinland kleingeschrieben. Statt eines Jubiläumsartikels, in: neues rheinland Heft 43 (April/Mai 1965), S. 2–5.

71 Ebd., S. 3.

72 Karl-Georg Faber: 1815–1965. Der Ertrag eines Jubiläums, in: RhVjbll 33 (1969), S. 477–486.

73 1966 wurde seine Habilitationsschrift veröffentlicht, die bis heute ein wichtiger Beitrag zur rheinischen Geschichte darstellt: Karl-Georg Faber: Die Rheinlande zwischen Restauration und Revolution. Probleme der rheinischen Geschichte von 1814 bis 1848 im Spiegel der zeitgenössischen Publizistik, Wiesbaden 1966.

> Nicht verschwunden sind dagegen viele Institutionen, Behörden, Verwaltungs- und Selbstverwaltungsbereiche, die in den Jahren nach 1815 im Gefolge der Neuorganisation des Rheinlandes und Westfalens durch die preußische Regierung geschaffen wurden. Es handelt sich in erster Linie um die Regierungen und Regierungsbezirke sowie um die Kreise mit ihren Verwaltungsbehörden. Sie haben der zerstörenden Kraft der Zeitereignisse widerstanden. In ihnen ist das Erbe der preußischen Zeit lebendige Gegenwart.[74]

Als echter Ertrag des Jubiläumsjahres 1965 sind nach Faber genau in diesem Sinne die vielfältigen Gesamtdarstellungen zu einzelnen Verwaltungsbezirken anzusehen, die sicher in unterschiedlicher Qualität ausfielen, die aber doch eine erste Bilanz der preußischen Zeit auf der Ebene der Kontinuität der Verwaltungen zogen. Es erschienen 1965/66 umfassende Bände zu den Regierungsbezirken Köln, Düsseldorf, Trier und Aachen sowie teilweise umfangreiche Bände zu den Landkreisen Bergheim, Bonn, Kleve, Kreuznach, Neuwied, Saarbrücken, St. Goar, Simmern und Wittlich.[75]

Dieser von Faber so genannte „gute Meter Literatur“ ist also von diesem vermiedenen Preußenjubiläum 1965 bis heute übrig geblieben …

1990

Der 175. Jahrestag der „Besitzergreifung“ im Jahr 1990 wurde vor allem im regionalhistorischen Kontext nur von den beiden Landschaftsverbänden aufgegriffen. In diesem Jahr veranstaltete der Landschaftsverband Rheinland im Bonner Rheinischen Landesmuseum ein wissenschaftliches Symposion, das „anläßlich der Veröffentlichung des preußischen ‚Besitzergreifungspatentes‘ für das Gebiet der späteren Rheinprovinz vor 175 Jahren“[76] am 27. April 1990 unter dem Titel „Die Rheinlande und Preußen. Parlamentarismus, Parteien und Wirtschaft“ durchgeführt wurde. Vorgeschaltet war eine „Festveranstaltung“, die am Abend des 26. April 1990 ebenfalls im Bonner Landesmuseum stattfand.[77] In der Einladung

74 Faber: 1815–1965 (Anm. 72), S. 480.

75 Bibliographischer Nachweis der Titel in ebd., S. 485 f.

76 Einladung Symposion 27. April 1990, im Besitz des Verfassers.

77 Ergänzend zum Symposion veröffentlichte der Landschaftsverband Rheinland noch den Nachdruck der 1918 publizierten Gesamtdarstellung von Joseph Hansen „Preußen und Rheinland“, vgl. Hansen: Preußen (Anm. 9). Der Nachdruck wurde ergänzt durch eine ausführliche Darstellung zu Leben und Werk von Hansen, einem Forschungsbericht und einer ausführlichen „Auswahlbibliographie 1918 bis 1990“. Im unpaginierten Vorwort des Landschaftsverbandes Rheinland zu dieser Publikation heißt es „Die in diesem Band beschriebenen Entwicklungen prägten nachhaltig die Herausbildung einer rheinischen Identität, die es vor der preußischen Zeit so nicht gegeben hatte. Vor dem Hintergrund

dazu hieß es u. a.: „Der Landschaftsverband Rheinland, Rechtsnachfolger des preußischen Provinzialverbandes, will an dieses Ereignis [die „Besitzergreifung" 1815, G. M.], dessen Betrachtung durch die jüngste Entwicklung in der DDR auch überraschend aktuelle Dimensionen gewinnt, mit einer festlichen Veranstaltung erinnern."[78] Unter so bezeichneten zeitgeschichtlichen Rahmenbedingungen besonderer Art war auch die Vorbereitung des Symposions vonstattengegangen.[79] Es erwies sich in der Vorbereitung der Veranstaltung im Winter 1989/1990 als unmöglich, ein „normales" Symposion zu planen: Aufgrund der dramatischen Entwicklungen im Herbst 1989 in Deutschland wurde vom Veranstalter entschieden, bewusst auch Historiker aus der DDR in die Planung der Veranstaltung als Referenten einzubeziehen. Es gelang durch die schnelle Kontaktaufnahme mit dem „Zentralinstitut für Geschichte an der Akademie der Wissenschaften der DDR" in Ost-Berlin, drei Referenten für das Bonner Symposion zu gewinnen: Prof. Dr. Helmut Bock, Prof. Dr. Rolf Weber und Dipl.-Oec. Gernot Wittling.[80] Den Abendvortrag im Rahmen der Festveranstaltung am 26. April übernahm ebenfalls Prof. Dr. Helmut Bock, der als gebürtiger Kölner durchaus auch rheinische Bezüge in seinen Vortrag mit dem Titel „Nachdenken über Deutschland. Wege und Irrwege von Preußen bis Europa" einbringen konnte. Das gesamte Symposion wurde noch im Jahr 1990 in einem Sammelband publiziert,[81] der Abendvortrag zudem in einer Fachzeitschrift, die jahrzehntelang das führende Organ der Geschichtswissenschaft der DDR war.[82] Die gewisse Brisanz der Beteiligung

großer Veränderungen in Deutschland und Europa gewinnt eine Beschäftigung mit Integrationsprozessen des vorigen Jahrhunderts zunehmend an Bedeutung. Dazu mag dieser Band beitragen."

78 Einladung Festveranstaltung 26. April 1990, im Besitz des Verfassers.

79 Die folgenden Ausführungen nach der Erinnerung des Verfassers. Die umfänglichen Akten zur Planung und Durchführung des Symposions von 1990 und der sich anschließenden Publikation wurden mit den Nummern 1052–1054 ins Zwischenarchiv des LVR abgegeben und dann mit einer Aufbewahrungsfrist bis 2017 versehen. Die Unterlagen wurden leider kassiert und vernichtet (Auskunft des Archivs des LVR per Mail vom 25. Juli 2019 an den Verfasser).

80 Bock referierte zum Thema „Rheinpreußische Arbeiterunruhen – Impulse für die Diskussion um die soziale Frage im Vormärz", Weber über „Der preußische Verfassungskonflikt und das Rheinland – Parteienkampf um Rechtsstaatlichkeit" und Wittling über „Zum Verhältnis von früher Industrialisierung und Technologietransfer im Rheinland und in Westfalen nach 1815".

81 Dieter Kastner/Georg Mölich (Red.): Die Rheinlande und Preußen. Parlamentarismus, Parteien und Wirtschaft. Ergebnisse eines Bonner Symposions (26./27. April 1990), Köln 1990. Im Vorwort zu dieser Publikation (von Dieter Kastner/Georg Mölich, datiert November 1990, ebd., S. 7 f.) heißt es zum besonderen Charakter der Tagung: „Das allgemeine Thema ‚Integration und Bewahrung von Eigenständigkeit' hat in den letzten zwölf Monaten für die deutsche Geschichte ungeahnt an Aktualität gewonnen. Daß bei dem Symposion in Bonn vier der acht Vorträge von Historikern der ‚Akademie der Wissenschaften der DDR' gehalten wurden, entsprach der bewußt so angelegten offenen Konzeption der Tagung."

82 Helmut Bock: Nachdenken über Deutschland. Wege und Irrwege von Preußen bis Europa, in: Zeitschrift für Geschichtswissenschaft 38 (1990), S. 963–978.

von DDR-Historikern an einem Symposion im Rheinland wurde durchaus auch von Pressevertretern gesehen.[83]

Helmut Bock (1928–2013), der bis zu seinem Tod als Historiker weiterhin umfassend etwa zur sozialen Frage oder zu Napoleon und Preußen publiziert hatte, veröffentlichte 2002 eine umfangreiche „Selbstdokumentation eines DDR-Historikers“.[84] Der Band dokumentiert kommentierte Texte des Historikers (Vorträge, Aufsätze, Briefwechsel, Statements, Interviews etc.) und berücksichtigt auch den Auftritt Bocks als Referent in Bonn im April 1990.[85] Der Bonner Abendvortrag wurde in dieser Dokumentation wieder abgedruckt – aber unter einem abweichenden Titel: „Was ist des Deutschen Vaterland? Nachdenken links des Rheins. Für Historiker und Abgeordnete“.[86] Im Kommentar zu diesem Text erläutert Bock seine Wahrnehmung des Kontextes: „In diesem Frühling des Jahres der Wiedervereinigung war die Kooperation mit DDR-Historikern noch offen und fußte auf Absichten, die den Veranstalter charakterisieren. [...] Die partnerschaftliche Anerkennung von DDR-Historikern in der BRD sollte sich im Herbst desselben Jahres allerdings grundlegend ändern.“[87]

Der Landschaftsverband Westfalen-Lippe veranstaltete vom 7.–9. November 1990 in Münster ein Fachkolloquium unter dem Titel „Westfalen und Preußen. Integration und Regionalismus“, das sich dem komplexen Thema in fünf Sektionen widmete (Verwaltung und Recht, Gesellschaft und Politik, Wirtschaft und soziale Lage, Schule – Wissenschaft – Kirche, Regionalismus und kulturelle Lebenswelten). Die überarbeiteten Beiträge zu dieser Tagung sowie die Diskussionen wurden in einem umfangreichen Sammelband dokumentiert.[88]

1990 waren es also vornehmlich die beiden Landschaftsverbände in Nordrhein-Westfalen, die sich mit dem Gedenktag der „Besitzergreifung“ im fachlich-regionalhistorischen Kontext positionierten. Zu untersuchen wäre in Zukunft noch die Rolle, die das Thema „Preußen“ im Westen der Bundesrepublik

83 „Rheinland – Keilriemen des Preußen-Staates“, in: Kölner Stadt-Anzeiger vom 28./29. April 1990. Dort heißt es: „Und die aktuelle deutschlandpolitische Entwicklung brachte dem Thema noch eine pikante Fußnote. Nach 175 Jahren könnte die ‚Besitzergreifung‘ im Umkehrschluß gesehen werden. Diese Ansicht war sehr wohl aus den Beiträgen der ‚Preußen‘ herauszuhören, die allesamt aus Berlin-Ost in die einstige Rheinprovinz gereist waren.“

84 Helmut Bock: Wir haben den Anfang gesehen. Selbstdokumentation eines DDR-Historikers 1983 bis 2000, Berlin 2002.

85 Helmut Bock: Einleitung, ebd., S. 9–28, hier S. 21: „Es war damals üblich, mit ‚Nachdenken über Deutschland‘ aufzutreten. Als auch ich an die Reihe kam, entledigte ich mich der Aufgabe als ein Mahner, der beispielsweise in Bonn vor Historikern und Abgeordneten ‚Wege und Irrwege‘ reflektierte, die in der Geschichte von Preußen nach Europa führten.“

86 Ebd., S. 171–190.

87 Helmut Bock: Kommentar, ebd., S. 376 f. Bock zitiert in seinem Kommentar zustimmend den Ausschnitt aus dem Vorwort zur Publikation des Symposions (vgl. Anm. 81).

88 Teppe/Epkenhans: Westfalen (Anm. 63).

1990/1991 publizistisch eingenommen hat – gerade bei der Debatte um den damals aktuell anstehenden Fragenkomplex „Bonn – Berlin“, der besonders 1991 seine Dynamik entwickelte.[89]

2015

Abschließend soll noch ein kurzer Blick auf die vielfältigen Aktivitäten im Rheinland rund um den 200. Jahrestag der „Besitzergreifung“ im Jahr 2015 geworfen werden. Aus der Perspektive des 21. Jahrhunderts und vor dem Hintergrund der 1990 – also 2015 vor 25 Jahren – erlangten staatlichen Einheit Deutschlands beschäftigen sich 2015 viele ganz unterschiedliche Partner mit dem Thema „200 Jahre Preußen am Rhein“. Die zentrale institutionelle Klammer für die meisten Aktivitäten war der Rheinische Verein für Denkmalpflege und Landschaftsschutz e. V. (RVDL), der aufgrund seines Vereinsgebietes, das praktisch das Gesamtgebiet der ehemaligen preußischen Rheinprovinz umfasst, besonders geeignet war, initiativ tätig zu werden und die vielfältigen Aktivitäten zu koordinieren. Seit 2013 fanden entsprechende Gespräche und Abstimmungen mit unterschiedlichen Partnern statt. Dabei wurden durchaus auch die Bedenken reflektiert, die auch vereinsintern innerhalb des RVDL gegen eine zu positive Beschäftigung mit dem Thema „Preußen“ erhoben wurden.[90] Im Laufe des Jahres 2014 setzte sich das Projekt dann auf der Ebene des RVDL mit allen Konsequenzen durch.[91] Unter dem „gewollt doppelsinnigen und für manchen auch provokanten Motto ‚Danke* Berlin – 200 Jahre Preußen am Rhein‘“[92] wollte

89 Knapp dazu Georg Mölich: Einleitung. Rheinland, Westfalen und Preußen – eine Beziehungsgeschichte, in: Mölich/Veltzke/Walter:: Rheinland (Anm. 2), S. 7–12, hier S. 10. Das hier konstatierte Forschungsdefizit besteht weiterhin.

90 So etwa im Vorfeld einer Sitzung des Beirates des RVDL am 11. Dezember 2013 in Köln. In dieser Sitzung wurde ein Impulsvortrag präsentiert, der die auch kritischen Potentiale einer Beschäftigung mit der preußischen Zeit des Rheinlandes reflektierte. Vgl. Georg Mölich: 1815 – Als das Rheinland preußisch wurde … Überlegungen und Hintergründe zu einem rheinischen Themenjahr 2015, als Manuskript vervielfältigt für die Teilnehmerinnen und Teilnehmer der Beiratssitzung des RVDL. Auf diesem Text basiert z. T. der in der Vereinszeitschrift 2015 publizierte Beitrag Georg Mölich: Als das Rheinland preußisch wurde … Aspekte einer Beziehungsgeschichte seit 1815, in: Rheinische Heimatpflege 52 (2015), S. 27–44.

91 Die vereinsinternen Diskussionen, Debatten und (auch persönlichen) Auseinandersetzungen um das Projekt können hier nicht Gegenstand der Betrachtung sein.

92 Vgl. Heinz Günter Horn: Bericht Preußenjahr 2015 „Danke* Berlin – 200 Jahre Preußen am Rhein“, Manuskript, S. 1. Der auf den 30. Juni 2016 datierte Abschlussbericht des Projektleiters und (damaligen) Vorsitzenden des RVDL, Prof. Dr. Heinz Günter Horn, umfasst zehn Seiten und stellt die umfangreichste Zusammenfassung der Aktivitäten des Jahres 2015 dar. Ich danke dem jetzigen Geschäftsführer des RVDL, Herrn Dr. Martin Bredenbeck, für die Überlassung einer Kopie dieses Abschlussberichtes.

Abb. 2: Postkarte anlässlich des Verbundprojekts aus dem Jahr 2015 unter dem Motto „Danke Berlin – 200 Jahre Preußen am Rhein" (Repro)*

der RVDL als Koordinator und Initiator für das 2015 geplante Verbundprojekt auftreten.[93] Mit einer aufwendig gestalteten Projektbroschüre,[94] die im Dezember 2014 erschien, trat das Projekt dann an die breitere Öffentlichkeit.[95] Darin heißt es programmatisch:

> ‚200 Jahre Preußen am Rhein' nehmen der Rheinische Verein für Denkmalpflege und Landschaftsschutz und seine Kooperationspartner zum Anlass, das Jahr 2015 unter das Leitthema ‚Preußen' zu stellen DANKE* BERLIN ist das Motto, mit dem der Rheinische Verein an eine 200-jährige Beziehung mit Folgen erinnert. Das ganze Jahr hindurch werden im gesamten Gebiet der ehemaligen preußischen Rheinprovinz verschiedenste Veranstaltungen die unterschiedlichen auch kritischen Aspekte dieser Zeit beleuchten.

93 Zur Koordinierung der vielfältigen Aktivitäten wurde unter dem Vorsitz des Projektleiters Horn eine kleine Arbeitsgruppe gebildet, der auch der Verfasser als Vertreter des Landschaftsverbandes Rheinland angehörte.

94 RVDL: 1815–2015 – Die Preußen und das Rheinland, (Köln 2014), 16 S., Das folgende Zitat S. 3.

95 Hinzu trat ab Januar 2015 eine umfassende Webpräsenz auf der Webseite www.danke-berlin-2015.de, auf der alle Veranstaltungen, Publikationen etc. angekündigt und dokumentiert wurden. Diese Webseite ist im Netz nicht mehr verfügbar.

Die Broschüre stellte das geplante Veranstaltungsprogramm in Auszügen vor. Es kann nicht Sinn dieser knappen Darlegung sein, alle Einzelveranstaltungen zu benennen und zu analysieren.[96] Insgesamt waren es über 650 Veranstaltungen mit 90 Projektpartnern an mehr als 130 Orten mit mehr als 190.000 Besuchern.[97] Die offizielle Eröffnungsveranstaltung fand am 12. April 2015 im Regierungspräsidium in Düsseldorf statt,[98] die Abschlussveranstaltung wurde am 18. Oktober 2015 auf der Festung Ehrenbreitstein in Koblenz durchgeführt. Das Gesamtprojekt stand unter der gemeinsamen Schirmherrschaft der Ministerpräsidentinnen von Nordrhein-Westfalen und Rheinland-Pfalz (Hannelore Kraft und Malu Dreyer) und wurde medial umfassend aufgegriffen – nicht zuletzt durch die offiziellen Medienpartner WDR 5 und SWR.[99] Im Fazit des Projektleiters Horn schwingt durchaus Stolz mit: „Im Rückblick war das ‚Preußenjahr 2015' eine beispiellose Erfolgsgeschichte, von der man anfangs nur träumen konnte. Mit verhältnismäßig bescheidenen finanziellen Mitteln, aber überaus großem Einsatz und Aufwand Vieler wurde Beachtliches erreicht."[100]

Wenigstens auf die doch erheblichen fachlichen Erträge des „Preußenjahres" soll noch eingegangen werden. Insgesamt fanden 2015 mehr als 15 wissenschaftliche Tagungen und Kolloquien statt.[101] Mittlerweile ist eine größere Zahl dieser Fachveranstaltungen in Tagungsbänden dokumentiert worden.[102] Hinzu kommen Katalog- und Begleitbände zu den Ausstellungen, die im „Preußenjahr"

96 Ein von der Projektleitung immer wieder angekündigter Abschlussband zu dem vielfältigen Veranstaltungsprogramm konnte leider nicht realisiert werden.

97 Nach Horn: Bericht (Anm. 92), S. 2 und 9. Ebd. ist auf S. 3–8 eine nach Veranstaltungsformen gegliederte ausführliche Auswahl dokumentiert.

98 Der das Thema kulturwissenschaftlich reflektierende Festvortrag vom 12. April 2015 wurde publiziert: Gertrude Cepl-Kaufmann: Das Rheinland feiert das Gedenken an die 1815 etablierte Preußische Rheinprovinz in: Rheinische Heimatpflege 52 (2015), S. 163–180.

99 Horn: Bericht (Anm. 92), S. 9.

100 Ebd. S. 10.

101 Nicht ganz vollständige Auflistung ebd., S. 5.

102 Eine Zusammenstellung von Publikationen, die auf Tagungen des Jahres 2015 basieren: Ulrich Stevens/Eva-Maria Beckmann (Red.): Preußen im Kölner Umland. Dokumentation zum Kolloquium im Max Ernst Museum Brühl, 10. Oktober 2015, (Pulheim) 2016; Heinz Eickmans/Gerd Halmanns/Frans Hermans (Hg.): Der nördliche Rhein-Maas-Raum nach dem Wiener Kongress 1815, Geldern 2016; Katrin Bauer/Andrea Graf (Hg.): Erfinden. Empfinden. Auffinden. Das Rheinland oder die (Re-)Konstruktion des Regionalen im globalisierten Alltag. 10. Jahrestagung der Bonner Gesellschaft für Volkskunde und Kulturwissenschaften e.V., Münster/New York 2018; LVR-Abteilung Kulturlandschaftspflege (Hg.): Preußen und Landschaft. Ideen – Symbole – Veränderungen. Tagungsdokumentation Fachtagung 22. Oktober 2015, Köln 2018; Thomas Becker/Dominik Geppert/Helmut Rönz (Hg.): Das Rheinland auf dem Weg nach Preußen 1815–1822, Köln/Weimar/Wien 2019. Auch die vorliegende Publikation gehört in diese Liste. Weitere Bände befinden sich noch in Vorbereitung.

oder in dessen Kontext realisiert wurden,[103] sowie eine gewichtige Edition zur preußischen Verwaltungsgeschichte am Rhein[104] und eine Fülle von Aufsätzen und Berichten in regionalen Fachzeitschriften.[105]

Das aufwendige Gesamtprojekt „Danke* Berlin“ hat 2015 sicher seine wesentliche Intention erreicht, für das Thema „Preußen und Rheinland“ öffentliche, mediale und fachliche Aufmerksamkeit zu erzeugen. Die enorme Vielfalt der Veranstaltungen spricht dafür – und es konnten Projektpartner gerade auch im Bereich des Ehrenamtes für ein doch eher als spröde bezeichnetes Thema gewonnen werden. Anzumerken bleibt aus der Perspektive eines Beteiligten der Hinweis, dass die durchaus intendierte kritische Auseinandersetzung mit dem Thema „Preußen und das Rheinland“ doch zu sehr unterbelichtet blieb.[106]

Dass das Thema „Preußen und Rheinland“ 2015 so offen und breit behandelt werden konnte, hängt sicher damit zusammen, dass das Thema seine Dramatik etwas verloren hat. Nicht nur in der historischen und landeskundlichen Forschung, auch in der alltäglichen Wahrnehmung hat das Thema „Preußen“ seine Brisanz und die negative Konnotation weitgehend eingebüßt – es ist ein „normales“ Thema der historischen Betrachtung geworden. Die preußische Phase der rheinischen wie auch der kölnischen Geschichte wird heute durchaus auch als dynamische und produktive Entwicklungsphase gesehen, in der viele Strukturen, Institutionen und Entwicklungen sowie mentale Dispositionen am Rhein ihren Anfang hatten – mit Wirkungen bis in unsere unmittelbare Gegenwart.

103 Eine nicht ganz vollständige Auflistung bei Horn: Bericht (Anm. 92), S. 6. Hier eine Liste der wesentlichen Publikationen zu den Ausstellungen: Irene Haberland/Oliver Kornhoff/Matthias Winzen (Hg.): Das ganze Deutschland soll es sein. Die Preußen im Westen, Oberhausen 2015; Siebengebirgsmuseum der Stadt Königswinter (Hg.): Preußenadler über dem Rhein. Eine Spurensuche rund um den Drachenfels. Mit Fotografien von Axel Thünker, Bonn 2015; Stefan Lewejohann/Sascha Pries (Hg.): Achtung Preußen! Beziehungsstatus: kompliziert. Köln 1815–2015. Begleitband zur gleichnamigen Ausstellung des Kölnischen Stadtmuseums vom 29. Mai bis 25. Oktober 2015, Mainz 2015; Daniele Bennewitz/Martin Bredenbeck/Philipp Fredrik Huntscha (Hg.): Bonn und seine Preußen – Danke, Berlin?, Bonn 2016; Guido von Büren/Michael D. Gutbier (Hg.): Das preußische Jahrhundert. Jülich, Opladen und das Rheinland zwischen 1815 und 1914, Goch 2016.

104 Sabine Graumann: Preußische Verwaltung im Kreis Bergheim um 1840, 2 Bde., Köln/Weimar/Wien 2015, neben der Edition des Protokollbuchs der Bürgermeisterei Esch im Kreis Bergheim/Erft von 1837–1848 enthält die Publikation besonders die akribische Darstellung des preußischen Verwaltungshandelns vor Ort: Preußische Herrschaft im Rheinland, S. 16–276.

105 Soweit ich sehe, sind diese Beiträge bibliographisch bisher nicht erfasst worden.

106 So konnte die in der Projektbroschüre (Anm. 94) als zentrale Veranstaltung angekündigte Podiumsdiskussion im Ständehaus Düsseldorf zum Thema „Preußen kritisch: ‚Was ist uns heute Preußen?‘ aus terminlichen und organisatorischen Gründen nicht realisiert werden, womit ein zentraler konzeptioneller Baustein des Gesamtprojektes wegfiel.

Preußisch-Kölscher Militarismus?

Überlegungen anlässlich des Preußenjahrs 2015

Max Plassmann

„Habe wirklich auf hiesigem Waffenplatz schon Manches bei der Cavallerie beobachtet. Es hat manche arrogante Offiziere [...]. Diese Herren [...] sprechen das reinste Berlinerdeutsch und zeigen einen lächerlichen Hochmuth [...]“[1]. Dieses Zitat aus dem späten 19. Jahrhundert könnte von einem Kölner stammen, der preußische Truppen z. B. auf dem Neumarkt beobachtet hatte. Dies ist jedoch nicht der Fall: Es stammt von einem Schweizer, der Missstände im Schweizer Militär anprangerte. Damals tobte in der Eidgenossenschaft eine öffentliche Debatte über eine Modernisierung der Armee, die von vielen als „Prussifizierung“ angesehen und abgelehnt wurde. Das Beispiel mahnt zur Vorsicht im Umgang mit dem Feindbild Preußen in den politischen Auseinandersetzungen des 19. Jahrhunderts. Es zielte häufig weniger auf tatsächliche Preußen oder preußische Verhaltensweisen ab, als darauf, den politischen Gegner zu diffamieren. Diskussionen über preußische Werte und Unwerte, über die Traditionswürdigkeit des Preußentums folgen bis heute häufig einem Muster, bei dem ein imaginiertes Preußentum positiv oder negativ überhöht wird, das wenig mit einem realen Einwohner etwa von Berlin oder Brandenburg zu tun hat. Das gilt auch für eine rheinische oder Kölner Perspektive auf den Staat, dessen westlicher Teil man ab 1815 war. Im Folgenden soll daher die populäre Meistererzählung, der Rheinländer sei im positiven Sinne katholisch und daher preußenfern, habe jedenfalls nichts mit den Auswüchsen eines preußischen Militarismus zu tun, einer kritischen Betrachtung unterzogen werden.

Bei diesem Unterfangen ist es schon fraglich, was denn ein Preuße, aber auch ein Rheinländer oder Kölner überhaupt ist bzw. war. Bei all diesen Bezeichnungen handelt es sich um bloße Zuschreibungen, die im Zweifel auch schnell zu

1 Zitat eines Schweizer Bürgers Ende des 19. Jahrhunderts, zitiert nach Rudolf Jaun: „Ein Volk, das von der Offiziersehre etwas hält“. Auseinandersetzungen um die Offiziersehre in der Schweizer Staatsbürger-Armee im ausgehenden Fin de siècle, in: Ulrike Ludwig/Markus Pöhlmann/John Zimmermann (Hg.): Ehre und Pflichterfüllung als Codes militärischer Tugenden (= Krieg in der Geschichte. Bd. 69), Paderborn 2014, S. 147–157, hier S. 151. Zu den Hintergründen vgl. ebd. S. 150–153.

variieren sind. Schließlich war Köln eine preußische Großstadt mit zahlreichen aus anderen Gegenden des preußischen Staates zugewanderten Einwohnern, insofern könnte man die Kölner auch als Westpreußen bezeichnen, wenn es sich dabei nicht um eine Bezeichnung einer Region im damaligen östlichen Staatsgebiet handeln würde, die zudem von einer größeren Zahl von polnischsprachigen Menschen bewohnt wurde. Der Staat hieß bekanntlich Preußen nach seiner Provinz Ostpreußen, deren Einwohner nach Mentalität und Kultur den Berlinern nicht unbedingt näher standen als die Rheinländer (und im Übrigen zum Teil auf Einwanderer aus Salzburg zurückzuführen waren). Wenn vom Preußentum die Rede ist, dann kann jedenfalls nicht die sehr heterogene Bevölkerung des Staatsgebildes zwischen Insterburg und Aachen gemeint sein, und genauso verfehlt wäre es, diese Bezeichnung für die Berliner und Brandenburger zu reservieren – zumal ein herausragender Preuße, wie der Generalfeldmarschall Moltke,[2] gar nicht aus Preußen stammte. Wenn überhaupt, dann waren die politischen, administrativen und militärischen Eliten, angefangen von den Hohenzollern bis zum Landrat oder Garnisonskommandeur, Preußen, weil sie den preußischen Staat vertraten.[3] Doch ist es sehr fraglich, ob diese Gruppe eine völlig einheitliche Kultur und Mentalität herausbilden konnte. Angesichts all dieser Schwierigkeiten erscheint der Gegenstand dieser Untersuchung von vornherein als verfehlt, wenn man „rheinisch", „kölsch" und „preußisch" als reale und eindeutig abgrenzbare kulturelle, mentale, politische oder militärische Prägungen betrachten würde. Sinnvoll ist demgegenüber allein, sie als Konstrukte anzusehen, die sich sowohl im Zeitverlauf als auch situativ verändern konnten. Rheinländer und Kölner sahen sich sicher nicht durchgehend als Fremde im preußischen Staat, sondern identifizierten sich auch mit diesem und mit der Dynastie der Hohenzollern. „Ins Feld, ins Feld, ins Feld, ins Feld! Der Preuße, Bayer, Sachse, Schwab, wir alle ziehn ins Feld. [...] Drauf los [...] wir alle schlagen los"[4] – so dichtete ein Düsseldorfer Kommunalbeamter bei Kriegsausbruch 1914, und subsumierte die Rheinländer damit unter den Preußen.

Doch die eigentlich interessante Frage ist die danach, was jeweils positiv oder negativ unter Preußen oder Preußentum verstanden wurde. Sicher vertrat nicht jeder, der ein Hoch auf den König ausbrachte, dieselben Ansichten. Bei näherem Hinsehen ist es schwierig, preußische Tugenden oder Werte einigermaßen präzise zu definieren. Nach dem Zweiten Weltkrieg stritten hohe

2 Vgl. Olaf Jessen: Die Moltkes. Biographie einer Familie, München 2010, S. 46–47.

3 Dies in positiver Wertung hervorhebend: Hans-Joachim Schoeps: Preußen. Geschichte eines Staates. Bilder und Zeugnisse, Berlin 1992, S. 297.

4 Zitiert nach Max Plassmann: Düsseldorf im Ersten Weltkrieg. Das Kriegs- und Revolutionstagebuch des Constantin Nörrenberg, Saarbrücken 2013, S. 186.

Offiziere beispielsweise darüber, ob ein unpolitisches Ausführen auch von verbrecherischen Befehlen oder Widerstand,[5] ob ein Kampf bis zur letzten Patrone oder rechtzeitige Kapitulation den Anforderungen der preußischen Offiziersehre entsprach.[6] Auch der preußische Militarismus ist ein ebenso schillernder wie unklar definierter Begriff, der eher in den Bereich gesellschaftspolitischer Debatten gehört, als dass er für eine historische Analyse taugt.[7] Dennoch lässt er sich bei der Betrachtung der preußischen Zeit Kölns nicht ignorieren, denn obgleich die Zuschreibung des Militarismus an Preußen oder Deutschland – schon hier scheiden sich die Geister – dem Vetorecht der Quellen nicht oder nicht voll standzuhalten vermag, so ist er aus der Wahrnehmung des 19. und frühen 20. Jahrhunderts nicht wegzudenken.

Um zu bestimmen, was mit Militarismus gemeint sein könnte, kann eine Annäherung an den Begriff auf zwei Ebenen erfolgen: Zunächst kann er bedeuten, dass rein militärische Gesichtspunkte politische Entscheidungsprozesse maßgeblich prägen und zur Zurückstellung von sozialen, ethischen, wirtschaftlichen oder gar reinen Nützlichkeitserwägungen führen. Zum anderen kann er eine militärische Denkweise von Personen oder Gruppen bis hin zu einem ganzen Volk bezeichnen, die Kampf und Gewalt einen höheren Stellenwert als Friedenswahrung einräumen.

Nach dem Zweiten Weltkrieg wurden beide Definitionen mit Preußen – und damit übrigens zugleich mit Köln, das ja preußisch war – verbunden, was seine Auflösung 1947 folgerichtig machte.[8] Die Geschichtswissenschaft hat aber in den letzten beiden Jahrzehnten die Verortung eines Militarismus bereits im Preußen des 18. Jahrhunderts unter Friedrich II., dem Großen, ins Reich der Legenden verwiesen. Wann soll er aber dann begonnen haben? Ein Kandidat dafür wären die Befreiungskriege gegen Napoleon 1813/1815. Doch auch hier

5 Vgl. Donald Abenheim: Bundeswehr und Tradition. Die Suche nach dem gültigen Erbe des deutschen Soldaten (= Beiträge zur Militärgeschichte. Bd. 27), München 1989, S. 89–97 (am Beispiel der Bewertung des 20. Juli 1944).

6 Vgl. Kerstin von Lingen: Kontingenzbewältigung nach der Niederlage 1945: Die Suche der Wehrmachtelite nach einer Definition ehrenhafter Pflichterfüllung, in: Ludwig/Pöhlmann/Zimmermann: Ehre (Anm. 1), S. 81–93, hier vor allem S. 88.

7 Dazu immer noch klassisch: Gerhard Ritter: Das politische Problem des Militarismus in Deutschland, in: Ders.: Lebendige Vergangenheit. Beiträge zur historisch-politischen Selbstbesinnung. Zum 70. Geburtstag des Verfassers herausgegeben von Freunden und Schülern, München 1958, S. 153–183 [zuerst 1954]. Vgl. auch Wolfram Wette: Militarismus in Deutschland. Geschichte einer kriegerischen Kultur, Frankfurt a. M. 2008, S. 13–33; Michael Salewski: Preußischer Militarismus – Realität oder Mythos? Gedanken zu einem Phantom, in: Zeitschrift für Religions- und Geistesgeschichte 53 (2001), S. 19–34; Edgar Wolfrum: Krieg und Frieden in der Neuzeit. Vom Westfälischen Frieden bis zum Zweiten Weltkrieg (= Kontroversen um die Geschichte), Darmstadt 2003, S. 80–81.

8 Vgl. Wolfrum: Krieg (Anm. 7), S. 80; Christopher Clark: Preußen. Aufstieg und Niedergang 1600–1947, München 2007, S. 9.

ist die Forschung mittlerweile von der früheren Vorstellung einer allgemeinen Kriegsbegeisterung abgerückt.[9] Danach folgten auch in Preußen lange Jahre des Friedens, die kaum als Beleg für die Existenz eines aggressiven Militarismus taugen, aber ihrerseits mangels unmittelbarer Anschauung zu einer Verharmlosung der Vorstellungen vom Krieg geführt haben könnten.[10] Es bleiben am Ende die gewaltsame Niederschlagung der Revolution von 1848 und die Einigungskriege 1864, 1866 und 1870/71, die zur Entstehung der Vorstellung von einem preußisch-deutschen Militarismus geführt haben könnten – und zwar bei den Unterlegenen und inneren sowie äußeren Gegnern genauso wie bei Politikern und Militärs, die aus den schnellen und umfassenden Erfolgen den Schluss gezogen haben mochten, dass politische Probleme am einfachsten militärisch zu lösen seien. Betrachtet man jedoch die düsteren Prognosen des älteren Moltke über einen kommenden Krieg im Jahr 1890, so wird auch diese Interpretation brüchig.[11] Nach dem Ersten Weltkrieg allerdings verbreitete sich tatsächlich eine Ideologie der Gewalt und der gewaltsamen Lösung von Problemen, die zu den Vorbedingungen auch des Nationalsozialismus und des Zweiten Weltkriegs gehören. Sie speiste sich auch aus preußischen Quellen, aber sicher nicht nur. Den Zweiten Weltkrieg mit all seinen Verbrechen einer preußischen Tradition anzulasten, griffe jedenfalls zu kurz.

Wenn also die Meistererzählung vom preußischen Geist, der in Kontinuität vom Alten Fritz in das Jahr 1945 geführt habe, nicht haltbar ist, so gab es dennoch im Preußen des 19. Jahrhunderts Anlass zu kritischer Auseinandersetzung mit dem preußischen Militär. Viele hatten in den Befreiungskriegen gehofft, dass die Wehrpflicht und damit der Waffendienst aller Bürger deren Anspruch auf politische Teilhabe begründen werde. Diese Hoffnung wurde jedoch rasch zerschlagen, denn konservative Politiker und Militärs nicht nur in Preußen verhinderten ein liberales Bürgermilitär, das bürgerliche Freiheit und individuelle Persönlichkeitsentfaltung des Wehrpflichtigen sicherstellte.[12] Details dieser Entwicklung können hier nicht verfolgt werden. Es liegt aber auf der Hand, dass die Vorstellung eines obrigkeitsstaatlichen Militärgeistes im Gegensatz zu einem liberalen Bürgermilitär und damit eines liberalen Staates im Zeichen der innenpolitischen Auseinandersetzungen um eben diese Fragen

9 Vgl. Alexandra Bleyer: Auf gegen Napoleon! Mythos Volkskriege, Darmstadt 2013, S. 236–237.

10 Vgl. Salewski: Militarismus (Anm. 7), S. 27.

11 Vgl. Stig Förster: Helmuth von Moltke und das Problem des industrialisierten Volkskriegs im 19. Jahrhundert, in: Roland G. Foerster (Hg.): Generalfeldmarschall von Moltke. Bedeutung und Wirkung (= Beiträge zur Militärgeschichte. Bd. 33), München 1991, S. 103–115, hier S. 112–113.

12 Vgl. Hans Meier-Welcker (Hg.): Offiziere im Bild von Dokumenten aus drei Jahrhunderten (= Beiträge zur Militär- und Kriegsgeschichte. Bd. 6), Stuttgart 1964, S. 71–73.

entstehen konnte und sich im Rheinland und anderen Gebieten möglicherweise mit dem Gegensatz zwischen dem eigenen Katholizismus und dem protestantischen Preußen vermischte.[13]

Antimilitarismus im Kölner Karneval?

Lässt sich dies auf Köln übertragen? Gab es einen Kölner Antimilitarismus, der sich gegen Preußen stellte? Am ehesten sei dieser im Karneval zu suchen. Denn nicht nur in der populären Legende, aber vor allem dort, werden die uniformierten Traditionskorps des Kölner Karnevals als Persiflage auf das preußische Militär und als preußenkritisch betrachtet. Das älteste von ihnen - die 1823 entstandenen Roten Funken - gilt so als ein Paradebeispiel der Preußenkritik mit den Mitteln des Karnevals.[14] Karnevalsgarden wären demnach der sichtbare Ausdruck einer militär- und preußenfernen kölschen Grundeinstellung. Doch genau wie viele Vorstellungen vom Militarismus selbst handelt es sich bei diesem idyllischen Gegenbild um ein Konstrukt im Rahmen eines gesellschaftspolitischen Diskurses, der spätestens seit 1945 das alljährliche „Soldat-Spielen" erklärungsbedürftig machte.

Blickt man in die Anfangszeit des organisierten Karnevals in Köln, in die 1820er Jahre, wird deutlich, dass es dabei keineswegs um Militärkritik ging. Die Militarismusdebatten des späten 19. und des 20. Jahrhunderts gab es damals noch nicht, und Preußen stand zwar 1815 auf der Gewinnerseite, aber es hatte den Krieg gegen Napoleon nicht gewonnen. Nur im Windschatten der größeren Mächte war es gesegelt, und folglich konnte sein Militär sich nicht, wie am Ende des 19. Jahrhunderts, im Glanz des Sieges sonnen. Kurz: In dieser Zeit gab es andere Probleme, auch im Verhältnis zwischen dem Rheinland und dem preußischen Kernland, als einen von Berlin ausgehenden Militarismus. Wenn sich die Kölner daher spielerisch dem Militärischen zuwandten, hatte dies offensichtlich einen anderen Grund.

Dies ist schon an den Uniformen der Roten Funken ablesbar: Sie persiflierten gerade nicht die damals aktuellen preußischen Montierungen,[15] sondern nahmen

13 Vgl. Wolfram Siemann: Vom Staatenbund zum Nationalstaat. Deutschland 1806–1871 (= Neue Deutsche Geschichte. Bd. 7), München 1995, S. 67–68.

14 Vgl. z. B. Hildegard Brog: Die Roten Funken und die Preußen. Parodie und Wirklichkeit in der Festungsstadt Köln, in: Heinz-Günther Hunold (Hg.): Vom Stadtsoldaten zum Roten Funken. Militär und Karneval in Köln, Köln 2005, S. 157–181, z. B. S. 158: „Seit mehr als 180 Jahren persiflieren die Roten Funken [...] das preußische Militär".

15 Dementsprechend waren auch die staatlichen Verbote, im Karneval Uniformen zu tragen, nicht auf die Funken gemünzt, denn bei diesen ging es um damals aktuelle militärische und

Formen des 18. Jahrhunderts auf. Die Roten Funken spielten reichsstädtisches Militär, eine „von der Bevölkerung eher verspottete Söldnertruppe“[16] – so jedenfalls das heute überwiegende Narrativ zu diesem Vorgang. Dieses ist allerdings insofern auf Sand gebaut, als es keine verlässliche Untersuchung zur Frage des Stellenwerts und der Kampfkraft der reichsstädtischen Truppen gibt. Sie aus der Sicht des 19. Jahrhunderts lächerlich zu machen, entspricht allerdings zu sehr einem Diskurs des macht- und nationalstaatlichen Denkens, das eine kommunale Streitmacht für eine historische Anomalie des Alten Reiches hielt, um diese Vorstellung ungeprüft auf das 18. Jahrhundert zu übertragen.[17]

Für die Einkleidung der Roten Funken mit reichsstädtischen Uniformen gibt es zwei mögliche Erklärungen: Wenn tatsächlich die Verspottung der reichsstädtischen Stadtsoldaten im Vordergrund gestanden hätte, hätte sich das Korps gerade von der Vergangenheit ab- und Preußen zugewandt, indem es die reichsstädtische Vergangenheit lächerlich gemacht hätte. Das unmilitärische Verhalten der Roten Funken hätte in diesem Fall dazu gedient, durch dieses Gegenbild die damals aktuelle preußische Armee positiv zu konnotieren. Die andere und letztlich wahrscheinlichere Variante ist die Absicht, an die reichsstädtische Zeit zu erinnern[18] und damit den Anspruch auf eine möglichst weitgehende kommunale Selbstverwaltung in Preußen zu unterstreichen. Die Karnevalisten nahmen damit durchaus in den damals aktuellen politischen Debatten auch gegen die preußische Zentrale Stellung, aber nicht gegen das Militär, sondern im Gegenteil eher dafür. Denn auf zwei Ebenen war Köln seit dem 18. Jahrhundert etwas

amtliche Kleidung, deren Tragen zu Verwechselungen führen konnte (ein Problem, das sich mit Polizei-Kostümierungen etc. noch heute ergibt, ohne dass die Garden davon betroffen wären). Das Uniformtragen der Garden an sich als subversiven Akt darzustellen, gegen den die Preußen vorgingen, basiert daher auf einer Fehlinterpretation, so etwa Brog: Rote Funken (Anm. 14), S. 167.

16 Jürgen Wilhelm (Hg.): Das große Köln Lexikon, 2. Aufl. Köln 2008, Art. „Rote Funken“, S. 387.

17 Vgl. Max Plassmann: „Buntscheckigkeit“ als historiographische Kategorie: Kreistruppen in der Beurteilung der Nachwelt, in: Wolfgang Wüst/Michael Müller (Hg.): Reichskreise und Regionen im vormodernen Europa – Horizonte und Grenzen im spatial turn. Tagung bei der Akademie des Bistums Mainz, Erbacher Hof, 3.–5. September 2010 (= Mainzer Studien zur Neueren Geschichte. Bd. 29), Frankfurt a. M. [u. a.] 2011, S. 369–382. Dem angesichts der modernen militärgeschichtlichen Forschung überholten Narrativ des Stadtsoldaten als per se „traurige Gestalt“ und anderen Gemeinplätzen der älteren Literatur (und damit letztlich einer traditionellen preußischen Perspektive) folgt Michael Euler-Schmidt: Häme, Armut und die Ironie des Schicksals. Wie die traurige Gestalt des Stadtsoldaten zum Kölner Held und Vereinsmitglied wurde, in: Hunold: Vom Stadtsoldaten (Anm. 14), S. 109–137. Er ist sich darin einig mit dem borussischen Historiographen Heinrich von Treitschke: Deutschland nach dem Westphälischen Frieden, jetzt in: Gabriele Haug-Moritz (Hg.): Verfassungsgeschichte des Alten Reiches (= Basistexte Frühe Neuzeit. Bd. 1), Stuttgart 2014, S. 41–59, hier S. 56 [zuerst 1879].

18 Vgl. Euler-Schmidt: Häme (Anm. 17), S. 111; Brog: Rote Funken (Anm. 14), S. 158–159.

verloren gegangen, was das Stadtmilitär verkörpert hatte: Die Quasi-Souveränität, zu der notwendigerweise Streitkräfte gehörten,[19] und ein Bürgermilitär, bei dem sich bürgerliche Partizipation an politischen Entscheidungen mit der Wehrpflicht verband. Die Roten Funken drehten also für die Karnevalszeit die Uhr ein wenig zurück und plädierten so für ein liberales Staatsmodell gegen eine konservative Restauration.

Im Karneval wird die Welt verkehrt,[20] und deshalb muss eine militärische Truppe in der fünften Jahreszeit besonders unmilitärisch erscheinen.[21] Aber gerade dadurch, dass ein völlig übertriebenes Gegenbild der normalen Alltagserfahrung geschaffen wird, wird unterstrichen, was denn normalerweise zu erwarten wäre. Wenn am Gründonnerstag ein *Weiberregiment* über die Stadt hereinbricht, ist das als verkehrte Welt gemeint und unterstreicht (jedenfalls bis vor kurzem) gerade, dass in normalen Zeiten Frauen eben nicht die Macht ausüben. Diese Anomalie gehört zu den Sünden, die mit dem Nubbel am Aschermittwoch verbrannt werden. Genauso ist das unmilitärische Verhalten der Garden zu sehen: Dies ist ein extremes Gegenbild dessen, was die Gardisten im Alltag erwarten und tun. Es handelt sich daher um keine Preußenkritik, sondern im Gegenteil: um eine positive Würdigung der gesellschaftlichen Rolle des Militärs im normalen Leben.

Grundsätzlich spiegeln die Garden daher die Nähe, nicht die Ferne ihrer Protagonisten zum Militär. Das gilt im Übrigen genauso für den Bauern im Dreigestirn, der für das wehrhafte und unabhängige alte Köln steht, also für eine Stadt, die sich militärisch zu wehren versteht. Und erst recht mit dem obrigkeitlich gedachten Ansatz des „Festordnenden Comités für die Carnevalslustbarkeiten“ von 1823, das für einen reglementierten Karneval steht – und damit letztlich für preußische und militärische Werte. So ist es eigentlich nur folgerichtig, dass nicht nur preußische Militärs der Kölner Garnison im Rahmen des „Festordnenden Comités“ am Aufbau des modernen Karnevals beteiligt waren, sondern auch der

19 In diesem Zusammenhang wäre noch näher zu prüfen, welche Rolle der im Zuge der Französischen Revolution etablierte Kult um die Überhöhung des Soldatischen im Einsatz für die Allgemeinheit eine Rolle gespielt hat. Vgl. dazu Christina Schröer: Sinnstiftung im Ausnahmezustand. Symbolik und Gewalt im Zeitalter der Französischen Revolution, in: Barbara Stollberg-Rilinger/Tim Neu/Christina Brauner (Hg.): Alles nur symbolisch? Bilanz und Perspektiven der Erforschung symbolischer Kommunikation (= Symbolische Kommunikation in der Vormoderne), Köln/Weimar/Wien 2013, S. 219–242, hier vor allem S. 229–231.

20 Vgl. Herbert Schwedt: Der Prinz, der Rhein, der Karneval. Wege der bürgerlichen Fastnacht, in: Michael Matheus (Hg.): Fastnacht/Karneval im europäischen Vergleich (= Mainzer Vorträge. Bd. 3), Stuttgart 1999, S. 63–83, hier S. 64.

21 Beispiele bei Irene Franken: „Die nie besiegten Söhne des Mars“. Die Kölsche Funken rutweiß vun 1823 e.V. – ein literarisch konstruierter Männerbund, in: Hunold: Vom Stadtsoldaten (Anm. 14), S. 199–225, hier S. 209–214.

Abb. 1: Darstellung des Festordnenden Komitees. Ebenfalls am Tisch (4. v. r.): der preußische Leutnant Peter Joseph vom Rath (Repro aus Peter Fuchs u. a.: Kölner Karneval. Seine Bräuche, seine Akteure, seine Geschichte, Köln 1997, S. 187)

spätere Kaiser Friedrich III. – überdies ein erfolgreicher Heerführer – seit den späten 1820er Jahren offenbar regelmäßig und mit Vergnügen an den Karnevalslustbarkeiten in Köln teilnahm. 1858 musste er allerdings absagen, was er selbst gegenüber dem Festkomitee bedauerte: „Sehr gerne wäre auch in diesem Jahre ich zu Ihnen geeilt ein Zeuge zu sein unseres Rheinischen harmlosen Scherzes, in welchen ich stets so gern einstimme." Er sei trotz diesjähriger anderwärtiger Verpflichtung „Stammgast des Cölner Carnevals".[22] Zumindest der organisierte Karneval kann keineswegs für sich in Anspruch nehmen, eine antipreußische oder antimilitärische Veranstaltung gewesen zu sein. Von Beginn an wurde er von den örtlichen preußischen Militärs unterstützt, und die Erfindung der Narrenkappe wird sogar dem preußischen Generalmajor Baron von Czettritz und Neuhaus, Kommandeur der 15. Kavallerie-Brigade in Köln und Ehrenmitglied des „Festordnenden Comités", zugeschrieben. Er soll am 14. Januar 1827 bei einer Sitzung der Karnevalisten vorgeschlagen haben, sich mit einer solchen Kappe zu kennzeichnen.[23] Es ist offensichtlich eine Entwicklung der Zeit nach 1945, Karnevalsgarden als ein antipreußisches oder antimilitaristisches Erbe zu sehen, zumal sich etwa die Blauen Funken geradezu aus einer pro-preußischen Stimmung heraus nach dem Sieg über Frankreich 1870/71 gründeten.

22 Beide Zitate HAStK Best. 7505 A 120: Friedrich III. an das Festkomitee, 12. Februar 1858. Vgl. Jürgen Herres: Köln in preußischer Zeit 1815–1871 (= Geschichte der Stadt Köln. Bd. 9), Köln 2012, S. 92–93.

23 Vgl. Klaus Schlegel: Köln und seine preußischen Soldaten. Die Geschichte der Garnison und Festung Köln von 1814 bis 1914, Köln 1979, S. 24; Brog: Rote Funken (Anm. 14), S. 161; Michael Euler-Schmidt: Preußen Alaaf you! Kölner Karneval zwischen preußischer Ordnung und französischem Erbe, in: Stefan Lewejohann/Sascha Pries (Hg.): Achtung Preußen. Beziehungsstatus: kompliziert, Köln 2015, S. 33–34.

Der Kölner als Militarist?

Der Karneval und die Garden fallen also als Beleg für eine militärferne oder militärkritische Einstellung der Kölnerinnen und Kölner aus. Sind die Kölner also genauso militaristisch wie die Preußen? Diese Frage lässt sich letztlich genauso wenig eindeutig beantworten wie für Preußen insgesamt. Genau wie in Berlin finden sich am Rhein Pazifisten neben radikalen Scharfmachern, und das im Verlaufe der Geschichte in jeweils unterschiedlichen Graden und Verbreitungen. Zu fragen ist also, welche Haltung eine Person oder eine Gruppe zu einem bestimmten Zeitpunkt zu Militär und Gewalt einnahm, um zu einem differenzierten Bild zu gelangen.

1840 druckte die Kölnische Zeitung das Gedicht „An Alphons de Lamartine" von Nikolaus Becker, das sich auch als „Rheinlied" und unter dem Titel „Sie sollen ihn nicht haben, den freien deutsche Rhein" großer Bekannt- und Beliebtheit erfreute, so lange antifranzösischer Nationalismus in Preußen und Deutschland en vogue war. Nicht nur der preußische König Friedrich Wilhelm IV. ehrte den Dichter, auch im Rheinland fanden seine Verse großen Anklang. Die Kölnische Zeitung wollte sie zur Basis eines deutschen Nationalliedes machen, und neben anderen hat kein geringerer als Robert Schumann für seine Vertonung gesorgt. Dass Köln und das Rheinland dem antifranzösischen Text ferngestanden hätten, lässt sich also nicht behaupten. Die Anteile des Rheinliedes, die man aus heutiger Sicht als militaristisch bezeichnen würde, wurden dabei, wenn nicht von allen so doch von vielen, als unproblematisch empfunden. „Sie sollen ihn nicht haben,/ Den freien deutschen Rhein,/ Bis seine Flut begraben/ Des letzten Manns Gebein!" lässt sich ohne weiteres als Aufforderung zum Kampf bis zum Untergang verstehen, und diese steht damit in einer langen Traditionslinie bis in die letzten Tage des Zweiten Weltkriegs.[24]

Der Kölner Maler und katholische Politiker Friedrich Baudri (1808–1874) beispielsweise schrieb 1866 während des preußisch-österreichischen Krieges in sein Tagebuch zu den damaligen Kämpfen in Italien: „[G]ebe Gott, daß dieser Räuberkönig [Victor Emmanuel – M. P.] gründlich gedemütigt werde und seine Verbündeten mit!"[25] (26. Juni 1866). Da Victor Emmanuel gegen den Papst stand, ist diese

24 Zitat nach Gertrud Wegener: Literarisches Leben in Köln 1750–1850, 3. Teil: 1840–1850, bearbeitet von Enno Stahl, Köln o. J., S. 11. Vgl. auch Lydia Becker: Nikolaus Becker (1809–1845), Dichter, in: Portal Rheinische Geschichte, http://www.rheinische-geschichte.lvr.de/persoenlichkeiten/B/Seiten/NikolausBecker.aspx [Stand: 9.4.2015]; Max Plassmann: Sieg oder Untergang. Die preußisch-deutsche Armee im Kampf mit dem Schicksal, in: Jürgen Luh/Vinzenz Czech/Bert Becker (Hg.): Preußen, Deutschland und Europa 1701–2001 (= Baltic Studies. Bd. 8), Groningen 2003, S. 399–426.

25 Ernst Heinen (Bearb.): Friedrich Baudri. Tagebücher 1854–1871. Bd. 3: 1863–1867 (= Publikationen der Gesellschaft für Rheinische Geschichtskunde. Bd. LXXIII), Düsseldorf 2013, S. 458.

Parteinahme des rheinischen Katholiken leicht zu erklären. Mit dem Verbündeten ist Preußen gemeint, das gleichzeitig in Böhmen gegen Österreich kämpfte. Am folgenden Tag verzeichnet Baudri einen „Bettag“ für die „preußischen Waffen“,[26] den der Erzbischof unterstützte (27. Juni 1866). Kurz darauf vermeldet er den Sieg der Preußen bei Königgrätz, der zu Feierkundgebungen und Aufregung auch in Köln geführt habe, die für ihn „aber keine freudige“[27] war (4. Juli 1866). Denn als Katholik war ihm und anderen nicht an einem preußischen Triumph gelegen. Diese Distanz zum preußischen Sieg ist aber nicht mit Antimilitarismus zu verwechseln. Wie seine Haltung zum italienischen Krieg zeigt, ging es Baudri und den politisierten Kölner Katholiken um religions- und innenpolitische Fragen, nicht aber darum, den Krieg oder das Militär an sich zu verdammen.

In den folgenden Jahrzehnten bis zum Ersten Weltkrieg scheint sich die bei Baudri noch sehr direkt greifbare Preußenfeindschaft führender Kölner mehr und mehr abgeschliffen zu haben, ohne jedoch ganz zu verschwinden.[28] Der rheinische politische Katholizismus pflegte weiterhin „Antipathien gegen die moderne Metropole Berlin“,[29] wobei Berlin pars pro toto für das Preußentum stand, von dem er sich nach der Niederlage 1918 in besonderem Maße distanzierte. Aber die Kölner waren nicht ausschließlich politisierte Katholiken.[30] Von den 35 zwischen 1871 und 1918 errichteten Denkmälern auf dem Kölner Stadtgebiet waren 18 Personen gewidmet, die direkt oder indirekt dem preußischen Herrscherhaus bzw. der Sphäre der preußischen Regierung zuzurechnen sind.[31] Die Reaktionen in der Stadtgesellschaft auf diese borussische Denkmalschwemme waren allerdings uneinheitlich und schwankten zwischen begeisterter Zustimmung und Ablehnung, was den Befund eines differenzierten Verhältnisses zu Preußen unterstreicht. Unter den mit einem Denkmal gewürdigten Personen befand sich der preußische Generalstabschef Moltke, und sowohl Bismarck als auch die Hohenzollern wurden vielfach mit militärischen Attributen dargestellt. Vor dem Ersten Weltkrieg konnte während der Kölner Blumenspiele unwidersprochen

26 Heinen: Friedrich Baudri (Anm. 25), S. 459.

27 Ebd. S. 464.

28 Aus borussischer Perspektive das gleiche feststellend: Aloys Schulte (Hg.): Tausend Jahre deutscher Geschichte und deutscher Kultur am Rhein, Düsseldorf 2. Aufl. o. J. [1925], S. 340–341.

29 Ralf Stremmel: Modell und Moloch. Berlin in der Wahrnehmung deutscher Politiker vom Ende des 19. Jahrhunderts bis zum Zweiten Weltkrieg, Bonn 1992, S. 183. Vgl. ebd. S. 183–190. Zur „Berlin-Aversion“ Adenauers vgl. ebd. S. 200–207. Siehe auch Thomas Hoeps: *Berlin! Berlin! Ich kann es nicht mehr hör'n*. Über die (Metropolen?-) Literatur in den Zeiten der *Hauptstadtkultur* und eine rheinische Mentalitätsopposition, in: Antje Johanning/Dietmar Lieser (Hg.): StadtLandFluß. Urbanität und Regionalität in der Moderne. Festschrift für Gertrude Cepl-Kaufmann zum sechzigsten Geburtstag, Neuss 2002, S. 321–328, hier vor allem S. 323.

30 Vgl. Herres: Köln (Anm. 22), S. 393–404.

31 Vgl. Iris Brenner: Kölner Denkmäler 1871–1918. Aspekte bürgerlicher Kultur zwischen Kunst und Politik (= Publikationen des Kölnischen Stadtmuseums. Bd. 5), Köln 2003.

Dichtung zum Vortrag gebracht werden, die kriegsverherrlichend und antifranzösisch war.[32] Von einem kölschen Antimilitarismus sollte insgesamt genauso wenig ausgegangen werden wie von einer durchgängigen Borussophilie.[33]

Die Haltung zu Krieg und Militär wird nicht unwesentlich von historischen Erfahrungen, von Vor- und Schreckbildern in der Vergangenheit geprägt, die als Mythos oder Vorstellungen in die jeweilige Gegenwart hineinragen. Es fällt leicht, in der Tradition der preußischen Armee Elemente zu finden, die in diesem Sinne die Geschichte als Argument für Verhaltens- und Denkweisen nutzen, die dem Militär positiv gegenüberstehen. Jedoch ist schon die borussische Militärtradition keineswegs einheitlich. Vielmehr kann man sich aus ihr wie aus einem Baukasten bedienen, um alle möglichen aktuellen Verhaltensweisen durch historische Vorbilder zu überhöhen. Zur Spannbreite einer positiv konnotierten preußischen militärischen Tradition gehört auf diese Weise die Befehlsverweigerung genauso wie das Selbstopfer im Angesicht einer Übermacht. Es ist daher jeweils genau zu beobachten, in welcher Zeit in welcher Gewichtung die einzelnen Elemente wirksam waren.[34]

Das gilt im Kleinen auch für Köln: Um zu ermitteln, welche Rolle hier militärische (militaristische) Denkweisen spielen konnten, muss die Spannweite der Versatzstücke kollektiver militärischer Erfahrungen der Kölner untersucht werden. Hier ist aber schon auf den ersten Blick ein deutlicher Unterschied zu Brandenburg-Preußen zu sehen: Große Armeen, große Schlachten und Belagerungen, große Siege und epische Niederlagen, hohe blutige Verluste gepaart mit großen politischen Gewinnen sind in der Kölner Kriegsgeschichte nicht oder nicht im gleichen Maße wie in der preußischen zu finden. Das gilt auch für Kriegshelden und verehrungswürdige Heerführer, und es fehlen hier auch Militärtheoretiker.

Die Kämpfe des 13. Jahrhunderts gegen den Erzbischof, die in der Schlacht von Worringen gipfelten, die inner- und außerstädtischen Konflikte des Spätmittelalters, die Teilnahme der Kölner an der Abwehr der Belagerung von Neuss durch Karl den Kühnen im späten 15. Jahrhundert und der Einsatz Kölner Truppen in den Kriegen der Frühen Neuzeit haben nicht zur Ausbildung einer regelrechten militärischen Tradition oder einer Elite geführt, die ihren elitären Status auf militärischen Einsatz gründete. Da Kölns Reichtum und letztlich auch Sicherheit auf dem Handel beruhten, ist das auch nicht unbedingt zu

32 Vgl. Enno Stahl: Kein Sturm, keine Aktion. Das literarische Leben im Rheinland der Vorkriegszeit 1900–1914, in: DüssJb 85 (2015), S. 37–59, hier vor allem S. 44–46.

33 Zu einer solchen siehe z.B. die borussischen Elogen in HAStK Best. 401, A 71 Bd. 2; Vgl. auch: Die Stadt Cöln im ersten Jahrhundert unter preußischer Herrschaft, Bd. 1/II., Köln 1916, S. 1–2 (mit einer gewiss offiziösen Sicht auf den Kriegsausbruch 1870, der mit der Gründung der sog. Blauen Funken als eine borussische Karnevalsgarde zusammenfiel).

34 Vgl. Abenheim: Bundeswehr (Anm. 5), S. 7–32.

erwarten. Handel und wirtschaftlicher Verkehr erfordern stabile Verhältnisse. Auch wenn Kriege bisweilen zumindest für eine Partei wirtschaftliche Vorteile bringen, war es für das vormoderne Köln eine sinnvolle Option, sich defensiv und eben nicht aggressiv zu verhalten und Konflikte, wenn möglich, durch gütliche oder juristische Auseinandersetzung beizulegen. Eine dezidiert militärische Tradition konnte sich so nicht unbedingt entwickeln. Auf der anderen Seite findet sich mit dem Denkmal für die Schlacht an der Ulrepforte im Jahr 1268 ein prominenter Kölner Gedächtnisort für einen militärischen Sieg – wenngleich der Hergang des Geschehens nicht eindeutig zu klären ist. Die Verarbeitung in der zeitgenössischen Reimchronik Gottfried Hagens und noch ihm folgend im 19. Jahrhundert durch Leonard Ennen hat indes eine eindeutige Interpretation im kölschen Gedächtnis hinterlassen: Eine kleine Schar Mutiger opfert sich in aussichtslosem Kampf gegen eine drückende Übermacht für die Freiheit der Stadt und ihrer Bürger. Ennen legt dem sterbenden Anführer Matthias Overstolz in den Mund: „fröhlich will ich sterben, wenn ich weiß, daß der Sieg unser“.[35] Insgesamt kann man in Köln daher zwar nicht von einer starken Tradition sprechen, die militärischen Gesichtspunkten einen besonders hohen Stellenwert eingeräumt hätte. Aber man kann auch nicht davon sprechen, dass der kölschen Lebensart Krieg und Gewalt oder auch das Selbstopfer in einem an sich aussichtslosen Kampf grundsätzlich ferngestanden hätten.

Im preußischen Offizierskorps war trotz insgesamt abnehmender Tendenz der Adel tonangebend. Manch antimilitärischer Reflex ist daher auf den grundlegenden Konflikt zwischen adeligem Führungs- und bürgerlichem Teilhabeanspruch im 19. Jahrhundert zurückzuführen.[36] Nicht zufällig gilt als Archetyp des Preußen ein ostelbischer Junker, und umgekehrt grenzten sich adelige Offiziere mit der Behauptung einer eigenen Standesehre und einer besonderen angeborenen Qualifikation gerade im militärischen Bereich vom Bürgertum ab und konstruierten sich so als antagonistische Gruppe, die in Preußen mit Militarismus in Verbindung gebracht wurde. Dass es sich nicht um einen preußischen Militarismus, sondern um ein deutlich weiter verbreitetes Problem gehandelt hat, zeigt aber der Seitenblick etwa in die Schweiz oder auch nach Bayern, wo jeweils ähnliche Probleme zu beobachten sind.[37]

35 Leonard Ennen: Geschichte der Stadt Köln, meist aus den Quellen des Kölner Stadt-Archivs. Bd. 2, Köln/Neuss 1865, S. 201. Vgl. ebd. S. 200–201.

36 Vgl. Martin Kutz: Deutsche Soldaten. Eine Kultur- und Mentalitätsgeschichte, Darmstadt 2006, S. 29–31.

37 Vgl. Jaun: „Volk“ (Anm. 1), S. 153–157; Gundula Gahlen: Ehrvorstellungen im bayerischen Offizierskorps zur Zeit des Deutschen Bundes, in: Ludwig/Pöhlmann/Zimmermann: Ehre (Anm. 1), S. 127–145, hier vor allem S. 138.

Die Revolutionskriege des späten 18. und frühen 19. Jahrhunderts führten bei der Wahrnehmung von Militär allgemein zu neuen Formen und Perspektiven. Die Befreiung von den Franzosen durch den militärischen Einsatz der Bevölkerung sowie die dabei zu vermeldenden Heldentaten waren nach 1815 wenigstens in der Publizistik eine positiv besetzte Erinnerung. Das gilt auch für Köln. Vom Beginn der preußischen Zeit datiert ein ebenso tollkühner wie verantwortungsloser Versuch des Potsdamer Gardejägers Major Ferdinand Bolstern von Boltenstern, im Januar 1814 den Rhein mit einer kleinen Truppe zu überschreiten. Der unter dem Applaus der Kölner durchgeführte Handstreich misslang unter schweren Verlusten, Boltenstern selbst versank mitsamt seinem Pferd im Fluss.[38] Nun war der Major Preuße, sodass die Kölner an sich nichts mit ihm zu tun hatten. Dennoch ehren sie ihn bis heute mit der Benennung einer Straße. Zwar ist dieser Kriegsheld außerhalb Kölns von mäßiger Popularität etwa im Vergleich zu Schill. Aber es handelt sich bei ihm um eine lokale Variante einer im preußischen Militär des 19. Jahrhunderts bis 1945 wirkmächtigen Vorstellung, nach der es ehrenvoll sei, im Krieg ein hohes Risiko zu suchen und so entweder Sieg oder Untergang zu erzwingen. Indem die Kölner die Pflege des Boltenstern-Mythos übernahmen,[39] schlossen sie sich diesem preußischen Narrativ an – also einer sowohl in der Armee als auch in zivilen Kreisen bis 1945 gepflegten Vorstellung, dass der volle militärische Einsatz ohne die Berücksichtigung des persönlichen Risikos und der Verluste letztlich den Sieg auf dem Schlachtfeld erzwingen werde, andernfalls aber der ehrenvolle kämpfende Untergang einer Kapitulation oder einem Kompromiss vorzuziehen sei. Derartige Vorstellungen gab und gibt es nicht nur in Preußen, und sie waren auch in Preußen keineswegs die einzige Betrachtungsweise zum Problem, sich nicht immer mit Gewalt durchsetzen zu können. Aber sie waren hier durchaus stärker ausgeprägt als vielerorts, was mit der spezifischen Situation Preußens zusammenhängt, das im 18. Jahrhundert eine aus unterschiedlichen Gründen gefährdete Position im Kreis der Großmächte erworben hatte. König Friedrich II. hatte mit militärischen Mitteln die Absicherung dieser Position erreicht, allerdings nur knapp, unter schwersten Opfern und Verlusten sowie durch Inkaufnahme des Risikos einer völligen Vernichtung seines Staats. Der Erfolg schien ihm

38 Die Episode schildert z.B. Schlegel: Köln (Anm. 23), S. 10. Vgl. auch Benno Hann von Weyhern: Major Bolstern von Boltenstern. Ein kurzes aber ehrenvolles Soldatenleben, militärisches Zeitbild aus den Jahren 1798 bis 1814 nach Briefen, Tagebüchern und Akten. Mit einem Bildniß und zwei Abbildungen, Berlin 1900, S. 120–127.

39 Siehe z.B. den Bericht in der Kölnischen Zeitung 1876, abgedruckt: Hann von Weyhern: Major (Anm. 38), S. 187–196. Zu Schill vgl. Bleyer: Auf gegen Napoleon (Anm. 9), S. 87–92.

bei diesem Kurs – der ohne weiteres auch als verantwortungslos bezeichnet werden könnte – Recht zu geben. Die Erinnerung an Friedrich hielt also ein positiv besetztes Beispiel dafür bereit, wie man eine prekäre militärische und politische Lage durchstehen konnte, indem man die Eskalation bis zum drohenden Untergang vorantrieb. Im Ersten und noch mehr im Zweiten Weltkrieg sollte diese Vorstellung verhängnisvolle Folgen haben. Unterstützt wurde sie von der romantischen Entdeckung einer mythisch verklärten germanischen Vergangenheit im 19. Jahrhundert. Das zum deutschen Nationalepos stilisierte Nibelungenlied handelt vom ehrenvollen und kämpfenden Untergang auch in der Gewissheit, nicht mehr siegen zu können. So schwer verständlich dies aus heutiger Sicht ist, so selbstverständlich positiv sahen es selbst gebildete Zeitgenossen bis zum Ende des Zweiten Weltkriegs.[40]

Was hat dies mit Köln zu tun? Die Kölner standen bei diesen Entwicklungen und Vorstellungen nicht im Abseits.[41] Sie pflegten zwar ihre rheinische Identität, aber sie gehörten doch auch zu Preußen und später zum Deutschen Reich. Eine Trennung der Kölner von der preußisch-deutschen Ideengeschichte wäre daher ebenso künstlich, wie ein Ausblenden der Kölner aus der preußischen Militärgeschichte. Sie dienten in der preußischen Armee, und in den Einigungskriegen erhielten nicht wenige Kölner preußische Auszeichnungen für ihren Einsatz an den verschiedenen Fronten.[42] Vielleicht mangels eigener militärischer Gedächtnisorte, sicher aber in Vereinnahmung der preußischen militärischen Tradition wurden auch in Köln zahlreiche Straßen nach Schlachten und Militärs aus der preußischen Geschichte benannt. Auf diese Weise wurde die preußische Militärtradition affirmativ in die Topographie Kölns eingeschrieben – und das auf Dauer. Die Stadt machte sich so selbst zum Teil eines Preußens, das erst durch Blut und Eisen in die Lage versetzt worden war, auch im Rheinland

40 Zu dem gesamten Komplex vgl. Plassmann: Sieg (Anm. 24).

41 Siehe z. B. die Beschreibung der Schlacht bei Worringen 1288 durch Leonard Ennen in seiner einflussreichen Stadtgeschichte, insbesondere die positive Wertung des aussichtslosen Kampfes der letzten erzbischöflichen Truppen auf dem Schlachtfeld mit „erbitterter Wuth und stoischer Bravour […] Einer nach dem anderen starb hier mit den Waffen in der Hand den Tod des Helden", Ennen: Geschichte der Stadt Köln (Anm. 35), S. 243. Eine (wohl kaum gründlich durchdachte) positive Wahrnehmung von Werten, die gemeinhin mit einer preußischen militaristischen Tradition verbunden werden, findet sich beispielsweise auch im Lied „Schlacht bei Worringen" der Bläck Fööss aus dem Jahr 1985 (siehe http://www.songtextemania.com/schlacht_bei_worringen_songtext_black_fooss.html [letzter Zugriff 18. 2. 2015]): „keine Meter Bodden mieh zeröck", „dä Preis war huh [an Toten – M.-P.] doch uns Stadt wor frei", „leever dud als e ne Knääch ze sin" (dies offenbar eine Abwandlung des damals bei Militärbefürwortern populären Schlagworts „lieber tot als rot"), „et wor ald fünf vür zwölf" (d. h., Weiterkämpfen in aussichtsloser Lage ist positiv besetzt).

42 Vgl. Schlegel: Köln (Anm. 23). S. 71–99; Herres: Köln (Anm. 22), S. 346.

zu herrschen.[43] Wenn der – wie auch immer definierte – preußische Militarismus nach 1815 untersucht wird, lassen sich Köln und das Rheinland nicht als preußenferne und Militarismus-freie Zonen ausblenden. Jeder Krieg, der von Preußen ausging, ging seitdem auch von Köln als Teil dieses Preußens aus. Das bedeutet nicht, dass jeder Kölner diese Kriege unterstützte. Aber das gilt für alle Regionen und Städte in Preußen, auch für Brandenburg und Berlin. Von einem kölschen Sonderweg auszugehen, der die Stadt und ihre Bewohner als Fremdkörper im eigenen Staatswesen betrachtet, geht daher auch im Bereich des Militarismus fehl.

43 Vgl. z.B. KÖLN – R(H)EIN – PREUSSISCH? Eine Ausstellung des Historischen Archivs der Stadt Köln und des Archivs des Landschaftsverbandes Rheinland. 16.04.–13.09.2015. Broschüre zur Ausstellung, Köln/Brauweiler 2015, S. 18–19.

Alltagsleben in den Festungsstädten Köln und Koblenz

Ein Vergleich

Hildegard Brog

Auf dem Wiener Kongress wurde Preußen im Jahr 1815 das Rheinland zugesprochen. Noch in Wien beschloss der preußische König Friedrich Wilhelm III. mit allerhöchster Kabinettsordre, Köln und Deutz sowie Koblenz und Ehrenbreitstein zu Festungen ausbauen zu lassen. Sowohl die ehemals freie Reichsstadt Köln als auch die frühere kurtrierische Residenzstadt Koblenz änderten von einem auf den anderen Tag ihr Aussehen. So wurden aus Köln und Koblenz Festungsstädte, bestehend aus einem abgeschlossenen Stadtgebiet ohne Ausdehnungsmöglichkeit und mit begrenztem Zugang. Zugleich änderte sich auch das Leben der Bevölkerung schlagartig. Die oberste Autorität war der Festungskommandant, der dem preußischen König direkt unterstellt und verantwortlich war. Fortan hatten militärische Interessen oberste Priorität, denen sich alles Zivile unterordnen musste. Das alleinige Ziel war die permanente Sicherung der Festung.

Welche Konsequenzen hatte dies für die Bewohner der Festungsstädte? War das Alltagsleben in Köln und Koblenz anders als in anderen Städten? Tatsächlich gab es sehr viele Beeinträchtigungen, die vom Festungscharakter herrührten und die es anderswo nicht gab. Einquartierungen von tausenden von Soldaten oder Grundstücksenteignungen für das Festungsgelände hatte die Bevölkerung klaglos zu tragen, auch wenn damit enorme finanzielle Belastungen verbunden waren. Dass die Mobilität massiv eingeschränkt war, dass der Raum in der Stadt nicht ausreichte, dass keine Industrie- und Gewerbeansiedlungen möglich waren – alles nebensächlich. Andererseits war die Festungskommandantur auch ein wichtiger Arbeitgeber, denn sie brachte Geld in die Stadt. Was sich für Koblenz oder Köln vielleicht als einzelne Ereignisse erklären ließe: Im Vergleich beider Städte erkennt man immer wieder Gemeinsamkeiten. Was zählte, war allein die Sicherung der Festung!

1. Der Festungscharakter und die Geschichtsschreibung

In vielen Werken zur Koblenzer und Kölner Stadtgeschichte wird auf den einengenden Charakter des Festungsrings hingewiesen. Doch wir wissen nur sehr wenig darüber, was es für die Bevölkerung bedeutet hat, in einer Festungsstadt zu leben. Denn alle bisherigen Untersuchungen behandeln vor allem die Entfestigung, also die Zeit von 1881 bzw. 1889 und die vorausgegangenen Jahre. Außerdem beziehen sie sich nur auf Fragen der Stadtentwicklung aus architektonischer und stadtplanerischer Sicht.[1]

Dabei hat der Festungscharakter die beiden Städte im 19. Jahrhundert ganz entscheidend geprägt. Doch im kollektiven Gedächtnis ist die Erinnerung daran, fast ein Jahrhundert lang in einem rundum eingemauerten, militärisch stark bewachten Sperrgebiet gelebt zu haben, nicht vorhanden. Warum? Dieses Manko der Geschichtsschreibung mit einer schlechten Quellenlage zu erklären, greift zu kurz. Eine Erklärung liegt wohl eher darin, dass der gesamte Festungsbereich einer strengen militärischen Geheimhaltung unterlag. Daher gibt es praktisch keine Abbildungen dieser Festungsanlagen aus preußischer Zeit. Überliefert ist aber eine zeitgenössische Schilderung von Victor Hugo: „Ein rötlicher Halbkreis von Festungsgräben und Mauern aus Ziegeln taucht überall hinter den Dächern auf und umschließt die Stadt wie ein Waffengürtel, der an den Fluss geschnallt ist."[2] Aus diesem Grund klammerten zeitgenössische Schilderungen Festungsanlagen aus. Das beste Beispiel ist die vierbändige Topographie des Kölner Stadtsekretärs Fuchs, in der man die Beschreibungen dieser Festungsanlagen vergeblich sucht. Sie werden mit keinem Wort erwähnt.[3]

Zudem werden die militärische und die zivile Welt als zwei völlig voneinander getrennte Bereiche angesehen. Für den einen ist die Militärgeschichte zuständig und für den anderen die übrigen Historiker. Aber im Alltag liegen

1 Einen vollständigen Überblick über die Kölner Befestigungsgeschichte bietet der von der Prinzen-Garde Köln e.V. 1906 herausgegebene Band: Hildegard Brog: Vom Wehrturm zum Prinzen-Garde-Turm. Ein Rückblick auf 825 Jahre Kölner Stadtmauer, Köln 2005. Weitere Literatur: Hiltrud Kier: Die Kölner Neustadt, Düsseldorf 1978; Ernst Zander: Befestigungs- und Militärgeschichte Kölns, Köln 1944 (meines Wissens befindet sich ein Exemplar im Lesesaal des HAStK; eine Kopie im Stadtarchiv Koblenz); Udo Liessem: Entfestigung als städtebauliche Chance – dargestellt am Beispiel Koblenz, in: Festung Koblenz, Koblenz/Wesel 1998, S. 117–132; Rüdiger Wischemann: Die Festung Koblenz, Koblenz 1978; Max Bär: Aus der Geschichte der Stadt Koblenz 1814–1914, Koblenz 1922, S. 164–168; Jürgen Herres: Das preußische Koblenz, in: Geschichte der Stadt Koblenz Bd. 2, Stuttgart 1993; Thomas Tippach: Koblenz als preußische Garnisons- und Festungsstadt. Wirtschaft, Infrastruktur und Städtebau, Köln/Weimar/Wien 2000.

2 Victor Hugo: Notizen von einer Rheinreise, Ebenhausen bei München 1965, S. 21.

3 Historisches Archiv der Stadt Köln (= HAStK) Chronik. u. Darstell. 231; Fuchs, Topographie der Stadt Köln Bd. 1–4.

zwischen Militär und Zivilbevölkerung keine Welten, tatsächlich verknüpfen und verbinden sie sich. Bisher haben Historiker in ihren Untersuchungen den Umständen, die es für die Bevölkerung mit sich brachte, wenn man in einer Festungsstadt lebte, nicht die angemessene Bedeutung beigemessen, weil sie den militärischen Sicherheitsaspekt nicht in Betrachtungen einbezogen haben.

Wenn wir jedoch die Geschichte von Koblenz und Köln im 19. Jahrhundert unter diesem Aspekt betrachten, ergibt sich ein völlig neues und sehr komplexes Bild, das hier durch einige Punkte kurz nachgezeichnet werden soll: Die Mobilitätseinschränkungen durch die angeordneten Schließungen der Festungstore, der Aspekt der inneren Sicherung der Festung im Frieden wie im möglichen Kriegsfall sowie das Problem der Stadterweiterung. Viele weitere Aspekte gilt es noch, einer gründlichen Betrachtung zu unterziehen. Dazu gehören die Auswirkungen der Militarisierung auf die Zivilbevölkerung durch die ständigen Einquartierungen, die Folgen der Grundstücksenteignungen für den Festungsbau oder die enormen wirtschaftlichen Beeinträchtigungen aufgrund der Festungssituation. Problematisch war auch das Verhältnis zwischen Militär- und Zivilbehörden, das sich beispielsweise in den sehr eingeschränkten Machtbefugnissen der Oberbürgermeister zeigte. Alles in allem kann man sagen, dass die Beeinträchtigungen aufgrund des Festungscharakters für die Bevölkerung von Köln und Koblenz über Jahrzehnte permanent zu spüren waren. So gesehen ist es eigentlich nicht erstaunlich, dass „die Preußen" im Rheinland noch heute als „Besatzungs-" und nicht, gemäß den Vereinbarungen des Wiener Kongresses, als Staatsmacht angesehen werden.

2. *Die Einschränkung der Bewegungsfreiheit*

In Koblenz wurden in nur 16 Jahren die massiven Festungsanlagen in Ehrenbreitstein, die Feste Kaiser Franz auf dem linken Moselufer und die Feste Alexander mit dem Fort Konstantin auf der Karthause errichtet. Im Zentrum dieser Festungsanlagen lag das ebenfalls befestigte Koblenz. Die gesamte Stadt einschließlich des Rhein- und Moselufers wurde mit einer Umwallung umgeben, die in der Zeit von 1819 bis 1822 entstand. Die Rhein- und Moselfront, früher von geschäftigem Treiben bestimmt, wurde nun durch Kehlmauern abgeschnürt. Auf der Landseite erstreckte sich eine 16 Meter hohe winkelförmige Umwallung in einem Viertelkreis entlang dem heutigen Moselring und dem Friedrich-Ebert-Ring.[4]

4 Wischemann: Festung (Anm. 1), S. 31–33.

Abb. 1: Die Festung Ehrenbreitstein 1852 von Südwesten aus gesehen, Georg Osterwald (Zeichner), 1852 (wikicommons)

Auf der Landseite gab es zwei Festungstore: das Löhrtor und das Mainzer Tor. Hinzu kam das kleinere Weißer Tor. Die beiden größeren Torgebäude waren jeweils 138 Meter lang, 17 Meter breit und 15 Meter hoch. Beide wurden als zweistöckige kasemattierte Torgebäude errichtet, die wie eigenständige Zitadellen verteidigt werden konnten. Weitere Tore gab es am Rhein- und Moselufer. Anders als ursprünglich geplant, war die Koblenzer Stadtbefestigung nach ihrer Fertigstellung in der Lage, auch einer längeren Belagerung standzuhalten. Für die Stadtbevölkerung und den Warenstrom wurden die Tore zum Nadelöhr – die eingeschränkte Bewegungsfreiheit behinderte das Wirtschaftsleben in der Stadt massiv.[5]

Do Auch in Köln sollte das Herrschaftsjubiläum 1865 festlich ch diese Tore waren keine gewöhnlichen Stadttore, wie es sie in vielen Städten gab, sondern es handelte sich um Festungstore. Um den Unterschied zu verstehen, muss man sich die damaligen Sicherheitsbestimmungen vor Augen führen. Die Kontrolle über die Stadttore oblag dem Festungskommandanten. Er war direkt dem

5 Liessem: Entfestigung (Anm. 1), Stadtarchiv Koblenz (= StAK) DB 8 Nr. 1.

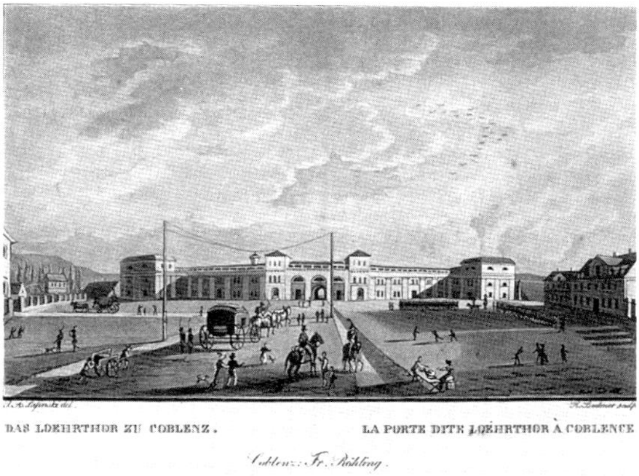

Abb. 2: Das Löhrtor in Koblenz, Johann Adolf Lasinsky (Zeichner), Rudolf Bodmer (Stecher), 1834 (wikicommons)

preußischen König Friedrich Wilhelm III. verantwortlich, wie er es auch in einer Kabinettsordre verfügt hatte: Demnach war „niemandem, wer er auch sei, der Eintritt in das Innere der Festung und der einzelnen Werke derselben ohne ausdrückliche Erlaubnis des Kommandanten gestattet. [...] Der Kommandant ist mir [also dem preußischen König] für die genaue Befolgung dieser Vorschriften [...] persönlich verantwortlich."[6] Da laut dieser Kabinettsordre auch der Aufenthalt in der Nähe der Festungswerke verboten war, liefen die Bewohner Gefahr, von Patrouillen unter dem Verdacht der Spionage verhaftet zu werden.[7]

Der Festungskommandant bestimmte, zu welcher Zeit nachts die Tore geschlossen wurden. Autorisiert dazu wurde er direkt vom preußischen König. Friedrich Wilhelm III. hatte in einer Kabinettsordre vom 23. März 1816 angeordnet, dass es „der Beurtheilung und Verantwortlichkeit der Festungs-Commandanten überlassen bleiben soll, zu welcher Zeit dieselben [...] die Thore der ihnen anvertrauten Festung schließen zu lassen für nöthig erachten". Jedes Tor war mit Militärwachen besetzt, so hatte die Festungskommandantur einen genauen Überblick darüber, wer die Stadt betrat oder verließ. An den großen Toren wurde zudem durch eigens eingesetzte Steuerbeamte die Mahl- und Schlachtsteuer erhoben. Von allen bei den Gastwirten ausgefüllten Meldezetteln der Fremden und Reisenden erhielten die Festungsbehörden von der Polizei eine Abschrift.[8]

6 Zitat der Kabinettsordre nach: Zander: Militärgeschichte (Anm. 1), S. 501.
7 Alf Lüdtke: „Gemeinwohl", Polizei und „Festungspraxis". Staatliche Gewalt und innere Verwaltung in Preußen 1815–1850, Göttingen 1982, S. 277.
8 Historisches Archiv der Stadt Düsseldorf (= HAStD) Oberpräs. Köln 495; Bl. 8–9.

Diese Regelungen galten natürlich auch für Koblenz, wie sich aus einer Vereinbarung zwischen der Festungskommandantur, der Steuerbehörde und dem Oberbürgermeister von Koblenz über das Öffnen und Schließen der Stadttore aus dem Jahr 1832 ergibt. Darin wurde festgehalten, dass die Fortifikationsbehörde die ständige Kontrolle über alle zum Verschluss der Festung gehörigen Gegenstände behalten sollte und dass auf dienstliches Verlangen der Kommandantur dieser unverzüglich alle Schlüssel zurückgegeben und alle Ausgänge zur eigenen Vernehmung überlassen werden müssten.[9] Des Weiteren waren in dieser Vereinbarung für jedes Tor und jede Pforte, die nach Koblenz hereinführten, die genauen Öffnungszeiten festgelegt. Generell galten die folgenden Bestimmungen:

> Zu dem Ende kam man daher überein, daß die Moselbrücke, Löhr-, Mainzer-, Schiffer- und Kornthor in den vier Wintermonaten November, Dezember, Januar, Februar Abends von 7 Uhr, in den Monaten Oktober und März um 9 Uhr und in den übrigen sechs Sommermonaten um 11 Uhr geschlossen [werden]. Alle Thore und Pforten aber mit dem Schlage der Reveille, also erst mit Anbruch des Tages wieder geöffnet werden sollen, jedoch mit Ausnahme derjenigen Pforten in den Rhein- und Moselkehlen, welche wie später verhandelt werden soll, auch bei Tage gesperrt werden. Hierbei übernimmt jedoch die Steuerbehörde ausdrücklich die Verpflichtung, bei jeder Feuers oder Wasser-Gefahr ohne weitere Aufforderung diese sämtlichen Pforten und auch die nach dem Wasser führenden Thore sogleich öffnen zu lassen.[10]

Zusätzlich galten für jedes der neunzehn aufgeführten Tore und Pforten eigene Regelungen. Das Wolfstor wurde mit dem Dunkelwerden geschlossen und gesperrt, so lange der Leinpfad nicht vom Wasser überschwemmt war. Andernfalls sollte für die Schiffer dafür gesorgt werden, dass das Tor auf Verlangen geöffnet werde und – da die Mosel oft in einer Nacht unerwartet stieg – der Torschlüssel jederzeit bei der Kontrolle des Moselbrückentores gefunden werden könne. Wie detailliert die Bestimmungen waren, zeigt auch das Beispiel der Pforte am Rhein-Kasematten Korps, das im Winter Tag und Nacht gesperrt blieb und in der übrigen Zeit wegen der Wäsche für die Kasernen-Einwohner vormittags von 9–11 und nachmittags von 2–5 Uhr geöffnet wurde.

Die eingeschränkte Mobilität bedeutete für die Koblenzer viele Unannehmlichkeiten, die auch zu wirtschaftlichen Einbußen führten. Vor allem die Schiffer an der Mosel beklagten sich häufig über die zu frühen Torschließungen am Abend. Besonders prekär waren die Torschließungen bei hohem Wasserstand,

9 StAK 623/4485, fol. 10.
10 StAK Best. 623/4485, fol. 10.

wodurch die Schiffer öfters in Bedrängnis gerieten, weil es ihnen nicht gelang, gefahrlos vom Moselufer in die Stadt zu gelangen. Vor allem die frühe Torschließung im Winter, die bei Einbruch der Dunkelheit erfolgte, führte zu Problemen. So konnte es vorkommen, dass Dampfschiffe Koblenz erst nach Einbruch der Dunkelheit erreichten und die ankommenden Passagiere sich durch „Klopfen und Rufen an allen drei Thoren zugleich" bemerkbar machen mussten. Hiervon wurden besonders die Bewohner der nahen Kornpforte beeinträchtigt. Auch die Schankwirte in der Kastorstraße, deren Kunden jene Schiffer waren, beklagten sich über Einbußen, da sie vom Handelsverkehr der Stadt abgeschlossen seien.[11]

Auch in Köln sorgten die Schließzeiten der Stadttore für Probleme. Hier waren es beispielsweise die geschlossenen Tore am Rheinufer. Für die Anwohner des Rheintores verursachte das geschlossene Tor einen ähnlichen Verdienstausfall wie für die Bewohner des Koblenzer Moselufers. Sie beklagten sich, dass der „Brodgewinn, welcher uns nur einzig und allein vom Rheintor zufloss, gänzlich ins Stocken geraten" sei. Auch das verschlossene Salzgassentor trieb die Anwohner in die Armut. Hier waren Bierbrauereien, Herbergen und Spezereiläden betroffen.[12]

In Köln war die mittelalterliche Stadtmauer als Teil der preußischen Befestigung gründlich verbessert und verstärkt worden. Zusätzlich wurde in einem Halbkreis um die Stadtmauer ein Graben angelegt, gefolgt von einer Umwallung mit stumpfwinklig vorspringenden Bastionen. Diesem Hauptwall und einem weiteren Graben vorgelagert, entstand in 500 Metern Abstand die zweite Verteidigungslinie, bestehend aus elf Forts und sieben Lünetten. Sechs der elf Forts wurden im ersten Jahrzehnt der preußischen Herrschaft fertiggestellt, die restlichen fünf in den 1840er Jahre.

Bereits am 12. April 1815 wurde Bürgermeister von Wittgenstein angewiesen, er solle umgehend diejenigen Tore nennen, die „für die Bequemlichkeit und den Handelsbetrieb der Stadt unentbehrlich" seien; alle übrigen Tore müssten notwendigerweise geschlossen werden. Nur wenige Tore blieben bis acht Uhr abends geöffnet. Dazu gehörten das Severinstor, das Weyertor, das Hahnentor, das Ehrentor und das Eigelsteintor auf der Landseite und das Markmannsgassentor am Rheinufer. Seither drängte sich der gesamte Verkehr durch diese wenigen Stadttore, an denen preußische Soldaten jeden einzelnen Passanten und jedes Fuhrwerk beim Betreten der Stadt kontrollierten. Die Einschränkung der Bewegungsfreiheit war demnach beträchtlich.[13]

11 StAK Best. 623/4485 fol. 19–25.
12 HAStK Best. 400-III-14B-16; HASTK 402-D-111.
13 HAStK Best. 400-III-15A-1; Lüdtke: Gemeinwohl (Anm. 7), S. 277.

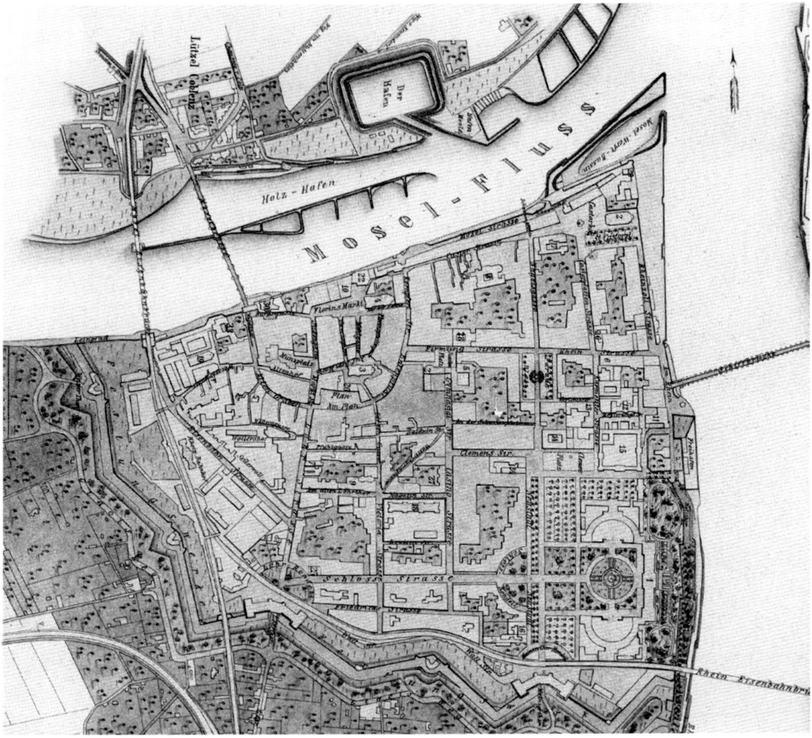

Abb. 3: Karte von Koblenz, um das Jahr 1888 (wikicommons)

Abends wurden auch die Kölner Stadttore der landseitigen Befestigungsanlagen verschlossen. Dann war das Betreten der Stadt nicht mehr möglich; es sei denn, man drückte den Torschließern ein Trinkgeld in die Hand. Doch diese diskreten Bestechungen kamen im September 1824 ans Licht. Dabei musste der Oberbürgermeister gegenüber der Königlichen Regierung eingestehen, dass er keinerlei Kontrolle mehr über seine Stadttore hatte und nicht einmal wusste, wer denn mittlerweile die Schlüssel dafür besaß! Der Oberbürgermeister schrieb: „Da inzwischen weder die Schlüssel zu den Stadttoren in meinen Händen, noch von seiten der Gemeinde Torschließer bestellt sind, ich auch nicht weiß, ob und in welcher Art die Schließung und Öffnung der Tore von der Fortificationsbehörde oder vom Hauptsteuer-Amt angeordnet wird, so finde ich mich gänzlich außer stande, weder hierüber eine Untersuchung anzustellen noch eine Abstellung dieses Mißbrauchs zu verfügen.“ Für einen

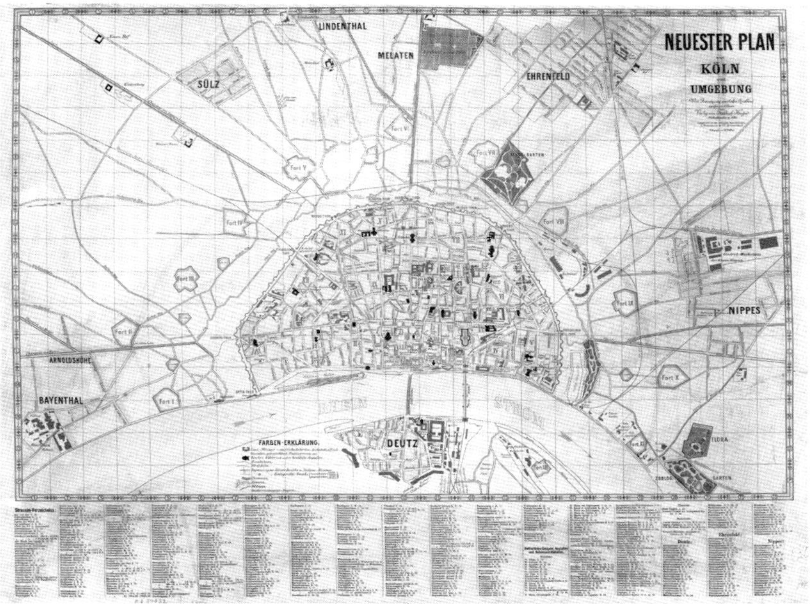

Abb. 4: Plan der Stadt Köln mit den inner- und außerstädtischen Befestigungsanlagen, A. Vossen, um 1879 (Köln, Kölnisches Stadtmuseum, Grafische Sammlung, Inv.-Nr. G 19796; Foto: Rheinisches Bildarchiv, rba_d029209)

Bürgermeister der ehemals freien Reichsstadt war dies das Eingeständnis eines massiven Souveränitätsverlusts.[14]

Somit wurden dem Kölner Festungskommandanten nicht nur die Verantwortung für die Stadt übertragen, sondern auch die dazugehörigen Schlüssel. Wie man bei Zander nachlesen kann, war für das Öffnen und Schließen der Stadttore ein Schlüsselmajor zuständig. Dies war ein altgedienter, invalider Unteroffizier, der die Schlüssel abends nach der Schließung beim Festungskommandanten abliefern und morgens vor der Öffnung wieder bei ihm abholen musste. Für Postwagen, Stafetten und Kuriere erlaubte die Kabinettsordre vom 25. Januar 1816 eine Ausnahme. Unter großen Vorsichtsmaßnahmen durfte der Festungskommandant für diese eiligen Transporte Festungstore öffnen lassen.[15]

14 HAStK Best. 400-II-14B-22 (11.10.1824).
15 Zander: Militärgeschichte (Anm. 1), S. 254 und S. 503–504.

Mit den Jahrzehnten wuchs die Bevölkerungszahl der Festungsstadt Köln zunehmend an. Die Stadtmauer mit ihren wenigen Toren schränkte die Bewegungsfreiheit enorm ein. Zu Fuß ließen sich die engen Tore ja durchqueren, doch für den Verkehr waren sie eine Qual, wie Baurat Bircher in einer Denkschrift aus dem Jahr 1864 festhielt:

> Als ein großer Übelstand, ja als eine wahre Calamität muß es bezeichnet werden, daß die jetzigen Festungsthore für den außerordentlichen Fuhrwerks-Verkehr viel zu eng sind, und nicht selten hier ein solches Gedränge entsteht, daß fast täglich Streitereien und oft sehr unangenehme Szenen zwischen den Fuhrleuten vorfallen, die ganz besonders in den langen, tunnelartig überwölbten dunklen Passagen unter den älteren Bastionen am Severins- und am Eigelsteinthor stattfinden.

Hochbeladene Wagen konnten die niedrigen Stadttore nicht passieren und wenn die Bahnschranke geschlossen war, stauten sich die Fuhrwerke in langen Schlangen. Spötter verglichen die Tore sogar mit Kaninchenlöchern. Durch das Eigelsteintor drängten sich einer Zählung zufolge 1865 täglich 743 Fuhrwerke, 218 Luxuswagen und 8.814 Fußgänger. Im April 1878 wurde an den sechs Toren eine neuerliche Verkehrszählung durchgeführt: In einer Woche wurden die Tore während jeweils zwölf Stunden von 193.778 Fußgängern und 27.798 Passagieren in Pferdebahnen durchquert.[16]

Große Schwierigkeiten gab es auch bei der Wiedereröffnung des Gereontores. Dazu waren dreijährige Verhandlungen mit gleich drei Ministerien in Berlin und umfangreiche Baumaßnahmen nötig. Die Kosten der Wiedereröffnung hatte die Stadt Köln zu tragen. Ähnliche Probleme ergaben sich durch den Bau der Eisenbahnlinien, deren Trassenführung durch die Stadttore ebenfalls beeinträchtigt war. In Köln endeten die Eisenbahnlinien anfangs außerhalb des zweiten Rayons im freien Feld und für die Durchfahrt der Eisenbahn durch das Pantaleonstor musste dieses durch mehrjährige Umbaumaßnahmen zum Festungstor ausgebaut werden. In Koblenz behinderten strategische Überlegungen den Ausbau der Eisenbahnlinien entlang der Rheinstrecke über viele Jahre.[17]

16 HAStK Abt. 26/4. (Denkschrift vom 22.11.1864) Historisches Archiv der Stadt Köln (Hg.) Großstadt im Aufbruch, Köln 1998, S. 27; HAStK 26/5; Bl. 300; Kölnische Zeitung, 20. Mai 1878.

17 Hildegard Brog: Die Mauer muss weg! in: Thomas Deres/Joachim Oepen/Stefan Wunsch (Hg.): Köln im Kaiserreich, Köln 2010, S. 39; Klaus-Jürgen Bremm: Beweglichkeit statt Fortifikation – Eisenbahnen und Festungen in den Kriegsplänen der preußischen Armee am Beispiel der Festungsstadt Koblenz, in: Burgen, Schlösser, Altertümer Rheinland-Pfalz und Deutsche Gesellschaft für Festungsforschung (Hg.): Neue Forschungen zur Festung Koblenz und Ehrenbreitstein, Bd. 2, Regensburg 2006, S. 75–90.

3. *Ruhe und Ordnung*

Die Festungen mussten auch in Friedenszeiten ständig militärisch gesichert werden. Dies galt auch für die Sicherheit im Inneren. Folglich gab es einen permanenten Wachdienst. Die Hauptwache in Koblenz befand sich im Schloss, das Hauptwachgebäude in Köln auf dem Heumarkt.[18] Täglich zogen von der Hauptwache in Koblenz Wachen in Bataillonsstärke auf, die dann geschlossen auf dem Clemensplatz am Schloss antraten. Von dort zogen sie an ihren jeweiligen Wachpunkt. Ein- bis zweimal in der Woche marschierten die Militärmusikkapellen der Garnisonsregimenter mit. Die Hauptwache war mit einem Stabsoffizier vom Ortsdienst sowie durch zwei Leutnants besetzt. Im Ernstfall hatten sie die Truppen zu alarmieren. Damit dies im Kriegsfall auch reibungslos funktionierte, fanden ständig Übungen statt. Dann zogen Pfeifer und Trommler durch die Stadt, wurde Alarm geschlagen oder geblasen, daraufhin hatte die Zivilbevölkerung sofort Straßen und Plätze zu verlassen, um dem einrückenden Militär nicht im Weg zu stehen.[19]

Für die Sicherheit der Festung war eine Kabinettsordre von Bedeutung, die der preußische König Friedrich Wilhelm III. 1820 erließ. Denn diese Sicherheit konnte nicht nur durch feindliche Armeen von außen, sondern auch von innen bedroht sein. Die diesbezügliche Kabinettsordre betraf die öffentliche Ordnung und regelte, was beispielsweise im Falle von Unruhen oder Wirtshausschlägereien zu tun sei, vor allem, wenn die Bevölkerung und das Militär aufeinander trafen. Denn das Miteinander von Soldaten und Zivilisten auf engem Raum verlief nicht immer konfliktfrei.

Die Befugnisse zwischen Polizei und Militär in der Festungsstadt hatte Friedrich Wilhelm III. folgendermaßen geregelt:

> Ich bestimme daher, daß sobald die Polizei den Commandanten [...] von einer Schlägerei, einem Volksauflaufe oder irgend einer andern die öffentliche Ruhe bedrohenden Auftritte benachrichtigt, wie sie nach meiner Cabinettsordre vom 29.10. [1819] jedesmal sofort zu thun verpflichtet ist, die Militair-Behörde auch sofort den Gang eines solchen Auftritts zu beobachten und die nöthigen Vorbereitungen zu treffen verpflichtet sein soll.

18 Jan Krämer/Sascha Pries: Garant der öffentlichen Sicherheit. Die preußische Hauptwache auf dem Heumarkt, in: Mario Kramp/Marcus Trier: Drunter und Drüber: Der Heumarkt, Köln 2016, S. 149–153.

19 Wischemann: Festung (Anm. 1), S. 170; Zander: Militärgeschichte (Anm. 1), S. 500; HAStK 400-IV-17A-86.

Wann immer die Polizei nicht in der Lage war, Unordnungen schon in ihrem Entstehen zu unterdrücken, sollte das Militär zur Hilfe gerufen werden, wobei die Befehlsgewalt beim Militär lag. Falls die Polizei zu lange zögerte, konnte das Militär auch allein den Befehl übernehmen. „Sobald die Störung der öffentlichen Ruhe in einem Angriff oder Widersetzlichkeit gegen Militair-Wachen und Patrouillen besteht oder ausartet, ist der Militair-Befehlshaber in jedem Fall sofort verpflichtet, die Herstellung der öffentlichen Ruhe zu übernehmen.“[20]

Dass diese Kabinettsordre keine überflüssigen Bestimmungen enthielt, sollten die Bewohner der Festungsstädte schon bald merken. Die den Kölner Karneval 1824 betreffende polizeiliche Bekanntmachung, die genau vorschrieb, was an den Karnevalstagen erlaubt und was verboten war, trug neben der Unterschrift des Polizeipräsidenten von Struensee auch diejenige des Festungskommandanten Freiherr von Ende.[21]

Für die Bevölkerung waren die Soldaten die sichtbarsten Repräsentanten des preußischen Staates. Auf jeden dritten Koblenzer kam ein preußischer Soldat, erkennbar an der Uniform, die auch in der Freizeit zu tragen war. In der größeren Stadt Köln kam auf jeden vierten Kölner ein preußischer Soldat. Sobald es zu Unruhen oder auch nur zu Unmut kam, war sofort das Militär zur Stelle. Im Lauf der ersten Jahrzehnte unter preußischer Herrschaft stauten sich zwischen Militär- und Zivilbevölkerung allerhand Aggressionen auf, die sich von Zeit zu Zeit gewaltsam entluden. Dabei war das Muster meist ähnlich: Von der Bevölkerung gingen Beschimpfungen oder Steinwürfe aus, das Militär reagierte mit Waffeneinsatz. Dabei reagierte der Staat zunehmend härter auf Unmutsäußerungen, vor allem in den unruhigen Jahren zwischen 1830 und 1849.

In Koblenz war die Lage ruhiger als in Köln, doch auch hier kam es immer wieder zu Auseinandersetzungen mit dem Militär. Im Verhalten zwischen Zivilbevölkerung und Militär kann man eine schleichende Eskalation beobachten – an deren tragischem Ende ein Toter zu beklagen war.

Juli 1842: Nach einer Wirtshausschlägerei zwischen Soldaten und Zivilisten, bei der ein Koblenzer verletzt wurde, verfolgte die Menschenmenge einen Unteroffizier, der sich in ein nahe gelegenes Haus flüchtete. Als die Menge das Haus mit Steinwürfen angriff, erschien das Militär. März 1846: Eine Militärpatrouille, die in der Löhrstraße eine Schlägerei zwischen Soldaten und Zivilisten schlichten wollte, wurde von einer Menschenmenge „umzingelt“. Es kam zu Verhaftungen, die die Menschenmenge noch mehr anwachsen ließ und einen „tumultartigen Charakter“ annahm, gefolgt von Steinwürfen. Die

20 HStAD Oberpräs. Köln Nr. 512 (17.10.1820).
21 Peter Fuchs/Max-Leo Schwering/Klaus Zöller: Kölner Karneval, Köln 1997, S. 176.

ungerechtfertigten Verhaftungen hätten dazu geführt, dass die gereizte Stimmung umgeschlagen sei gegen das Militär der Hauptwache, schrieb Oberbürgermeister Mähler. Oktober 1847: General von Bardeleben drohte an, dass er „die Stadt im Falle von Unruhen zusammenschießen lassen werde". Im Juni 1849 gab es einen Toten: Nach der Feier des Jahrestags von Waterloo gerieten betrunkene Offiziere und Zivilisten aneinander. Zwei Offiziere wurden verwundet, doch der Student Geromont erlitt lebensgefährliche Verletzungen, an denen er kurz darauf verstarb.[22]

In Köln kam es sehr viel häufiger zu Ausschreitungen zwischen der Bevölkerung und dem Militär. Im Folgenden werden daher nur zwei Beispiele herausgegriffen, die sich einmal im Zusammenhang mit den sogenannten Kölner Wirren und zum Zweiten bei der Martinskirmes 1846 ereigneten.

Im November 1837 befahl Generalleutnant von Pfuel seinen Truppenkommandeuren, die Patrouillen in Köln zu verdreifachen. Alle Kasernen wurden geschlossen: „Die Truppen traten still ins Gewehr. Ein Faß Patronen ward im dunkeln nach der Hauptkaserne gebracht; die Artillerie erhielt 25 Kartätschenkartuschen." Es handelte sich hierbei nicht um erste Maßnahmen zur Mobilmachung im Kriegsfall, sondern um Sicherungsmaßnahmen im Vorfeld der Verhaftung des Kölner Erzbischofs Clemens August Droste zu Vischering. Zwei Bataillone reichten dem Generalleutnant von Pfuel aus, um Unruhen in Köln zu vermeiden. „Ich habe fleißig patrouillieren lassen zur Beruhigung der Herren; es hat sich bis daher nichts gerührt."[23]

Der Erzbischof wurde verhaftet und nach Minden in Festungshaft verbracht. Hintergrund war der andauernde Streit zwischen der Kirche und dem preußischen Staat wegen der Regelung der Mischehe. Diese polizeistaatliche Maßnahme ohne gerichtliche Anklage sorgte erwartungsgemäß für große und lang anhaltende Empörung. Doch der Protest gegen diesen massiven Eingriff des Staates in innerkirchliche Angelegenheiten brodelte unterschwellig weiter. Wie ernst das Militär die Lage betrachtete, verdeutlichen die stark angestiegenen Zahlen der Einquartierungen in Köln im Jahr 1838.[24] Waren es 1837 lediglich 29.183, so stiegen sie im Jahre 1838 um 43.512 auf insgesamt 72.695 an. Allein im August dieses Jahres wurden 17.008 Unteroffiziere und Gemeine in der Stadt einquartiert.[25]

22 Michael Kölges: Die Revolution von 1848/49 in Koblenz, in: Landesarchivverwaltung (Hg.) „... ein freies Volk zu sein!", S. 172–176; Herres: Koblenz (Anm. 1), S. 73–75 und S. 80–85.
23 Friedrich Keinemann: Das Kölner Ereignis, sein Widerhall in den Rheinprovinzen und in Westfalen, Münster 1974, Teil 1: Darstellung; S. 80 ff. und Teil 2: Quellen; S. 60–63.
24 HAStK Chroniken und Darstellungen Nr. 217, fol. 66.
25 Ebd.

Im Oktober 1838 kam es zu „unruhigen Auftritten“ vor dem Haus des Domdechanten Filz, den die Gerüchteküche für die drohende Verhaftung eines sehr preußenkritischen Pfarrers verantwortlich machte. Anschließend demolierte eine Menschenmenge zwei Stunden lang die Wohnungseinrichtung des Domdechanten. Erst später griff das Militär ein und riegelte die Straßen ab. „Mit Sturmschritt und unter Hurrarufen drangen jetzt die Soldaten auf die Masse ein, schlugen mit ihren Kolben und stachen mit ihren Bajonetten, was vorkam, und so wurde einer nach dem andern hinausgeprügelt.“ 54 Personen wurden festgenommen, wobei es sich bei der Mehrzahl um Mitglieder der „untersten Klasse“, darunter viele Jugendliche gehandelt habe.

Wenige Tage später kam es zu einer sehr handgreiflichen Auseinandersetzung mit einem Wachposten. Der ein Pulvermagazin bewachende Soldat hatte einen Kölner aufgefordert, seine brennende Pfeife zu löschen. Nach dem groben Protest des Mannes schlug ihm der Soldat die Pfeife aus dem Mund, was zu einem Handgemenge führte. Mehrere Männer bewarfen den Soldaten mit Steinen, um herauszufinden, ob sein Gewehr geladen war. Dann misshandelten sie den wehrlosen Soldaten mit Säbelhieben und Fußtritten bis zur Bewusstlosigkeit.[26]

Dieser Fall sorgte für Aufsehen beim Generalkommando. Angesichts der nach wie vor gespannten Lage sollten Militärvertreter jede Provokation vermeiden. Dagegen hätten die Wachen „sich des ihnen zustehenden Waffengebrauchs nach vorheriger Androhung durch Vorgehen mit Vorhalten des Bajonetts und […] nötigenfalls zur eigenen Sicherheit, der Schußwaffen zu bedienen“.[27] Konkret bedeutete dies die Erlaubnis zum Schusswaffengebrauch. Darauf wurde sogar in einer öffentlichen Bekanntmachung hingewiesen: „daß die Außenposten scharf laden und, vorkommenden Falls, zur Aufrechterhaltung ihrer Gerechtsame von der Waffe Gebrauch machen sollten, welches hierdurch zur öffentlichen Warnung bekannt gemacht wird“.[28]

Zu den blutigsten Auseinandersetzungen mit dem Militär kam es im August 1846 während der Martinskirmes rund um die Kirche Groß St. Martin. Dieser Vorfall sorgte deutschlandweit für große Aufmerksamkeit und Empörung.[29] Auslöser der Unruhen waren trotz Verbots gezündete Feuerwerkskörper. Es folgten Steinwürfe; Polizei und Militär schritten ein und der Alte Markt wurde gewaltsam geräumt. Am nächsten Tag eskalierte die Lage, als das Militär um sechs Uhr abends mit starker Besetzung den Alten Markt abriegelte. Daraufhin füllten sich die Zugangsstraßen

26 Keinemann: Kölner Ereignis (Anm. 23), S. 230f. und S. 236f.
27 Lüdtke: Gemeinwohl (Anm. 7), S. 279f.
28 Ebd.
29 Joseph Hansen: Rheinische Briefe und Akten zur Geschichte der politischen Bewegung 1830–1850, Bd. 2, Bonn 1942, S. 73–89; Klaus Schmidt: Franz Raveaux, Köln 2001.

zum Marktplatz mit neugierigem Volk. Aus der Menge heraus sollen einige Steine geflogen sein. Wie gewalttätig die Lage war, geht aus Augenzeugenberichten hervor, die Franz Raveaux in einer Publikation über die Kölner Ereignisse zusammenstellte:

> Die Militärmacht fing nun an ihre Stärke zu entwickeln: nach allen vom Ausgange des Marktes führenden Straßen wurde das Volk mit ganz completen Bajonett-Attaquen und mit Kolbenschlägen zurückgetrieben. Die Soldaten, nachdem sie einmal losgelassen, verloren alle Disziplin, liefen einzeln in den Straßen herum, und stießen oder hieben mit ihren Gewehren alles nieder, was ihnen in den Weg kam. Es ist Thatsache, daß bei all diesen Attaquen in den verschiedenen angränzenden Straßen des Altenmarktes nirgendwo die Aufruhr-Akte verlesen, oder auch nur eine gesetzliche Aufforderung, geschweige die drei vorgeschriebenen Signale durch Trommelschlag Statt gefunden hätten. […] Der junge Wolters […] glaubt sich sicher hinter dem Detachement Dragoner; plötzlich kommandiert der Offizier kehrt […] Wolters befindet sich nun plötzlich zwischen Kavallerie und Infanterie; zwei Infanterieoffiziere hauen mit ihren Degen auf ihn ein, die Dragoner von der andern Seite, er stürzt zu Boden […] schleppt sich zum Wirtshaus. […] Ein Theil der Kopfhaut ist nebst einem Ohre durch einen Säbelhieb vom Kopfe getrennt, nur noch an einem Lappen über die Schulter hängend, auf der anderen Seite des Kopfes 4 bis 5 sich durchkreuzende Säbelhiebe, ein Stich durch den Arm etc.[30]

Ein anderer Mann wurde von den berittenen Dragonern dreißig Meter durch eine Gasse geschleift und fast zu Tode geprügelt. Schwerste Kopfverletzungen waren die Folge. Ganz übel erwischte es den Fassbindergesellen Statz: Auf dem Heimweg wurde der ahnungslose Mann von Soldaten verfolgt, einer von ihnen stach mit dem Bajonett zu. Später wurden schwere Schädelverletzungen und Stichwunden im Unterleib festgestellt, an denen er verstarb. Ein Toter und sieben Schwerverletzte waren die Bilanz dieses Tages; zudem zeugten zahllose Leichtverletzte sowie zerschlagene Türen und Fenster von dem ungewöhnlichen Ausmaß militärischer Gewalt.

Die Kölner waren außer sich und forderten, die Polizei und das Militär, „die Mörder", sollten sofort von den Straßen abgezogen werden. Stattdessen wurde eine unbewaffnete Bürgerwache eingerichtet, die für Ruhe und Ordnung sorgen sollte. Dem Wunden-Lecken folgten die politische Aufarbeitung und die Suche nach den Verantwortlichen.[31] Sahen die Soldaten in den Kölnern

30 Franz Raveaux: Die Kölner Ereignisse vom 3. und 4. August nebst ihren Folgen, Mannheim 1846, S. 13 f.

31 Schmidt: Raveaux (Anm. 29), S. 57; Desirée Schauz: Die Konflikte bei der Kölner Martinskirmes 1846, in: Georg Mölich/Meinhard Pohl/Veit Veltzke (Hg.): Preußens schwieriger Westen. Rheinisch-preußische Beziehungen, Konflikte und Wechselwirkungen, Duisburg 2003, S. 208–230. Dies.: Zwischen populärem Vergnügen und staatlicher Disziplinierung: Die Kölner Martinskirmes im Vormärz, in: Zeitschrift für Geschichtswissenschaft 2002, Heft 3, S. 217–236.

Abb. 5: Barrikade auf dem Alter Markt, Wilhelm Kleinenbroich, 1848 (Köln, Kölnisches Stadtmuseum, Grafische Sammlung, Inv.-Nr. HM 1926/574i; Foto: Rheinisches Bildarchiv, rba_c015695)

eine Bedrohung für die Sicherheit der Festung? Waren sie der innere Feind? Sehr aufschlussreich sind hier die Stellungnahmen des preußischen Königs Friedrich Wilhelm IV. zu diesen Ereignissen. Der Militärlogik gemäß war „die bewaffnete Macht in ihren Dienstverrichtungen angegriffen worden", beschied der König in einer Kabinettsordre vom 15. August 1846. Friedrich Wilhelm IV. sprach dem kommandierenden General seine Zufriedenheit aus. In seiner Antwort an den Kölner Oberbürgermeister, der sich bitterlich über das brutale Vorgehen des Militärs beklagt hatte, stellte sich der König schützend vor seine Truppen:

Die Kölner hätten nicht nur gegen die herbeigerufenen Truppen Widerstand geleistet, sondern sie auch

> durch Steinwürfe in gefährlicher Weise angegriffen. [...] Die Auflehnung gegen die öffentliche Gewalt ist überall ein [...] Verbrechen, am meisten in einer Stadt, welche mit Recht für ein Bollwerk Deutschlands gilt. Ich muß es daher mißbilligen, wenn diese Veranlassung zu dem Einschreiten der Truppen in der bezeichneten Eingabe eine ‚geringfügige' genannt wird, vielmehr erkenne ich vollkommen an, daß der Tumult, wie es geschehen, durch Waffengewalt unterdrückt werden mußte, wenn

> es gleich zu beklagen, daß dies nicht ohne den Verlust eines Menschenlebens und ohne einige schwere Verwundungen geschehen konnte. Dabei haben meine Truppen, wie ich aus den vorliegenden Berichten entnehme, im allgemeinen die lobenswerthe Ruhe und Mäßigung bewiesen.[32]

4. *Der Belagerungsfall*

Ab 1832 war die Festung Koblenz verteidigungsfähig. Dies hieß nichts anderes, als dass sie jetzt für einen möglichen Kriegsfall gerüstet war. Zur Vorbereitung wurden beim Generalkommando des 8. Armeekorps auch Pläne für einen möglichen Belagerungsfall durch feindliche Armeen gemacht. Sie bezogen natürlich auch die Zivilbevölkerung der Festungsstadt mit ein. Einwohner, die nicht in der Lage gewesen wären, einer Belagerung von sechs Monaten standzuhalten, die sich also nicht über eine so lange Zeit selbst verproviantieren könnten, müssten aus der Festung ausgewiesen werden. Dies betraf nach den Schätzungen des Generalkommandos 3.000 Koblenzer und 600 Ehrenbreitsteiner. Auch ihre Evakuierungsorte wurden festgelegt.

Wie sich eine solche Belagerung auf das Wirtschaftsleben von Koblenz auswirken würde, hatten die Planspiele der Militärs auch bereits vorgesehen:

> In Zeiten der Einschließung und Belagerung werden Handel, Krämerei und Handwerk keinen Ertrag mehr abwerfen, weil sich mehrere wohlhabende consumierende Familien freiwillig entfernen, die zurückbleibenden sich auf die Anschaffung der allernotwendigsten Lebensbedürfnisse beschränken, der gesamte, den Nahrungsstand befördernde Verkehr mit der Umgegend und mit dem Auslande aber gänzlich wegfallen wird.[33]

Auch für Köln gab es diese Planungen. Hier war ein Viertel der Bevölkerung, etwa 15.000 Personen betroffen. In der Akte waren auch die Namenslisten dieser Kölner samt Adressen aufgeführt.[34] Ähnliche Pläne gab es auch aus dem Jahr 1870. Hierauf machte die Kölnische Zeitung am 18. Februar 1870, also wenige Monate vor dem Ausbruch des Deutsch-Französischen Krieges, aufmerksam. Die Bewohner müssten im Falle einer Belagerung durch den Feind in der Lage sein, sich für drei Monate selbst zu verproviantieren. Die Zahl der Kölnerinnen und Kölner, die im Belagerungsfall die Stadt zu verlassen hätten, wurde auf 80.000 Personen geschätzt. Dies geht aus einer Akte des Oberpräsidiums

32 Hansen: Briefe (Anm. 29), S. 73–89, Zitat S. 82; Kölnische Zeitung Nr. 257, 14.9.1846.
33 LHAK Best. 403/1807, fol. 55–58, fol. 139–146 und fol. 141.
34 LHAK Best. 403/1807; Lüdtke: Gemeinwohl (Anm. 7), S. 274–276.

hervor, die auch eine Liste derjenigen Orte und Kreise im rechts- und linksrheinischen Umland enthält, die im Ernstfall die Kölner aufnehmen müssten. Demnach müssten die meisten, nämlich 54.000 Personen, sogar außerhalb des Kölner Regierungsbezirks untergebracht werden.[35]

Allerdings könnten die Festungsstädte im Kriegsfall wegen der neuen Waffentechnik mit den gezogenen Geschützen mit großer Reichweite gar nicht mehr verteidigt werden, schrieb die Kölnische Zeitung:

> Man kann mit diesen Geschützen selbst kleinere Städte auf Entfernungen bis beinahe eine halbe Meile beschießen, ohne auch nur einen Fehlschuß befürchten zu müssen. [...] Kein Haus ist fest genug, um diesen Geschossen zu widerstehen. [...] Kein Commandant wird es jemals zu einem solchen Bombardement kommen lassen, [...] keine Garnison wird imstande oder auch nur ernstlichen Willens sein, eine so geängstigte Bevölkerung von 120.000 Menschen zu bändigen.[36]

Zum Glück war dies nur ein Schreckensszenario, aber anderswo war es leider traurige Realität, beispielsweise in der französischen Festungsstadt Sedan.

5. *Die Stadterweiterung*

In Koblenz stagnierte seit der Jahrhundertmitte das Bevölkerungswachstum, trotzdem wurde für die 23.000 Einwohner allmählich der Wohnraum knapp. Grund dafür war u. a. die rege Bautätigkeit des Militärs innerhalb der Festungsmauern: Auf dem 88 Hektar großen Stadtgebiet befanden sich sechs Kasernen und 25 weitere Militäreinrichtungen, darunter das Generalkommando, Kommandanturgebäude, Festungsbauhöfe, Artilleriewagenhäuser, Artillerielaboratorium, Zeughaus, Proviantamt, Bäckerei, Proviantmagazine, Militärlazarett und Militärarresthaus. Wie prekär die Wohnungssituation in manchen Straßen von Koblenz aussah, geht aus dem Bericht des Königlichen Kreisbauinspektors Tetens über eine Ortsbegehung in der Kastorstraße am 24. Juni 1882 hervor.[37]

> Demnach ergibt sich für die 3.120 Seelen ein Raum von 27,3 cbm pro Kopf; ein anscheinend nicht ungünstiges Resultat, wenn man berücksichtigt, daß in Gefängnissen eine Einzelzelle zur kontinuierlichen Benutzung 25 cbm enthalten muß. Bei normaler Beleuchtung der Räume, gehöriger Ventilation derselben, genügender Zimmerhöhe, überhaupt bei geordneten Verhältnissen in Bezug auf Reinlichkeit,

35 LHAK Best. 403/11311, fol. 53–59.
36 Kölnische Zeitung Nr. 49, 2. Blatt, 18.2.1870.
37 StAK Best. 623/4244, fol. 55–56.

gesunder Luft, Ventilation würde gegen das Ergebnis nichts zu erinnern sein, indeß liegen die Verhältnisse in Wirklichkeit ungünstiger.

Die Koblenzer Stadtverwaltung stand dieser Misere nur hilflos gegenüber; sie hatte vor der Militärlogik offenbar bereits kapituliert. Von der Politik kamen keine Proteste oder Handlungsvorschläge. Anders dagegen die Koblenzer Handelskammer. Seit den 1850er Jahren klagte sie in ihren Jahresberichten regelmäßig über die Einschnürung durch den Festungsring und die schlechten wirtschaftlichen Bedingungen für die Bevölkerung.

In einer sechsseitigen Druckschrift vom Januar 1883 an Ministerpräsident Bismarck schilderte die Koblenzer Handelskammer in eindrücklichen Worten die Belastungen, die Koblenz wegen der Festungssituation zu erleiden hatte. Die Umwallung schnürte die Koblenzer zunehmend ein. Die Enge beeinträchtigte auch die Entfaltungsmöglichkeiten der Wirtschaft. Von 26.000 Koblenzern würden 13.000, also die Hälfte, zu 20 Personen oder mehr in einem Haus wohnen. Weitere 9.000 Koblenzer lebten mit 15 bis 20 Personen in einem Haus. Die Miete betrug im Schnitt 150–180 Mark, sodass kaum Geld zum Leben blieb. Der städtische Zuschuss der Armenverwaltung für Mietgeld betrug pro Kopf 4,79 Mark. Er war so hoch wie in keiner anderen benachbarten Stadt.

Zu der großen Enge trügen auch die vielen Militäreinrichtungen bei, die sich innerhalb der Stadtumwallung befanden, schrieb die Handelskammer. Die im Verhältnis zur Bevölkerung große Garnison und die zahlreichen Behörden seien zwar für die Stadt von großer wirtschaftlicher Bedeutung, andererseits schränke die „Inanspruchnahme großer Flächen innerhalb der Mauern für Zwecke des Militärfiskus auch den ohnehin kleinen Raum für das bürgerliche Erwerbsleben nicht unerheblich ein“.[38] Gewerblicher Raum war rar und Handwerker fanden keine Werkstätten. Maurer und Zimmerleute gab es in Koblenz nicht mehr, Bauunternehmer aus Koblenz mussten sich ihre Arbeitskräfte im Umland suchen.

> Eine Änderung dieser traurigen Verhältnisse ohne das einzig wirksame Mittel der Stadterweiterung ist nicht denkbar, im Gegenteil müssen die derzeitigen Wohnungs- und Erwerbsverhältnisse den wirtschaftlich wenig widerstandsfähigen Theil der Einwohnerschaft in eine immer hülfslosere Lage bringen. Kann doch selbstredend auch der Gesundheitszustand unter den arbeitenden Classen nur ein solcher sein, der das Fortschreiten des Pauperismus in hohem Maße begünstigt.[39]

38 LHAK Best. 403/11386, fol. 125–126.
39 Ebd.

Ein ganzes Jahr dauerte es, bis der ablehnende Bescheid des Ministerpräsidenten Bismarck aus Berlin kam. Ausschlaggebend waren die Überlegungen des Kriegsministeriums. Eine Erweiterung der Stadtumwallung würde sehr erhebliche Kosten verursachen und es erscheine in hohem Maße zweifelhaft, „ob diese Aufwendungen mit den zu erwartenden Vorteilen in einem richtigen Verhältnisse stehen würden".[40]

Auch in Köln litt die Bevölkerung unter Raumnot, wenn auch nicht so stark wie in Koblenz. 1864 lebten auf einer Gesamtfläche von 405 Hektar mehr als 110.000 Kölner und etwa 7.000 Militärpersonen samt Familien. Auf dem Stadtgebiet verteilten sich 63 Militärgebäude: darunter sieben Kasernen, zehn Wachen und zehn Türme, sechs Pulvermagazine, zwei Lazarette und drei Fourage-Magazine. Allmählich wurde das Bauland knapp, lediglich 190 Morgen stünden noch innerhalb der Stadtmauern zur Verfügung, so Polizeipräsident Geiger in seiner statistischen Darstellung.[41]

Die Wohndichte stieg zwischen 1816 und 1871 auf das Zweieinhalbfache. Im Durchschnitt bewohnten zwölf Personen ein Haus. Ende der 1860er Jahre stagnierte die Bevölkerungszunahme; stattdessen wuchsen rund um Köln die Vororte wie Ehrenfeld, Nippes, Deutz und Kalk. Hier siedelten sich auch zunehmend die Industriebetriebe an, die innerhalb der Festungsmauern keinen ausreichenden Platz mehr fanden.[42]

Koblenz und Köln ertrugen die gleichen Belastungen durch den Festungscharakter, aber bei der Entfestigung gab es zwei Unterschiede: In Köln wurde der Festungsring erweitert, sodass sich die Stadt ausdehnen konnte. Die Sprengung der Stadtmauer am 11. Juni 1881 war ein Befreiungsschlag für Köln. Die Mauer wurde niedergelegt und das Stadtgebiet erweitert. Die Stadt Köln erwarb vom Deutschen Reich für 10,7 Millionen Mark das Festungsgelände. Gleichzeitig wurde jedoch zwischen den Forts des inneren Festungsrings eine neue Umwallung gebaut. Der Festungscharakter Kölns blieb und auch die Mauer: Sie war lediglich um einige hundert Meter vorgeschoben worden. Am heutigen Militärring entstand ein neuer Festungsgürtel. Die gesamten Festungsanlagen überdauerten den Ersten Weltkrieg. Erst durch den Versailler Vertrag wurde die Schleifung der Festungsanlagen verordnet. Einige dieser Festungen wurden nicht zerstört und sind noch heute im Stadtbild zu sehen.[43]

40 LHAK Best. 403/11386, fol. 125–126.
41 HAStK Abt. 26/4.
42 Jürgen Herres: Köln in preußischer Zeit 1815–1871. Geschichte der Stadt Köln, Bd. 9, Köln 2012, S. 355 und S. 358–361.
43 HAStK Best. 730/106; Bl. 59.

Abb. 6: Weyertor von der Feldseite aus gesehen, Jakob Scheiner, 1878/79 (Köln, Kölnisches Stadtmuseum, Grafische Sammlung Inv.-Nr. A 3/926; Foto: Rheinisches Bildarchiv, rba_c000406)

Mit einiger Verspätung wurde auch in Koblenz 1889 mit der Niederlegung des Mainzer Tores die erste Bresche in die Umwallung geschlagen. Die Kehlmauern an Rhein und Mosel folgten bald darauf. Und 1895 konnte auch die Stadt Koblenz vom Deutschen Reich das ehemalige Festungsgelände für 822.000 Mark erwerben. Es gab noch eine weitere Gemeinsamkeit: Mit Hermann Joseph Stübben hatten beide den gleichen Stadtplaner![44]

44 HAStK Best. 730,106, fol. 59–63; Bär: Koblenz (Anm. 1), S. 168; Liessem: Entfestigung (Anm. 1), S. 117–132.

Das Friedrich-Wilhelm-Gymnasium

Ein preußisches Gymnasium für Köln

Thomas Gampp

Das Jahr 2015 bedeutet für das Kölner Friedrich-Wilhelm-Gymnasium ein Schuljubiläum, wenn auch nur ein „kleines“:[1] Denn im Jahr 1815 wurde mit dem sogenannten Karmeliterkollegium eine erste weiterführende Schule am Waidmarkt und damit die unmittelbare Vorläuferschule des heutigen Gymnasiums gegründet.

Das Jahr 1815 und die immerhin zehnjährige Existenz dieses Karmeliterkollegiums haben in der Geschichte unserer Schule bislang wenig Beachtung gefunden.[2] Dies ist aus der Sicht der gymnasialen Schultradition nachvollziehbar, für das Verständnis der Schulgeschichte aber nicht unproblematisch: Zum einen begründete das Jahr 1815 die bis heute ungebrochene Tradition weiterführender Schulen am Waidmarkt, die in dieser Konstanz in der Kölner Schullandschaft ungewöhnlich ist.[3] Zum anderen gestaltete sich die spätere Gymnasialgründung im Jahr 1825, wie sich zeigen wird, weniger als Neuanfang, sondern mehr als fließender Übergang. Und schließlich ist die Geschichte des Karmeliterkollegiums auch an sich sehr interessant, handelte es sich bei ihm doch nicht um das Produkt einer zentralisierenden Berliner Schulbürokratie, sondern gleichsam um ein rheinisches Eigengewächs, in dem sich die eigenwüchsigen Reformvorstellungen der rheinpreußischen Schulreformer besonders deutlich zeigten.[4]

1 Vortrag, gehalten auf der gemeinsamen Tagung „Köln als preußische Stadt – Aspekte der Stadtgeschichte seit 1815“ des Fördervereins Geschichte in Köln e. V. und des Friedrich-Wilhelm-Gymnasiums am 11. September 2015. Die Vortragsfassung wurde bewusst beibehalten.

2 Vgl. etwa die beiden jüngsten, sehr verdienstvollen Überblicksdarstellungen von schulischer Seite: Helga Johag: Das Friedrich-Wilhelm-Gymnasium in 200 Jahren Kölner Geschichte – ein Überblick, in: Gisela Conrad-Kohler/Marilies Spancken/Werner Frizen (Hg.): 175 Jahre Friedrich-Wilhelm-Gymnasium, Köln 2000, S. 20–69, und Peter Jansen: Schule im Herzen der Stadt. Das Friedrich-Wilhelm-Gymnasium, in: Mario Kramp/Marcus Trier (Hg.): Drunter und drüber. Der Waidmarkt, Köln 2011, S. 147–149.

3 Von den bis 1860 in Köln gegründeten weiterführenden Jungenschulen (dem heutigen Dreikönigsgymnasium, dem Gymnasium Kreuzgasse und dem Apostelgymnasium) ist nur das Friedrich-Wilhelm-Gymnasium noch an seinem ursprünglichen Ort; noch ortsfester ist nur das heutige Ursulinengymnasium, vgl. Eva-Christine Raschke: Köln: Schulbauten 1815–1964. Geschichte – Bedeutung – Dokumentation, Köln 2001, S. 265, 293, 303 f., 311.

4 Dies gilt insbesondere für den Schulreformer Friedrich Karl August Grashof (1770–1841) als Reorganisator des Schulwesens am Niederrhein; zu diesem vgl. Hans-Jürgen Apel: Karl Friedrich August Grashof (1770–1841), in: Rheinische Lebensbilder 11 (1988), S. 101–124;

Im Folgenden möchte ich einen kurzen Blick auf die – wenn man so will – Vor- und Frühgeschichte der heutigen Schule werfen, beginnend mit dem Jahr 1815 und endend mit einem Ausblick auf die endgültige Namensgebung als „Friedrich-Wilhelm-Gymnasium“ im Jahr 1830. Der Schwerpunkt wird dabei auf der Zeit vor der eigentlichen Gymnasialgründung im Jahr 1825 liegen.

Seit dem 8. Februar 1815 war Köln eine preußische Stadt.[5] Damit war die ehemals freie Reichsstadt entgegen den bis zuletzt gehegten Hoffnungen ihrer städtischen Eliten nicht wieder unabhängig geworden, sondern durch die Entscheidung des Wiener Kongresses zu einem bloßen Teil eines sehr viel größeren und oft genug misstrauisch beäugten Staatswesens.[6] Die gut zwei Jahrzehnte zuvor – beginnend mit der französischen Besetzung 1794 und fortgesetzt durch die zeitweise Eingliederung in die Republik bzw. in das Kaiserreich Frankreich ab 1801 – hatten der Stadt und ihrem Umland eine gewaltige soziale, wirtschaftliche und rechtliche Modernisierung gebracht, deren Folgen noch gut hundert Jahre später spürbar blieben.[7]

Freilich sollten auch die Jahre zwischen 1815 und 1830, in die die Gründung zuerst des Karmeliterkollegiums und dann des Friedrich-Wilhelm-Gymnasiums fallen, eine formative Phase der Stadtentwicklung werden: In jenen ersten Jahren der preußischen Herrschaft kam es nämlich zu Entwicklungen und Entscheidungen, die für die Stadt langfristig und in vielerlei Hinsicht sogar bis in die Gegenwart prägend geworden sind. Dies gilt nicht nur für den Wiederaufstieg

Ders.: Karl Friedrich August Grashof (1770–1841) – ein Ostdeutscher als Schulreformer in den neu erworbenen Rheinprovinzen des Königreichs Preußen (1814–1841), in: Hanno Schmitt/Frank Tosch (Hg.): Erziehungsreform und Gesellschaftsinitiative in Preußen 1798–1840, Berlin 1999, S. 155–180 und S. 5 m. Anm. 21. – An Gesamtdarstellungen zur Schulentwicklung in den preußischen Rheinlanden im Vormärz liegen vor: Kurt Düwell: Das Schul- und Hochschulwesen der Rheinlande, in: Franz Petri/Georg Droege (Hg.): Rheinische Geschichte in drei Bänden. Bd. 3: Wirtschaft und Kultur im 19. und 20. Jahrhundert, 2. Aufl. Düsseldorf 1980, S. 465–552, bes. S. 486–492; Hans-Jürgen Apel: Das preußische Gymnasium in den Rheinlanden und Westfalen 1814–1848, Köln/Wien 1984; Ders./Michael Klöcker: Schulwirklichkeit in Rheinpreußen. Analysen und Dokumente zur Modernisierung des Bildungswesens in der ersten Hälfte des 19. Jahrhunderts, Köln/Wien 1986; zur Übergangszeit bis 1822 auch Manfred Koltes: Das Rheinland zwischen Frankreich und Preußen. Studien zu Kontinuität und Wandel am Beginn der preußischen Herrschaft (1814–1822), Köln/Weimar/Wien 1992, S. 170–265.

5 An diesem Tag fiel die Entscheidung auf dem Wiener Kongress, nachdem die Stadt bereits zuvor unter preußischer Übergangsverwaltung gestanden hatte; die offizielle Inbesitznahme erfolgte jedoch erst am 5. April 1815. Vgl. Klaus Müller: Köln von der französischen zur preußischen Herrschaft. 1794–1815, Köln 2005, S. 102; Jürgen Herres: Köln in preußischer Zeit. 1815–1871, Köln 2012, S. 38.

6 Müller: Köln (Anm. 5), S. 94–104; Herres: Köln (Anm. 5), S. 36–53.

7 Müller: Köln (Anm. 5), passim, bes. S. 407–411; Kerstin Theis/Jürgen Wilhelm (Hg.): Frankreich am Rhein. Die Spuren der „Franzosenzeit“ im Westen Deutschlands, Köln 2009; Jürgen Wilhelm/Georg Mölich/Alexander Schmalz (Hg.): Napoleon am Rhein. Wirkung und Erinnerung einer Epoche, Köln 2012.

Kölns zur Handels- und Wirtschaftsmetropole Nordwestdeutschlands, sondern auch für seine Bedeutung als Justizzentrum (seit 1819), als Börsenplatz (seit 1820) und als Sitz eines Erzbistums (wieder seit 1821/25). In die 1820er Jahre fallen der Ausbau Kölns zur Festungsstadt und die Anfänge des modernen Karnevals mit dem ersten Rosenmontagszug 1823.[8] Und schließlich gilt dies auch für die Neuordnung des höheren Schulwesens in der Stadt, die in ihren Grundzügen bis heute erkennbar geblieben ist.[9]

Dass überhaupt eine Schule ausgerechnet am Waidmarkt gegründet wurde, verdankte sich letztlich pragmatischen Erwägungen. Denn dort gab es ein großes, teilweise leerstehendes Gebäude, seitdem das Kölner Karmeliterkloster im Jahre 1802 aufgehoben worden war.[10] Dieser Ort – das ehemalige Karmeliterkloster – war als Schulort insofern historisch, als es unter der französischen Herrschaft hier eine Elementarschule[11] und im 17. Jahrhundert sogar schon einmal ein Gymnasium gegeben hatte: Das kurzlebige Karmelitergymnasium (Gymnasium Marianum),[12] das sich der Konkurrenz der drei großen frühneuzeitlichen Kölner Gymnasien Montanum, Laurentianum und Tricoronatum nicht gewachsen zeigte und bereits nach wenigen Jahren wieder geschlossen

8 Vgl. Peter Fuchs (Hg.): Chronik zur Geschichte der Stadt Köln. Bd. 2: Von 1400 bis zur Gegenwart, Köln 1991, S. 120–125; Herres: Köln (Anm. 5), S. 28, 75 ff., 86, 102 f.; Christian Hillen/Peter Rothenhöfer/Ulrich S. Soénius: Kleine illustrierte Wirtschaftsgeschichte der Stadt Köln, Köln 2013, S. 132; Ulrich Helbach/Joachim Oepen: Kleine illustrierte Geschichte des Erzbistums Köln, Köln 2013, S. 112–117; zusammenfassend Carl Dietmar/Werner Jung: Kleine illustrierte Geschichte der Stadt Köln, 8. Aufl. Köln 1996, S. 133–139.

9 Eine Gesamtdarstellung für die Kölner Verhältnisse in der Zeit nach 1815 fehlt; vgl. aber die beiden aus den Quellen gearbeiteten Aufsätze von Wilhelm Limper: Aus der Geschichte des Kölnischen Gymnasiums, in: Georg Simon Ohm als Lehrer und Forscher in Köln, 1817 bis 1826. Festschrift zur 150. Wiederkehr seines Geburtstages, Köln o. J., S. 10–62 und Johannes Klinkenberg: Die Entstehung des Patronats der Stadt Köln über höhere Schulen. Ein Beitrag zur Geschichte der Frühzeit preußischer Herrschaft in Köln, in: Hans Niederländer (Hg.): Städtisches Gymnasium und Realgymnasium in der Kreuzgasse zu Köln. Festschrift zur Jahrhundertfeier der Anstalt, 13. bis 15. Oktober 1928, Köln 1928, S. 31–79, sowie die unter Anm. 4 genannten Titel, sofern sie Köln behandeln. Als ältere Überblicke, die ihrerseits bereits Quellencharakter haben, sind darüber hinaus zu nennen: Franz von Bianco: Versuch einer Geschichte der ehemaligen Universität und der Gymnasien der Stadt Köln, so wie der an diese Lehr-Anstalten geknüpften Studien-Stiftungen, von ihrem Ursprunge bis auf die neuesten Zeiten, Köln 1833, und Wilhelm Kahl: Das Schulwesen, in: Stadt Köln (Hg.): Die Stadt Cöln im ersten Jahrhundert unter Preußischer (sic) Herrschaft, 1815–1915. Bd. 2: Die Verwaltung der Stadt Cöln seit der Reichsgründung in Einzeldarstellungen. Cöln 1915, S. 30–74. Zum Elementarschulwesen vgl. Josef Martin Kames: Das Elementarschulwesen in Köln von 1815–1850, Köln/Weimar/Wien 1992.

10 Zur Geschichte und zum Gebäudekomplex des Karmeliterklosters am Waidmarkt Paul Clemen (Hg.): Die Kunstdenkmäler der Stadt Köln. Ergänzungsband: Die ehemaligen Kirchen, Klöster, Hospitäler und Schulbauten der Stadt Köln, Düsseldorf 1937, S. 192–206.

11 Der Hinweis darauf bei Clemen: Kunstdenkmäler (Anm. 10), S. 200.

12 Zu diesem Johannes Kistenich: Bettelmönche im öffentlichen Schulwesen. Ein Handbuch für die Erzdiözese Köln, 1600–1850, Köln/Weimar/Wien 2001, Bd. 2, S. 1112–1127.

Abb. 1: Karmeliterkloster in der Severinstraße, Wilhelm Wirtz, 1844 (Köln, Kölnisches Stadtmuseum, Grafische Sammlung, Inv.-Nr. A 3/960; Foto: Rheinisches Bildarchiv, rba_d029798)

werden musste.[13] So interessant dieser Umstand ist, spielte er aber 1815 für die Wahl eines Schullokals allem Anschein nach keine Rolle;[14] vielmehr war die Umnutzung ehemals kirchlicher Gebäude als Schule – oder aber auch als

13 Es existierte von 1642–1650 und war wohl nicht zuletzt – worauf die Lage im südlichen Teil der Stadt schließen lässt – für die weniger wohlhabenden Bevölkerungsteile gedacht. Zwar stand die Schließung im Zusammenhang mit der Ordensreform im Kölner Konvent, jedoch war die Schülerfrequenz zuvor offenbar vergleichsweise gering gewesen, vgl. Kistenich: Bettelmönche (Anm. 12), S. 1118, 1125. Zu den alten Kölner Gymnasien vgl. Erich Meuthen: Die alte Universität, Köln/Wien 1988, S. 346–391; zum Montanum Dorothea Fellmann: Das Gymnasium Montanum in Köln 1550–1798, Köln/Weimar/Wien 1999; zum Tricoronatum Josef Kuckhoff: Die Geschichte des Gymnasium Tricoronatum. Ein Querschnitt durch die Geschichte der Jugenderziehung in Köln vom 15. bis zum 18. Jahrhundert, Köln 1931.

14 So heißt es in dem ältesten, speziell die Kölner Verhältnisse betreffenden Dokument – Grashofs Kölner Schulplan –, „das zweite" Kollegium werde „in die Gegend des Waidmarkts" verlegt werden, ohne ausdrückliche Nennung des ehemaligen Karmeliterklosters. Ausschlaggebend dürfte demnach die stadträumliche Verteilung der Kollegien im nördlichen und den südlichen Bereich der Stadt gewesen sein, wofür auch die Überlegung spricht, bei entsprechendem Bedarf ein drittes Kollegium „in die Gegend des neuen Marktes" zu verlegen, also zum Neumarkt und damit in den westlichen Teil der Stadt, in dem ja 1860 das spätere Apostelgymnasium als drittes Kölner Gymnasium gegründet wurde. Grashofs Kölner Schulplan findet sich in der am 8. November 1814 veröffentlichten Fassung („Bekanntmachung des Direktors des öffentlichen Unterrichts am Niederrhein zur Reorganisation der Kölner Gelehrtenschulen") abgedruckt in Apel/Klöcker: Schulwirklichkeit (Anm. 4), S. 451–454 (die Zitate dort S. 452).

Krankenhaus, Gefängnis, Armenhaus oder Irrenanstalt – damals, bedingt durch die Säkularisation, bekanntlich ein geläufiges Phänomen.

In globaler Perspektive sind die Gründung des Karmeliterkollegiums 1815 – das auch „Carmeliten-Collegium" (also mit n) genannt wurde[15] – und des späteren Friedrich-Wilhelm-Gymnasiums Teil jener bis heute epochemachenden Schulreformbestrebungen nach dem Untergang des vorrevolutionär-ständischen Schulwesens,[16] das in Köln bis 1798 bestanden hatte. Denn in jenem Jahr, 1798, erhielt nicht nur der erste Jude in Köln seit 1424 sein Niederlassungsrecht in der Stadt und es wurde der französische Revolutionskalender eingeführt,[17] sondern auch die alte, 1388 gegründete Kölner Universität wurde aufgehoben – und mit ihr die drei alten Gymnasien der Stadt, die bislang das Rückgrat der höheren Bildung für Köln und das Umland gewesen waren.[18] Alle folgenden Neuordnungsversuche der Franzosen, zunächst in Gestalt einer Zentralschule, dann in Form von Sekundärschulen, sollten sich als kurzlebig erweisen – nicht zuletzt natürlich auch deshalb, weil für ihren dauerhaften Erfolg bis zum Abzug der Franzosen am 14. Januar 1814 schlicht die Zeit fehlte.[19]

15 So in den frühen Schulprogrammen, etwa 1816: Ueber die Kunst. Eine Einladungsschrift zu den Oeffentlichen Prüfungen des Gymnasiums und der beiden Collegien zu Köln, welche auf den 25., 26., 27. September festgesetzt sind, und in dem großen Saale des Jesuiter-Collegiums Vormittags von 9 und Nachmittags von 3 Uhr an vorgenommen werden. Von F. J. Seber, Professor und Direktor, o. O. [Köln] 1816, S. 27. In seiner Eröffnungsrede bezeichnete Grashof das Kollegium jedoch ausdrücklich als „Carmeliter Collegium": Rede, bei der Eröffnung des Gymnasiums in Cöln und der damit verbundenen beiden Collegien am 24. April 1815 gehalten von Dr. F. K. A. Grashof, Director des öffentlichen Unterrichts am Niederrhein, Cöln 1815, S. 10. Beide Varianten finden sich auch noch in den Schulprogrammen nach der Gymnasialerhebung 1825.

16 Zu diesen noch immer Friedrich Paulsen: Geschichte des gelehrten Unterrichts auf den deutschen Schulen und Universitäten vom Ausgang des Mittelalters bis zur Gegenwart, Bd. 2, 3. Aufl. Berlin/Leipzig 1921, S. 191–442; Karl-Ernst Jeismann/Peter Lundgreen (Hg.): Handbuch der deutschen Bildungsgeschichte, Bd. 3: 1800–1870. Von der Neuordnung Deutschlands bis zur Gründung des Deutschen Reiches, München 1987, bes. S. 71–103, 152–180; Karl-Ernst Jeismann: Das preußische Gymnasium in Staat und Gesellschaft. Bd. 1: Die Entstehung des Gymnasiums als Schule des Staates und der Gebildeten 1787–1817, 2. Aufl. Stuttgart 1996, Bd. 2: Höhere Bildung zwischen Reform und Reaktion 1817–1859, Stuttgart 1996; Hans-Georg Herrlitz u. a.: Deutsche Schulgeschichte von 1800 bis zur Gegenwart. Eine Einführung, Weinheim/München 2005, S. 29–44; Peter Lundgreen: Sozialgeschichte der deutschen Schule im Überblick. Bd. 1: 1770–1918, Göttingen 1980; Margret Kraul: Das deutsche Gymnasium 1780–1980, Frankfurt a. M. 1984. Eingehend von allgemeinhistorischer Seite aus auch Thomas Nipperdey: Deutsche Geschichte, 1800–1866. Bürgerwelt und starker Staat, München 1983, S. 56–64, 451–470.

17 Fuchs: Chronik (Anm. 8), S. 113.

18 Müller: Köln (Anm. 5), S. 314; Limper: Geschichte (Anm. 9), S. 11.

19 Zur windungsreichen Neuordnung des Kölner Schulwesens in französischer Zeit Nathalie Damesne: Öffentliche Schulverwaltung in der Stadt Köln von 1794–1814, Köln 2003 und Müller: Köln (Anm. 5), S. 313–341.

Die Geburtsstunde des Karmeliterkollegiums schlug am 24. April 1815, also am Tag nach den Feierlichkeiten zur preußischen Inbesitznahme des Rheinlandes.[20] Dabei verband sich die Gründung der Schule aufs Engste mit der Person und dem Denken des preußischen Schulreformers Karl Friedrich August Grashof.[21] Dieser, Theoretiker und Praktiker zugleich, Schulleiter und Verwaltungsmann, im Grunde ein Schulpolitiker *avant la lettre* – war von Haus aus evangelischer Theologe und hatte in Halle bei dem großen Philologen Friedrich August Wolf studiert. Ab 1810 hatte er als Gymnasialdirektor in Prenzlau erstmals Gelegenheit, seine erzieherischen Vorstellungen in die Tat umzusetzen, bevor er als Freiwilliger in den Befreiungskriegen ins Rheinland gelangte und dort Direktor für den öffentlichen Unterricht am Niederrhein wurde.[22] Grashof war ein entschiedener Neuhumanist, der das Ziel einer allgemeinen, d. h. nicht auf unmittelbare berufliche Zwecke bezogenen Bildung mit allem Eifer verfolgte und dabei vor allem von Humboldt und Pestalozzi beeinflusst war: Endlich sollte es eine Bildung zu wahrer Humanität geben, die allen Menschen unabhängig von ihrer sozialen Herkunft und beruflichen Bestimmung zugänglich war. Endlich sollte in den weiterführenden Schulen nicht nur unterrichtet, sondern auch erzogen werden. Und endlich sollte der öde Vorlesungsbetrieb der alten Gelehrtenschulen der Selbsttätigkeit der Schüler weichen.[23]

Für Köln konzipierte Grashof das Modell einer gestuften weiterführenden Schule, die als eine Einheit aus einem vierklassigen Gymnasium einerseits und zwei vierklassigen Kollegien andererseits bestand.[24] Während das Gymnasium, „Kölnisches Gymnasium“ genannt, denjenigen Schülern vorbehalten bleiben

20 Erhalten hat sich der Druck der im Geist der Zeit mit nicht wenig preußisch-deutschem Nationalpathos und antifranzösischem Ressentiment aufgeladenen Eröffnungsrede (Anm. 15).

21 Zu diesem Apel: Grashof (Anm. 4), S. 101–124; Ders.: Schulreformer (Anm. 4), S. 155–180. Von Grashofs Autobiographie ist leider der zweite Teil, der das Schulwesen behandeln sollte, nicht mehr erschienen, vgl. Karl Friedrich August Grashof: Aus meinem Leben und Wirken, zugleich als Beitrag zur Geschichte der Rheinprovinz unter preußischer Landeshoheit in Hinsicht auf Kirche und Schule. Bd. 1: Die Kirche und das Vaterland, Essen 1839.

22 Sein Koblenzer Pendant als Direktor für den öffentlichen Unterricht am Mittelrhein war von 1814 bis 1816 Joseph Görres, von 1816–1818 dann Johannes Schulze (vgl. Anm. 62).

23 Zu Grashofs pädagogischen Überzeugungen zusammenfassend Apel: Schulreformer (Anm. 4), S. 157–159. Zu den schulischen Reformvorstellungen Humboldts vgl. die beiden ‚Klassiker‘ von Clemens Menze: Wilhelm von Humboldts Lehre und Bild vom Menschen, Ratingen 1965 und Ders.: Die Bildungsreform Wilhelm von Humboldts, Hannover u. a. 1975; Dietrich Benner: Wilhelm von Humboldts Bildungstheorie. Eine problemgeschichtliche Studie zum Begründungszusammenhang neuzeitlicher Bildungsreform, 3. Aufl. Weinheim/München 1990. Zu Pestalozzi vgl. Peter Stadler: Pestalozzi. Geschichtliche Biographie, 2 Bde., 3. Aufl. Zürich 1996.

24 So in seinem Kölner Schulplan, auf dem die Gründung des Kölnischen Gymnasiums und der beiden Kollegien beruhte (Anm. 14), abgedruckt bei Apel/Klöcker: Schulwirklichkeit (Anm. 4), S. 451–454. Vgl. dazu Apel: Gymnasium (Anm. 4) S. 37–40 und Limper: Geschichte (Anm. 9) S. 18 ff.

Abb. 2: Karl Friedrich August Grashof, Porträt von Otto Grashof, um 1835 (Köln, Kölnisches Stadtmuseum, Grafische Sammlung, Inv.-Nr. G 7279a; Foto: Rheinisches Bildarchiv, rba_d029758)

sollte, die für den Universitätsbesuch geeignet waren und dafür Latein und Griechisch belegten, hatten die Kollegien die doppelte Aufgabe, die Schüler auf das Gymnasium vorzubereiten und zugleich auch die Schüler aufzunehmen, die nicht für ein Studium vorgesehen waren und deshalb nach und nach die Schule verlassen und nichtakademische Berufe aufnehmen würden.[25] Eine Gesamtschule im heutigen Sinne war das freilich nicht, da schon für den Eintritt in das Kollegium eine Aufnahmeprüfung zu absolvieren, Schulgeld zu zahlen war und es demnach absehbar war, dass viele Schüler außer der Elementarschule keine andere Schule besuchen würden.[26]

25 Apel/Klöcker: Schulwirklichkeit (Anm. 4), S. 451 f.

26 Schülergesetze für das Königliche Karmeliter-Kollegium, womit zur öffentlichen Prüfung desselben auf den 14. September d. J. früh um 8 Uhr, in der von Groote'schen Familienkirche und zur Schlußmesse und Censurvertheilung auf den 15. dess. früh um 9 Uhr, in der St. Jakobs-Pfarrkirche die Beschützer, Gönner und Freunde dieser Anstalt ehrerbietigst einladet Dr. Fr. K. A. Grashof, Konistorial- und Schulrath, Köln 1821 (= Schulprogramm 1821), S. 4 (Aufnahmeprüfung), 13–15 (Schulgeld).

Alle Teile von Grashofs Neugründung wurden 1815 am selben Tag eröffnet, wobei der ursprünglich geplante Termin wegen schleppender Sanierungsarbeiten und Schwierigkeiten bei der Stellenbesetzung um vier Monate hatte verschoben werden müssen.[27] Die Kollegien waren zwar der Aufsicht des Gymnasialdirektors unterstellt, verfügten aber über eigene Räumlichkeiten, ein eigenes Lehrerkollegium und einen eigenen Vorsteher.[28] Lateinunterricht war für alle Schüler selbstverständliche Pflicht.[29] Eines der beiden Kollegien befand sich zusammen mit dem Kölnischen Gymnasium in der nördlichen Stadthälfte, an Marzellen; das andere, für die südliche Stadthälfte, wurde am Waidmarkt eingerichtet.[30] Diese Schule war das sogenannte Karmeliterkollegium; sie wurde das spätere Friedrich-Wilhelm-Gymnasium.

Man bezog also 1815 den südlichen Teil des alten Klosterkomplexes, dessen Gebäude noch aus dem Jahr 1720 stammten, und wurde damit unmittelbarer Nachbar des preußischen Militärs, das im nördlichen Teil eine Garnisonsbäckerei und ein Proviantamt unterhielt[31] und dort ein Vierteljahrhundert später, 1840/41, ein in klassizistischen Formen gehaltenes Wachgebäude für 30 Mann errichtete: die allseits bekannte Alte Wache, deren über den Krieg geretteter Portikus nach dem Einsturz des Stadtarchivs abgebaut wurde und seitdem eingelagert ist.[32] Die ehemals stadträumlich dominierende Karmeliterkirche hingegen war, nachdem sie den Franzosen zwischenzeitlich noch als Fruchtmagazin gedient hatte, bereits 1810/11 auf Abbruch verkauft und niedergelegt worden.[33]

Bei aller bemerkenswerten Anpassungsfähigkeit war Grashof ein eigenständiger Kopf. Es würde zu weit führen, die Auseinandersetzungen, die er mit dem Berliner Ministerium führte, hier im Einzelnen wiederzugeben.[34] Schon einen Monat nach seiner Kölner Gründung wurde er aus der Zentrale zurückgepfiffen:

27 Limper: Geschichte (Anm. 9), S. 23, 28 f.
28 So schon die Planung in Grashofs Kölner Schulplan (Anm. 14), vgl. Apel/Klöcker: Schulwirklichkeit (Anm. 4), S. 452 f.
29 Ebd. (Anm. 4): S. 451. Dadurch sollte u. a. die Anschlussfähigkeit an das Gymnasium gesichert sein: Apel: Schulreformer (Anm. 4), S. 163.
30 Apel/Klöckner: Schulwirklichkeit (Anm. 4): S. 451 f.
31 Clemen: Kunstdenkmäler (Anm. 10), S. 200.
32 Zur Alten Wache vgl. Paul Clemen: Die Kunstdenkmäler der Stadt Köln. Die profanen Denkmäler, Düsseldorf 1930, S. 357; Mario Kramp: Klassizismus und Kontrolle. Die Alte Wache am Waidmarkt, in: Kramp/Trier: Waidmarkt (Anm. 2), S. 115–119.
33 Clemen: Kunstdenkmäler (Anm. 10), S. 200.
34 Einen Höhepunkt erreichten diese zweifellos in den Jahren 1824/25 (vgl. u. S. 82 f. m. Anm. 60, 62), in deren Folge Grashof 1826 bei den Berufungen in das neu gegründete Provinzial-Schulkollegium in Koblenz, das an die Stelle der beiden Konsistorien in Köln und Koblenz trat, vom Ministerium übergangen wurde. Er blieb jedoch auch nach 1826 für das mittlere und niedere Schulwesen in Köln zuständig, vgl. Apel: Schulreformer (Anm. 4), S. 156.

Man wünschte den Aufbau eines grundständigen Gymnasiums, ohne Kollegien.[35] Tatsächlich war die preußische Bildungslandschaft zu dieser Zeit noch beinahe allerorten im Fluss.[36] Ungeklärt war vor allem die Frage möglicher Mittelschulen zwischen der Elementarschule einerseits und dem Gymnasium andererseits. Humboldt hatte diese sogenannten Bürgerschulen in seinen Schulplänen noch abgelehnt, da er ihnen zu Recht eine verfrühte Festlegung auf einen bestimmten Beruf unterstellte;[37] tatsächlich gab es aber schon bald wieder eine Tendenz weg von dem Ideal einer allgemeinen Bildung und zurück zur Standesschule.[38] Grashof war dagegen.

Bis 1820 hatte die Berliner Kultusverwaltung die Abtrennung der beiden Kollegien von dem mittlerweile ausgebauten Kölnischen Gymnasium durchgesetzt.[39] In diesem Jahr wurde das Karmeliterkollegium selbstständig, und zwar mit dem Status einer sogenannten höheren Stadtschule und mit Grashof als Direktor.[40] Dieser blieb freilich auch Kölner Konsistorialrat und war damit Schulaufsichtsbeamter und Schulleiter in einer Person.[41]

Als höhere Stadtschule war das erst noch vierklassige, später dann fünfklassige Karmeliterkollegium zwar einerseits mehr als eine lateinlose Bürgerschule,

35 Limper: Gymnasium (Anm. 9), S. 39; Apel: Gymnasium (Anm. 4), S. 47–49 und S. 57. Grashof schob die Ausführung jedoch zunächst heraus; vgl. Grashofs Schreiben an den Kölner Gymnasialdirektor Seber, mit der er ihn zur Umsetzung der Berliner Vorgaben anwies, abgedruckt bei Apel/Klöcker: Schulwirklichkeit (Anm. 4), S. 491–494.

36 Vgl. die in Anm. 16 genannte Literatur.

37 Vor allem in dem Königsberger und dem Litauischen Schulplan aus dem Jahr 1809; vgl. Andreas Flitner/Klaus Giel (Hg.): Wilhelm von Humboldt. Werke in fünf Bänden, Bd. 4: Schriften zur Politik und zum Bildungswesen, 3. Aufl. Darmstadt 1982, S. 168–195. In dieser Tradition des Gymnasiums als „allgemeiner Schule für alle" stand auch noch der Süvernsche Schulplan von 1816, der von dem Leiter der Unterrichtsabteilung in der Sektion für Kultus und Unterricht und engem Mitarbeiter Humboldts, Johann Wilhelm Süvern (1775–1829), entworfen worden war: Jeismann: Gymnasium (Anm. 16), Bd. 1, S. 392–394, bes. 393 (dort auch das Zitat); Paulsen: Geschichte (Anm. 16), S. 290–299.

38 Diese Tendenz ist besonders ausgeprägt in der Entwicklung des Volksschulwesens, deren Protagonist der Konservative Ludolph von Beckedorff (1778–1858) als Leiter des Volksschulreferats im Berliner Kultusministerium war, prägte aber letztlich die gesamte schulpolitische Entwicklung in der Abkehr vom Gedanken der universalen Menschenbildung hin zu preußischer Nationalerziehung und politischer Reaktion; vgl. etwa Jeismann: Gymnasium (Anm. 16), Bd. 2, S. 99–103; Herrlitz: Schulgeschichte (Anm. 16), S. 45–50. Vgl. u. S. 82 f. m. Anm. 61.

39 Die Entscheidung für eine vollständige höhere Stadtschule fiel am 21. August 1820: Nachricht an das Publikum, die künftige Bestimmung des Karmeliter-Kollegiums hieselbst betreffend, womit zur öffentlichen Prüfung für dasselbe am Schlusse des Schuljahres 1819–1820 auf den 15. September d. J. in dem großen Auditorium des Gymnasiums alle Beschützer, Gönner und Freunde dieser Anstalt ehrerbietigste einladet Dr. Fr. K. A. Grashof, Köln 1820 (= Schulprogramm 1820), S. 3; der Text ist teilweise abgedruckt bei Apel/Klöcker: Schulwirklichkeit (Anm. 4), S. 338.

40 Schulprogramm 1820 (Anm. 39), S. 3, 18; bis zur Gymnasialerhebung 1825 fungierte Grashof jedoch nur als kommissarischer Direktor.

41 Apel: Grashof (Anm. 4), S. 113, 116, 118.

aber andererseits weniger als ein Gymnasium, weil zunächst das Griechische als ordentliches Lehrfach und vor allem die Berechtigung zum Abitur fehlten. Dennoch besaßen die Sprachen und insbesondere das Lateinische einen sehr hohen Stellenwert: 1820 etwa hatten die Schüler in allen Klassen durchgängig 32 Wochenstunden, davon in der Eingangsklasse acht Wochenstunden Deutsch und sechs Wochenstunden Latein; danach weiterhin sechs Wochenstunden Latein, aber nur noch vier Stunden Deutsch und dafür vier Wochenstunden Französisch; schließlich in den oberen Klassen acht Wochenstunden Latein und je vier Wochenstunden Deutsch und Französisch. Daneben gab es in allen Klassen Religion, Geschichte und Geographie (als ein Fach), Mathematik, Naturwissenschaften (ebenfalls ein Fach), Zeichnen und in den beiden unteren Klassen noch zusätzlich je drei Wochenstunden Schreiben.[42] Zu diesen 32 Wochenstunden hinzu kamen in allen Klassen noch zwei Stunden Singen, von dem regelmäßig nicht dispensiert werden konnte – „es müßte denn dafür alle Anlage fehlen"[43]. In den beiden höheren Klassen konnten auf Wunsch weitere außerordentliche Lehrstunden belegt werden, und zwar alternativ Griechisch oder „Englisch und Italienisch" (als ein Fach), Buchhalten und im Sommerhalbjahr „Seelenlehre"[44].

Das Karmeliterkollegium war eine Ganztagsschule mit Unterricht von sieben Uhr morgens bis vier Uhr nachmittags, die von einer Mittagspause von drei Stunden unterbrochen wurde.[45] Insbesondere die Einstellung geeigneter Lehrkräfte mit Universitätsausbildung, die den hohen Ansprüchen Grashofs an die höhere wissenschaftliche Bildung des Lehrpersonals entsprachen, erwies sich als schwierig.[46] Immer wieder ermahnte Grashof, nicht zu dozieren, sondern die Schüler selbst arbeiten zu lassen.[47] Der Schulleiter liebte Lehrerkonferenzen; der Höhepunkt war im Jahr 1815 mit fünf Konferenzen in neun Tagen erreicht.[48] Selbstverständlich waren die einzelnen Klassen noch keine Jahrgangsklassen; dementsprechend waren die Altersunterschiede zwischen den Schülern in den einzelnen Klassen sehr groß: Im Schuljahr 1824/25 etwa waren von den 27

42 Schulprogramm 1820 (Anm. 39), S. 5; Apel/Klöcker: Schulwirklichkeit (Anm. 4), S. 340.
43 Schulprogramm 1820 (Anm. 39), S. 7; Apel/Klöcker: Schulwirklichkeit (Anm. 4), ebd.
44 Schulprogramm 1820 (Anm. 39), S. 6; Apel/Klöcker: Schulwirklichkeit (Anm. 4), ebd.
45 Schulprogramm 1820 (Anm. 39), S. 16.
46 Limper: Gymnasium (Anm. 9), S. 39; Apel: Gymnasium (Anm. 4), S. 104.
47 Die Selbsttätigkeit der Schüler war schon in Prenzlau ein wichtiger Punkt in Grashofs Schulprogramm, vgl. Apel: Schulreformer (Anm. 4), S. 158, und auch in Grashofs Kölner Schulprogrammen sind sie ein immer wiederkehrendes Thema, etwa 1826: Ueber die ersten Begriffe der Geometrie, zunächst mit Bezug auf Parallelen-Theorien. Einladungsschrift zu der öffentlichen Prüfung des Königlichen Karmeliter-Gymnasiums am 20. und 21. September 1826 in der Aula des Königlichen Jesuiten-Gymnasiums von Dr. F. K. A. Grashof, Konsistorialrath und Direktor, Köln o. J. [1826] (= Schulprogramm 1826), S. 21, 23; vgl. Limper: Geschichte (Anm. 9), S. 36 f.
48 Limper: Geschichte (Anm. 9), S. 28.

Schülern in der Abschlussklasse die beiden ältesten 22 Jahre, der jüngste hingegen war erst 13! (Der Altersdurchschnitt in dieser Klasse betrug 17,3 Jahre.)[49]

In den Jahren seiner selbstständigen Existenz hatte das Karmeliterkollegium überwiegend etwa 200 bis 250 Schüler, die die Schule entweder im Laufe ihrer Schulzeit verließen, um einen Beruf zu ergreifen – sei es mit Prüfung oder ohne; oder sie wechselten in den oberen Klassen auf das Gymnasium.[50] (Wie hoch das Schulgeld im Verhältnis zum Gymnasium war, konnte bislang leider nicht ermittelt werden.)

Die ganz überwiegende Mehrzahl der Schüler war katholisch; so gab es etwa in der eben erwähnten Abschlussklasse mit 27 Schülern nur drei evangelische, unter ihnen der Sohn des Schuldirektors.[51] Wer das Karmeliterkollegium im Einzelnen besuchte und welchen sozialen Schichten seine Schüler entstammten, ist aufgrund der Quellenlage schwer zu beurteilen, da wir – jedenfalls bislang – keine vollständigen Schülerlisten haben. Zu den vielleicht heute noch bekannteren Namen zählen etwa der Dichter und Komponist Anton von Zuccalmaglio[52] oder Gustav von Struensee, der Sohn des in der Stadt verhassten Kölner Polizeipräsidenten und spätere Politiker und Schriftsteller;[53] daneben natürlich auch der Kölner Revolutionär, Demokrat und Karnevalist Franz Raveaux, der im ehemaligen Karmeliterkloster geboren worden sein soll und von 1820 bis

49 Jahresbericht über den Zustand des Königlichen Karmeliter-Kollegiums, womit zu der öffentlichen Prüfung an demselben, beim Schlusse des Schuljahres 1824/5, auf den 15. und 16. September in der von Groote'schen Familienkirche ehrerbietigst einladet Dr. F. K. A. Grashof, Konsistorial- und Schulrath, Köln o. J. [1825] (= Schulprogramm 1825), S. 21.

50 Jeweils am Ende des Schuljahres betrug die Zahl der Schüler im Jahr 1820: 160; 1821: 169; 1822: 210; 1823: 243; 1824: 219; 1825: 243; vgl. die Schulprogramme 1820 (Anm. 39), S. 23; 1821 (Anm. 26), S. 25; 1822: Chronik des Königl. Karmeliter-Kollegiums für das Schuljahr 1822, womit zur öffentlichen Prüfung der Schüler desselben in der von Grooteschen Familienkirche auf den 14. September, früh um halb neun Uhr, ehrerbietigst einladet Dr. Fr. K. A. Grashof, Konsistorial- und Schulrath, Köln 1822 (= Schulprogramm 1822), S. 14; 1823: Ueber Zweck und Einrichtung der öffentlichen Schulprüfungen, womit zur Feier dieser Handlung am Königl. Karmeliter-Kollegium beim Schlusse des Schuljahres 1822/23 auf den 10. und 11. September in der von Groote'schen Familienkirche ehrerbietigst einladet Dr. F. K. A. Grashof, Konsistorial- und Schulrath, Köln 1823 (= Schulprogramm 1823), S. 63; 1824: Disciplinar-Einrichtungen des Königlichen Karmeliter-Kollegiums, womit zu der öffentlichen Prüfung an demselben beim Schlusse des Schuljahres 1823–24 auf den 16. und 17. September in der von Groote'schen Familienkirche ehrerbietigst einladet Dr. F. K. A. Grashof, Konsistorial- und Schulrath, Köln 1824 (= Schulprogramm 1824), S. 44; Schulprogramm 1825 (Anm. 49), S. 21.

51 Schulprogramm 1825 (Anm. 49), S. 21, 23. Die Statistik dieses Jahres verzeichnet für den Anfang des Schuljahres 226 katholische, 33 evangelische und 10 jüdische Schüler (ebd.). Für die Jahre davor liegen in den Schulprogrammen leider keine Angaben zu der Konfessionszugehörigkeit der Schüler vor.

52 Schulprogramm 1822 (Anm. 50), S. 18; Jakob Schnorrenberg: Zuccalmaglio, Anton Wilhelm Florentin, in: Allgemeine Deutsche Biographie (ADB) 45 (1900), S. 467–469.

53 Ernst Jeep: Struensee, Gustav Karl Otto von, in: ADB 36 (1893), S. 645–647.

1824 Schüler des Karmeliterkollegiums war, bevor er wegen eines gewaltsamen Zwischenfalls zwischen Schülern und Handwerkern der Schule verwiesen wurde.[54] Dass unter den Schülern die Namen bekannter Kölner Unternehmerfamilien auftauchen – Boisserée, Schaafhausen, Herstatt[55] –, deutet möglicherweise darauf hin, dass neben einigen Adeligen vor allem Angehörige des städtischen Wirtschaftsbürgertums ihre Söhne auf das Karmeliterkollegium schickten. Ob hingegen eine von den Bildungsreformern erstrebte soziale Durchmischung auch nur annähernd erreicht wurde, muss einstweilen offenbleiben.[56]

Einen Ausbau seiner Schule zum Gymnasium zu erreichen, blieb in den Jahren nach 1820 das Hauptziel des Direktors Grashof.[57] Freilich wünschte er sich ein Gymnasium nach seinen Vorstellungen, von denen sich die Berliner Bildungspolitik jedoch Jahr um Jahr weiter entfernte.

Grashofs Ideal war ein – wie man heute sagen würde – gestuftes multifunktionales Gymnasium, das neben der Studierfähigkeit seiner Schüler immer auch die Möglichkeit zur Aufnahme eines nichtakademischen Berufs eröffnen würde:[58] Mit dieser an sich sehr modernen Idee, die in den Strukturempfehlungen des Bildungsrates von 1970 wieder aufgenommen wurde und die im heutigen Landesschulgesetz und den entsprechenden Richtlinien verwirklicht ist,[59] war

54 Anonymus: Franz Raveaux. Sein Leben und Wirken, Cöln 1848, S. 4; Marcel Seyppel: Franz Raveaux (1810–1851), in: Rheinische Lebensbilder 11 (1988), S. 125–148, bes. S. 126 (das Karmeliterkolleg in beiden Titeln fälschlich bereits als Gymnasium bezeichnet); Klaus Schmidt: Franz Raveaux. Karnevalist und Pionier des demokratischen Aufbruchs in Deutschland, Köln 2001, S. 13.

55 Hermann und Nikolaus Boisserée werden 1816 als Schüler des Karmeliterkollegiums, ebenso Theodor Schaafhausen 1817, und Ivan David Herrstatt 1824 als Schulabgänger aufgeführt: Schulprogramme 1816 (Anm. 15), S. 27; 1817: Von der Religion als der höchsten Angelegenheit der Schulen überhaupt, so wie der gelehrten Schulen insbesondere. Eine Einladungsschrift zu den öffentlichen Prüfungen des hiesigen Gymnasium, welche auf den 22. und 23. September 1817 festgesetzt sind, und in dem großen Saale des Jesuiten-Collegiums Vormittags von 9 und Nachmittags von 3 Uhr an vorgenommen werden, von D. J. Seber, Professor und Direktor, Köln o. J. [1817] (= Schulprogramm 1817), S. 29; 1824 (Anm. 50), S. 48.

56 Vgl. aber u. Anm. 64.

57 Vgl. etwa seine Ausführungen im Schulprogramm des Jahres 1825 (Anm. 49), S. 5; Apel: Schulreformer (Anm. 4), S. 167.

58 Apel: Schulreformer (Anm. 4), S. 164–170; Jeismann: Gymnasium (Anm. 16), Bd. 2, S. 383–385.

59 Vgl. § 16 Abs. 1 SchulG NRW, in dem es heißt: „Das Gymnasium vermittelt seinen Schülerinnen und Schülern eine vertiefte allgemeine Bildung, die sie entsprechend ihren Leistungen und Neigungen durch Schwerpunktbildung befähigt, nach Maßgabe der Abschlüsse in der Sekundarstufe II ihren Bildungsweg an einer Hochschule, aber auch in berufsqualifizierenden Bildungsgängen fortzusetzen." (zit. nach: Bereinigte Amtliche Sammlung der Schulvorschriften in Nordrhein Westfalen, 31. Ausgabe 2016/17, Düsseldorf/Erftstadt 2016, S. 1/5.), sowie die Richtlinien für die gymnasiale Oberstufe des Gymnasiums und der Gesamtschule des Landes NRW vom 17. 3. 1999, in denen es heißt: „Die allgemeine Hochschulreife ermöglicht die Aufnahme eines Studiums und eröffnet gleichermaßen den Weg in eine berufliche Ausbildung." (zit. nach: Richtlinien und Lehrpläne für die Sekundarstufe II – Gymnasium/ Gesamtschule in Nordrhein-Westfalen. Geschichte, Düsseldorf/Frechen 1999, S. XI).

Grashof seiner Zeit weit voraus, und damit ist er letztlich auch gescheitert. Zwar gelang es Grashof im Jahr 1824, seine rheinischen Konsistorialkollegen auf seine Seite zu ziehen.[60] Doch es war zu spät: Die Entwicklung in Berlin ging bereits seit Jahren weg von der Stufenschule und damit letztlich zurück zur alten Standesschule.[61] Im Jahr 1825 dann, als Berlin dem jahrelangen Drängen Grashofs endlich nachgab und das Karmeliterkollegium zu einem Gymnasium erhob, war die Entscheidung endgültig gegen die gestufte Schule und für den parallelen Aufbau von Bürgerschulen einerseits und Gymnasien andererseits gefallen.[62]

Für Köln bedeutete der Ausbau der Karmeliterschule zum Gymnasium, dass fortan zwei Gymnasien in der Stadt existierten, das eine an Marzellen, das die Tradition des alten Jesuitengymnasiums fortführte und im Volksmund auch weiter so genannt wurde,[63] und das andere am Waidmarkt. Bei beiden handelte es sich nach dem Willen des Ministeriums nun um reine grundständige Gelehrtenschulen, was letztlich einen Rückfall in die alte Standesschule bedeutete, weil die allgemeine Bildung, die doch das Heiligtum aller neuhumanistischen Bildungsreformer war, nun den Kindern vorbehalten bleiben sollte, die von ihren Eltern für ein Universitätsstudium vorgesehen worden waren.[64]

60 Jeismann: Gymnasium (Anm. 16), Bd. 2, S. 384–389, bes. 386 f., und Apel: Schulreformer (Anm. 4), S. 168 f.; Apel: Gymnasium (Anm. 4), S. 116; Klinkenberg: Entstehung (Anm. 9), S. 36 f. Konkret ging der Streit vor allem um die Stellung des Griechischen, das nach dem Willen Grashofs und seiner rheinischen Kollegen in den mittleren Klassen des Gymnasiums durch das Französische ersetzbar sein sollte.

61 Nach den Vorstellungen des Ministeriums sollte auch der städtische „Nähr-, Handels- oder Verkehrsstand" einen eigenen Mittelschultypus zwischen Volksschulen einerseits und Gymnasien andererseits erhalten, vgl. Jeismann: Gymnasium (Anm. 16), Bd. 2, S. 387.

62 Grashofs Hauptgegner in dieser Angelegenheit war sein ehemaliger Koblenzer Konsistorialkollege Johannes Schulze (1778–1858), der eine andere Vorstellung von Neuhumanismus vertrat als Grashof. Schulze war 1818 Süverns Nachfolger als Referent für das Gymnasialwesen im Berliner Kultusministerium geworden (zu Schulze vgl. Anm. 22, zu Süvern Anm. 37). Jeismann: Gymnasium (Anm. 16), Bd. 2, S. 386–388, sieht in der von Schulze verfassten Antwort auf die von Grashof initiierte Eingabe der rheinischen Konsistorien das „früheste und vollständigste Dokument der Abwendung der Bildungspolitik des Ministeriums von den Prinzipien der Humboldtschen Reform und des Süvernschen Schulgesetzentwurfs" (das Zitat ebd. S. 387); sie ist abgedruckt bei Apel/Klöcker: Schulwirklichkeit (Anm. 4), S. 269–273, und Klinkenberg: Entstehung (Anm. 9), S. 37–42. Vgl. Apel: Gymnasium (Anm. 4), S. 117; Paulsen: Geschichte (Anm. 16), Bd. 2, S. 328 f.

63 Zu den verschiedenen offiziellen Namen der Schule Limper: Geschichte (Anm. 9), S. 47 f.

64 Zu bedenken ist freilich, dass das Gymnasium in der gesellschaftlichen Realität des Vormärz tatsächlich eine bemerkenswerte soziale Offenheit aufwies, wie die Untersuchungen von Margret Kraul (Anm. 16) gezeigt haben. Auf den von ihr untersuchten Gymnasien im Rheinland und in Westfalen stammten 19% der Schüler aus der Oberschicht und der oberen Mittelschicht, 36% aus der mittleren Mittelschicht und 45% aus der unteren Mittelschicht und der Unterschicht. Allerdings war nur für ein gutes Drittel der Schüler die Prima die Abgangsklasse, wie auch die Verweildauer auf dem Gymnasium für ein gutes Drittel nur höchstens zwei Jahre betrug: Dies.: Gymnasium und Gesellschaft im Vormärz. Neuhumanistische Einheitsschule, städtische Gesellschaft und soziale Herkunft der Schüler, Göttingen 1980, S. 143 f.; Jeismann: Gymnasium (Anm. 16), Bd. 2, S. 389–391.

Wie anders – und noch ganz im Sinne Humboldts – hatte es hingegen Grashof formuliert: „Die Humanität, welche an dem Stamme der vorzugsweise so genannten Humanioren reift, soll nicht das Eigenthum einzelner privilegierter Stände seyn; vielmehr soll ihre möglichst größte Vorbereitung die Scheidewand niederreißen, welche eben so ungerecht, als willkührlich die geistigen Ansprüche nach äußeren Verhältnissen sondert.“[65]

Mit der Neuordnung des Jahres 1825 war in der Stadt jedoch zugleich der Bedarf nach einer neuen Schule für diejenigen entstanden, denen die Elementarschulbildung nicht genügte, die aber andererseits von ihren Eltern auch nicht für ein Universitätsstudium vorgesehen waren. Dafür gründete Grashof, der bis zu seinem Tod 1841 ein sehr erfolgreicher und verehrter Direktor des Friedrich-Wilhelm-Gymnasiums bleiben sollte,[66] im Jahr 1828 eine dritte Schule: Die sogenannte Bürgerschule am Quatermarkt, aus der sich das heutige Gymnasium Kreuzgasse entwickelte.[67] Damit war die heutige Kölner Schullandschaft in wichtigen Grundzügen vorgeprägt, und bis zur Gründung des Apostelgymnasiums im Jahre 1860 ist auch kein weiteres Gymnasium mehr hinzugekommen.

Die Gymnasialgründung des Jahres 1825 aber war im Grunde ein gleitender Übergang: Allem Anschein nach blieb es zumindest zunächst bei denselben Schülern, die nun freilich für die Prima nicht mehr aufs Gymnasium wechseln mussten, und bei denselben Lehrern und demselben Schulleiter sowieso.[68] Allerdings veränderten sich die Lehrinhalte: Latein und Griechisch wurden ausgebaut, Englisch und Italienisch fielen weg, Französisch wurde auf die drei oberen Klassen begrenzt.[69] Hinzu kam nun hingegen eine sechste Klasse und selbstverständlich: die Berechtigung zur Abiturprüfung. Und so wurde das erste

65 Schulprogramm 1819/1820 (Anm. 39), S. 11.

66 Vgl. den Nekrolog im Schulprogramm des Jahres 1841: Königliches Friedrich-Wilhelm-Gymnasium zu Köln, Schuljahr 1840–41. Programm, mit welchem zur öffentlichen Prüfung der Schüler auf den 30. und 31. August ehrerbietigst einladet Professor Hoß, interimistischer Direktor des Gymnasiums, Köln 1841, S. 3 f.

67 Vgl. Grashofs „Bekanntmachung, die Eröffnung der höheren Bürgerschule zu Köln betreffend“, in: Apel/Klöcker: Schulwirklichkeit (Anm. 4), S. 285–296; Karl Blume/Hans Niederländer: Überblick über die Entwicklung der Anstalt, in: Niederländer (Hg.): Gymnasium (Anm. 9), S. 5–29; Klinkenberg: Entstehung (Anm. 9), S. 43 ff.; zusammenfassend Heinz-Gerd Ries: Die Kreuzgasse im Wandel der Zeiten. Aspekte zur Entwicklung der Schule zwischen 1828 und 1970, in: Festschrift zur 175-Jahr-Feier des Gymnasiums Kreuzgasse Köln, Düsseldorf 2003, S. 12–61.

68 Auch wenn sich – wie von Grashof im Schulprogramm 1826 (Anm. 47), S. 25 berichtet – wichtige Änderungen in den Anstellungsverhältnissen ergeben haben, blieb doch der Personenkreis der unterrichtenden Lehrer weitgehend derselbe: Dem Abgang der beiden katholischen Religionslehrer stand ein Neuzugang als Oberlehrer gegenüber, während die übrigen elf Lehrer (neben Grashof als Direktor) weiter am nunmehrigen Gymnasium unterrichteten. Vgl. die Schulprogramme der Jahre 1825 (Anm. 55), S. 6–13, und 1826 (Anm. 47), S. 13, 25.

69 Vgl. die Ausführungen zur Lehrverfassung im ersten Schulprogramm nach Erhebung der Schule zum Gymnasium: Schulprogramm 1826 (Anm. 65), S. 12 ff.

Abitur an dieser Schule zu Ostern 1827 abgenommen,[70] woran sich bis heute nichts geändert hat.[71] Sogar der alte Name blieb: Aus dem bisherigen Karmeliterkollegium wurde zunächst einfach das Karmelitergymnasium.[72]

Wie aber kam unsere Schule dann zu ihrem heutigen Namen?

„Friedrich-Wilhelms-Gymnasium" – das war der Name, den Grashof schon 1815 für das von ihm neu gegründete Kölnische Gymnasium favorisiert hatte. Und die beiden dem Gymnasium zugeordneten Kollegien hätten dann – beinahe möchte man sagen: einfallsloserweise – die Namen „Friedrichs-" und „Wilhelms-Kollegium" erhalten. (Unsere Schule wäre dann das „Wilhelms-Kollegium" geworden.)[73] Dazu kam es jedoch nicht, wohl weil die Stadtväter den Preußen zu reserviert gegenüberstanden, um einer derartigen Namensgebung etwas abgewinnen zu können.[74] Und damit ruhte die Namensfrage für einige Jahre.

Nachdem es ab 1825 jedoch zwei Gymnasien in der Stadt gab, kam in der Bildungsverwaltung wieder die an sich schon ältere Idee auf, das Gymnasium an Marzellen in „Katholisches Gymnasium" und das Gymnasium am Waidmarkt in „Evangelisches Gymnasium" umzubenennen, wozu es während des Schuljahres 1829–30 auch tatsächlich kam.[75] Das aber war für den Erzbischof

70 Einladungsschrift zur öffentlichen Prüfung der Schüler des Königlichen Karmeliten-Gymnasiums, welche am 13. und 14. September 1827 in der Aula des Königlichen Jesuiten-Gymnasiums gehalten werden, Köln 1827 (= Schulprogramm 1827), S. 20. Zum Ostertermin legten zwei Schüler die Abiturprüfung ab, zum folgenden Herbsttermin dann bereits sieben.

71 Gewandelt hat sich freilich die Bedeutung des Abiturs, das erst seit 1834 allgemeine Immatrikulationsbedingung ist, vgl. jüngst Rainer Bölling: Kleine Geschichte des Abiturs, Paderborn u.a. 2010, S. 33f.

72 Vgl. die Schulprogramme der Jahre 1826 (Anm. 47), 1827 (Anm. 72), 1828 und 1829, die im Einklang der bereits festgestellten Namensvarianz (Anm. 15) sämtlich die Bezeichnung „Karmeliten-Gymnasium" verwenden: Einladungsschrift zur öffentlichen Prüfung der Schüler des Königlichen Karmeliten-Gymnasiums, welche am 18. und 19. September 1828 in der Aula des Königlichen Jesuiten-Gymnasiums gehalten werden wird, Köln 1828 (= Schulprogramm 1828), und: Einladungsschrift zur öffentlichen Prüfung der Schüler des Königl. Karmeliten-Gymnasiums, welche am 14. und 15. September 1829 in dem neuen Prüfungssaale desselben gehalten werden wird, Köln 1829 (= Schulprogramm 1829).

73 Limper: Geschichte (Anm. 9), S. 31.

74 Herres: Köln (Anm. 5), S. 31, verweist am Beispiel der 1821 erfolgten Umbenennung der Markmannsgasse in Friedrich-Wilhelm-Straße darauf, dass politisch-patriotische Namensgebungen in der Stadt bis 1870/71 überhaupt die Ausnahme blieben.

75 Hierzu und zum folgenden Barbara Becker-Jákli: Die Protestanten in Köln. Die Entwicklung einer religiösen Minderheit von der Mitte des 18. bis zur Mitte des 19. Jahrhunderts, Köln 1983, S. 240–244; Apel: Grashof (Anm. 4), S. 118; Klinkenberg: Entstehung (Anm. 9), S. 58f. – Schon anlässlich der Gymnasialerhebung hatte es Streit um die Konfessionsbindung der Schule gegeben, da das ministerielle Reskript vom September 1825 von einer Erhebung zu einem „vollständigen evangelischen Gymnasium" gesprochen hatte, was die Regierung im Folgemonat aufgrund öffentlicher Proteste dahingehend präzisieren musste, dass keineswegs an einen Ausschluss der katholischen Schüler gedacht sei, für die vielmehr ein eigener, von allen anderen Amtspflichten befreiter Religionslehrer eingestellt wurde; vgl. von

zu viel: Ein evangelisches Gymnasium in *seiner* Stadt – und dann auch noch eines, das so hieß, obwohl die Mehrheit seiner Schüler doch katholisch war –, das war nicht hinnehmbar. Und er reagierte wirkungsvoll: Er zog nämlich den einzigen katholischen Religionslehrer von der Schule ab und verweigerte den Schülern die Auszahlung kirchlich fundierter Stipendien. Binnen eines Jahres halbierte sich die Zahl der Schüler, und die Existenz der Schule war akut bedroht. Da jedoch besann sich der konfirmierte Preuße Grashof auf eine List: Wenn der Erzbischof die Bezeichnung „Evangelische Schule" schon nicht tolerieren mochte, so würde er doch gegen den Namen des Landesherren nichts einzuwenden haben dürfen. Und genau so kam es dann auch: Am 19. Oktober 1830 erhielt das Karmelitergymnasium durch Allerhöchste Kabinettsordre den Namen „Friedrich-Wilhelm-Gymnasium", und der katholische Religionslehrer, die Stipendien und die Schüler kehrten zurück.[76]

Damit dürfte das Kölner Friedrich-Wilhelm-Gymnasium eine von nur wenigen Schulen sein, bei denen sich nicht nur der Name der Schule ihrer Existenz verdankt, sondern auch die bloße Existenz der Schule ihrem Namen.

Bianco: Versuch (Anm. 9), S. 182f.; Schulnachrichten mit Andeutungen für die Geschichte des Königlichen Friedrich-Wilhelms-Gymnasiums; womit zur öffentlichen Prüfung an dieser Anstalt auf den 15. und 16. September 1837 ehrerbietigst einladet Dr. F. K. A. Grashof, Consistorialrath und Director des Gymnasiums, Köln 1837 (= Schulprogramm 1837), S. 3f.; Klinkenberg: Entstehung (Anm. 9), S. 55f.

76 So Grashof im Schulprogramm des Jahres 1831: Programm, durch welches zu der öffentlichen Prüfung des Königlichen Friedrich-Wilhelms-Gymnasiums hieselbst auf den 8. und 9. September 1831 ehrerbietigst einladet Dr. F. K. A. Grashof, Consistorialrath und Director des Gymnasiums, Köln 1831, darin die Schulnachrichten, S. 1, und die Chronik des Gymnasiums, S. 7–9.

Rheinische Wallfahrten des 19. Jahrhunderts im Spannungsfeld von Staat und Kirche[1]

Peter Dohms (†)

1. *Einführung*

Den Wallfahrten kam in früherer Zeit ein großer Stellenwert im Leben der gläubigen Christen zu. „Wie sehr sie [die Wallfahrten – Anm. P. D.] in das gesamte Leben – Kultur, Wirtschaft, Rechtspflege und Gesellschaft – eingriffen, Stadtbild und Landschaft bestimmten, ist heute kaum mehr darzustellen […]“[2] Das gilt nicht nur für das Mittelalter und die Frühe Neuzeit, sondern auch für das 19. und in eingeschränkterem Maße für das 20. Jahrhundert. Im Jahre 1933 schrieb der langjährige Leiter des Diözesanarchivs Aachen, Dr. Heinrich Schiffers, in einem Aufsatz über die „Wallfahrtsstätten in der Diözese Aachen“ nicht ohne Stolz, dass „die Scharen frommer Wallfahrer, die mit fliegenden Fahnen und jubelnden Liedern über die Berge und zwischen wogenden Saatfeldern daherziehen, […] aus der rheinischen Landschaft nicht fortzudenken“ seien. Eine „solche Art frohen Glaubensbekenntnisses“ sei, wie Schiffers fortfuhr, „dem Volkscharakter des Rheinlandes Bedürfnis“.[3] Wenn dies heute, nach achteinhalb Jahrzehnten, schwer nachvollziehbar zu sein scheint, so mag hierfür nicht zuletzt der in den 1960er und 1970er Jahren kulminierende, auf allen Gebieten des menschlichen Lebens zu verzeichnende „Kulturbruch“[4] verantwortlich sein. Dies sollte man im Auge behalten, wenn im Folgenden das beträchtliche Ausmaß und die großen Auswirkungen einer dem Wallfahrtswesen feindlichen Politik der Obrigkeit erörtert werden.

1 Der vorliegende Beitrag ist die stark verkürzte und aktualisierte Fassung, der von Peter Dohms unter demselben Titel publizierten Darstellung, die 2005 als Band XVI in der Reihe „Ortstermine“ veröffentlicht wurde (im Folgenden zitiert: Dohms, Rheinische Wallfahrten). Besonders hingewiesen sei hier auf die dort (S. 163 ff.) aufgeführte Literatur.
2 Irene Markowitz (Hg.): Wallfahrten am Niederrhein, Katalog der Ausstellung des Stadtmuseums Düsseldorf vom 25.8.–31. 10. 1982, Düsseldorf 1982, S. 5.
3 Heinrich Schiffers: Wallfahrtsstätten in der Diözese Aachen, in: Hermann Joseph Sträter (Hg.): Das Bistum Aachen, Berlin-Wilmersdorf 1933, S. 73–75, hier S. 73.
4 Christof Dipper: Rezension von: Dieter P. J. Wynands: Geschichte der Wallfahrten im Bistum Aachen (Veröffentlichungen des Bischöflichen Diözesanarchivs Aachen, Bd. 41), Aachen 1986, in: Archiv für Sozialgeschichte 29 (1989), S. 686.

Abb. 1: Gnadenbild aus Kevelaer, Joseph Waagus, Ende des 18. Jahrhunderts (Köln, Kölnisches Stadtmuseum, Grafische Sammlung, Inv.-Nr. G 6259a; Foto: Rheinisches Bildarchiv, rba_d052289)

Die rheinischen Wallfahrten, die Gegenstand der folgenden Untersuchung sind, haben eine bis weit in das Mittelalter, in gewissem Sinne sogar bis in die Spätantike zurückreichende Tradition. Im Zentrum der Verehrung standen zunächst die Orte, an denen Jesus Christus und seine Apostel gelebt hatten. An deren Stelle traten später die Märtyrergräber und Reliquienstätten, an denen vornehmlich körperliche Überreste von Heiligen aufbewahrt wurden. Seit dem 12./13. Jahrhundert gewann dann die Marienverehrung eine Bedeutung, die bis zur Gegenreformation ständig zunahm und die ältere Christusverehrung in den Schatten stellte. Dies hatte seinen Grund in einer gewandelten religiösen Einstellung, die im Leiden Marias unter dem Kreuze den Gipfel ihrer inneren Größe sah. Auch gewann Maria Bedeutung als Vermittlerin, die als Mutter Christus am nächsten stand und als „Fürsprecherin" bei Gott bald lieber angerufen wurde als Gott selbst.

Dieser typologischen Abfolge der christlichen Verehrungsstätten in Mittelalter und Neuzeit lassen sich auch die größten Wallfahrtsorte des Rheinlandes zuordnen. Es sind dies die alten traditionsreichen Städte Trier, Köln und Aachen, denen sich die aus unscheinbaren Anfängen hervorgegangenen Marienwallfahrtsorte (Eberhards-)Klausen, Kevelaer und Neviges-Hardenberg hinzugesellten. Jene Städte nannte man wegen der Vielzahl der Heiligtümer und Kirchen, in denen Reliquien verehrt wurden, im Mittelalter „heilige Stätten". Die drei jüngeren Verehrungsstätten bargen Gnadenbilder der Muttergottes, denen wundertätige Kraft zugeschrieben wurde. Welche Bedeutung gerade die rheinische Marienverehrung im Spätmittelalter, der Frühen Neuzeit und im 19. Jahrhundert erlangte, mag die Tatsache verdeutlichen, dass damals, wie eine historisch-geographische Studie für das Rheinland und Teile Westfalens 1969 ermittelte, an 93 der insgesamt 175 nachgewiesenen Wallfahrtsorte Maria, an 21 Christus und an 61 Orten verschiedene Heilige verehrt wurden.[5] Eine ähnliche Verteilung lässt sich bei den 201 rheinischen Wallfahrten beobachten, die Dieter Wynands im Zuge einer kartographischen Erfassung und Beschreibung der rheinischen Wallfahrtsorte ermittelt hat.[6] Wenn im Übrigen diese Zahlen die große Fülle und Vielfalt der Verehrungsstätten im Rheinland deutlich machen, so mag dies – auf den ersten Blick zumindest – den Eindruck einer gewissen Vielfalt der im Wallfahrtsleben zum Ausdruck kommenden Frömmigkeitskultur vermitteln. Genauere Untersuchungen belegen jedoch, dass die sich gegenwärtig darbietende Situation bereits das Ergebnis einer langen „mariazentrischen Entwicklung" und – genau genommen – einer daraus resultierenden „Uniformierung der Wallfahrtslandschaft am Niederrhein" ist.[7]

Wenn im Folgenden das Spannungsverhältnis zwischen den rheinischen Wallfahrten und dem preußisch-deutschen Staat genauer beleuchtet wird, so ist angesichts der Vielzahl der nachweisbaren Verehrungsstätten eine Konzentration auf die wichtigsten Orte unumgänglich. Das schließt nicht aus, dass gelegentlich auch der eine oder andere kleinere „Gnadenort" Erwähnung findet. Die hier angedeutete Begrenzung ist auch von der Sache her insofern vertretbar, als naturgemäß die großen Wallfahrtsorte eine mehr oder weniger erschöpfende

5 Maria Anna Hahn: Siedlungs- und wirtschaftsgeographische Untersuchung der Wallfahrtsstätten in den Bistümern Aachen, Essen, Köln, Limburg, Münster, Paderborn, Trier, Diss. Phil. Köln 1969, S. 137.

6 Dieter P. J. Wynands: Wallfahrten 1000–2000 (Publikationen der Gesellschaft für Rheinische Geschichtskunde XII. Abt. 1 b N. F.) [Geschichtlicher Atlas der Rheinlande, Karte und Beiheft XI. 12], Köln 2002, S. 15 f.

7 Wolfgang Herborn: Der Wandel religiöser Lebensformen: Wallfahrtswesen und Heiligenverehrung in Würselen und Umgebung, in: Margret Wensky/Franz Kerff (Hg.): Würselen. Beiträge zur Stadtgeschichte, Bd. 1, Köln 1989, S. 407–438; ders.: Wallfahrtswesen und Heiligenverehrung im alten Kreis Kempen-Krefeld und der Stadt Krefeld im 20. Jahrhundert, in: Marlene Nikolay-Panter/Wilhelm Janssen/Wolfgang Herborn (Hg.): Geschichtliche Landeskunde der Rheinlande. Regionale Befunde und raumübergreifende Perspektiven. Georg Droege zum Gedenken, Köln/Weimar/Wien 1994, S. 589–609.

historische Aufarbeitung in der Weise erfahren haben, dass auch für unsere Frage, nämlich die vielfältige Wechselbeziehung von Staat und Kirche, wichtige Ergebnisse erarbeitet wurden. Dies ist kein Zufall, waren es doch gerade die großen Wallfahrtsorte, die aufgrund der Vielzahl der zusammenströmenden Gläubigen die kritische Aufmerksamkeit der jeweiligen Obrigkeit erregten.

In der folgenden Darstellung werden die Hl. Rock-Wallfahrten in Trier und die Heiligtumsfahrten in Aachen, die bekanntlich in mehr oder weniger regelmäßigen, größeren Zeitabständen stattfinden, sowie die Wallfahrten zu den Orten St. Matthias in Trier, Klausen, Kevelaer und Neviges-Hardenberg betrachtet, die sich seit Jahrhunderten des Zuspruchs vor allem regelmäßiger jährlicher Prozessionen erfreuen. Diese Auswahl bietet einmal den Vorteil, gewisse, möglicherweise wichtige Gemeinsamkeiten und Unterschiede zwischen den in großen Zeitabständen veranstalteten Wallfahrten zum Hl. Rock und den Aachener Heiligtümern auf der einen und den regelmäßigen Prozessionswallfahrten von St. Matthias in Trier, Klausen, Kevelaer und Neviges-Hardenberg auf der anderen Seite herauszuarbeiten. Zugleich decken die Einzugsbereiche der letztgenannten drei Wallfahrtsorte das gesamte Gebiet des Rheinlandes in geradezu idealer Weise ab. Während nach St. Matthias in Trier vor allem Orte südlich der Linie Aachen – Bonn wallfahrten, ziehen die nördlich dieser Linie beheimateten Pilger vorzugsweise nach Kevelaer, das – nebenbei bemerkt – als „größter nordwesteuropäischer Wallfahrtsort“[8] auch aus den Niederlanden und Belgien stark besucht wird. Der Einzugsbereich der Wallfahrt nach Neviges-Hardenberg umfasst im Wesentlichen rechtsrheinische Gebiete wie das Bergische Land und das Ruhrgebiet, während die Klausen-Wallfahrt sich seit jeher innerhalb der Grenzen des Bistums Trier hält, als dessen „größter Diözesanwallfahrtsort“ Klausen 1953 bezeichnet wurde.[9]

Die hier vorgelegte Studie konzentriert sich, wie angedeutet, auf das problemträchtige Beziehungsgeflecht, wie es sich im Rheinland, genauer gesagt: in dem Gebiet der 1820 geschaffenen preußischen Rheinprovinz in der Zeit von 1814/15 bis 1945, also in den Epochen der Zugehörigkeit zum preußischen Staat, des Kaiserreichs, der Weimarer Republik und des Dritten Reichs zwischen der Volksreligiosität auf der einen und der obrigkeitlichen Einflussnahme auf der anderen Seite entwickelt hat. Letztlich liefert diese Untersuchung damit einen Beitrag zum Spannungsverhältnis von Staat und Kirche schlechthin. Konkret sollen einerseits jene zahlreichen und vielfältigen Einflüsse, Eingriffe und

8 Brockhaus, Ausgabe 1979, Bd. 10, S. 132.
9 Peter Dohms: Eberhardsklausen. Kloster, Kirche, Wallfahrt – von den Anfängen bis zur Gegenwart, Trier 1985, S. 147.

Abb. 2: Die Gnadenkapelle in Kevelaer, Ludwig Rohbock (Zeichner), Eduard Willmann (Stecher), 1852 (Köln, Kölnisches Stadtmuseum, Grafische Sammlung, Inv.-Nr. HM 1908/163b2–25; Foto: Rheinisches Bildarchiv, rba_mf117637)

Maßnahmen vorgestellt werden, mit denen die staatliche, gelegentlich auch die kirchliche Obrigkeit versucht hat, die Wallfahrten einzudämmen, zu reglementieren oder gar zu verbieten; andererseits gilt es zu untersuchen, inwieweit das wallfahrende Volk diese obrigkeitlichen Auflagen und Verbote befolgt, ignoriert oder gar bewusst verletzt hat. Besonderes Augenmerk wird dabei auf die Frage der Kontinuität und des Wandels der religiösen Jahreswallfahrten gerichtet werden. Denn letztlich wird uns nur eine diachrone, über einen langen Zeitraum hin angelegte Perspektive in die Lage versetzen, zeitgebundene und möglicherweise vorübergehende Phänomene, wie sie etwa bei einer administrativ gelenkten einmaligen Massenwallfahrt zutage treten, klarer von jenen Gegebenheiten abzugrenzen, die auf dauernde Gewohnheiten und Verhaltensformen verweisen und insoweit mittelbar eine Beharrungskraft offen legen, die sich jeder obrigkeitlichen Vereinnahmung entzieht.

2. *Preußen (1814/15–1870/71)*

Lassen wir nun die Geschichte Revue passieren. Nach der Niederlage Napoleons und dem Abzug der Franzosen fiel das Rheinland mit seiner zu vier Fünfteln katholischen Bevölkerung infolge der vom Wiener Kongress beschlossenen territorialen Neugestaltung an Preußen. Es wurde damit in einen Staat eingegliedert, der als Vormacht des Protestantismus galt und in dem die Katholiken immer eine Minderheit gewesen waren. Grundlage der Beziehungen von Staat und Kirche war das in der preußischen Verfassung verankerte Toleranzprinzip, das sich gelegentlich in engen Grenzen bewegte. Erinnert sei hier an jenen Ausspruch des Kultusministers Freiherr vom Stein zum Altenstein, wonach der preußische Staat „für die evangelische Kirche nach Liebe, für die katholische Kirche nach Pflicht" sorge.[10]

Lässt diese Äußerung immerhin eine gewisse Distanz zur katholischen Kirche erkennen, so stieß die von den katholischen Gläubigen praktizierte Frömmigkeit bei den im Rheinland tätigen preußischen Beamten größtenteils auf Unverständnis. In den nach Berlin gesandten Berichten wurden die Wallfahrer als „Deserteure und schlechtes Gesindel" bezeichnet, die vor „Arbeit und Ordnung" flüchteten und stattdessen „Ungebundenheit und Leichtsinn" suchten. Der „Unfug" des Wallfahrens gefährdete die öffentliche Sicherheit nach Meinung der preußischen Verwaltung nicht unbeträchtlich.[11]

Wie sehr im Übrigen die preußische Bürokratie das Problem auch unter streng wirtschaftlichen Gesichtspunkten behandelt wissen wollte, veranschaulichen die auf ausdrücklichen Befehl des preußischen Königs veranlassten Erhebungen, die die rheinpreußischen Regierungen in dem Jahrzehnt von 1816 bis 1825 vornahmen: Einer für das Jahr 1825 erstellten Übersicht zufolge unternahmen rund 150.000 Rheinländer jährlich eine mehrtägige Wallfahrt, „wozu schätzungsweise noch einmal so viele Personen aus nicht-preußischen Staaten hinzuzurechnen wären".[12] Dies entsprach 7 Prozent der Gesamtbevölkerung von 2,2 Millionen Menschen, die zu vier Fünfteln dem katholischen Bekenntnis angehörten, und ergab einen geschätzten volkswirtschaftlichen Verlust von 150.000 Talern, wenn man, wie es die preußischen Beamten damals taten, pro

10 Dietrich Höroldt: Die Rheinlande in der 1. Hälfte des 19. Jahrhunderts, in: Erich Wisplinghoff u. a.: Geschichte des Landes Nordrhein-Westfalen, 2. Aufl. Würzburg 1975, S. 33–72, hier S. 44.

11 Elisabeth Bröker: 250 Jahre Fußprozession Bocholt-Kevelaer 1733–1983, in: Unser Bocholt. Zeitschrift für Kultur und Heimatpflege 34 (1983), Nr. 2, S. 3–96, hier S. 30 f.

12 Bernhard Schneider: Entwicklungstendenzen rheinischer Frömmigkeits- und Kirchengeschichte in der ersten Hälfte des 19. Jahrhunderts. Tradition und Modernisierung, in: Archiv für mittelrheinische Kirchengeschichte 48 (1996), S. 157–195, hier S. 179.

Wallfahrt acht Silbergroschen für Verzehr und Opfergeld und acht Silbergroschen für Verdienstausfall veranschlagte.

Diese Animositäten und Befürchtungen blieben nicht ohne Folgen. Allerdings lassen die für Kevelaer, St. Matthias in Trier und Klausen für die Wende vom 18. zum 19. Jahrhundert vorliegenden Befunde erkennen, dass die Wallfahrten nach dem Ende der französischen Herrschaft zunächst wieder stark zugenommen hatten und dass vor allem die alten Prozessionen wieder aufgelebt waren. Dies lässt, wie auch Dieter Wynands im Hinblick auf die kleineren rheinischen Wallfahrtsorte herausgestellt hat,[13] ein hohes Maß an Beharrungskraft deutlich werden. Wie sehr damals etwa die Kevelaer-Wallfahrt im ländlichen Jahresrhythmus der Bevölkerung verankert war, mag die Tatsache verdeutlichen, dass sich das einheimische bäuerliche Gesinde in Arbeitsverträgen nicht selten ausbedungen hatte, für die Wallfahrt nach Kevelaer sowie an den Kirmestagen für mehrere Tage von der Arbeit befreit zu werden – wobei übrigens, wie hier nur am Rande vermerkt sei, dieser Vertragspassus sehr schön zeigt, wie eng in damaliger Zeit noch Lustbarkeit und fromme Handlung zusammengehörten; eine Haltung, die – so typisch sie für die rheinischen Katholiken ist – den durchaus puritanisch eingestellten preußischen Beamten in höchstem Grad suspekt sein musste.

Umso härter sollten die im Folgenden zu schildernden staatlichen Maßnahmen die rheinischen Katholiken treffen. Gemäß Erlass des preußischen Innenministers vom 13. Mai 1816 erließ im Sommer desselben Jahres der Kölner Oberpräsident eine Verordnung, die bestimmte, dass die häuslichen Verhältnisse der Wallfahrer überprüft werden sollten und Pilger sich in behördlich zu genehmigende Listen einzutragen hatten. Ebenfalls im Sommer 1816 richtete auch der Oberpräsident in Koblenz eine Verfügung gegen das Wallfahrtswesen. Sie war zwar weniger kompliziert, wirkte sich aber noch einschneidender aus, weil sie jedem, der an einer mehrtägigen Wallfahrt teilnahm, die Beschaffung eines polizeilichen Reisepasses vorschrieb. Mit welchem Eifer die nachgeordneten Dienststellen diese Bestimmungen bisweilen umzusetzen gedachten, belegt das Beispiel des Landrats von Neuss, Otto Wilhelm von Bolschwingh. Dieser wollte bei der Überprüfung des Lebenswandels der Pilger ursprünglich auch auf Informationen, die Geistliche in der Beichte erhielten, zurückgreifen und das Beichtgeheimnis missachten.

Die von den preußischen Behörden getroffenen Maßnahmen stießen bei der kirchlichen Obrigkeit keineswegs auf völlige Ablehnung. Vielmehr waren in den

13 Dieter P. J. Wynands: Auswirkungen der Säkularisation auf das Wallfahrtswesen, in: Georg Mölich/Joachim Oepen/Wolfgang Rosen (Hg.): Klosterkultur und Säkularisation im Rheinland, Essen 2002, S. 191–196, hier S. 195 f.

Jahren 1824 und 1825 mit Joseph von Hommer und Ferdinand August Graf von Spiegel zwei Männer auf den Trierer Bischofs- und Kölner Erzbischofsstuhl gelangt, die trotz aller Unterschiede eine „gemäßigt aufklärerische“ Position vertraten.[14] So verwundert es nicht, dass von Spiegel am 12. Mai 1826 alle Wallfahrten untersagte, bei denen übernachtet wurde. Der Erzbischof beabsichtigte damit im Sinne seiner Amtsvorgänger, dem „Versäumnis der häuslichen Pflichten“ sowie den „rohesten Ausschweifungen“ vorzubeugen.[15]

Im Gegensatz zu von Spiegel konnte sich Bischof von Hommer zu keinem allgemeinen Wallfahrtsverbot entschließen. Vielmehr riet er in Pastoralschreiben von Prozessionen zu weiter entfernt liegenden Orten ab, da hierbei erfahrungsgemäß mit Auswüchsen und Exzessen zu rechnen sei. Die zahlreichen Wallfahrtsprozessionen nach St. Matthias in Trier wurden 1828 allerdings generell untersagt.

Die hier aufgeführten weltlichen und kirchlichen Verfügungen und Einflussnahmen waren für die rheinischen Wallfahrten von weitreichender Bedeutung. Von gelegentlich tumultartigen Auseinandersetzungen abgesehen, versuchten die Wallfahrer häufig, den mannigfachen, mitunter entwürdigenden Kontrollen und Schikanen dadurch zu entgehen, dass sie sozusagen inoffiziell und privat wallfahrteten, beim Durchzug durch Ortschaften jedes Anzeichen und Merkmal einer offiziellen Prozession zu verbergen trachteten, die Prozessionsinsignien wie etwa Fahnen versteckt hielten und streckenweise lautes Beten und Singen unterließen. Insgesamt lässt sich vor allem für den Zeitraum der zweiten Hälfte der 1820er und für die 1830er Jahre ein beachtlicher Rückgang der Prozessionen feststellen. Allerdings wird man mit Joachim Schiffhauer sagen müssen, dass Bischof von Hommers Bemühen, „das Wallfahrtswesen der Diözese zu regeln und weitgehend einzuschränken, […] auf die Dauer gesehen, der Erfolg versagt“ blieb. „Das überlieferte Wallfahrtsbild hatte sich“ – so Schiffhauer – „zwar mancherorts erheblich verändert, doch der Wille des Volkes, am geliebten religiösen Brauchtum festzuhalten, war in seinem Kern ungebrochen.“[16] Diese Feststellung gilt auch für die Erzdiözese Köln.

Ziehen wir an dieser Stelle eine kurze Zwischenbilanz: Die von den Preußen gegen die Wallfahrer erhobenen Vorwürfe berühren Fragen der Religiosität und Sittlichkeit, der wirtschaftlichen Auswirkungen sowie der öffentlichen Ordnung und Ruhe. Der Vorwurf der unsittlichen Auswüchse scheint, was auch

14 Schneider: Entwicklungstendenzen(Anm. 12), S. 180.

15 Bröker: 250 Jahre Fußprozession (Anm. 11), S. 32. Ein ähnliches Verbot erließ am 4. August 1826 auch der Bischof von Münster Kaspar Max Freiherr Droste Vischering.

16 Joachim Schiffhauer: Das Wallfahrtswesen im Bistum Trier unter Bischof Josef von Hommer, in: Festschrift für Alois Thomas. Archäologische, kirchen- und kunsthistorische Beiträge, Trier 1967, S. 345–358, hier S. 358.

maßgebliche Zeitgenossen unmissverständlich zum Ausdruck gebracht haben, weitgehend unberechtigt, zumindest aber übertrieben gewesen zu sein. Es handelt sich hierbei nach Auffassung der Forschung offensichtlich um „Klatsch aus zweiter Hand“[17], zumal sich derartige Vorfälle aus den Akten kaum belegen lassen. Im Übrigen hatte die preußische Verwaltung gelegentlich recht sonderbare Vorstellungen: So wurde 1824 im Kreise der rheinischen Bürgermeister etwa gefordert, dass Pilgerzüge nach Möglichkeit wie „Militär-Eskorten“ mit „gleichmäßig gekleideten Landwehrmännern“ auszusehen hätten.[18]

Wo den Preußen – ob zu Unrecht oder nicht – der Schuh wirklich drückte, lassen mehr oder weniger unfreiwillig die erwähnten, auf Heller und Pfennig durchgeführten Berechnungen von Verdienst- und Arbeitsausfällen erkennen. In der jüngeren rheinischen Geschichtsschreibung wurde darauf hingewiesen, dass hier das eigentliche Motiv liege und die Vorwürfe sittlicher Entgleisungen nur „Vorwände“ darstellten.[19] Diese Annahme scheint einiges für sich zu haben, wenn wir bedenken, dass ausländische Wallfahrer, die doch prinzipiell kaum sittenstrenger gewesen sein dürften, von den Preußen ausgesprochen gerne gesehen wurden – eben weil sie Geld ins Land brachten.

Wenn wir uns nunmehr wieder der allgemeinen Entwicklung zuwenden, so ist generell festzustellen, dass sich Mitte der 30er Jahre des 19. Jahrhunderts eine Konstellation abzeichnete, die für die rheinischen Wallfahrten des 19. Jahrhunderts von einschneidender Bedeutung war. Auf kirchlicher Seite ergab sich eine erste Wende mit dem Ableben des Erzbischofs von Spiegel, einem der größten kirchlichen Gegner der Wallfahrten. Ihm folgte 1835 Clemens August Freiherr von Droste zu Vischering auf den Kölner Erzbischofsstuhl. Dieser geriet während der so genannten „Kölner Wirren“ in einen grundsätzlichen Konflikt mit der preußischen Regierung. Außerdem war er ein schroffer Gegner des von seinem Vorgänger und vielen Pfarrern der Erzdiözese vertretenen Reformkurses. Stattdessen förderte er alte Frömmigkeitsformen und damit auch die Wallfahrten. Eine nicht zu unterschätzende Bedeutung hatte ferner der Regentschaftswechsel 1840. Der neue preußische König Friedrich Wilhelm IV. verfolgte eine Politik des „christlichen Staates“ und der freien, „gleichberechtigten Partnerschaft“ von Staat und Kirche, die der Kirche auch verfassungsrechtlich weitgehende Autonomie zugestand.

17 Peter Dohms in Verbindung mit Wiltrud Dohms: Rheinische Katholiken unter preußischer Herrschaft. Die Geschichte der Kevelaer-Wallfahrt im Kreis Neuss (Veröffentlichung des Kreisheimatbundes Neuss e. V., Nr. 4), Neuss 1993, S. 203.

18 LAV HSA, Regierung Düsseldorf 3793.

19 Dohms: Rheinische Katholiken (Anm. 17), S. 203.

Abb. 3: Ein Leinentuch mit dem Porträt des inhaftierten Erzbischofs Clemens August Droste zu Vischering und der Darstellung von Kölner Kirchen als Symbol der Solidarisierung, nach 1837 (Köln, Kölnisches Stadtmuseum, Grafische Sammlung, Inv.-Nr. HM 1903/20; Foto: Rheinisches Bildarchiv, rba_d037889)

Im Jahre 1842 gelangte schließlich nach sechsjähriger Sedisvakanz und den um seine Bischofskandidatur entfachten „Trierer Wirren" mit Wilhelm Arnoldi ein Mann auf den Trierer Bischofsstuhl, der ebenfalls ein konsequenter, ultramontan eingestellter Verfechter der traditionalen Frömmigkeits- und Wallfahrtsformen war und seine Vorstellungen kurz nach Amtsantritt in die Tat umzusetzen trachtete. Gemeint ist die von Arnoldi forciert und sorgfältig betriebene Vorbereitung der Hl. Rock-Wallfahrt, die im Jahre 1844 über eine halbe Million Pilger in Trier zusammenführte und damit „die größte organisierte Massenbewegung des deutschen Vormärz überhaupt"[20] darstellte. „Als eine ‚von oben' gelenkte und organisierte Wallfahrt [...] symbolisiert die Hl. Rock-Wallfahrt" – wie Bernhard Schneider feststellte – „gleichzeitig Rückkehr und Weiterentwicklung einer traditionellen Frömmigkeitsform [...] im Sinne der ultramontanen kirchlichen Kreise."[21]

Sie hatte, wie ich ergänzend unterstreichen würde, nicht zuletzt deswegen einen solch „triumphalen" Erfolg, weil, wie die zahlreichen Zeugnisse erkennen lassen, im Volk jener tief verwurzelte Drang zur Wallfahrt uneingeschränkt vorhanden war und der 1844 organisierten Wallfahrt angesichts der bis dahin verfügten Verbote und Einschränkungen möglicherweise eine zusätzliche Ventilfunktion zukam. In diesem Zusammenhang verdient besondere Beachtung, dass auch aus dem Erzbistum Köln, wo die kirchliche Obrigkeit keinerlei Werbung gemacht hatte, eine vergleichsweise große Pilgerschar nach Trier gezogen war. Dies dürften dieselben Wallfahrer gewesen sein, die in den Jahren zuvor in großen, viele Hundert Teilnehmer zählenden Pilgerzügen illegal nach St. Matthias in Trier gewallfahrtet waren, wovon sie, wie es etwa 1828 heißt, angesichts der „wieder prompten Bedienung zu St. Matthias" auch durch Verbote „nicht [...] zurückzuhalten" waren.[22]

Einen nachhaltig prägenden Einfluss hatte die Hl. Rock-Wallfahrt des Jahres 1844 auf die Aachener Heiligtumsfahrt des Jahres 1846. Der Aachener Reliquienschatz war 1794 vor den französischen Revolutionstruppen in ein Kapuzinerkloster nach Paderborn in Sicherheit gebracht und erst 1804 nach Errichtung des neuen Bistums Aachen und der Normalisierung der politischen Verhältnisse in die alte Kaiserstadt zurückgeführt worden. Seitdem hatte dann wieder wie früher regelmäßig alle sieben Jahre die Heiligtumsfahrt stattgefunden und sogar einen neuen Aufschwung genommen.

Auch die Aachener Heiligtumsfahrt von 1846 wurde eine beeindruckende Manifestation des Glaubens: Rund eine halbe Million Pilger kamen zu der Feier, die – auch dies eine Neuerung – von zwei auf drei Wochen ausgedehnt worden war. Der Andrang der in großer Zahl auch mit der Eisenbahn angereisten Wallfahrer war „zeitweise so stark, daß Militär zum Schutz der Menschen eingreifen mußte".[23] Es verdeutlicht den kirchenpolitischen Stellenwert, dass auch der Kölner Erzbischof Johann von Geissel erschien. Seine Anwesenheit

20 Wolfgang Schieder: Religion und Revolution. Die Trierer Wallfahrt von 1844, Vierow bei Greifswald 1996, S. 15.
21 Schneider: Entwicklungstendenzen (Anm. 12), S. 190.
22 Schiffhauer: Wallfahrtswesen (Anm. 16), S. 351.
23 Dieter P. J. Wynands: Die Aachener Heiligtumsfahrt. Kontinuität und Wandel eines mittelalterlichen Reliquienfestes (Ortstermine, Bd. 8), Siegburg 1996, S. 89.

begründete den für diese Heiligtumsfahrt eingeführten und später wieder aufgegriffenen Brauch, die Reliquien durch hohe geistliche Würdenträger aus dem In- und Ausland zeigen zu lassen.

Kehren wir nun wieder zur allgemeinen Geschichte zurück: Die oben skizzierten Rahmenbedingungen leiteten eine Phase ein, die im Hinblick auf die Koexistenz von Kirche und Staat als außerordentlich gut zu bezeichnen ist. Es handelt sich um jenen „Siegeszug des sog. Ultramontanismus", der als schroffe, „antimoderne" Wendung gegen den Liberalismus und rationalistischen Zeitgeist eine strikte Orientierung an der päpstlichen Autorität und weitgehende Abwehr von Verweltlichungstendenzen forderte und – was für unseren Zusammenhang wichtig ist – einen Aufschwung des religiösen Lebens zur Folge hatte. Wallfahrten, Bruderschaften, Heiligenverehrung, kirchliche Feiern, Devotions- und Andachtsformen florierten. Es war nicht zuletzt die marianische Frömmigkeit, die auch von Rom im Jahre 1854 durch das Dogma von der Unbefleckten Empfängnis stark gefördert wurde und etwa dem im Erzbistum Köln gelegenen, eben der Unbefleckten Empfängnis geweihten Wallfahrtsort Neviges-Hardenberg zu neuem Ansehen verhalf. Ein neuerlicher Aufschwung lässt sich auch für die traditionellen rheinischen Wallfahrtsorte anhand konkreter Zahlen und Begebenheiten verdeutlichen. Es trat insofern mitnichten jene 1838 von der preußischen Regierung prognostizierte Entwicklung ein, die auf eine „Abnahme" der Wallfahrten im Zuge der „Fortschritte der religiösen und sittlichen Bildung" gesetzt hatte.[24]

3. *Kaiserreich (1871–1918)*

Die insgesamt recht glückliche Phase der Koexistenz von Staat und Kirche in den Jahrzehnten zwischen 1840–1870 erfuhr ein abruptes Ende im sog. Kulturkampf. Unter den von Bismarck veranlassten, gegen die kirchlichen Einrichtungen, Verfassungsrechte und Geistlichen gerichteten Verordnungen und Gesetze hatte nicht zuletzt das katholische Rheinland schwer zu leiden. Auf diese neue staatliche Repression reagierten die unbotmäßigen Gläubigen vielfach mit „passivem Widerstand".

Dass in diesem Kontext gerade auch den Wallfahrten eine besondere Rolle zufiel, bedarf keiner weiteren Erläuterung. Nach dem derzeitigen Stand der Forschung war es vor allem Kevelaer, das in jenen Jahren eine Art Zentrum

24 LAV HSA, Regierung Düsseldorf 29134.

verschiedener Demonstrationsaktivitäten geworden war. Einer Anregung des Organisationskomitees des Mainzer Katholikenvereins folgend, war der Wallfahrtsort 1871 und 1873 das Ziel zweier großer Bittfahrten, an denen im Jahre 1871 etwa 20.000 und zwei Jahre später annähernd 30.000 Pilger teilnahmen. Es war nicht zuletzt wieder die Hochrangigkeit der teilnehmenden kirchlichen Würdenträger – unter ihnen der Erzbischof von Köln und der Bischof von Münster – sowie der Repräsentanten des politischen Katholizismus aus dem gesamten niederrheinischen Raum, die der Veranstaltung angesichts der aktuellen Brisanz des Kulturkampfes „einen quasi politischen Charakter“ verlieh. „Vor dem Hintergrund des Kulturkampfes wurde“, wie es Eleonore Föhles formulierte, „die religiöse Übung zur politischen Demonstration“[25], wozu nicht zuletzt auch politisch brisante Predigten beitrugen. Außerdem zog 1872 mit 400.000 Prozessionspilgern eine gewaltige, bislang nicht registrierte Menschenmenge nach Kevelaer.

Angesichts dieser Vorkommnisse erließ die preußische Bezirksregierung Düsseldorf 1873 und 1875 Verfügungen, die die regelmäßigen Kevelaer-Wallfahrten schwer trafen. Demnach bedurften Prozessionen einer polizeilichen Genehmigung mit Ausnahme der Wallfahrten, die nachweislich bereits bei Erlass des preußischen Vereinsgesetzes von 1850 als „althergebracht“ galten, seitdem nicht aus der Übung gekommen waren und im Einzelnen, d. h. „nach Zeit, Ort und Zweck“, wie von alters her durchgeführt wurden. Entsprechende Bescheinigungen waren „48 Stunden vorher“ von den Polizeibehörden sowohl des Heimatortes als auch der Gemeinden, deren Gebiet die Wallfahrer durchzogen, einzuholen.[26] Bei den Verordnungen gegen das Wallfahrtswesen spielte der Verdacht der Verletzung der Sittlichkeitsregeln eine nicht unbeträchtliche Rolle. So erschien der Düsseldorfer Regierungspräsident von Ende „in einer Nacht- und Nebelaktion“ in einer Julinacht des Jahres 1875 persönlich in Kevelaer, um dort die Gasthöfe zu inspizieren.[27] Er vermochte dabei jedoch nicht den geringsten Hinweis auf die Richtigkeit seiner Verdächtigungen zu finden. Ähnlich ergebnislos verliefen Recherchen verschiedener Landräte am Niederrhein.

Erneut hatten sich die Verantwortlichen für die örtlichen Kevelaer-Prozessionen einer dem frommen Gegenstand völlig unangemessenen Kontrolle und Überprüfung zu unterziehen. Etliche Beamte waren dabei so kleinlich, dass sie die geringste Veränderung der in Jahrzehnten gewachsenen Gepflogenheiten

25 Eleonore Föhles: Kulturkampf und katholisches Milieu 1866–1890 in den niederrheinischen Kreisen Kempen und Geldern und der Stadt Viersen (Veröffentlichungen des Historischen Vereins für Geldern und Umgegend, Bd. 95), Geldern 1995, S. 224.
26 Dohms: Rheinische Katholiken (Anm. 17), S. 223 f.
27 Föhles: Kulturkampf (Anm. 25), S. 226.

zum Anlass nahmen, die Prozessionen zu verbieten; sei es, dass der Umfang der Gemeinde, der jährliche Termin oder irgendein frommer Brauch nicht exakt dem Zustand von 1850 entsprach. Wie penibel etwa auch das Landratsamt Aachen den erwähnten staatlichen Verfügungen Folge leistete, lässt sich anhand der vorliegenden Akten durchaus erkennen. So ließ der damalige Landrat Hasenclever am 4. November 1874 bzw. am 10. Februar 1875 zwei Übersichten anfertigen, die über Anlass, Termin, Weg und sonstige Besonderheiten aller im Kreise nachweisbaren „althergebrachten" Prozessionen Auskunft geben und insofern – natürlich ungewollt – ein ganz einzigartiges Dokument der Volksfrömmigkeit der Aachener Region in jenen Jahren darstellen. Eine Überprüfung aller heute verfügbaren Unterlagen führt zu dem Ergebnis, dass in vielen Fällen die Prozessionsanliegen der Gemeinden berechtigt und die Entscheidungen der Dienststellen falsch waren. Die Erklärung für derartige – sicherlich nicht übermäßig tendenzfrei getroffene – Fehlentscheidungen liegt in der Tatsache begründet, dass offensichtlich in den Gemeinden ein Bewusstsein für das hohe Alter ihrer Prozession durchaus vorhanden, die Träger der Prozessionen jedoch nicht in der Lage waren, dies mit geeigneten Dokumenten zu belegen. Dieser Sachverhalt zeigt, dass eine angemessene Würdigung der verwickelten Prozessionsumstände letztendlich ohne längsschnittartige, diachrone Untersuchungen nicht auskommt und dass man sich davor hüten sollte, den Argumenten preußischer Verwaltungsbeamter allzu gutgläubig zu folgen.

Höhepunkt der um die Kevelaer-Wallfahrt entstandenen Konflikte war das Jahr 1876. Damals wurden die für die Wallfahrtsseelsorge tätigen Geistlichen aus dem dortigen „Priesterhaus" bzw. „Kloster" ausgewiesen – das Priesterhaus selbst wurde beschlagnahmt. Es kam dabei „zu einem regelrechten Volksaufstand, und als am 7. Juni 1876 ein aus Münster bestellter Schlosser mit Gewalt Kloster und Kirche öffnete, behinderten elf Kevelaerer Bürger die Beamten bei ihrer Arbeit". Was die Bevölkerung so überaus stark reagieren ließ, war die Befürchtung, „daß durch die staatlichen Maßnahmen der Wallfahrtsbetrieb zum Erliegen komme, was den Lebensnerv des Wallfahrtsortes bedrohte und seine Einwohner um ihre Existenz bangen ließ".[28] Nachdem der Bürgermeister von Kevelaer die staatlichen Stellen darüber informiert hatte, welche Unruhe eine Einstellung der Wallfahrt verursachen würde, sah man von einer Schließung der Gotteshäuser und weiteren rigorosen Maßnahmen ab. Im Jahre 1884 konnten auch die Kevelaerer Wallfahrtsgeistlichen wieder in das Priesterhaus zurückkehren.

28 Karl-Heinz Tekath: Die Kirche am Niederrhein im 19. Jahrhundert. (1848–1933), in: Heinrich Janssen/Udo Grote: Zwei Jahrtausende Geschichte der Kirche am Niederrhein, Münster 1. Aufl. 1998, S. 426–446, hier S. 435.

Auch das Bistum Trier blieb von den gegen das Wallfahrten gerichteten Maßnahmen nicht ausgenommen. Dies zeigt eine Verfügung, die der Trierer Regierungspräsident am 16. Juni 1873, unmittelbar vor der in der Pfingstwoche anstehenden St. Matthias-Wallfahrt, erlassen hatte. Auch diese Verordnung sah im Wesentlichen eine Genehmigung nur der „althergebrachten" Prozessionen vor. Dass sie angewandt wurde, belegen die in den staatlichen Archiven zur Kontrolle der Matthias-Wallfahrten angefallenen Verwaltungsakten.

In den 1880er Jahren wurde der Kulturkampf im Rahmen sog. Friedensgesetze beigelegt, die den Staat kirchenpolitisch zu weitgehenden Zugeständnissen zwangen. Katholische Hierarchie und Kirchenvolk gingen ihrerseits gefestigt aus dieser Auseinandersetzung hervor, indem sich die verschiedenen Richtungen und Gruppierungen in einer starken, lange durchhaltenden Solidarisierung, in einer Art „Subkultur", wie es Ernst Heinen zutreffend formuliert hat, stärker zusammenschlossen und im Zuge fortschreitender Ultramontanisierung ein ausgeprägtes Selbstbewusstsein entwickelten. Dies war allerdings von Tendenzen der – ich zitiere wiederum Ernst Heinen – „Abgrenzung" oder gar „Ghettoisierung" keineswegs frei.[29] Wenn sich gleichwohl die katholische Kirche gerade auch in der Kulturkampfzeit als ernstzunehmende gesellschaftliche Kraft erwies und insofern gegenüber dem Staat ihre „Freiheit" und ein hohes Maß an Autonomie behaupten konnte, so war dies nicht zuletzt auch dem „Katholizismus der Masse" zu verdanken. Hier liegt, wie Rudolf Vierhaus in seinem grundlegenden Aufsatz „Preußen und die Rheinlande 1815–1915" ausgeführt hat, auch der Grund dafür, „daß das preußische Wesen [...] keine grundlegende Veränderung in den sozialen Gewohnheiten und den politischen Anschauungen der Rheinländer bewirkte".[30]

Im rheinischen Wallfahrtswesen wurden offensichtlich die Bestimmungen, die 1873 und 1875 zur Überprüfung der regelmäßigen Wallfahrtsprozessionen ergangen waren, in den Folgejahren – der allgemeinen Deeskalation des Spannungsverhältnisses zwischen Staat und Kirche entsprechend – zusehends weniger angewandt. Sie erfuhren Mitte der 1880er Jahre eine weitgehende Entschärfung. Insgesamt scheinen die Beeinträchtigungen, die sich aus jenen Verordnungen

29 Ernst Heinen: Aufbruch – Erneuerung – Politik. Rheinischer Katholizismus im 19. Jahrhundert, in: RhVjBll 64 (2000), S. 266–289, hier S. 288; Vgl. hierzu auch ders.: Religiöse Erneuerung und Kirchenpolitik – das Werden des Katholizismus vom Zusammenbruch des Reichskirchensystems bis zum Kölner Ereignis 1837, in: Michael Bunners/Erhard Piersig (Hg.): Religiöse Erneuerung, Romantik, Nation im Kontext von Befreiungskriegen und Wiener Kongreß (Jahrbuch für Mecklenburgische Kirchengeschichte – Mecklenburgia Sacra, Bd. 5), Wismar 2003, S. 236–249, hier S. 247.

30 Rudolf Vierhaus: Preußen und die Rheinlande 1815–1915, in: RhVjBll 30 (1965), S. 152–175, hier S. 175; Vgl. auch Dohms: Rheinische Katholiken (Anm. 17), S. 270.

ergaben, nur vorübergehender Natur gewesen zu sein. Bereits Mitte der 80er Jahre hatte das Kevelaerer Prozessionsaufkommen, das in dieser Hinsicht am besten erforscht ist, seinen alten Stand erreicht, um in den folgenden Jahrzehnten – begünstigt durch den verstärkten Ausbau des Eisenbahnnetzes – bisher nicht gekannte Steigerungen zu erfahren. So konnte im Jahre 1892 der Bischof von Münster in einem Hirtenschreiben Kevelaer vermutlich zu Recht als die nach Lourdes am meisten besuchte Marien-Gnadenstätte der gesamten katholischen Welt bezeichnen, fanden sich hier doch inzwischen jährlich 400.000 Pilger ein. Die Zahl vergrößerte sich nochmals und erreichte in den Jahren vor dem Ersten Weltkrieg den Umfang von 500.000 bis 700.000 Personen, die an Marienfesten in Scharen von 25.000 bis 30.000 Pilgern in Kevelaer weilten.

Dies alles entsprach der kirchlichen Tendenz, den Gefahren des Liberalismus, des Rationalismus, des Sozialismus und der allgemeinen Entkirchlichung durch eine stärkere Betonung der objektiven, nach außen hin sichtbaren Formen der Frömmigkeitsübung zu begegnen. Hierzu gehörten in erster Linie eben Pilger- und Wallfahrten, aber auch bestimmte Heiligenkulte, rituelle Andachten, die Feier der Eucharistie, täglicher Sakramentenempfang und häufiges Rosenkranzgebet. All diese Frömmigkeitsübungen fanden die starke Förderung der ultramontanen Kirche. In diesem Zusammenhang verdient besondere Erwähnung auch die 1891 veranstaltete große Hl. Rock-Wallfahrt nach Trier, die, wie es Franz Ronig formulierte, „in einer Zeit der religiösen und soziologischen Erneuerung der Kirche im Bistum Trier stattfand“[31], und gut eine Million Pilger in Trier zusammenführte. Dies waren doppelt so viele Pilger, wie sie die viel beachtete Hl. Rock-Wallfahrt des Jahres 1844 zu verzeichnen hatte. Aufgrund der durch den Ausbau des Eisenbahnnetzes inzwischen stark verbesserten Reisemöglichkeiten nahmen nunmehr auch Pilger von weither, vor allem auch aus Frankreich, Luxemburg und Belgien teil.

Was das Verhältnis von preußischem Staat und katholischer Kirche insgesamt betrifft, so ist dies nach dem Abklingen des Kulturkampfes bis zum Ende der preußisch-deutschen Monarchie im Jahre 1918 nicht wieder ernsthaft belastet worden, wenngleich in diesen Jahrzehnten eine auf den Kulturkampf zurückgehende Entfremdung zwischen beiden Lagern nicht abgebaut werden konnte. Auch im Bereich des Wallfahrtswesens sind besondere Vorkommnisse im Spannungsfeld zwischen Staat und Kirche nicht zu verzeichnen, sieht man von

31 Franz-Josef Ronig: Der Heilige Rock im Dom zu Trier. Eine kurze Zusammenfassung seiner Geschichte, seiner Bedeutung und der Wallfahrten, in: Zwischen Andacht und Andenken. Kleinodien religiöser Kunst und Wallfahrtsandenken aus Trierer Sammlungen, Trier 1992, S. 117–136, hier S. 131.

gelegentlich zu registrierenden behördlichen Eingriffen gegen die Ende des 19. Jahrhunderts aufkommende Kevelaer-Wallfahrt der „Ruhrpolen" ab. Andererseits soll nicht unerwähnt bleiben, dass Kaiser Wilhelm II., „der wie sein Großonkel viel Sinn und Sympathien für den Katholizismus und seine Formen des Gottesdiensts hatte"[32], den Städten Aachen und Kornelimünster zum Zwecke einer „außerordentlichen Zeigung" der Heiligtümer einen Besuch abstattete.[33]

Der Erste Weltkrieg hatte für die Wallfahrt wiederum jene für die Kriegszeiten typischen Folgen, dass einerseits die regelmäßigen Wallfahrten aufgrund kriegsbedingter Einschränkungen und Behinderungen zurückgingen, andererseits aber die Kriegsnot viele Gläubige spontan zu einer Wallfahrt veranlasste. Wie sehr sich die Katholiken im Ersten Weltkrieg mit den nationalen Anliegen des Deutschen Reiches identifizierten, lässt sich einem am 18. September 1914 verfassten Bericht über die soeben durchgeführte Kevelaer-Wallfahrt der Stadt Neuss entnehmen; danach war es das besondere Anliegen der Wallfahrer, „für unsere Krieger, für König und Vaterland, für den Sieg unserer guten Sache und einen dauernden Frieden" zu beten. In ähnlicher Weise vermerkt die Kevelaerer Chronik für das Jahr 1915, dass es den Wallfahrern insgesamt ein „religiöses Bedürfnis" war, „im Gebet Trost und Stärke zu suchen, Schutz für die im Felde kämpfenden Angehörigen, Segen und Sieg für die deutschen Waffen zu erflehen".[34]

4. *Weimarer Republik und Drittes Reich (1918–1945)*

Die Weimarer Republik zeitigte, was den Wallfahrtsverkehr betrifft, durchaus unterschiedliche Voraussetzungen. Zwar hatte die Weimarer Verfassung den Kirchen eine starke Position gesichert, jedoch ergaben sich aus den außenpolitischen Folgen des Ersten Weltkriegs zeitweilig überaus ungünstige, den freien Wallfahrtsverkehr behindernde Bedingungen: Die Entente-Mächte hatten das Rheinland in drei Besatzungszonen unter sich aufgeteilt; 1921–1925 war das Ruhrgebiet vorübergehend von französischen und belgischen Truppen besetzt worden. Besondere Schwierigkeiten brachte schließlich die Wirtschaftskrise Ende

32 Dietrich Höroldt: Preußische Konfessionspolitik am Rhein im 19. Jahrhundert, in: Monatshefte für Evangelische Kirchengeschichte des Rheinlandes 31 (1982), S. 143–161, hier S. 156.

33 Ernst Hönings: „Des freien Reichsstifts zu St. Cornelii auf der Inden unschätzbares Heiligtum." Die Christusreliquien im Wallfahrtsort Kornelimünster und ihr Kult in Mittelalter und Neuzeit (Forum Jülicher Geschichte. Veröffentlichungen der Joseph-Kuhl-Gesellschaft zur Geschichte der Stadt Jülich und des Jülicher Landes, Heft 8), Köln 1993, S. 54f.

34 Dohms: Rheinische Katholiken (Anm. 17), S. 237.

der 1920er Jahre mit sich. All diese Faktoren führten zu starken Schwankungen der für die rheinischen Wallfahrten zu registrierenden Pilgerzahlen; sie vermochten jedoch den im Wesentlichen steigenden Wallfahrtsverkehr allenfalls vorübergehend zu beeinträchtigen.

Einschneidende Krisenjahre ergaben sich für das rheinische Wallfahrtswesen mit der Machtübernahme und der totalitären Herrschaft des Nazi-Regimes. Die hier vorrangig darzustellenden Ereignisse beginnen – was die Wallfahrt betrifft – gleichsam mit einem „Paukenschlag", der Hl. Rock-Wallfahrt des Jahres 1933, die über zwei Millionen Besucher zählte und damit die größte Glaubenskundgebung der katholischen Kirche in den Jahren von 1933 bis 1945 darstellte. Die Absicht der Ausstellung der Trierer Reliquien war am 30. Januar 1933, dem Tag der Machtergreifung, durch bischöflichen Erlass für die sechs Wochen in der Zeit vom 23. Juli bis 3. September 1933 bekannt gemacht worden. Dies bedeutet, dass der Beginn der großen Wallfahrtsveranstaltung exakt drei Tage vor jenem denkwürdigen 20. Juli 1933 stattfand, an dem das zwischen dem Vatikan und dem Deutschen Reich vereinbarte Reichskonkordat vom stellvertretenden Reichskanzler Franz von Papen unterzeichnet wurde. Diese Koinzidenz der Ereignisse ist, wie Konrad Bohr in einer kritischen Untersuchung[35] festgestellt hat, gewiss nicht ohne Brisanz; sie war gleichwohl zufällig: Entscheidend war die Tatsache, dass Pius IX. das Jahr 1933 zum Heiligen Jahr erklärt hatte.

Zum denkwürdigen Ereignis gestaltete sich die Eröffnung der Wallfahrt am Sonntag, dem 23. Juli 1933. „Kardinal Schulte, Köln, enthüllte", wie Gisela Muschiol berichtet, „den Hl. Rock im Beisein vieler Geistlicher, aber auch einer großen Anzahl prominenter Staatsvertreter. Vizekanzler von Papen für die Reichsregierung, Staatssekretär Grauert für die preußische Regierung, Oberpräsident der Rheinprovinz Freiherr von Lüninck, Gauleiter der NSDAP Simon, Regierungspräsident Dr. Saassen und viele weitere Vertreter von Staat, Wirtschaft und Öffentlichkeit waren zu den Eröffnungsfeierlichkeiten erschienen. Die Festpredigt hielt Bischof Bornewasser, Leitgedanke war das Gebet um die Einheit des Glaubens zu Jesus Christus als dem Träger des einen, ungeteilten Rockes."[36] „Von den Eröffnungsfeierlichkeiten schickten" – so Muschiol – „Vizekanzler von Papen und Bischof Bornewasser gemeinsam Telegramme an den Reichspräsidenten Hindenburg, den Reichskanzler Hitler und den preußischen

35 Konrad Bohr: Kirchenpolitische Aspekte der Heilig-Rock-Wallfahrt von 1933, in: Erich Aretz u. a. (Hg.): Der Heilige Rock zu Trier. Studien zur Geschichte und Verehrung der Tunika Christi, Trier 1996, S. 347–368.

36 Gisela Muschiol: Wallfahrten in der Zeit des Nationalsozialismus. Untersuchung an ausgewählten Beispielen aus dem Gebiet des Deutschen Reiches für die Zeit von 1933–1945, maschinenschriftl. Münster 1983, S. 63.

Ministerpräsidenten Göring. In allen drei Telegrammen ist vom Willen zur Zusammenarbeit von Kirche und Staat und von der Mithilfe der Kirche beim Aufbau des neuen Reiches die Rede."[37]

Dass „an diesem Tag des 23. Juli 1933 mit Simon die braune Uniform, mit Grauert die schwarze der SS offiziell in die Kathedrale einziehen konnte"[38], erhält zusätzliche Brisanz durch einen weiteren Umstand, die Tatsache nämlich, dass für die gesamte Dauer der Wallfahrt Angehörige der SA und HJ zum Ordnungsdienst auf dem Domfreihof, in den Straßen und Bahnhöfen Triers eingesetzt wurden. Dies führte schon damals insofern zu beträchtlichen Irritationen und Enttäuschungen, als für diese Aufgabe, wie von Zeitzeugen zweifelsfrei bestätigt wird, der Katholische Jungmännerverband (KJMV) vorgesehen war.[39] Wie die NSDAP diesen Ehrenauftrag verstand, verdeutlicht ein vor der Wallfahrt veröffentlichter Befehl der Gauinspektion West der NSDAP:

> Es gilt, [den Ausländern] zu beweisen, daß durch die nationalsozialistische Revolution in Deutschland Ordnung und Zufriedenheit eingekehrt sind und die Greuel-Propaganda ins Gebiet der Märchen gehört. Trier wird in diesen Wochen das Spiegelbild ganz Deutschlands sein. Der Eindruck, den die Ausländer von Trier mitnehmen, wird als Maßstab für ganz Deutschland herhalten müssen. Jeder sei eingedenk, daß er Repräsentant der großen deutsch-nationalsozialistischen Freiheitsbewegung ist.[40]

In der Tat „[traten] diese nicht mehr zu übersehenden Repräsentanten der Partei und des neuen Staates [...] gegenüber den Pilgern nicht als brutale Schlägertruppe auf, wie sie in ausländischen Zeitungen nicht ohne Grund dargestellt wurden, sondern als Menschen voller Höflichkeit und Hilfsbereitschaft, die als sichtbares Zeichen ihrer politischen Willensbildung das braune Hemd trugen".[41] Dass unter diesen Voraussetzungen der Ablauf der Wallfahrt ohne störende Zwischenfälle verlief, bedarf keiner weiteren Erläuterung.

Fragen wir dessen ungeachtet nach der Bewertung der Hl. Rock-Wallfahrt von 1933, so liegt auf der Hand, dass diese je nach Zeit und Standort überaus unterschiedlich ausfallen muss. Angesichts der guten Zusammenarbeit der kirchlichen

37 Ebd., S. 64.
38 Guido Groß: Wallfahrt im Dritten Reich – Die Ausstellung des Hl. Rockes im Jahre 1933 und die Pilger aus dem Ausland, in: Aretz u. a.: Der Heilige Rock (Anm. 35), S. 369–407, hier S. 396.
39 Diese Information verdanke ich dem damaligen Mitglied der KJMV Hans Renner (gest. 2005) aus Speicher (Kr. Bitburg). Renner hat diesen Sachverhalt mir gegenüber mehrfach in Gesprächen und schließlich am 3. Mai 2000 vor versammeltem Publikum auf der Jahrestagung der Gesellschaft für mittelrheinische Kirchengeschichte in Trier dargelegt.
40 Muschiol: Wallfahrten (Anm. 36), S. 65 f.
41 Groß: Wallfahrt (Anm. 38), S. 398.

Organisationsstellen mit der Stadt Trier und den staatlichen Behörden wird es kaum verwundern, dass die zeitgenössischen Stellungnahmen der beteiligten staatlichen, aber auch der kirchlichen Stellen überaus günstig ausfielen. So bekundeten etwa die Reichsbahndirektion und deren Personal ihre Freude darüber, „daß sie den Pilgern des Inlandes und besonders des Auslandes das Reich der Ordnung und der Wiedergeburt unseres Führers Adolf Hitler zeigen konnten".[42] Oberbürgermeister Heinrich Weitz sah in der Teilnahme der Reichsregierung bei der Eröffnungsfeier eine „erste große äußere Bekundung und Besiegelung des eben geschlossenen Vertrages zwischen Kirche und Staat".[43] Mit Blick auf diesen Vertrag, das Reichskonkordat vom Juli 1933, hob auch der Leiter des Diözesanmuseums Trier, Domkapitular Prof. Dr. Nikolaus Irsch, das „friedliche Nebeneinander von Staat und Kirche" hervor; in den erwähnten, anlässlich der Eröffnung von Bischof und Vizekanzler an die Reichsregierung gesandten Telegrammen sah er den „Versuch, das nationalsozialistische Deutschland auf sein Bekenntnis zum (‚positiven') Christentum festzulegen".[44] Eine ausgesprochen positive Bewertung erfuhr die große Trierer Wallfahrt von 1933 auch von Seiten der Pilger. Etliche spontan geäußerte oder später erfragte Stellungnahmen deutscher und vor allem auch ausländischer Wallfahrer vermitteln den „Eindruck von Ruhe, Ordnung und vorzüglicher Organisation".[45] Dies schlug sich in einer breiten in- und ausländischen Presseberichterstattung zur Hl. Rock-Wallfahrt nieder. Dass derartigen Äußerungen durchaus auch politisches Gewicht zukam, mag pars pro toto das „Nachrichtenblatt des Vereins ehemaliger Schüler und Lehrer des Friedrich-Wilhelm-Gymnasiums zu Trier" verdeutlichen, wonach „[es] in ganz Deutschland […] keine einzige Stelle [gibt], die eine solche Zahl von Ausländern […] hat betreuen können, aber auch keine einzige Stelle, die so viel zur Erhöhung des Ansehens Deutschlands im Auslande geleistet hat".[46] Bemerkenswert ist auch die Einschätzung des Zentralorgans der englischen Katholiken „The Universe", wonach sich die Reichsregierung „als ein Bollwerk gegen die Einflüsse des Bolschewismus und gegen die antikatholischen Ideen" darzustellen vermochte.

Es war nicht zuletzt die durch eine beschönigende Presseberichterstattung vermittelte „Vorstellung und Bewertung des Nationalsozialismus als Rettung vor dem Kommunismus und Bolschewismus"[47], die gerade bei der Bevölkerung des

42 Muschiol: Wallfahrten (Anm. 36), S. 72.
43 Bohr: Kirchenpolitische Aspekte (Anm. 35), S. 364.
44 Muschiol: Wallfahrten (Anm. 36) , S. 73.
45 Groß: Wallfahrt (Anm. 38), S. 392.
46 Ebd., S. 401.
47 Ebd., S. 399.

Trierer Raumes weit verbreitet war und manche Fehleinschätzung erklärt. Dass angesichts solcher Einstellungen die von der Hl. Rock-Wallfahrt ausgehende „hohe propagandistische Wirkung im besten nationalen Sinne" ausgenutzt wurde, sah nicht zuletzt das „Trierer Nationalblatt", das Parteiorgan der NSDAP, als ihren wesentlichsten Beitrag an.[48]

Angesichts dieser Befunde ist dem zusammenfassenden Urteil von Guido Groß uneingeschränkt zuzustimmen, wonach „die 50 Tage der glänzend verlaufenen und von tiefer religiöser Ergriffenheit geprägten Wallfahrt zum Hl. Rock in Trier [...] die politische Desillusionierung der Katholiken um Monate hinaus[zögerte]".[49] Inwieweit den verantwortlichen Männern der Kirche diese Entwicklung angelastet werden kann, ist angesichts der durch den Konkordatsabschluss bestimmten, vordergründig günstigen „Großwetterlage" schwer zu sagen. Mit Sicherheit wird man sie, um mit Konrad Bohr zu sprechen, von einem allzu geringen „Gespür für die kommenden Entwicklungen" und „einer vorschnellen Zufriedenheit mit der neuen Situation" nicht freisprechen können. Es war nicht zuletzt ihre „geistliche Naivität", die es dem NS-System ermöglichte, ein herausragendes kirchliches Ereignis für eigene Zwecke zu missbrauchen.[50] Immerhin hatte das NS-Regime in den vorausgegangenen Monaten seine Macht Schritt für Schritt und in bestürzender Konsequenz ausgebaut und durch Gesetze und Verordnungen die Grundlagen der totalitären Herrschaft geschaffen, indem der Reichstag zur nationalsozialistischen Schaubühne umfunktioniert, politisch missliebige und jüdische Beamte entlassen, die Länderparlamente beseitigt, die Polizeigewalt erheblich erweitert und Parteien und Gewerkschaften verboten wurden.

Die Hl. Rock-Wallfahrt von 1933 nimmt im Rahmen des rheinischen Wallfahrtsgeschehens, wie angedeutet, eine Sonderstellung ein. Dies gilt nicht nur im Hinblick auf Größe und Zeitpunkt, sondern auch deswegen, weil sie aufgrund ihres besonderen Charakters während der Dauer des Dritten Reiches nur einmal stattfand. Dies erschwert ihre Einordnung, da wir nicht wie sonst im Wallfahrtswesen Folgerungen aus dem Vorhandensein oder Abbrechen bestimmter, „lange dauernder" Kontinuitäten ziehen können. Hier sind wir im Hinblick auf die traditionellen Wallfahrtsorte durchaus in einer günstigeren Position. Wenn diese – allen voran Kevelaer, in geringerem Maße Neviges-Hardenberg und Klausen – in den ersten Jahren des Dritten Reiches allenthalben einen bemerkenswerten Anstieg ihrer Pilgerzahlen verzeichnen konnten, sei allerdings darauf

48 Groß: Wallfahrt (Anm. 38), S. 401.
49 Ebd., S. 404.
50 Bohr: Kirchenpolitische Aspekte (Anm. 35), S. 367 f.

hingewiesen, dass sich ein gewisser Anstieg der an den genannten Wallfahrtsorten registrierten Pilgerzahlen bereits in den Jahren der Weimarer Republik beobachten lässt.

Besondere Bedeutung verdienen im Übrigen folgende Umstände und Begebenheiten: So wurden in Kevelaer Mitte der 1930er Jahre verschiedene „Großwallfahrtstage" abgehalten, die teilweise in Ovationen für den gelegentlich anwesenden Bischof von Galen gipfelten und von der Geheimen Staatspolizei mit großem Missbehagen registriert wurden. Bemerkenswert ist auch, dass regelmäßige Kevelaer-Prozessionen – etwa die von Bocholt – zu allgemeinen Bekenntnisveranstaltungen geradezu „umfunktioniert" wurden.

In Neviges-Hardenberg war 1932 von den verantwortlichen Wallfahrtspriestern die sog. „Hardenberger Sturmandacht" entwickelt worden. Das „Bestürmen", das in einem dreimaligen Anrufen der Muttergottes bestand, wurde im Dritten Reich in bemerkenswerter Weise modifiziert: Nunmehr erhoben die Gläubigen zu Tausenden die Schwurhand zu Christus und riefen: „Dir allein schwör ich … bis in den Tod die Treue!"[51] Auch für Neviges-Hardenberg gilt, dass verschiedene traditionelle Gemeindewallfahrten gelegentlich durchaus demonstrativen Charakter annahmen.

In Klausen war es neben der 500-Jahr-Feier des Wallfahrtsortes im Jahre 1934 vor allem die Jungmännerwallfahrt der Diözese Trier im Jahre 1936, die als Protest gegen die zunehmenden Restriktionen der Nazis anzusehen ist und daher hier besondere Beachtung verdient. Trotz verstärkter Polizeipräsenz und trotz schlechten Wetters waren am 21. Mai 1936 in Klausen über 7.000 Jungmänner erschienen. Unter freiem Himmel hielt der Trierer Generalvikar von Meurers eine Gemeinschaftsmesse, bei der Hunderte von jungen Pilgern die Kommunion empfingen. Leitmotiv seiner Predigt war auch in Klausen der Appell an die Jugend, „Christus dem Volk zu erhalten als Eckstein, Grundgesetz und Zukunft".[52]

Die geschilderten Ereignisse in Kevelaer, Neviges-Hardenberg und Klausen zeigen, dass die Beteiligung der gläubigen Katholiken sowohl an den regelmäßigen Wallfahrten als auch an den besonderen Glaubenskundgebungen bis in die zweite Hälfte der 1930er Jahre hinein überaus stark war. Dies verdient gerade im Hinblick auf die traditionellen Wallfahrten insofern besonderes Interesse, als Hermann Göring als Chef der Geheimen Staatspolizei am 7. Dezember 1934 „öffentliche Veranstaltungen und Kundgebungen kirchlich konfessionellen

51 Gerhard Haun: Die Wallfahrt nach Neviges, Wuppertal 1981, S. 60.

52 Dohms: Eberhardsklausen (Anm. 9), S. 143 f.; Ders.: Klausen-Wallfahrt im Dritten Reich, in: Erwin Schaaf: Zeitenwende. Das 20. Jahrhundert im Landkreis Bernkastel-Wittlich, Wittlich 2000, S. 629–631, hier S. 630 f.

Charakters“ mit Ausnahme „althergebrachter Prozessionen und Wallfahrten“ verboten hatte.[53] Zeitzeugen berichten, dass diese Verfügung ausgesprochen kontraproduktive Auswirkungen hatte, weil sie die Erinnerung und Besinnung auf ältere Wallfahrtstraditionen geradezu wachrief.

War somit die Glaubenstreue des Kirchenvolkes trotz schwerster Belastungen noch ungebrochen, so galt dies in besonderem Maße für die Aachener Heiligtumsfahrt, die im Jahre 1937 in Aachen, dem Sitz des 1929 neu geschaffenen Bistums, veranstaltet wurde. Indem sie in der Zeit vom 23. Juli bis zum 10. September etwa 750.000 bis 800.000 Menschen zur Teilnahme zu bewegen vermochte, stellt sie die „bedeutendste Glaubenskundgebung“ des Jahres 1937 dar.[54] Wie sehr sich die kirchenpolitische Situation gegenüber 1933, dem Jahr der im weitgehenden Einvernehmen veranstalteten Hl. Rock-Wallfahrt, verändert hatte, zeigt die Tatsache, dass die Verwaltung der Stadt Aachen und die Reichsbahn eine Mitwirkung weitgehend ablehnten.

Besondere Beachtung verdient hier die mit Spannung erwartete Predigt von Bischof Bornewasser. „Vor der Predigt des Trierer Bischofs warteten“, wie Gisela Muschiol mitteilt, „rund um die Pfarrei St. Adalbert geschätzt ca. 50.000 Menschen, die Polizei forderte Verstärkung an, verkehrsmäßig herrschte ein totaler Zusammenbruch. Bornewasser fand in seiner Predigt deutliche Worte, vor allem zu Angriffen des ‚Westdeutschen Beobachters‘. Er nannte die Aktionen der Nationalsozialisten einen ‚Kampf um die heiligsten Güter‘, einen ‚Kampf gegen die Kirche‘.“[55] Bei diesem „Kampf, der heute in Deutschland gegen die Kirche geführt wird, ist“, so Bornewasser, „das schlimmste, daß wir uns nicht verteidigen können. Wir haben keinen Versammlungsraum, wo wir die Lügen, die gegen uns ausgesprochen werden, an den Pranger stellen könnten. Keine einzige deutsche Zeitung öffnet uns ihre Spalten, um die vielen Unrichtigkeiten der Presse richtigzustellen.“[56] Des Weiteren äußerte der Bischof:

> Ob diejenigen, die diesen Kampf führen, denn nicht merken, daß sie damit das deutsche Volk ins Verderben treiben? Sie meinen vielleicht in ihrem blinden Wahn, dem Volke einen Dienst zu erweisen und ihm dadurch irgendeine bessere Stellung in der Welt zu gewähren. In Wirklichkeit aber treiben sie damit das Volk ins Verderben, in Unglück und Not. Der uns allen bekannte italienische Ministerpräsident Mussolini

53 Walter Pötzl: Wallfahrten gegen das Hakenkreuz, in: Harald Dickerhof (Hg.): Festgabe Heinz Hürten zum 60. Geburtstag, Frankfurt a. M. 1988, S. 443–465, hier S. 444.

54 Elmar Gasten: Aachen in der Zeit der nationalsozialistischen Herrschaft 1933–1944 (Europäische Hochschulschriften, Reihe III: Geschichte und ihre Hilfswissenschaften, Bd. 541), Frankfurt a. M./Berlin/Bern/New York/Paris/Wien 1993, S. 309.

55 Muschiol: Wallfahrten (Anm. 36), S. 99.

56 Paul Emunds: Der stumme Protest. Studie zu Vorgängen im Zusammenhang mit der Heiligtumsfahrt 1937, Aachen 1963, S. 81.

> hat kürzlich einmal gesagt: ‚Es ist heutzutage bewiesen, daß während eines solchen Kampfes die dem Staat zur Verfügung stehenden Kräfte, und selbst die stärksten, unfähig sind, der Kirche tödliche Wunden beizubringen. Die Kirche, vor allem aber die katholische Kirche, geht unverändert siegreich aus den erbitterten Kämpfen hervor'.

Soweit die mutige und bemerkenswerte Predigt, die Bischof Bornewasser in der Pfarrei St. Adalbert hielt. Sie wurde mehrfach „von lauten Bravorufen und minutenlangem Händeklatschen unterbrochen".[57] Als sich der Bischof anschließend in das Pfarrgebäude von St. Adalbert zurückgezogen hatte, versammelten sich dort die „begeisterten Massen" und riefen: „Wir wollen unseren Bischof sehen."[58] Der Bischof wurde jedoch von Kriminalbeamten daran gehindert, sich zu zeigen. Bald danach „erhielt die Wallfahrtsleitung eine ernste telefonische Drohung durch den Regierungspräsidenten".[59] Ob diese weitere Folgen hatte, ist nicht bekannt.

Im Gegensatz zu Bornewasser hielt sich Bischof von Galen, von dem die Wallfahrer zwei Tage später eine ausgesprochen kämpferische Predigt erwartet hatten, auffallend zurück. Sein Verhalten scheint von dem Bemühen bestimmt gewesen zu sein, jeden Anlass zu gewalttätigen Ausschreitungen zu vermeiden. Auch die letzte Abendpredigt, die der Koadjutor von Meißen Bischof Wienken hielt, war „ganz auf Besänftigung und Versöhnung" angelegt. Vor allem die anwesende katholische Jugend war hierüber so enttäuscht, dass sie noch während der Predigt von der Wallfahrtsleitung verlangte, den Bischof von der Kanzel zu holen. Immerhin war es wohl auch hier darum gegangen, einen Zusammenstoß mit Nationalsozialisten zu vermeiden.

Die Aachenfahrt fand ihren Abschluss mit einer Reliquienprozession am 25. Juli 1937. „20.000 bis 25.000 Männer und Jungmänner gaben dem Marienschrein das Geleit, ungefähr 120.000 Menschen standen an den Straßen."[60] Sie jubelten unter den vorbeiziehenden Bischöfen und hohen Würdenträgern vor allem Bischof Bornewasser zu, dessen Predigt allen noch im Gedächtnis war. Unter den Bekenntnisliedern, die damals demonstrativ immer wieder gesungen wurden, erfreute sich wie schon bei den vorausgegangenen Veranstaltungen das sog. „Christkönigslied" sehr großer Beliebtheit. Der viel beachtete und bemerkenswerte Refrain dieses Liedes, das zum „Protestlied der Heiligtumsfahrt" schlechthin wurde und wohl auch sonst bei vielen Jugendbekenntnistagen und Wallfahrten gesungen worden war, lautet: „Christus, mein König, dir allein

57 Alois Thomas: Kirche unter dem Hakenkreuz – Erinnerungen und Dokumente (Veröffentlichungen des Bistumsarchivs, Bd. 27), Trier 1992, S. 310.
58 Ebd., S. 313.
59 Muschiol: Wallfahrten (Anm. 36), S. 99.
60 Ebd., S. 101 f.

schwör' ich die Liebe, lilienrein, bis in den Tod die Treue."[61] Dieses Bekenntnis sollte den Führerkult relativieren. Dem Eid auf Hitler wurde der Treueschwur auf Christus entgegengesetzt. Diese Deutung erhielt bei der Schlussprozession insofern besonderes Gewicht, als das Christkönigslied vor allem dort gesungen wurde, wo der Aachener Oberbürgermeister und die Gauleitung der NSDAP Aufstellung genommen hatten.

Dass der NS-Staat in der Aachener Heiligtumsfahrt eine Form von Protest sah, verdeutlichen die im Nachhinein verfassten Gestapo- und SD-Berichte sowie die Berichterstattung der NS-Presse. In Aachen selbst hatte die Gestapo – von einzelnen Veranstaltungen abgesehen – die Kartei der ehrenamtlichen Helfer des Wallfahrtsbüros, die Personalliste der bezahlten Mitarbeiter und eine Mappe mit weiteren Belegen beschlagnahmt.

Vergleichen wir die Heiligtumsfahrt im Jahre 1937 mit der Hl. Rock-Wallfahrt von 1933, so fällt auf, dass jene neben dem religiösen durchaus auch ein stärkeres politisches Gepräge hatte. Waren 1933 Staat und Kirche aus ihrer jeweils besonderen Interessenlage heraus noch auf ein größtmögliches Einvernehmen bedacht, so hatten inzwischen die mannigfachen und einschneidenden Eingriffe des NS-Staates auch in den kirchlichen Bereich ebenso wie die in der 1937 ergangenen päpstlichen Enzyklika „Mit brennender Sorge" sowie den Hirtenschreiben und Predigten offen zutage tretende und grundsätzliche Kritik am NS-Regime gezeigt, dass es eine Kooperation kaum mehr geben konnte. Vor allem das mutige Auftreten des Trierer Bischofs Bornewasser macht deutlich, dass Teile der Amtskirche, die 1933 die politische Lage falsch eingeschätzt hatte, nunmehr zu weiterem Entgegenkommen und Stillschweigen nicht mehr bereit waren. Wenn ungeachtet aller widrigen Umstände etwa 800.000 Menschen aus allen Teilen Deutschlands angereist waren, so hatten diese weniger die Heiligtümer als vielmehr der Wille zum Bekenntnis des heftig befehdeten Glaubens angezogen. Es waren vor allem die Beifallskundgebungen während der Predigten und die Ovationen an die Bischöfe, die der Aachener Heiligtumsfahrt jene viel beachtete öffentliche Signalwirkung verliehen. Wenn auch die Nationalsozialisten die Aachener Veranstaltung verächtlich als „Parteitag der Schwarzen" abtaten, so lässt diese Klassifizierung gleichwohl die Bedeutung erkennen, die die Vertreter des NS-Staats damals der Aachener Protestveranstaltung beimaßen, waren doch die Reichsparteitage jener Jahre auf „nur" 500.000 Menschen ausgerichtet.

Die Aachener Heiligtumsfahrt des Jahres 1937 war ein letzter Höhepunkt im Rahmen der als kirchenpolitische Kundgebung veranstalteten Großwallfahrten.

61 Muschiol: Wallfahrten (Anm. 36), S. 102.

Sie markiert insofern eine Wende, als allenthalben „in den beiden Jahren vor Kriegsausbruch [...] die Beteiligung an den Wallfahrten zurück[ging]".[62] Einerseits isolierten die politischen Erfolge Hitlers die Regimegegner zusehends. Andererseits hatten die kirchlichen Verbände und Organisationen aufgrund der angedeuteten staatlichen Eingriffe stark an Bedeutung verloren. Die kriegsvorbereitenden Maßnahmen und insbesondere der Krieg beeinträchtigen dann weiterhin die regelmäßigen Wallfahrten, die, wie wir konkret etwa für die St. Matthias-Wallfahrt nach Trier erfahren, auf kleinere, eher private Gruppen beschränkt blieben oder heimlich und ggf. auch bei Nacht durchgeführt wurden.

Resümieren wir das Wallfahrtsgeschehen im Dritten Reich, so können wir feststellen, dass sich ab 1933 allgemein ein regelrechter Pilgerboom verzeichnen lässt. Dies ausschließlich aus den Folgen der nationalsozialistischen Machtergreifung herzuleiten, verbietet sich. Einerseits war, wie wir sahen, die Hl. Rock-Wallfahrt vor 1933 ins Auge gefasst worden. Andererseits ist darauf hinzuweisen, dass, wie angedeutet wurde, das Pilgeraufkommen der traditionellen Wallfahrtsorte bereits während der Jahre der Weimarer Republik zumindest in Ansätzen gestiegen war und einige dieser Pilgerstätten auch vor 1933 schon der Zielpunkt kleinerer katholischer Glaubenskundgebungen bzw. – wie es damals hieß – „Glaubensfahrten" geworden waren.

Angesichts dessen ist in neueren Untersuchungen, die durchaus der Untermauerung im regionalgeschichtlichen Bereich bedürfen, darauf hingewiesen worden, dass sich hier ein „Demonstrationskatholizismus" zeigte, dessen Anfänge in die Zeit der Großkundgebungen und Massenwallfahrten des Kulturkampfes zurückreichen und der seit Ende der 1920er Jahre neue Impulse erhielt.[63]

Werfen wir einen Blick auf den Ereignisablauf und vor allem auf die inhaltlich religiöse Gestaltung der hier beschriebenen rheinischen Wallfahrten, so gab es in der Tat einige Auffälligkeiten, die sich nur aus dem angedeuteten Kontext erklären lassen. Besonders bemerkenswert scheint mir von der Intention her die hervorragende Bedeutung, die bei allen im Vorigen dargestellten rheinischen Wallfahrten der Gestalt Jesus Christus zuerkannt wird. Dies entsprach einer Tradition, die vor 1933 vor allem etwa bei der katholischen Jugend schon sehr ausgeprägt war und sich allenthalben in der besonderen Vorliebe für das Christkönigsmotiv konkret widerspiegelt. Die religiöse Ausrichtung auf Christus verdient auch insofern hervorgehoben zu werden, als sie gerade jene Pilgerstätten einbezog, in deren Zentrum – wie etwa bei Neviges-Hardenberg,

62 Pötzl: Wallfahrten (Anm. 53), S. 462.
63 In diesem Zusammenhang sei vor allem auf die Untersuchungen von Barbara Stambolis hingewiesen; vgl. Dohms: Rheinische Wallfahrten (Anm. 1), S. 147 f., 185.

Kevelaer oder Klausen – normalerweise die Verehrung der Muttergottes stand und steht. Der für Neviges-Hardenberg und andere Wallfahrtsveranstaltungen jener Jahre bezeugte „Treueschwur" auf Christus dürfte dabei im Übrigen als besonders markante Reaktion auf den Führerkult anzusehen sein.

Dass die hier für die rheinischen Wallfahrten skizzierten Protestformen ihre Wirkung auf den NS-Staat keineswegs verfehlten, zeigen verschiedene Berichte der im Rheinland ansässigen NS-Dienststellen in aller Deutlichkeit. So sah man in „Prozessionen und Wallfahrten", die inzwischen zu einem festen Bestandteil in der politischen Berichterstattung geworden waren, „Ansätze zu einer geistigen Widerstandsfront" (so 1934) bzw. einen „an frühere politische Kämpfe erinnernden Widerstand" (so 1935). Ausdrücklich stellte man dabei den „deutlich erkennbaren Affront" der „Feierform" heraus, was durch „Massensprechchöre" und „Kampflieder in Gebetsform" in provozierender Weise unterstrichen werde.[64] Dass unter diesen Umständen zumindest in späteren Jahren schon die bloße Teilnahme an den prinzipiell beargwöhnten Prozessionen und Wallfahrten ein gewisses Risiko barg, mögen die gelegentlich erwähnten Verhaftungen bezeugen.

5. *Resümee und Ausblick*

Ich beende hiermit die Darstellung zum Dritten Reich und damit den letzten der hier zu behandelnden historischen Abschnitte und möchte abschließend das Gesamtgeschehen ein wenig bilanzieren: Im Hinblick auf das Verhältnis von Staat und Kirche lassen sich für die rheinischen Wallfahrten des 19. und 20. Jahrhunderts drei Phasen benennen, die besonders konfliktreich waren: der Vormärz in preußischer Zeit, der Kulturkampf in der Zeit des Kaiserreichs und das Dritte Reich. Im Vormärz sah sich das rheinische Wallfahrtswesen den Verboten, Eingriffen und Behinderungen sowohl des protestantisch dominierten preußischen Staates als auch der noch weitgehend aufklärerisch geprägten kirchlichen Obrigkeit ausgesetzt. Es entbehrt dabei nicht einer gewissen Ironie, dass paradoxerweise die Verantwortlichen in Staat und Kirche in der allenthalben angeprangerten „diffusen Pilgerei"[65] zum Teil gerade solche – vermeintlichen

64 Bernhard Vollmer (Hg.): Volksopposition im Polizeistaat. Gestapo- und Regierungsberichte 1934–1936 (Quellen und Darstellungen zur Zeitgeschichte II), Stuttgart 1957, S. 181; Christof Kösters: „Fest soll mein Taufbund immer stehn …" Demonstrationskatholizismus im Bistum Münster 1933–1945, in: Rudolf Schlögl/Hans-Ulrich Thamer (Hg.): Zwischen Loyalität und Resistenz. Soziale Konflikte und politische Repression während der NS-Herrschaft in Westfalen, Münster 1996, S. 158–184, hier S. 158.

65 Schieder: Religion (Anm. 20), S. 51.

oder wirklichen – Missstände bekämpften, die sie durch ihre Verordnungen und Verbote selbst mit verursacht hatten. Die gegen das Wallfahrten gerichteten staatlichen Maßnahmen des Kulturkampfes waren gegen eine Kirche gerichtet, die im Zuge der voraufgegangenen, ultramontan geprägten Erneuerungsbewegung ein hohes Maß an Selbstbewusstsein zurückgewonnen hatte. Die Übergriffe des Bismarck-Staates blieben daher nicht nur wirkungslos, sondern waren eher – betrachten wir den bemerkenswerten Aufschwung im Wallfahrtswesen – kontraproduktiv. Die damals erprobten, insgesamt noch wenig erforschten Formen des „passiven Widerstandes" gewannen im Dritten Reich eine erneute, aus großer Bedrängnis erwachsende und beklemmende Aktualität. Jedoch war der von den Gläubigen gerade in den großen Massenwallfahrten vorgetragene, „stumme Protest"[66] letztendlich zum Scheitern verurteilt, da die Kirche dem in zynischer Konsequenz ausgebauten Gewaltsystem des totalitären Staates nichts Gleichwertiges entgegenzusetzen hatte.

Wenn vor diesem Hintergrund pauschal von der „Wallfahrt" schlechthin gesprochen wird, so darf dies nicht darüber hinwegtäuschen, dass wir prinzipiell zwei Phänomene unterscheiden sollten: zum einen die großen Wallfahrtsveranstaltungen, die zwar gemäß einer bestimmten Tradition, jedoch in mehr oder weniger großen Zeitabständen stattfanden, zum anderen die in die Tausende gehenden, an feste Jahrestermine gebundenen regelmäßigen Wallfahrten der Gemeinden oder bestimmter, meist kirchlicher Organisationen und Vereinigungen. Jene besonderen Wallfahrtsveranstaltungen bedurften der eigenen Initiative und begleitenden Planung seitens der kirchlichen und – in eingeschränktem Maße – auch der weltlichen Obrigkeit schon deswegen, weil nur so der durchweg in großen Massen sich abspielende Wallfahrtsverkehr technisch zu bewältigen war. Wenn demnach all diesen Großwallfahrten ein gewisser „Inszenierungscharakter"[67] nicht abzusprechen ist, so sollten wir uns doch davor hüten, sie vorrangig unter dem Aspekt obrigkeitlicher Instrumentalisierung und Lenkung zu sehen. Im Unterschied zu diesen Wallfahrtsveranstaltungen entbehren die regelmäßigen Jahresprozessionen einer besonderen Initiative; Richtschnur war allein die in „langer Dauer", in Jahrzehnten und Jahrhunderten gewachsene Tradition. Das schließt nicht aus, dass sich auch die in der herkömmlichen Wallfahrt verhafteten Pilger aktuellen politischen Anliegen nicht grundsätzlich verschlossen. Besondere Beachtung verdient in diesem Zusammenhang, dass es nicht zuletzt

66 Vgl. hierzu Dohms: Rheinische Wallfahrten (Anm. 1), S. 150.
67 Bernhard Schneider: Wallfahrt, Ultramontanismus – Politik und Studien zu Vorgeschichte und Verlauf der Trierer Hl.-Rock-Wallfahrt von 1844, in: Aretz u. a.: Der Heilige Rock (Anm. 35), S. 237–280, hier S. 258.

die traditionellen Wallfahrtsorte waren, die in der Zeit des Kulturkampfes und des Dritten Reiches zu Zentren eines demonstrativ vorgetragenen, massenhaften Protestes und insofern aus aktueller Veranlassung geradezu „umfunktioniert" wurden. Dasselbe gilt mutatis mutandis für die jährlichen Einzelprozessionen, die – wie wir sahen – in der Zeit des Nationalsozialismus gelegentlich den Charakter von Bekenntnisveranstaltungen annahmen.

Fragen wir danach, ob und inwieweit die für das Wallfahrtswesen ungünstigen Krisenzeiten des Vormärz', des Kulturkampfes und des Dritten Reiches diesen regelmäßigen Wallfahrten auf die „lange Dauer" der hier behandelten anderthalb Jahrhunderte bleibenden Schaden zugefügt haben, so ist dies weitgehend zu verneinen. Dies erbrachten konkret die für die Wallfahrtsorte Klausen und Kevelaer von mir erarbeiteten umfassenden Befunde zu den regelmäßigen Prozessionen. So waren – um nur eine Zahl zu nennen – nach 1945 von den insgesamt für Klausen bezeugten 402 Bittgängen, deren Entstehung sich in ungleicher Häufung auf die einzelnen Jahrhunderte verteilt, nur 81 nicht mehr in Brauch. – Ähnlich liegen die Verhältnisse für Kevelaer; die nach dorthin orientierten regelmäßigen Wallfahrten haben, wie eine 2002 von mir veröffentlichte kartographische Erfassung deutlich erkennen lässt,[68] nur in ganz vereinzelten Fällen die überkommene Tradition ihres jährlichen Bittgangs aufgegeben.

Die hier skizzierten Befunde lassen – bei allen Zufälligkeiten einer in weiten Teilen lückenhaften Überlieferung – im Hinblick auf die rheinischen Wallfahrten eine Kontinuität sichtbar werden, die allen äußeren Einwirkungen zum Trotz letztlich vom Ancien Régime bis in die Gegenwart reicht. Sie offenbart eine im religiösen Brauchtum wurzelnde Mentalität und daraus resultierend eine Eigenständigkeit, die jedweden obrigkeitlichen Versuch der Diskriminierung, Instrumentalisierung oder gar Unterdrückung in seiner Wirksamkeit stark relativierte und gegebenenfalls ad absurdum führte. Diese Aspekte sind, wie eingangs bereits angedeutet wurde, gerade in der jüngeren Forschung auch wieder stärker herausgestellt worden.

Woraus resultierte – wie wir abschließend fragen wollen – die den katholischen Gläubigen innewohnende große Beharrungskraft im Hinblick auf die Wallfahrten, die die preußischen Beamten des Vormärz als „Unfug" und wirtschaftsschädlich abqualifizierten? Vergegenwärtigen wir uns die oben[69] skizzierten, den Wallfahrern – teilweise nicht ohne Spott – nachgesagten Einschätzungen, so waren es

68 Peter Dohms: Kevelaerer Marienwallfahrt (Publikationen der Gesellschaft für Rheinische Geschichtskunde XII. Abt. 1 b N. F.) [Geschichtlicher Atlas der Rheinlande, Karte und Beiheft XI. 11), Köln 2002.

69 Vgl. oben S. 4 f., 6 f.

letztendlich die äußerlich sichtbaren und gesellschaftlich erlebbaren Riten und Bräuche, die dem „‚sinnlichen' Streben des [katholischen] Menschen" entsprachen, seiner im „Geistigen" wurzelnden Glaubensüberzeugung[70] in schönen Formen und Farben, etwa eben auch in der Wallfahrt, nach außen hin Ausdruck zu verleihen und insoweit – nach Max Weber – der fortschreitenden „Entzauberung der Welt"[71] Einhalt zu gebieten. Diese Haltung ist in der Religionssoziologie der letzten Jahrzehnte gelegentlich als „antimodern" oder „rückständig"[72] eingestuft worden. Gleichwohl barg sie die von der katholischen Kirche engagiert ergriffene Chance, der gerade vom preußischen Staat des 19. Jahrhunderts ausgehenden, offensichtlich unaufhaltsamen Rationalisierung und Modernisierung der menschlichen Lebensverhältnisse eine „weniger unerbittliche Variante"[73] gegenüberzustellen. Sie bestärkte darüber hinaus die Katholiken, der Staatsomnipotenz und kulturellen Monopolisierung vor allem des Bismarck-Staates ein – gleichsam im „vorstaatlichen" Feld anzusiedelndes Wertesystem – entgegenzusetzen. Hieraus schöpfte schließlich der Katholizismus jene Kraft der „Resistenz", die gerade im „Kampf um Riten und Symbole" eine grundsätzliche Entgegnung auf das menschenverachtende System der Nationalsozialisten darstellte.

70 Christoph Weber: Aufklärung und Orthodoxie am Mittelrhein 1820–1850, Paderborn 1973, S. 183.

71 Max Weber: Die protestantische Ethik und der Geist des Kapitalismus. Erstmals veröffentlicht in: Archiv für Sozialwissenschaft und Sozialpolitik 20/21 (1904/05), Nachdruck in: Max Weber: Gesammelte Aufsätze zur Religionssoziologie, Bd. I, Tübingen 9. Aufl. 1988, S. 17–206, hier S. 94.

72 Dohms: Rheinische Katholiken (Anm. 17), S. 273.

73 Max Weber, zitiert nach: Werner Freitag: Volks- und Elitenfrömmigkeit in der Frühen Neuzeit. Marienwallfahrten im Fürstbistum Münster (Veröffentlichungen des Provinzialinstituts für Westfälische Landes- und Volksforschung des Landschaftsverbandes Westfalen-Lippe, Bd. 29), Paderborn 1991, S. 360.

Frömmigkeit und Bürgertugenden

Die Selbstinszenierung der katholischen Aachener Oberschicht im 19. Jahrhundert

Wolfgang Cortjaens

Die soziokulturelle Struktur Aachens im 19. Jahrhundert war, besonders im Vorfeld der Revolution von 1848/49, eng mit einem spezifisch katholischen bürgerlichen Gemeinwesen verzahnt, das sich über eine dünne Oberschicht und über den lokalen Klerus definierte. Sie steht im Kontext der politischen Emanzipation der rheinischen Katholiken von der preußischen Fremdbestimmung. Während für andere Städte und Regionen sowie für die preußische Rheinprovinz eine Fülle von Einzeluntersuchungen zur Elitenbildung im katholischen Milieu vorliegt, ist die Forschungslage zu Aachen spärlich und konzentriert sich auf die Zeit des Vormärz.[1] Der erste Abschnitt dieses kulturhistorischen Abrisses bietet eine kurze Übersicht der geistig-kulturellen Strömungen von der Franzosenzeit bis zum Vormärz, vor denen sich die Ausbildung einer dezidiert katholischen bürgerlichen Elite in Aachen vollzog. Der eigentliche Hauptteil konzentriert sich anhand von sechs prägnanten Fallbeispielen auf die Schlüsselposition, die der bildenden Kunst und Architektur innerhalb des Emanzipierungsprozesses nach 1848 zufiel.

1 In den 1990er Jahren haben mehrere Ausstellungen und Publikationen markante Ereignisse und Aspekte Aachener Geschichte im 19. Jahrhundert zelebriert. Für die Franzosenzeit vgl. Thomas R. Kraus: Auf dem Weg in die Moderne. Aachen in französischer Zeit 1792/93, 1794–1814. Handbuch-Katalog zur Ausstellung im ‚Krönungssaal' des Aachener Rathauses vom 14. Januar bis zum 5. März 1995, Aachen 1994. Für die Zeit des Vormärz und der Revolutionen von 1848/49 vgl. Ottfried Daschner/Everhard Kleinertz: Petitionen und Barrikaden. Rheinische Revolutionen 1848/49, bearb. v. Ingeborg Schnelling-Reinicke in Verbindung mit Eberhard Illner, Münster 1998; Guido Müller/Jürgen Herres (Hg.): Aachen, die westlichen Rheinlande und die Revolution, Aachen 2000. Zur Sonderstellung der Rheinprovinz im Staatsgefüge vgl. Georg Mölich/Meinhard Pohl/Veit Veltzke (Hg.): Preußens schwieriger Westen. Rheinisch-preußische Beziehungen, Konflikte und Wechselwirkungen, Duisburg 2003. Zur Selbstwahrnehmung und -darstellung des rheinischen Bürgertums in der ersten Hälfte des 19. Jahrhunderts vgl. James M. Brophy: Popular Culture and the Public Sphere in the Rhineland 1800–1850, Cambridge 2004. Aus der Fülle von Einzeluntersuchungen zum katholischen Milieu in Aachen sind besonders die Studien zur Frömmigkeitsgeschichte sowie jene zum bürgerlichen Vereinswesen in der Zeit des Vormärz hervorzuheben, stellvertretend vgl. Joachim Schmiedl: Marianische Religiosität in Aachen. Frömmigkeitsformen einer katholischen Industriestadt des 19. Jahrhunderts, Altenberge 1994; Ernst Heinen: Anfänge des politischen Katholizismus in Aachen. Der Piusverein (1848–1854/55), in: ZAGV 100 (1996), S. 327–471.

1. *Faktoren der Elitenbildung*

1.1 *Die erste Bistumsgründung von 1801 und die Folgen*

Mit dem Einmarsch der französischen Revolutionstruppen im Jahre 1792 waren mit einem Mal Jahrhunderte lang bestehende Herrschaftsräume und territoriale Gefüge zerschlagen, kirchenrechtliche und politische Zugehörigkeiten aufgehoben. Erst der 1801 geschlossene Frieden von Lunéville und das Konkordat Napoleons mit Papst Pius VII. sicherten den Frieden Roms mit der konstitutionellen Kirche Frankreichs und ermöglichten eine Neuumschreibung der linksrheinischen Territorien. Durch die im gleichen Jahr erfolgte Bildung des ersten Bistums Aachen wurde die ehemals freie Reichsstadt, fünf Jahrhunderte lang Ort der deutschen Königskrönungen, zum Zentrum einer Kirchenprovinz, die neben Gebieten der alten Erzdiözese Köln auch ehemalige Teile der Bistümer Mainz, Trier, Lüttich und Roermond umfasste. In der Amtszeit des ersten Aachener Bischofs Marc Antoine Berdolet (1740–1809), vormals konstitutioneller Bischof der Diözese Haut-Rhin[2], stand die Restrukturierung des stagnierenden kirchlichen Lebens durch Neueinteilung der Pfarreien und die Sorge für den Priesternachwuchs im Vordergrund.

Das religiöse Leben während der Franzosenzeit war, in Aachen wie vielerorts im Rheinland, von einer traditionalen Kirchlichkeit geprägt. Diese schloss vor allem äußerliche Faktoren wie den Empfang der Sakramente, den Besuch der Gottesdienste und die Feier der Festtage im Kirchenjahr ein.[3] Dass die katholische Kirche im Alltag eine feste Instanz blieb, war insbesondere das Verdienst der Pfarrgeistlichkeit, die dabei bevorzugt auf Elemente wie Heiligenverehrung, Prozessionen, Wallfahrten und Wiederaufnahme der von den Franzosen zunächst verbotenen Heiligtumsfahrten, etwa in Aachen[4] und

2 Vgl. Klaus Friedrich: Marc Antoine Berdolet (1740–1809), Bischof von Colmar, erster Bischof von Aachen. Sein Leben und Wirken unter besonderer Berücksichtigung seiner pastoralen Vorstellungen, Mönchengladbach 1973; Alfred Minke: Vom Schismatiker zum ersten Bischof von Aachen. M. A. Berdolet und die Kirche von Frankreich zwischen 1782 und 1802, in: GBA 7 (2003/2004), S. 81–114.

3 Vgl. beispielsweise Elisabeth Wagner: Revolution, Religiosität und Kirchen im Rheinland um 1800, in: Peter Hüttenberger/Hansjörg Molitor (Hg.): Franzosen und Deutsche am Rhein 1789–1914–1945, Essen 1989, S. 267–288. Für den südlichen Teil der Rheinprovinz vgl. Bernhard Schneider: Entwicklungstendenzen rheinischer Frömmigkeits- und Kirchengeschichte in der ersten Hälfte des 19. Jahrhunderts, in: AMRhKg 48 (1996), S. 157–195, hier bes. S. 178–191; Ders.: Katholiken und Seelsorge im Umbruch von der traditionalen zur modernen Lebenswelt, in: Martin Persch/Bernhard Schneider (Hg.): Geschichte des Bistums Trier, Bd. 4. Auf dem Weg in die Moderne: Das 19. Jahrhundert (1802–1880), Trier 2000, S. 275–369.

4 Vgl. Dieter P. Wynands: Die Aachenfahrt während der französischen Herrschaft im Rheinland (1792/94–1814) – Ein Beitrag zur Auslagerung des Aachener Münsterschatzes nach Paderborn, in: AHVN 197 (1994), S. 127–145. Zur Aachener Heiligtumsfahrt allgemein vgl. Heinrich Schiffers: Aachener Heiligtumsfahrt. Reliquien – Geschichte – Brauchtum, Aachen 1937.

Kornelimünster[5], zurückgriff und teilweise auch neue überregionale Bindungen herzustellen vermochte.[6] Dagegen ist eine Einflussnahme des städtischen Bürgertums auf das kirchliche Leben für die Franzosenzeit (und noch lange danach) nicht zu verzeichnen. Die Gründe hierfür sind vielfältig. Zum einen war die Gesellschaft des frühen 19. Jahrhunderts noch stark hierarchisch strukturiert. Zum Verbündeten des vom Wirtschaftsaufschwung der Franzosenherrschaft profitierenden gehobenen Bürgertums wurde die napoleonische Gesetzgebung, der *code civil*. Die darin verankerte rechtliche Gleichstellung aller Bürger, die öffentliche Gerichtsverhandlung und die klare Trennung zwischen Verwaltung und Justiz wurden ausschlaggebend für die Selbstwahrnehmung der bürgerlichen Oberschicht; in jener Übergangsphase von der Stände- zur Klassengesellschaft stellte der zentralistische Verwaltungsapparat zugleich ein wirkungsvolles Instrument der sozialen Distinktion dar, ermöglichte er doch eine klare Trennung der einzelnen Bevölkerungsschichten.

Gleichzeitig geriet im Zuge der französischen Verwaltungsreformen die zunehmende Verelendung eines Großteils der Bevölkerung in den Blickpunkt. Dagegen handelte es sich bei den staatlichen Maßnahmen zur Armutsbekämpfung, an deren Spitze die sog. Wohltätigkeitsbüros (Bureaux de bienfaisance) standen,[7] um zwar von der wohlhabenden Bürgerschaft durch Kollekten unterstützte,[8] im Kern aber staatlich eingesetzte Einrichtungen. Gerade im früh industrialisierten Aachen, das mit großen sozialen Problemen zu kämpfen hatte, sollte das karitative Engagement künftig einen entscheidenden Anteil bei der Rollenfindung des tonangebenden katholischen Bürgertums haben.

5 1804 veranlasste Bischof Berdolet die Übertragung der zuvor in der aufgelösten Benediktinerabtei in Kornelimünster verehrten Reliquien in die neu gegründete Pfarrei St. Cornelius, wodurch diese zum Träger der Wallfahrt wurde und die historische Kontinuität, trotz gewisser Säkularisierungstendenzen in der Bevölkerung, gewahrt blieb. Vgl. Emil Pauls: Beiträge zur Geschichte der größeren Reliquien und der Heiligthumsfahrt zu Cornelimünster bei Aachen, in: AHVN 52 (1891), S. 157–174; Dieter P. Wynands: Geschichte der Wallfahrten im Bistum Aachen, Aachen 1986, zu Kornelimünster S. 127–134, hier S. 131.

6 Als beispielsweise die Wallfahrt im niederrheinischen Kranenburg 1808 ihr 500-jähriges Jubiläum beging, vermittelte der Aachener Generalvikar Martin Wilhelm Fonck (1752–1830), der zuvor Kanoniker in Kranenburg gewesen war, eine Kreuzreliquie aus dem Schatz des Münsters dorthin. Seit dieser Zeit wird mit dieser in einem Kreuz eingeschlossenen Partikel des Kreuzes von Golgatha der Kreuzsegen erteilt. Zu Fonck vgl. Reimund Haas: Martin Wilhelm Fonck 1752–1830. Kanoniker, Generalvikar, Domprobst, in: Christen zwischen Niederrhein und Eifel – Lebensbilder aus zwei Jahrhunderten 1, hg. v. Karl Schein, Aachen 1993, S. 103–128.

7 Vgl. Kraus: Moderne (Anm. 1), S. 244–246.

8 So wurde die noch in reichsstädtischer Zeit projektierte Errichtung einer Wohltätigkeitsanstalt von den französischen Behörden unterstützt und mit einer ertragreichen Kollekte unter den Angehörigen der Aachener Oberschicht, den Nadelfabrikanten, Rentiers und leitenden Beamten, besiegelt. Die Kollekte erbrachte die respektable Summe von 8534 Francs 80 Centimes. Zum Vergleich: Der durchschnittliche Tagelohn im Tuchgewerbe betrug 1804 1,50 Francs. Zahlen nach Kraus: Moderne (Anm. 1), S. 247.

Die gezielte Organisation der katholischen städtischen Oberschicht nahm konkret erst nach der Auflösung des ersten Bistums Aachen und der in der päpstlichen Bulle *De salutate animarum* (1821) verankerten abermaligen Neueinteilung der preußischen Bistümer Gestalt an. In der Zeit der Restauration und des Vormärz bedurfte es des politischen Minderheitenbewusstseins, um aus den großbürgerlichen Katholiken der Rheinprovinz tatsächlich „Grenzgänger" (Thomas Mergel) zwischen bürgerlich-nationalem und katholischem Milieu zu formen.[9]

1.2 Politisierung: Restauration und Vormärz

Im grenznahen Aachen, das als Zentrum der Frühindustrialisierung von eklatanten Gegensätzen zwischen Arm und Reich gezeichnet war, entluden sich am 30. August 1830 die Ausläufer der Julirevolution in Frankreich und Belgien in einer gewalttätigen Erhebung der Fabrikarbeiter.[10] Bei der blutigen Niederschlagung des Aufstandes durch eine rasch aufgestellte Bürgerwehr kam es zum Schulterschluss zwischen den lokalen Eliten und der preußischen Verwaltung, der lange nachwirken sollte. Erklärbar ist die staatsloyale Haltung der Aachener Führungsschicht teilweise aus den gemeinsamen, gegen die radikal-demokratischen Ideale der Revolution gerichteten Interessen, teilweise mit dem gleichsam historisch legitimierten Führungsanspruch der städtischen Fabrikanten, die einen homogenen politischen und ökonomischen Machtfaktor darstellten und begreiflicherweise an der Aufrechterhaltung der politischen Stabilität interessiert waren.

Das im kirchenhistorischen Kontext markanteste innenpolitische Ereignis des Vormärz war 1837 der durch die Inhaftierung des Erzbischofs Clemens August Droste zu Vischering (1773–1845)[11] ausgelöste Kölner Kirchen-

9 Zum katholischen Bürgertum im Rheinland vgl. Thomas Mergel: Grenzgänger. Das katholische Bürgertum im Rheinland zwischen bürgerlichem und katholischem Milieu 1870–1914, in: Olaf Blaschke/Frank-Michael Kuhlemann (Hg.): Religion im Kaiserreich. Milieus – Mentalitäten – Krisen, Gütersloh 1996, S. 166–192; Ders.: Zwischen Klasse und Konfession. Katholisches Bürgertum im Rheinland 1794–1914, Göttingen 1994.

10 Vgl. Beate Althammer: Herrschaft, Fürsorge, Protest. Eliten und Unterschichten in den Textilgewerbestädten Aachen und Barcelona 1830–1870, Bonn 2002.

11 Vgl. Eduard Hegel: Clemens August Freiherr Droste zu Vischering (1773–1845), in: Westfälische Lebensbilder 10, Münster 1970, S. 78–103. Vgl. zuletzt die umfängliche Biografie von Markus Hänsel-Hohenhausen: Clemens August Freiherr Droste zu Vischerung. Erzbischof von Köln 1773–1845. Die moderne Kirchenfreiheit im Konflikt mit dem Nationalstaat, Egelbach bei Frankfurt 1991. Noch kurz vor seiner Inhaftierung hatte Droste-Vischering angesichts der „dringenden Bitten" aus Aachen der Stadt einen kurzen, mit einer Firmreise verbundenen Besuch abgestattet; es sollte die einzige Firmungsreise seiner von Krankheit und Verbannung überschatteten Amtszeit bleiben. Ein Besuch galt auch seiner „geistlichen Freundin" Maria Antonia Nikolay, geb. Cappes (1782–1855), der Vorsteherin des Töchterpensionats St. Leonhard, sie veröffentlichte 1855 eine schmale Briefsammlung mit Auszügen

streit.[12] Er war richtungweisend für die zunehmende Ultramontanisierung der katholischen Eliten im Rheinland, die den verschärften Einschränkungen der Presse- und Versammlungsfreiheit mit neuen Organisationsformen und Vereinsmodellen begegneten. Der Aachener Klerus, angeführt von dem aus einer begüterten Tuchmacherfamilie stammenden Leonhard Aloys Nellessen (1783–1859)[13], seit 1816 Pfarrer an der ehemaligen Franziskanerkirche St. Nikolaus, und seiner ‚rechten Hand' Andreas Ludwig Fey (1806–1887)[14] und dessen Mitkaplan Joseph Istas (1807–1843)[15], war der eigentliche Motor der Politisierung der bürgerlichen Oberschicht: „Wie unter der Geistlichkeit gewann Nellessen auch unter den Laien der Stadt Aachen einen bedeutsamen Anhang, vor allem unter den Kirchenvorständen, Justizbeamten, Ärzten und Kaufleuten."[16] Zu dieser Gruppe zählten die Ärzte Dr. Heinrich Hahn (1800–1882)[17], Dr. Clemens August Alertz (1800–1866)[18], der spätere päpstliche Leibarzt Gregors XVI. und Pius IX., Dr. August Sträter (1810–1897), der seit 1839 in Aachen ansässig war und später als Stadtverordneter des Zentrums wirkte[19], sowie der Rechtsanwalt Arnold Edmund Peltzer (1801–1874)[20], von 1848 bis 1851 kommissarischer Oberbürgermeister der Stadt.

Der informelle ultramontane Zirkel um Nellessen, Istas und Fey war zugleich die Keimzelle des sehr einflussreichen Aachener Caritas-Kreises, der sich bald von einer der Armen- und Krankenpflege verpflichteten Bewegung zu einer konfessionellen, die Gründung neuer Ordensgemeinschaften vorantreibenden Bewegung wandelte. Gerade Aachen mit seinen sozialen Problemen und der unzureichenden städtischen Armenverwaltung bot das ideale Wirkungsfeld

aus ihrer leider verschollenen Korrespondenz mit dem Kölner Erzbischof unter dem Titel „Einige geistliche Briefe des seligen Clemens August Freiherrn von Droste zu Vischering, Erzbischofs von Köln", Aachen [1855?].

12 Vgl. Rudolf Lill: Die Beilegung der Kölner Wirren 1840–42. Vorwiegend nach Akten des Vatikanischen Geheimarchivs, Köln 1962.

13 Vgl. August Brecher: Oberpfarrer L. A. Nellessen (1783–1859) und der Aachener Priesterkreis, in: ZAGV 76 (1964), S. 45–202.

14 Vgl. Chrysosthomus Lauenroth: Andreas Fey. Ein Priester-Lebensbild von gestern für die Tage von heute, Paderborn 1938.

15 Vgl. Erwin Gatz: Kaplan Joseph Istas und der Aachener Karitaskreis, in: RhVjbll 36 (1972), S. 205–228.

16 Vgl. Lukas Schwahn: Die Beziehungen der katholischen Rheinlande und Belgiens in den Jahren 1830–1840. Ein Beitrag zur Vorgeschichte der kirchlichen und politischen Bewegung unter den rheinischen Katholiken, Straßburg 1914, S. 21.

17 Vgl. Franz Baeumker: Dr. med. Heinrich Hahn. Ein Apostel im Laienkleide 1800–1882. Ein Zeit- und Lebensbild erstmalig auf Grund der Quellen dargestellt, Aachen 1930.

18 Vgl. Egon Schmitz-Cliever: Clemens August Alertz, in: Rheinische Lebensbilder 3, Düsseldorf 1968, S. 159–172.

19 Vgl. Ingeborg Schild/Elisabeth Janssen: Der Aachener Ostfriedhof, Aachen 1991, S. 374–375.

20 Vgl. Herbert Lepper: Formen der städtischen Selbstverwaltung einst und heute, 2. Aufl. Aachen 1986.

eines derartigen Gegenmodells zum staatlichen Fürsorgemodell.[21] Ernst Heinen hat zu Recht darauf hingewiesen, dass der Aachener Caritas-Kreis das vor-aufklärerische, paternalistische Modell der katholischen Amtskirche weiterführte, was zum einen den hohen Stellenwert des karitativen Sektors, zum anderen die kirchenloyale Haltung der breiten (unteren) Bevölkerungsschichten erklärt.[22] Das Gesicht des Aachener Sozialkatholizismus prägten vor allem die aus dem Caritas-Kreis hervorgegangenen weiblichen Ordensgründungen: die von Clara Fey (1815–1894) begründeten und 1847 kirchlich approbierten Schwestern vom Armen Kinde Jesu, die sich der Betreuung verlassener und verwaister Kinder widmeten[23], und die von Franziska Schervier (1819–1876) ins Leben gerufenen, 1851 approbierten, auf Armen- und Krankenpflege konzentrierten Armenschwestern vom hl. Franziskus.[24] Gemeinsam war beiden Glaubensgemeinschaften das ausdrückliche Bekenntnis zur franziskanischen Armut, wodurch sie sich im Anspruch von anderen Orden unterschieden und der radikale Bruch mit dem familiären Hintergrund – Fey und Schervier stammten aus reichen alteingesessenen Fabrikantenfamilien – noch stärker hervortrat.[25] Im Kontext der bürgerlich-katholischen Elitenbildung fiel dem Aachener Caritas-Kreis insofern eine wichtige Schlüsselposition zu, als er über den karitativen Anspruch hinaus zugleich Ausdruck der Verteidigung der kirchlichen Freiheit gegenüber den staatskirchlichen Ansprüchen der preußischen Regierung war, die den Ordensgründungen skeptisch gegenüberstand, und somit einen starken politischen Impetus enthielt. Das katholische Bürgertum, dessen Emanzipierungsprozess mit der 1848er-Revolution entscheidenden Auftrieb erhalten sollte, verlangte

21 Vgl. Erwin Gatz: Zum Aachener Sozialkatholizismus im 19. Jahrhundert [Vortrag gehalten 2005 auf der Jahrestagung der Görres-Gesellschaft, 24.–28. September 2005 in Aachen. Zum Problemfeld allgemein vgl. die grundlegende Studie von Erwin Gatz: Kirche und Krankenpflege im 19. Jahrhundert. Katholische Bewegung und karitativer Aufbruch in den preußischen Provinzen Rheinland und Westfalen, München/Paderborn/Wien 1971.

22 Vgl. Heinen: Piusverein (Anm. 1), S. 331.

23 Vgl. Dieter Wynands: Clara Fey (1815–1894), in: Rheinische Lebensbilder 9, Köln 1982, S. 179–199.

24 Vgl. Gatz: Kirche und Krankenpflege (Anm. 21), S. 373–375; Petra Fietzek: Franziska Schervier: Worte allein vermögen nichts, Mainz 2003.

25 Die in der Forschung wiederholt mit dem Schlagwort ‚Feminisierung‘ belegten und als Gegenentwurf zum bis dahin vorherrschenden paternalistischen Modell der Seelsorgepraxis beschriebenen Ordensgründungen profitierten in Aachen, wo der Mitgliederzuwachs weit höher als in anderen rheinischen Städten war, von den herausragenden Leitfiguren Fey und Schervier. Vgl. dazu Heinen: Piusverein (Anm. 1), S. 332; Relinde Meiwes: Arbeiterinnen des Herrn. Katholische Frauenkongregationen im 19. Jahrhundert, Bielefeld 2000 [zugl. Diss. Paderborn 1998/99], zu den Schwestern vom Armen Kinde Jesus bes. S. 27–51; Bernhard Schneider, Feminisierung und (Re-)Maskulinisierung der Religion im 19. Jahrhundert. Tendenzen der Forschung aus der Perspektive des deutschen Katholizismus, in: Michaela Sohn-Kronthaler (Hg.), Feminisierung und (Re-)Maskulinisierung der Religion im 19. und 20. Jahrhundert?, Wien/Köln/Weimar 2016, S. 11–41.

indes nach eigenen äußeren Zeichen, nach bild- und symbolmächtiger Repräsentation seiner neu erlangten bürgerlichen und konfessionellen Freiheit.

Die im Vorfeld der Revolution in ganz Deutschland zu beobachtende Selbstorganisierung des Bürgertums bot der katholischen Bewegung nur bedingt adäquate Modelle; ihre unmittelbaren Vorbilder waren die hauptsächlich von akademischen Bildungseliten und einigen reformwilligen Adligen getragenen aufgeklärten Gesellschaften und Geheimbünde des späten 18. Jahrhunderts: „Von ihnen", so Otto Dann, „nahm die Selbstverständigung des Bürgertums über seine gemeinsamen Interessen und Bedürfnisse ihren Ausgang. Die Tätigkeit der Gesellschaften war dabei vor allem nach innen auf die Schaffung eines Freiraums von den Zwängen der ständisch gegliederten Welt gerichtet."[26] Ihre politischen und gesellschaftlichen Ziele verfolgten die ökonomischen und patriotischen Gesellschaften, darunter der 1832 gegründete, vor allem in Süddeutschland aktive *Preß- und Vaterlandsverein*[27], die studentischen Burschenschaften, die Journal- und Lesezirkel sowie die Griechen- und Polenvereine, die sich im Zuge der Revolutionen von 1830 mit dem Kampf beider Länder gegen die türkische beziehungsweise russische Fremdherrschaft solidarisierten – „nur mittelbar durch persönliche Kontakte und Einflussnahmen; sie verzichteten darauf, sie in der Öffentlichkeit zu vertreten".[28] Ihr Charakter war elitär. Die katholische Bewegung hingegen strebte von Anfang an eine breite Außenwirkung an, wie 1844 die Wallfahrt zum Hl. Rock in Trier, das erste katholische Massenereignis des 19. Jahrhunderts, eindrucksvoll unter Beweis stellte.[29]

Vor diesem komplexen Hintergrund aus (kirchen-)politischen und sozialen Faktoren sind auch die nachfolgenden Fallbeispiele der Selbstdarstellung und Inszenierung der katholischen Eliten in Aachen zu sehen, die sich sämtlich dem Engagement konfessionell-bürgerlicher Vereine oder einzelnen herausragenden Persönlichkeiten verdanken. Wie unterschiedlich ihre Motivation

26 Otto Dann: Die Anfänge politischer Vereinsbildung in Deutschland, in: Ulrich Engelhardt/Volker Sellin/Horst Stuke (Hg.): Soziale Bewegung und politische Verfassung. Beiträge zur Geschichte der modernen Welt. Festschrift für Werner Conze, Stuttgart 1976, S. 197–231, hier: S. 217.

27 Vgl. Cornelia Foerster: Der Preß- und Vaterlandsverein von 1832/33. Sozialstruktur und Organisationsformen der bürgerlichen Bewegung in der Zeit des Hambacher Festes, Trier 1981; Dies.: Der deutsche Preß- und Vaterlandsverein im Rahmen des frühen politischen Vereinswesens, in: Helmut Reinalter (Hg.): Die Anfänge des Liberalismus und der Demokratie in Deutschland und Österreich 1830–1848/49, Frankfurt a. M. 2002, S. 213 f.

28 Dann: Anfänge (Anm. 26), S. 217.

29 Vgl. Bernhard Schneider: Wallfahrt, Ultramontanismus und Politik. Zu Vorgeschichte und Verlauf der Trierer Hl.-Rock-Wallfahrt von 1844, in: Erich Aretz u. a. (Hg.): Der Heilige Rock zu Trier. Studien zur Geschichte und Verehrung der Tunika Christi, 2. Aufl. Trier 1995, S. 237–280; Ders.: Presse und Wallfahrt. Die publizistische Verarbeitung der Trierer Hl. Rock-Wallfahrt von 1844, in: ebd., S. 281–306.

auch im Einzelnen erscheinen mag, so basierte ihre Vorgehensweise doch auf ähnlichen Voraussetzungen, die sich in der individuellen Selbstdarstellung der verschiedenen Interessengruppen artikulieren sollte.

2. *Architektur und religiöser Denkmalkult im öffentlichen Raum*

Hatten in der ersten Hälfte des 19. Jahrhunderts die konfessionellen Spannungen zwischen römisch-katholischer Amtskirche und preußischem Staat den Neubau katholischer Kirchen gehemmt, ermöglichten die Auflösung der bis dahin für alle Baubelange zuständigen Oberbaudeputation im Revolutionsjahr 1848 und die von Friedrich Wilhelm IV. (Reg. 1840–1861) oktroyierte Verfassung vom 31. Januar 1850 den Diözesen ein unabhängigeres Agieren auch auf diesem Gebiet.[30] Bildende Kunst und Architektur wurden nun gezielt eingesetzt, um Kernaspekte des katholischen Glaubens und der katholischen Frömmigkeit wie auch staats- und kirchenpolitische Ideen im Alltag nachdrücklich zu repräsentieren und die religiöse Erfahrung des Einzelnen wie des Kollektivs vor einer wirksamen Kulisse zu inszenieren. Bereits im Vorfeld der Wiederaufnahme der Bauarbeiten am unvollendeten Kölner Dom 1842 hatte sich auch im Rheinland eine bald international einflussreiche, auf archäologischen Studien fußende neugotische Stillehre etabliert.[31] Die deutschlandweit einsetzende Gründungswelle kirchlicher Kunst- und Altertumsvereine – u. a. in den Diözesen Köln (1851), Paderborn (1852) und Rottenburg (1852) – trug dazu bei, die von den Dichtern und Künstlern der Romantik verklärten Denkmale des christlichen Mittelalters zur Abgrenzung von der als ‚Zopfzeit' verpönten Aufklärung einzusetzen. Ihren wohl einflussreichsten Fürsprecher und Theoretiker fand die neugotische Bewegung in der sog. ‚Kölner Richtung', deren bedeutendster Vertreter der Jurist und spätere Begründer der Zentrumspartei August Reichensperger (1808–1895) war.[32]

30 Vgl. Entwurf der Verfassungs-Urkunde für den preußischen Staat durch die Verfassungs-Kommission der preußischen verfassunggebenden Nationalversammlung [„Charte Waldeck"] (26. Juli 1848), in: documentArchiv.de [Hg.], http://www.documentarchiv.de/fs/preussen.html, [Stand: 1.3.2018]. Artikel 18 garantierte die Religionsfreiheit aller Konfessionen. Die wichtigsten die Kirche betreffenden Artikel der preußischen Verfassung von 1850 sind abgedruckt in Georg Franz: Kulturkampf. Staat und katholische Kirche in Mitteleuropa, München 1954, S. 302f.

31 Vgl. den Beitrag von Sybille Fraquelli in diesem Band.

32 Zu Reichensperger vgl. Ludwig von Pastor: August Reichensperger 1808–1895. Sein Leben und sein Wirken auf dem Gebiete der Politik, der Kunst und der Wissenschaft. Mit Benutzung seines ungedruckten Nachlasses, Freiburg i. Br. 1899. Vgl. weiterhin Hans-Jürgen Becker: August Reichensperger (1808–1895), in: Rheinische Lebensbilder 10 (1985), S. 141–158. Zu Reichenspergers Einfluss auf die Künste vgl. die Ausstellungskataloge und Dokumentationen der Koblenzer Ausstellungen zum 90. und 110. Todesjahr: August Reichensperger und die

Anders als Köln etablierte sich Aachen nicht als Zentrum der Neugotik; dennoch entfaltete sich auch hier bald eine vielseitige kirchliche Bautätigkeit, die sich in hohem Maße dem Engagement der katholischen städtischen Elite und der Pfarrgeistlichkeit verdankte.[33] Nachstehend sind einige markante Fallbeispiele herausgegriffen, anhand derer die Instrumentalisierung kirchlicher Architektur und religiöser Denkmale durch das lokale Vereinswesen beziehungsweise durch Vertreter der katholischen Oberschicht deutlich wird: das Aachener Münster, die neugotische Marienvotivkirche, die Mariensäule auf dem Rehmplatz, die Kreuzgruppe vor St. Jakob und der Campo Santo auf dem Westfriedhof.

2.1 Denkmal der Nation: Das Aachener Münster

Sichtbarstes Zeichen der kirchlichen Präsenz und bauhistorisch wie politisch zugleich ein zentraler Erinnerungsort deutscher Geschichte war und ist das Aachener Münster. 1847 formierte sich auf Anregung eines Kreises städtischer Honoratioren der *Karlsverein zur Restauration des Aachener Münsters.*[34] Offenkundiges Vorbild war der 1840/41 unter dem Protektorat Friedrich Wilhelms IV. von Preußen gegründete *Zentral-Dombau-Verein* zu Köln, eine gleichfalls vom Wirtschaftsbürgertum getragene Institution.[35] Wie zuvor bei der Diskussion um die Regotisierung des Aachener Rathauses[36] – auch hier gab eine bürgerliche Vereinigung, der in Düsseldorf ansässige *Kunstverein für die Rheinlande und Westfalen,* den Ausschlag für die Inangriffnahme des Projekts – war der Rekurs auf ein mit der mythenumwobenen Gestalt Karls des Großen wie mit der Geschichte des Heiligen Römischen Reiches Deutscher Nation aufs engste verknüpftes Denkmal eine Reaktion auf die von den Demokratisierungs- und Revolutionsbestrebungen

Kunst der Neugotik, bearb. v. Udo Liessem/Helmut Prößler/Hans-Josef Schmidt, Koblenz 1985; Mario Kramp/Rolf Lauer (Hg.): August Reichensperger. Koblenz – Köln – Europa, Ausst.-Kat. Koblenz, Mittelrhein-Museum/Kölnisches Stadtmuseum, Koblenz 2005. Empfehlenswert ist die in den USA erschienene, englischsprachige Würdigung seines kunsttheoretischen Engagements, vgl. Michael J. Lewis: The Politics of the German Gothic Revival – August Reichensperger 1808–1895, New York 1993. Hierzu vgl. auch Anm. 53.

33 Vgl. Ernst Günther Grimme: Kirchliche Kunst in Aachen <1830–1930>, Ausst.-Kat. Suermondt-Ludwig-Museum (25. Mai–31. August 1975), Aachen 1975.

34 Die formelle Vereinsgründung erfolgte erst am 15. Oktober 1849. Zu den Gründungsmitgliedern zählten Theodor Franz Oppenhoff (1820–1899) und Freiherr Theodor von Geyr-Schweppenburg (1806–1882); an der Spitze des Vereins stand bis zu seinem Tode 1872 der Rechtsanwalt Franz Jungbluth (1809–1872).

35 Vgl. Kathrin Pilger: Der Kölner Zentral-Dombauverein im 19. Jahrhundert. Konstituierung des Bürgertums durch formale Organisation, Köln 2004.

36 Vgl. Carola Weinstock: Die Regotisierung des Aachener Rathauses, in: Mario Kramp (Hg.): Krönungen. Könige in Aachen – Geschichte und Mythos, Ausst.-Kat. Aachen 2000, Mainz 2000, Bd. 2, S. 775–784.

erschütterte instabile Gegenwart. Die projektierte bauliche Instandsetzung sollte die Bedeutung des Ortes als Wirkungsstätte des Erneuerers des abendländischen Kaisertums ebenso versinnbildlichen wie das Primat der katholischen Kirche und schließlich den besonderen Rang des Münsters als gesamtdeutsches Nationaldenkmal.

Kaum zufällig fällt die Gründung des *Karlsvereins* in die unmittelbare vor- und nachrevolutionäre Zeit. Im März 1848 wehte auf dem Münster die schwarz-rot-goldene Flagge, wurde die Grabkirche Karls des Großen in der lokalen Presse als „die heiligste Stätte Deutscher Erde, das Münster unseres Kaiserlichen Aachen's"[37] reklamiert. Dieser Leitgedanke klingt nicht nur in der Namensgebung des *Karls*vereins an. Auch das lebhafte Interesse des 1840 inthronisierten Preußenkönigs Friedrich Wilhelm IV. an den Nachgrabungen am nicht lokalisierten Karlsgrab und der 1843 erfolgten Erhebung der vermeintlichen Gebeine des Herrschers ist in diesem Kontext zu sehen; 1850 übernahm der Regent wie schon in Köln das Protektorat des *Karlsvereins*, ein für den weiteren Verlauf der Baugeschichte folgenreiches Ereignis, denn damit schied das Münster als Denkmal frommen Bürgersinns für die Vertreter des antipreußischen politischen Katholizismus aus.

Vordergründig stellten sich in Aachen aufgrund der völlig andersartigen Beschaffenheit der Architektur andere Probleme als in Köln; so besaß im Gegensatz zum Kölner Dom das Aachener Münster weder eine einheitliche Baugestalt, noch gab es Pläne, die einer Rekonstruktion des Urzustandes hätten zugrunde gelegt werden können, und schließlich stand die Erforschung der vorgotischen Architektur noch ganz am Anfang, sodass entsprechende Parameter fehlten. Die Organisationsstruktur und die Zielsetzungen unterschieden sich dagegen nur wenig vom Vorbild Köln, wenngleich der *Karlsverein* zu keiner Zeit an die über die ganze Rheinprovinz, ja über das gesamte preußische Staatsgebiet ausgedehnten Dependancen des *Dombau-Vereins* heranreichte.[38] Im Verlauf der langwierigen äußeren und inneren Restaurierungsarbeiten hatten beide Vereine vor allem gegen die Einmischungen der königlichen Regierung beziehungsweise miteinander kollidierender Interessengruppen anzukämpfen.

37 Stadt-Aachener Zeitung vom 24. März 1848.

38 Vgl. Wolfgang Cortjaens: Die auswärtigen ‚Hülfs-Vereine' des Zentral Dombau-Vereins zu Köln im Gebiet der heutigen Euregio Maas-Rhein, in: KDbll 71 (2006), S. 151–184. Eine komplexe Einbettung der Vorgeschichte der Münster-Restaurierung in die architekturtheoretischen Debatten der 1840er Jahre findet sich bei Jenny H. Shaffer, Restoring Charlemagne's Chapel: Historical Consciousness, Material Culture, and Transforming Images of Aachen in the 1840's, in: Journal of Art Historiography, nr. 7, December 2012, S. 1–38 (zur Rolle des *Karlsvereins* bes. S. 31–33): https://arthistoriography.files.wordpress.com/2012/12/shaffer.pdf [Stand: 16.7.2019].

So musste der *Karlsverein* häufig Beschlüsse des Stiftskapitels, dem Eigentümer der Münsterkirche, akzeptieren. Dass einige Stiftsherren gleichzeitig Mitglieder im *Karlsverein* waren, verstärkte die innere Spaltung noch. Das jahrzehntelange Ringen aller Beteiligten führte schließlich dazu, dass das Innere des Münsters erst zu Beginn des 20. Jahrhunderts – und dann unter maßgeblicher Beteiligung des deutschen Kaiserhauses – als ein Denkmal der geeinten Nation und, im Fall des Oktogons und seiner Umgänge, auch des wilhelminischen Kunstgeschmacks vollendet werden konnte.[39] Auch trug die Münsterrestaurierung dazu bei, dass sich in Aachen zahlreiche Ateliers für Bildhauerei, Paramentenstickerei und Goldschmiedekunst ansiedelten, wodurch die Stadt neben Köln und Düsseldorf zum bedeutendsten Exportzentrum kirchlicher Kunst im Rheinland wurde.

2.2 Denkmal des politischen Katholizismus: Die Aachener Marienvotivkirche zwischen Vormärz und Kulturkampf

Weit stärker als das Münster ist ein anderes kirchliches Bauwerk des 19. Jahrhunderts mit den Anfängen des politischen Katholizismus und des bürgerlichen Vereinswesens in Aachen verknüpft: die 1859–63 errichtete neugotische Marienvotivkirche[40], nach Joachim Schmiedl „vielleicht das deutlichste Symbol marianischer Religiosität im Rheinland des 19. Jahrhunderts".[41] St. Marien war der erste Kirchenneubau des 19. Jahrhunderts innerhalb des damals noch von der mittelalterlichen Umwallung begrenzten Stadtgebietes. Ihre Erbauung geht auf den frühesten katholischen Verein in Aachen zurück, die *Constantia*. Der im Februar 1845 durch 29 führende Aachener Katholiken gegründete Bürgerverein war eine für die Zeit typische Honoratiorenbewegung. Er war als Festausschuss für die Planung von Empfängen hochgestellter kirchlicher Persönlichkeiten konzipiert; ferner sollte durch Vorträge, Lektüre und Gespräch die romtreue „Richtung bei den führenden Schichten der Stadt aufrechterhalten

39 Zum Mosaikschmuck des karolingischen Kernbaus vgl. Ulrike Wehling: Die Mosaiken im Aachener Münster und ihre Vorstufen (Arbeitsheft der rheinischen Denkmalpflege, 46), Köln 1995. Zur musivischen Ausstattung von Sakralbauten im Wilhelminischen Kaiserreich vgl. Wolfgang Cortjaens: Das Mosaik als Technik und Kunstform im Kirchenbau der Kaiserzeit, in: Geschichte im Bistum Aachen, Beiheft 7, Neustadt a. d. Aisch 2013, S. 17–66.

40 Georg Holländer hat die komplexe Entstehungsgeschichte der 1978 abgebrochenen Votivkirche ausführlich dargestellt, daher konzentriert sich dieser Beitrag auf die wichtigsten Eckdaten, vgl. Georg Holländer: Katholische Avantgarden in der Reaktion auf 1848: Der Bau der Aachener Marienkirche, in: Müller/Herres (Hg.): Aachen, die westlichen Rheinlande und die Revolution (Anm. 1), S. 309–329.

41 Schmiedl: Marianische Religiosität in Aachen (Anm. 1).

werden".[42] Mit dem Rechtsanwalt und späteren Zentrumspolitiker Joseph Lingens (1818–1901) stand ihr eine der rührigsten katholischen Persönlichkeiten Aachens vor; seine Biografie liest sich stellenweise wie eine Auflistung von Mitgliedschaften in den wichtigsten lokalen und überregionalen katholischen Vereinigungen.[43] Die *Constantia* blieb jahrzehntelang ein wichtiger Bestandteil im öffentlichen Leben der Stadt; ihr Sprachrohr wurde die 1848 von dem Verleger Peter Kaatzer (1808–1870)[44] gegründete Tageszeitung *Aachener Anzeiger*, die später unter dem Titel *Echo der Gegenwart* ein auch überregional bedeutendes Organ im katholischen Pressewesen des 19. Jahrhunderts werden sollte.

Von der *Constantia* gingen weitere Vereinsneugründungen aus, so der 1846 gegründete katholische Handwerkerverein *Sonntagsgesellschaft* (als „Gesellschaft für religiöse und bürgerliche Freiheit")[45] und der 1848 ins Leben gerufene *Piusverein* (mit dem Ziel, „die kirchliche und bürgerliche Freiheit zu beleben und zu befördern").[46] Speziell die Gründung des von Ernst Heinen ausführlich untersuchten *Piusvereins* verdient Aufmerksamkeit, erfolgte sie doch zunächst als um Ausgleich bemühte Reaktion auf den Ausschluss der unteren Schichten bei der Formulierung der Aachener Petition vom 26. März 1848.

42 Vgl. Heinen: Piusverein (Anm. 1), S. 333. Vgl. Philip Wahrmuth [Pseudonym]: Geschichte des Aachener Bürger- und Wahlvereins ‚Constantia' aus Anlaß der Jubelfeier seines fünfzigjährigen Bestehens, Aachen 1894.

43 40 Jahre lang, von 1856 bis zu seinem Tod, war Joseph Lingens Mitglied der Aachener Stadtverordnetenversammlung. Neben seiner leitenden Funktion in der *Constantia*, im *Piusverein*, als dessen Vertreter er im Oktober 1848 am ersten Katholikentag in Mainz teilnahm, und im *Vinzenzverein* gehörte er auf überregionaler Ebene u.a. dem *Komitee für die Errichtung einer katholischen Universität in Deutschland*, dem *Borromäusverein*, der *Görresgesellschaft*, dem *Afrika-Verein deutscher Katholiken*, dem *Katholischen Preßverein* sowie dem Aufsichtsrat des Verlags des Berliner Zentrumsblattes *Germania* an. Auf dem Mainzer Katholikentag 1871 initiierte er die Gründung des *St. Raphaelsvereins zum Schutz deutscher katholischer Auswanderer*. Lingens war im November 1852 Mitbegründer der Katholischen Fraktion im preußischen Landtag, dem Vorläufer der Zentrumspartei. Alle Angaben nach Gunnar Anger: Lingens, Joseph, in: BBKL, Nordhausen 2003, Sp. 779–785; August Brecher: Josef Lingens (1818–1902): Advokat – Anwalt, in: Karl Schein (Hg.): Christen zwischen Niederrhein und Eifel. Lebensbilder aus zwei Jahrhunderten, Bd. 2. Aachen 1993, S. 27–51; Thomas Mergel: Zwischen Klasse und Konfession. Katholisches Bürgertum im Rheinland 1794–1914, Göttingen 1994; Heinen: Piusverein (Anm. 1), hier S. 329, 335, 409, 425; Jürgen Herres: Städtische Gesellschaft und katholische Vereine im Rheinland 1840–1870, Essen 1996; Bernd Haunfelder: Reichstagsabgeordnete der Deutschen Zentrumspartei 1871–1933. Biographisches Handbuch und historische Photographien, Düsseldorf 1999,S. 207f.; Margaret L. Anderson: Practicing Democracy – Elections and Political Culture in Imperial Germany, Princeton 2000, S. 110; Müller/Herres, Aachen, die westlichen Rheinlande und die Revolution (Anm. 1), ad passim; Althammer: Herrschaft, Fürsorge, Protest (Anm. 10), ad passim.

44 Vgl. Heinrich Schiffers. Peter Kaatzer <1808–1870> und das geistige Aachen seiner Zeit. Ein Beitrag zur Geschichte der Presse, des Buchhandels und des Parteiwesens, Aachen 1924.

45 Abschriften im HStA Düsseldorf, Reg. Aachen, Best. 4806 und 260; Präs. 701, Statut des Pius-Vereins.

46 Vgl. Hubert Immelen: 1848–1898. Der Piusverein zu Aachen. Ein Gedenkblatt zur 50jährigen Jubelfeier desselben 24. April 1898, Aachen o. J. [1898], S. 7–9.

Die besondere Bevölkerungs- und Sozialstruktur Aachens spiegelte sich in der Zusammensetzung der Mitglieder des Vereins wider: 70 Prozent gehörten dem Kleinbürgertum an; den Vorstand bildete eine bürgerliche Oberschicht sowie wenige Kleingewerbetreibende und Handwerksmeister.[47] Wie schon in der *Constantia* spielte die Geistlichkeit kaum eine Rolle; unter den Vorstandsmitgliedern war nur ein einziger Repräsentant des Klerus, der Religionslehrer Carl Gerhard Schervier (1815–1861).[48] Der Aachener *Piusverein* richtete sich gleichermaßen gegen die liberalen wie gegen die radikaldemokratischen Kräfte. Infolge der polizeilichen Repressalien in der Reaktionszeit nach 1850 wurde der Verein zunehmend in eine politisch passive Rolle gedrängt, verschob seinen Aktionsradius auf den kirchlich-religiösen Sektor, wodurch er letztlich seine Attraktivität als Plattform der Führungsschichten wie als Motor im gesellschaftlichen Leben der städtischen Elite einbüßte und zu einem religiös-erbaulich-geselligen Verein für die unteren Sozialschichten der Handwerker und Fabrikarbeiter wurde.[49]

Auch der *Marien-Bauverein* war ein unmittelbarer Ableger der *Constantia*: Der Apotheker und Stadtverordnete Viktor Monheim (1813–1897)[50], ein Schwager der Clara Fey, reagierte 1855 auf die im Vorjahr erfolgte Verkündigung des Dogmas von der Unbefleckten Empfängnis Mariens durch Pius IX. mit einem Antrag auf Errichtung einer der hl. Jungfrau geweihten Votivkirche. Mit Sicherheit haben auch die weiter unten skizzierten Pläne der Kölner Bürgerschaft zur Errichtung eines Standbildes der Maria Immaculata das Aachener Bauvorhaben inspiriert. Das Baugrundstück in der Nähe des 1840 eröffneten Rheinischen Bahnhofs (dem Vorgängerbau des heutigen Hauptbahnhofs) lag in einem städtebaulichen Erschließungsgebiet, mit dem erstmals außerhalb des alten Mauerrings ein Wohnviertel für das gehobene Aachener Bürgertum errichtet wurde. Die bald einsetzende Debatte um den Standort spiegelt den Konflikt zwischen Bauverein sowie kirchlichen, staatlichen und städtischen Autoritäten wider. Besonders brisant war der Umstand, dass die Kirche nach Fertigstellung den Jesuiten übereignet werden sollte, die seit 1851 dank des Einsatzes von Pfarrer Nellessen wieder eine Niederlassung in Aachen hatten.[51] Der ursprünglichen Intention zufolge sollte die Votivkirche direkt mit dem geplanten Klostergebäude

47 Vgl. die bei Heinen: Piusverein (Anm. 1), S. 469, abgebildete Tabelle zur Mitgliederstruktur.

48 Anders verhielt es sich mit den zahlreichen Filiationen des *Piusvereins*, die sich alsbald im Aachener Umland zu bilden begannen, so in Stolberg, Eupen und im später eingemeindeten Burtscheid. Hier wie auch in den ländlichen Regionen des Umlandes waren die Priester die treibenden Kräfte.

49 Vgl. Heinen: Piusverein (Anm. 1), S. 471.

50 Vgl. Heinrich Savelsberg: Aachener Gelehrte in älterer und neuer Zeit, Aachen 1906.

51 Vgl. Rita Mielke (Hg.): Glaube und Gerechtigkeit. 400 Jahre Jesuiten in Aachen, Aachen 2001.

verbunden sein. Die staatlichen Behörden verweigerten jedoch die Genehmigung unter Berufung auf baupolizeiliche und städtebauliche Vorschriften (die Jesuiten sind in den Bauakten mit keiner Zeile erwähnt!). Nicht zuletzt dank einer Kollekte in sämtlichen Bevölkerungsschichten wurde die Kirche in nur vierjähriger Bauzeit fertiggestellt.

Der Entwurf stammte von dem an der Kölner Dombauhütte ausgebildeten Vincenz Statz (1819–1899), dem seinerzeit wohl bedeutendsten und produktivsten neugotischen Architekten der Rheinprovinz.[52] Unter dem Einfluss seines Förderers August Reichensperger folgten die meisten der Statz'schen Kirchenneubauten dem französischen Kathedralbau des 13. Jahrhunderts; so auch St. Marien, eine dreischiffige Basilika errichtet in dem für das Rhein-Maas-Gebiet typischen Backstein. Der von einer Marienstatue bekrönte Vierungsturm fügte der Aachener Stadtsilhouette einen markanten Akzent hinzu; städtebaulich nahm die Votivkirche Bezug auf das Münster (die alte Marienkirche), in deren Achse sie der ursprünglichen Planung zufolge liegen sollte. Nach Holländer schloss die neue Kirche auch bauhistorisch eine Lücke, da die Stadt mit Ausnahme der gotischen Anbauten am Münster und den Pfarrkirchen St. Nikolaus, St. Paul und St. Foillan keine gotischen Sakralbauten besaß.

Als enger Freund und politischer Bundesgenosse von Joseph Lingens fungierte Reichensperger als stilistischer und ikonographischer Berater. Er vermittelte nicht nur den Architekten, sondern auch die an der Ausschmückung der Votivkirche beteiligten Künstler und Handwerker: Wie rund zehn Jahre später bei der Planung des Kuppelmosaiks im Oktogon des Münsters lancierte er für die wichtigsten Ausstattungsstücke den befreundeten Genter Architekten und Glasmaler Jean-Baptiste Bethune (1823–1894), der die Chorfenster, den Fußboden und die Altäre entwarf. Die beiden charakterlich grundverschiedenen Männer – der kämpferische Rheinländer und der verschlossene, ganz in seiner künstlerischen Berufung aufgehende Flame – bildeten rund drei Jahrzehnte über die Landesgrenzen hinweg eine Art Doppelspitze der ultramontanen Neugotik.[53] Für die Ausmalung des Chors der Aachener Marienkirche

52 Vgl. Hans Vogts: Vincenz Statz (1819–1898). Lebensbild und Lebenswerk eines Kölner Baumeisters, Mönchengladbach 1960. Vgl. auch den Beitrag von Sibylle Fraquelli in diesem Band.

53 Vgl. Jean Van Cleven: Meester Jean-Baptiste Bethune 1821–1894, een kunstenaarsloopbaan, in: Ders.: Neogotiek in Belgie, Tielt 1994, S. 168–208. Der im Familienarchiv de Bethune erhaltene Briefwechsel Reichenspergers mit Baron Bethune wurde im Auftrag des KADOC – Katholieke Universiteit Leuven ediert, vgl. Wolfgang Cortjaens (Hg.): Amis gothiques. Der Briefwechsel von August Reichensperger und Jean-Baptiste Bethune, 1858–1891. Kritische Studienausgabe (coll-in 8°, Hg.: Commission Royale d'Art et d'Histoire), Brüssel 2011.

gewann Reichensperger Edward von Steinle (1802–1876)[54], den Hauptvertreter der spätnazarenischen Historienmalerei in Deutschland, für die Malereien am Hochaltar den deutschstämmigen Lütticher Maler Jules Helbig (1821–1906)[55], einen Mitstreiter Bethunes, für die Ausführung der Fenster den jungen Xantener Glasmaler Joseph Osterrath (1845–1898)[56], den er kurz zuvor selbst in Bethunes Atelier nach Gent vermittelt hatte.

Im öffentlichen Bewusstsein jedoch blieb Joseph Lingens die mit dem Kirchenneubau am stärksten verknüpfte Figur.[57] Ein 1872 von Edward von Steinle gemaltes Votivbild der Eheleute Lingens illustriert anschaulich das Selbstverständnis des ‚Bauherrn'. Es zeigt das – Berichten zufolge – in einer ‚Josephsehe' lebende fromme Paar im Stil mittelalterlicher Stifterbildnisse: In feierlicher schwarzer Kleidung, mit gefalteten Händen andächtig kniend und von ihren Namenspatronen flankiert, dem hl. Joseph und der hl. Barbara. Joseph Lingens ist in seiner schwarzseidenen, mit einer weißen Halsbinde versehenen Amtsrobe dargestellt – das zugehörige Barett hat er auf dem Boden abgelegt –, während seine Gattin Barbara Catharina Lingens († 1894) die Strenge ihres Kleides und der gescheitelten, von einem am Oberkopf befestigten Schleier halb verdeckten Frisur durch ein einziges Schmuckstück noch unterstreicht – ein auf der Brust getragenes goldenes Kreuz. Der überzeitliche Charakter der Szene drückt sich im für diese Bildtradition typischen Nebeneinander der verschiedenen Ebenen aus: In der Bildmitte schwebt die hl. Jungfrau als ‚Unbefleckte Empfängnis' (*Immaculata Conceptio*)[58] inmitten einer aus Cherubim gebildeten, golden

54 Zu den zerstörten Aachener Malereien vgl. Ernst Günther Grimme: Ein Bilderzyklus von Eduard Steinle in der Aachener Marienkirche (1865/66), in: ZAGV 84/85 (1977/78), S. 443–458. Eine umfassende Werkmonographie neueren Datums zu von Steinle liegt nicht vor, im hier behandelten Kontext von Interesse ist Gudrun Jansen: Die Nazarenerbewegung im Kontext der katholischen Restauration. Die Beziehung Clemens Brentano – Edward von Steinle als Grundlage einer religionspädagogischen Kunstrezeption, Essen 1992. Zum religiösen und historischen Kontext vgl. die gerade hinsichtlich der bislang eher einseitig abgehandelten konfessionellen Frage Neuland beschreitende kunsthistorische Studie von Cordula Grewe: The Nazarenes. Romantic Avant-Garde and the Art of the Concept, Penn State University Press 2015.

55 Vgl. Oscar Roelandts: Les peintres décorateurs belges décédés depuis 1830, Brüssel 1937, S. 25–28.

56 Vgl. Régine Remon: Het glazeniersatelier Osterrath, in: Jean Van Cleven, Neogotiek in België, Tielt 1994, S. 209–211.

57 Lingens hat später selbst in zwei kleinen Schriften die Baugeschichte und die Ikonographie der Marienkirche dargestellt, vgl. Joseph Lingens: Die Marien-Votivkirche in Aachen, ein Denkmal zur Verherrlichung der unbefleckt empfangenen Jungfrau und Gottesmutter Maria. Abriß der Geschichte des Baues aus den Akten und protokollarischen Aufzeichnungen zusammengestellt, Aachen 1870; Ders.: Die Marien-Votivkirche in Aachen, ein Denkmal zur Verherrlichung der unbefleckt empfangenen Jungfrau und Gottesmutter Maria. Plan und Erklärung des Bildschmucks im Innern der Kirche, Aachen 1882.

58 Zur Verehrung dieses Bildtyps vgl. Karl-Heinz Tekath: Die Unbefleckte Empfängnis Mariens – Hauptpatronin des Erzbistums Köln, in: August Leidl (Hg.): Bistumspatrone in Deutschland. Festschrift für Jakob Torsy, München/Zürich 1984, S. 58–77.

Abb. 1: Votivbild der Eheleute Lingens, Edward von Steinle 1872 (Aachen, Suermondt-Ludwig-Museum; Foto: Anne Gold, Aachen)

schimmernden Mandorla, deren Form sich die reich mit Blüten und Ranken beschnitzten inneren Zwickel des vergoldeten Holzrahmens anpassen. Unterhalb der *Immaculata* ist im Hintergrund eine durch den perspektivisch fluchtenden Fußboden akzentuierte, frei gestellte Idealansicht der ihr gewidmeten Votivkirche zu sehen. Die beiden Namensheiligen erscheinen in der Komposition als Mittler zwischen ‚irdischer' und ‚himmlischer' Sphäre. Der repräsentative Anspruch des Bildes wird durch die in gotischen Lettern auf der unteren Rahmenleiste verzeichneten Namen der Stifter sowie durch die Wappenschilder in den oberen Ecken des plastischen Rahmenschnitzwerks deutlich. Der gegürtete Degen des Stifters, dessen Schaft in einer gedachten Fluchtlinie sowohl den Vierungsturm des Kirchenbaus als auch die untere Spitze der Mandorla tangiert, ist ein offener Hinweis auf das Selbstverständnis des Rechtsanwalts und Reichstagsabgeordneten als ‚Streiter Christi', der für die bedrohte Freiheit der römisch-katholischen Kirche eintritt. Diese Aussage erscheint umso zentraler für das Verständnis des Gemäldes, als seine Vollendung im Jahre 1872 mit dem

Ausbruch des Kulturkampfes im Regierungsbezirk Aachen zusammenfällt[59], der indirekt auch die Marienvotivkirche als das herausragende zeitgenössische Denkmal der städtischen Elite betreffen sollte: Die Jesuiten wurden erneut der Stadt verwiesen, der prächtige Kirchenbau nach der schon 1863 vom Stadtdechanten Johann Wilhelm Dilschneider (1795–1872)[60] vorgenommenen Einsegnung erst 1887 konsekriert.

Die in dem Gemälde zum Ausdruck kommende Hinwendung zum Ideal des christlichen Mittelalters entsprach vollkommen den künstlerischen Vorlieben und der Sammeltätigkeit der bürgerlichen Elite, wie zahlreiche in Museumsbesitz übergegangene Werke aus privaten Aachener Sammlungen belegen.[61] Auch die erste Ausstellung des 1877 gegründeten *Aachener Museumsvereins e. V.* war stark lokal- und kulturhistorisch geprägt und vornehmlich mit Werken der Sakralkunst bestückt.[62] Wie schon bei der von dem international anerkannten Sammler und Kunsthistoriker Kanonikus Franz Bock (1823–1899)[63] ausgerichteten Ausstellung zeitgenössischer kirchlicher Kunst anlässlich der XIV. Versammlung der deutschen Katholiken 1862 in Aachen[64], lag die Konzeption in den Händen eines Geistlichen, Johannes Schulz (1841–1889), Kaplan an St. Adalbert. Kunsthistorisch gebildete Laien wie Bock und Schulz (die beide Autodidakten waren) hatten unmittelbaren Zugang zu den kirchlichen Schatzkammern und standen international in Kontakt zu Sammlern und Museen; so konnten sie als Mittler zwischen Klerus und Bürgertum geschmacksbildend und beratend auf die Ortsgeistlichen und die Bürgerschaft einwirken.

Mit der Regentschaft König Wilhelms I. und der zunehmenden Kritik am Ultramontanismus aus dem liberal-demokratischen wie aus dem national-konservativen Lager hatte sich seit den 1860er Jahren die Haltung der politischen Gegner sowie der Regierung gegenüber den katholischen Minderheiten in

59 Zu Aachen vgl. die zwar tendenziöse, aber materialreiche und immer noch grundlegende Studie von Heinrich Schiffers: Der Kulturkampf in Stadt und Regierungsbezirk Aachen, Aachen 1929.

60 Vgl. Sebastian Planker: Die Pfarrer von St. Peter zu Aachen, in: AAV 1/2 (1888/89), Heft 4, S. 49–53.

61 Vgl. Christine Vogt: Bürgerlicher Geschmack in Aachener Kunstsammlungen, in: AKB 61 (1995–1997), Köln 1998, S. 237–305.

62 Vgl. Johannes Schulz: Die erste Ausstellung des Museums-Vereins in der Stadt Aachen im Februar 1878, Aachen 1878.

63 Vgl. Birgitt Borkopp: Franz Bock (1823–1899), Kanonikus, in: Karl Schein (Hg.): Christen zwischen Niederrhein und Eifel. Lebensbilder aus zwei Jahrhunderten, Bd. 1, Aachen – Mönchengladbach 1993, S. 25–36; Wolfgang Cortjaens: Bock, Franz Johann Joseph, in: BBKL XXVI (2003), Sp. 128–135.

64 Vgl. Franz Bock: Katalog der Ausstellung von neuern Meisterwerken mittelalterlicher Kunst zu Aachen, eröffnet bei Gelegenheit der XIV. General-Versammlung katholischer Vereine, nebst einer kunstgeschichtlichen Einleitung, Aachen 1862.

Preußen gewandelt. Der Katholizismus wurde zunehmend zum Schreckbild eines allumfassenden Antiklerikalismus, an dessen Spitze die vom späteren Reichskanzler Otto von Bismarck geschürte Jesuitenphobie stand.[65] Die mit der Reichsgründung 1870/71 errungene nationale Einigung und die Spaltung der Katholiken durch das päpstliche Unfehlbarkeitsdogma vom 18. Juli 1870 führten endgültig zur kulturellen Isolation der Katholiken. Nunmehr durch äußere *und* innere Zensur bedroht, sah sich das bürgerliche Lager in seiner Identität als Gegenkultur bedroht.

Die seltenen öffentlichen Manifestationen katholischer Frömmigkeit in Aachen – etwa die Heiligtumsfahrten von 1874 und 1881, bei denen über 600.000 beziehungsweise über eine Million auswärtige Pilger gezählt wurden, oder die Schmückung und Illumination der Stadt anlässlich des 50-jährigen Bischofsjubiläums Pius' IX. im Jahre 1877[66] – waren von hämischen Angriffen der liberalen Presse begleitet, die, wie drei Jahrzehnte zuvor die Trierer Wallfahrt, Wallfahrten und Prozessionen als Relikte mittelalterlichen Aberglaubens brandmarkte. Einmal mehr kamen hier die Mechanismen der sozialen Distinktion ins Spiel, denn tatsächlich wurden diese meist von der Unterschicht und der Arbeiterschaft getragen. Abseits der eher seltenen Massenveranstaltungen, deren Organisation ohnehin in der Hand des Klerus lag, war der Handlungsspielraum der bürgerlichen katholischen Eliten in der Zeit des Kulturkampfes äußerst beschränkt. Er verlagerte sich meist zurück in die Intimität der bestehenden Vereinigungen. Auf Laienebene boten die Pfarrgemeinden einen bescheidenen Aktionsradius; für eine ausgedehnte Selbstdarstellung der katholischen Oberschicht hingegen war in der Kulturkampfzeit kein Platz. Vor dieser Folie sind auch die gerade in der Kulturkampfzeit sich häufenden, ehrgeizigen Kirchenbauprojekte der Aachener Pfarrgemeinden zu sehen, bei denen sich das katholische Patriziat durch großzügige Stiftungen engagierte. Nur vereinzelt trat die ultramontane Führungsschicht offen politisch in Erscheinung, so als 1874/75 ein kleiner Kreis der Aachener Führungsriege, darunter Joseph Lingens und Heinrich Hahn, einen Spendenaufruf zugunsten des Kirchenstaates im *Echo der Gegenwart* platzierte, der mit den Worten schloss: „Unter

65 Grundlegend vgl. Georg Franz: Kulturkampf – Staat und katholische Kirche in Mitteleuropa, München 1954. Zur deutschen Mentalitätsgeschichte der Kulturkampfära vgl. vor allem einige jüngere Beiträge der angloamerikanischen Forschung, etwa Michael B. Gross: The War Against Catholicism. Liberalism and the Anti-Catholic Imagination in 19th-Century Germany, University of Michigan Press 2004; Ronald J. Ross: The Failure of Bismarck's Kulturkampf. Catholicism and State Power in Imperial Germany, 1871–1887, The Catholic University of America Press 1988.

66 Schiffers: Kulturkampf, S. 136. Außer dem Namen des Kirchenoberhaupts waren keinerlei Inschriften erlaubt.

diesen fröhlichen Gebern haben sich daher unsere Mitbürger ausgezeichnet; sie werden sich den guten Klang, den das katholische Aachen bis in den Vatikan hat, nicht nehmen lassen."[67]

2.3 Denkmal der Bürgertugenden: Die Mariensäule auf dem Rehmplatz

Die allmähliche kirchenpolitische Entspannung und der gleichzeitig einsetzende Wandel der wirtschaftlichen und sozialen Rahmenbedingungen durch den Ausbau der staatlichen Sozialgesetzgebung, der ja zu den zentralen Forderungen der 1848er-Bewegung gehört hatte, führte in den frühen 1880er Jahren, noch vor der offiziellen Beilegung des Kulturkampfes, zu einer Entspannung im Verhältnis von Kirche und Staat. Das Zentrum wie auch die katholische Amtskirche stellten sich dem gesellschaftlichen Wandel, wie in der Enzyklika *Rerum Novarum* Leos XIII. zum Ausdruck kam – der ersten päpstlichen Sozialenzyklika überhaupt.[68] Auf lokaler Ebene stärkten die allmähliche Rückkehr der vertriebenen Kongregationen und die Wiederbesetzung vakanter Pfarrstellen die Position der Pfarrgemeinden, die sich nun verstärkt in der Caritas engagierten und teilweise die Ordensgemeinschaften an sich banden. In diese Aufbruchphase des Sozialkatholizismus fällt die Errichtung des zweiten bedeutenden Denkmals marianischer Frömmigkeit in Aachen: der Mariensäule auf dem Rehmplatz.

Das nach dem Unternehmer Gerhard Rehm (1816–1892) benannte Rehmviertel im Nordosten der Stadt war nach dem Bahnhofsviertel das zweite Beispiel für privaten Städtebau in Aachen. Bis zu Beginn der 1860er Jahre lag das parkähnliche Areal westlich der eleganten Heinrichsallee noch außerhalb der Stadtmauern. Seine Erschließung durch Anlage eines Wohnviertels für die niederen Einkommensgruppen der Handwerker und Kleinindustrie formulierte indirekt auch das soziale Anliegen seines Gründers, eines ‚Selfmademan', der durch Unternehmergeist und die Heirat mit der Aachener Fabrikantentochter

67 Vgl. Aufruf für den h. Vater Papst Pius IX , in: EdG vom 2. 1. 1875. Zu den Unterzeichneten gehörten weiterhin der im grenznahen Simpelveld im niederländischen Exil lebende Johann Theodor Laurent (1804–1884), vormals Titularbischof von Luxemburg und Bischof von Chersones, Oberbürgermeister Dr. Rath, Oberpfarrer und Stadtdechant Carl Gerhard Fey, Dr. Heinrich Kaesmacher (1815–1878), Pfarrer an St. Jakob, der Rechtsanwalt und Stadtverordnete Oster und der Tuchfabrikant Nikolaus Scheins (1819–1875).

68 Zu den innenpolitischen Auswirkungen der Enzyklika im Rheinland vgl. Winfried Becker: Die Zentrumspartei und die Enzyklika Rerum Novarum. Zur Wirkungsgeschichte der Sozialenzyklika auf den politischen Katholizismus in Deutschland, in: RhVjBll 56 (1992), S. 260–277; Wolfgang Löhr: Die Sozialenzyklika „Rerum Novarum" und der rheinische Sozialkatholizismus, in: Geschichtsverein für das Bistum Aachen e. V., Beiheft 3, Aachen 2003, S. 85–101.

Abb. 2: Mariensäule auf dem Rehmplatz 1894 (Aachen, Stadtarchiv Aachen; Foto: Stadtarchiv Aachen)

Katharina Ervens (1818–1887) zu Wohlstand gelangt war.[69] Als Grubenbesitzer und Fabrikant von Nadeln, Tuchen, Waggons und Dampfkesseln erwarb Rehm ein großes Vermögen; von seiner Freigiebigkeit haben sowohl die Stadt als auch seine in unmittelbarer Nachbarschaft zum Rehmviertel und zu seinem Stadtpalais gelegene Heimatgemeinde St. Adalbert profitiert.[70] Das von Rehm in Eigenregie nach Vorbildern des spätklassizistischen Städtebaus geplante Viertel besteht aus zwei inneren Parallelstraßen (Rudolf- und Ottostraße) und einem zentralen Platz.[71] Von anderen städtischen Erschließungsgebieten, wie dem benachbarten Steffensviertel, unterscheidet es sich durch die ungewöhnlich aufwendige Gestaltung der zentralen, parkähnlichen Platzanlage.[72]

69 Das karitative Engagement des frommen Ehepaares drückte sich auch in der Stiftung des nach Rehms Ehefrau benannten Katharinenstifts zu Astenet im heutigen Belgien aus, einer Wohltätigkeitsanstalt, die den Barmherzigen Schwestern des hl. Augustinus in Neuss als deren dreizehnte Niederlassung anvertraut wurde. Das gesamte Vermögen des kinderlosen Ehepaars fiel nach Rehms Tod dem Katharinenstift zu.

70 U. a. stiftete er 1879 den auf der Pariser Weltausstellung angekauften, 1939 für die Rüstungsindustrie eingeschmolzenen Zierbrunnen auf dem Kaiserplatz, sowie für St. Adalbert die im Zweiten Weltkrieg zerstörte steinerne Kanzel.

71 Zur Stadtentwicklung Aachens im 19. Jahrhundert vgl. Gerhard Curdes: Die Entwicklung des Aachener Stadtraumes. Der Einfluß von Leitbildern und Innovationen auf die Form der Stadt, Dortmund 1999; zur Stadtentwicklung zwischen 1860 und 1910 bes. S. 80–86, zum Rehmviertel ebd., S. 81.

72 Zur Entstehung vgl. ausführlich Wolfgang Cortjaens: Die Mariensäule auf dem Rehmplatz. Katholische Öffentlichkeit und öffentlicher Raum in Aachen (1882–1887), in: Ulrike Schubert/

Eigentlicher Motor für die Errichtung der Mariensäule wurde der ebenso kunstsinnige wie sozial engagierte Oberpfarrer von St. Peter und Stadtdechant, Sebastian Planker (1828–1893).[73] Unter seiner Leitung gründeten sich an der größten innerstädtischen Pfarrei nicht nur mehrere karitative Vereinigungen und eine Freischule, sondern 1882 auch der *Verein zur Verschönerung des Rehmplatzes*. Da dessen Mittel schon Ende 1883 erschöpft waren, lancierte der Oberpfarrer mehrere Spendenaufrufe an die anderen Aachener Vereine, in denen er als Ziel des Projekts formulierte „das ganze neue sich ausdehnende Rehmviertel auch sittlich zu heben, und demselben einen der Altstadt entsprechenden christlichen Stempel aufzudrücken".[74] Als die Spendenaufrufe nicht den gewünschten Erfolg zeitigten, fand Planker in Gerhard Rehm einen bereitwilligen Mäzen. Das Rehmviertel in seiner Gesamtheit ist somit auch als Indikator der sozialen Verantwortung der Amtskirche gegenüber den unteren Schichten zu deuten, das den Auswirkungen der zunehmenden Industrialisierung mit einem Modell kirchlicher Fürsorge begegnete. In seiner Rede zur Denkmaleinweihung am 19. Juni 1887 verlieh Oberpfarrer Planker seiner Hoffnung Ausdruck, das Monument möge künftige Geschlechter anregen „zur Nachahmung der von den Helden und großen Männern der Vorzeit geübten Bürgertugenden".[75]

Die Mariensäule sollte wie das Kölner ‚Urbild' ursprünglich eine gotische Formgebung erhalten. Im Zuge der Planungen wurde ein erster Entwurf des auf Kirchenerweiterungen und Restaurierungen spezialisierten Architekten Lambert von Fisenne (1852–1903)[76] zugunsten eines neuromanischen Entwurfs von Stadtbaumeister Joseph Laurent (1853–1923) verworfen. Damit unterscheidet sich die Aachener Säule in einem wesentlichen Punkt von ihren zahlreichen neugotischen Vorgängerinnen, die seit Errichtung der Kölner Mariensäule 1858 (nach Plänen von Statz) in vielen Städten der preußischen Rheinprovinz – darunter Gymnich, Düren, Eupen, Unkel, Linz, Trier und Düsseldorf – errichtet worden waren und die Eduard Trier als eigenständigen, spezifisch rheinisch-katholischen

Stephan Mann (Hg.): Renaissance der Gotik. Widerstand gegen die Staatsgewalt? Kolloquium zur Kunst der Neugotik, Museum Goch, 26.4.–28.4.2002, Goch 2003, S. 133–161.

73 Vgl. N. N., Stadtdechant Planker †, in: EdG vom 21.12.1893.

74 Vgl. StA Aachen, Dep. St. Peter F. II 16, darin: Entwurf zu einem Schreiben von Oberpfarrer Sebastian Planker an die Vorstände der Aachener Vereine, 8.4.1884.

75 Zit. n. N. N., Einweihung, o. S.

76 Die bisher vollständigste Werkmonographie von Fisennes bietet Antoine Jacobs: Grenzenloser Historismus – Der Architekt Lambert von Fisenne (1852–1902), in: Wolfgang Cortjaens/Jan De Maeyer/Tom Verschaffel (Hg.): Historismus und kulturelle Identität im Raum Rhein-Maas. Das 19. Jahrhundert im Spannungsfeld von Regionalismus und Nationalismus/Historism and Cultural Identity in the Rhine-Meuse Region. Tensions between Nationalism and Regionalism in the 19th Century, (KADOC-Artes 8), Leuven University Press 2008.

Denkmaltypus identifiziert hat.[77] Der formale Aufbau folgte dem seit dem 16. Jahrhundert verbreiteten Muster der Marien- und Pestsäulen. Vier Figuren am Sockel der Säule symbolisieren die christlichen Kardinaltugenden: Justitia (Gerechtigkeit), Temperantia (Mäßigung), Prudentia (Vorsicht) und Fortituda (Starkmut). Die den Säulenschaft krönende Standfigur ist eine freie Variation der thronenden Muttergottes an der Goldenen Pforte des Freiberger Doms: keine liebliche *Immaculata*, sondern eine siegreich triumphierende Himmelskönigin. Die Wahl des aus kirchlicher Sicht zunächst ungewöhnlich erscheinenden neuromanischen Stils für das Denkmal war insofern plausibel, als mit den etwa gleichzeitigen Kirchenneubauten St. Jakob (s. unten), St. Adalbert und St. Salvator drei neostaufische beziehungsweise neoromanische Anlagen an prominenten Plätzen entstanden waren. Die genannten Kirchen evozierten überdeutlich mittelalterliches Kaisertum, denn sowohl für Otto III., der Aachen zur *roma secunda* ausbauen und mit einem Kranz von Kirchen umgeben wollte, als auch für seinen Nachfolger Heinrich II. – als monumentale Sitzstatue prominent an der Südseite von St. Adalbert platziert – sind aufwendige Stiftungen für die Aachener Stifts- und Pfarrkirchen bezeugt. Unter Kaiser Wilhelm II. (1859–1941) avancierte nach 1888 die Neuromanik[78] endgültig zum offiziellen Sakralbaustil des Hauses Hohenzollern und des deutschen Kaiserreiches. Somit ließ sich durch die neuromanische Formgebung auch bei einem katholisch kodierten Denkmal wie der Mariensäule die Stilwahl bruchlos in das nationale Geschichtsbild integrieren.

Nach mehrjähriger, wegen Finanzschwierigkeiten zeitweise stockender Bauzeit konnte am 19. Juni 1886 die Grundsteinlegung erfolgen. Nobilitiert wurde das Ereignis durch die Anwesenheit des Erzbischofs Philippus Krementz (1819–1899)[79], der anlässlich einer Visitationsreise auch in Aachen Halt machte, um die zwar fertiggestellte, bis dato aber wegen des Kulturkampfes noch nicht konsekrierte Marienvotivkirche und die neue St. Jakobskirche einzuweihen. Der dreifache Festakt – offiziell geladen waren allein 227 Vereinsmitglieder, darunter viele Angehörige der bürgerlichen Oberschicht – war für die Aachener Katholiken hoch bedeutsam, handelte es sich doch um die ersten Konsekrationen, die der neue Erzbischof in seiner Diözese vornahm.

77 Für eine ausführliche Darstellung der Entstehungsumstände vgl. Eduard Trier: Die Kölner Mariensäule. Studien zur Entstehung und Bedeutung eines neugotischen Denkmals, in: Kunst als Bedeutungsträger. Festschrift für Günther Bandmann, Berlin 1978, S. 491–513.

78 Vgl. Albrecht Mann: Die Neuromanik. Eine rheinische Komponente des Historismus des 19. Jahrhunderts. Köln 1966 [Habil. RWTH Aachen 1963]; Godehard Hoffmann: Rheinische Romanik im 19. Jahrhundert, Köln 1995.

79 Vgl. Eduard Hegel: Geschichte des Erzbistums Köln, Bd. 5, Köln 1987, S. 85–90.

Auch die auf den Tag genau ein Jahr später unter großer Anteilnahme der Bevölkerung begangene Einweihung des fertigen Denkmals und seine Übergabe an die Stadt Aachen als neuem Eigentümer geriet zu einer eindrucksvollen Manifestation katholischer Frömmigkeit, wie ausführliche Berichte im *Echo der Gegenwart* belegen.[80] Zugleich schlug er eine Brücke zwischen dem altstadtnahen, wohlhabenden Bahnhofsquartier rund um die Marienkirche und dem Arbeiterviertel am Rande der sich stetig ausdehnenden Industriestadt. Indem die Mariensäule leitbildhaft in die unmittelbare Lebenswelt der unteren sozialen Schichten hineingestellt wurde, setzten der großbürgerliche Stifter und die Pfarrgeistlichkeit als eigentliche Bauherren am Ende des Kulturkampfes einen sichtbaren symbolischen Akzent, der an der Schwelle zum 20. Jahrhundert und in Zeiten der immer dringlicher werdenden ‚Sozialen Frage' noch einmal die Tugenden einer paternalistisch von oben dirigierten katholisch-christlichen Leitkultur beschwor.

2.4 Denkmal des Patriziats: Die Kreuzgruppe vor St. Jakob

1893 wurde unter großer Beteiligung der Bevölkerung auf dem Vorplatz der neu erbauten St. Jakobskirche im Westen der Stadt ein weiteres Denkmal bürgerlicher Frömmigkeit und Freigebigkeit eingeweiht: die monumentale Kreuzgruppe vor St. Jakob. Entworfen vom späteren Münsterbaumeister Joseph Buchkremer (1864–1949) in Anlehnung an die berühmte Kreuzgruppe der Wechselburger Stiftskirche, oblag die Ausführung, wie zuvor schon bei der Mariensäule, dem Bildhauer Wilhelm Pohl (1846–1909).[81] Die Wahl des romano-gotischen Übergangsstils war hier durch die Architektur der erst kurz zuvor fertiggestellten neostaufischen Jakobskirche vorgegeben.[82] Die imposanten Maße von zwölf Metern Höhe, zehn Metern Breite und acht Metern Tiefe orientierten sich ebenfalls an den Proportionen des Kirchenbaus.

Die an Stelle des zu klein gewordenen und daher abgebrochenen Vorgängerbaus errichtete Kreuzanlage griff die alte christliche Tradition auf, den ehemaligen Standort eines Gotteshauses durch Errichtung eines Kreuzes vor

80 Vgl. N. N., Die Einweihung der Mariensäule, in: EdG vom 21. 6. 1887.

81 Pohl war inzwischen mit seinem Kollegen Carl Esser (1861 bis nach 1941) erfolgreich zum Atelier Pohl & Esser firmiert. Zum Werk vgl. Peter Bloch: Skulpturen des 19. Jahrhunderts im Rheinland, Düsseldorf 1975, S. 71–72; Schild/Janssen: Der Aachener Ostfriedhof (Anm. 19), S. 152–153.

82 Vgl. August Brecher: Kirche und Pfarre St. Jakob. Der Weg einer Aachener Pfarrgemeinde in neun Jahrhunderten, Aachen 1995, zur Baugeschichte der neuen Kirche und der Kreuzanlage ebd., S. 79–96.

Abb. 3: Einweihung der Kreuzgruppe vor St. Jakob am 23. Juli 1893 (Aachen, Stadtarchiv Aachen; Foto: Stadtarchiv Aachen)

Profanierung zu schützen.[83] Im Gegensatz zur Mariensäule, die ursprünglich auf bürgerliche Initiative zurückging, durch die tagespolitischen Umstände der Einweihung und die federführende Rolle der Pfarrgeistlichkeit von St. Peter aber auch die Bindung des lokalen Klerus an Rom unterstrich, trug die Kreuzgruppe vor St. Jakob eher den Charakter einer privaten Stiftung mit elitärem Anspruch: Sie war eine Stiftung der Geschwister Beissel zum Gedenken an ihre verstorbene Mutter Elise Beissel geb. Jeghers (1819–1892). Die früh verwitwete Gattin eines wohlhabenden Nadelfabrikanten hatte nach dessen Tod das Unternehmen erfolgreich weitergeführt und sich um die Armen verdient gemacht; auch für den Neubau der St. Jakobskirche sind Stiftungen bezeugt.[84] Ein Bronzerelief an der Vorderseite des Kreuzsockels zeigt die Namenspatronin der Verstorbenen, die hl. Elisabeth von Thüringen († 1231), im Kontext des berühmten Rosenwunders. Der Verweis auf die im Wortsinn legendäre Mildtätigkeit der mittelalterlichen Heiligen stellt die Stifterfamilie in die Tradition

83 Vgl. EdG vom 23. 7. 1893.
84 So stiftete Elise Beissel 1888 den Josefaltar, vgl. Brecher: Kirche und Pfarre St. Jakob (Anm. 82), S. 90.

der christlichen Caritas. Im Innern des Kreuzes wurde eine Partikel vom Kreuze Christi deponiert, wie die dreispaltige Inschrift auf der analog zum Relief der Vorderseite rückwärtig in den Sockel eingelassenen Bronzetafel vermerkt. In lateinischer Sprache werden der Reliquieninhalt, die Umstände der Stiftung und die Weihe der Anlage erläutert.[85] Vorgenommen wurde der Weiheakt von Pfarrer Heinrich Metzmacher (1836–1903), mit dessen Ernennung zum ‚Hilfsgeistlichen' 1886 beziehungsweise zum ordentlichen Pfarrer 1888 die kulturkampfbedingte, zehn Jahre währende Vakanz der Pfarrstelle beendet worden war. Auch in dieser Hinsicht stellte die Vollendung des Kirchenbaus und der Kreuzgruppe für die rund 15.000 Pfarrangehörigen ein identitätsstiftendes Moment dar.

Die Kreuzgruppe erfüllte somit gleich mehrere Funktionen: Sie hielt die Erinnerung an den alten Standort des verschwundenen Kirchengebäudes wach und schützte diesen vor Profanierung; sie erinnerte an die verstorbene Patrizierin und ihre Verdienste; sie diente als monumentale Kreuzreliquie; nicht zuletzt war und ist sie mit ihrer exponierten Stellung an einer platzartig erweiterten Straßengabelung ein städtebaulicher Blickfang. Formgebung und Symbolgehalt der Kreuzgruppe sind in hohem Maße auf die Mitwirkung Stephan Beissels (1841–1915) zurückzuführen: Der 1864 zum Priester geweihte und 1871 dem Jesuitenorden beigetretene Geistliche war ein angesehener Kunsthistoriker und hatte sich durch zahlreiche akribisch recherchierte Schriften zur mittelalterlichen Kunst und Architektur, speziell aber mit dem zweibändigen Standardwerk *Die Verehrung der Heiligen und ihrer Reliquien in Deutschland während des Mittelalters* (1890–92) einen Namen auf diesem Gebiet gemacht.[86] Auch bei der Planung der Kreuzanlage stand eindeutig der Rückbezug auf die mittelalterlichen Traditionen der Reliquienverehrung im Vordergrund; die Entscheidung für eine lateinische Inschrift legt nahe, dass bei der Planung der Kreuzgruppe kein Schulterschluss mit den unteren Schichten gesucht wurde, sondern im Gegenteil der elitäre, kirchliche Charakter betont werden sollte. Somit ist die Kreuzanlage vor St. Jakob auch lesbar als Denkmal einer gleichsam kodifizierten Abkehr der bürgerlichen

85 „[links:] IN EFFIGIE CHRISTI PARTICULA S. CRUCEM INCLUDA EST. [Mitte:] HANC CRUCEM EO LOCO, QUO STETIT AETES S. JACOBI SACRA PIETATIS ET MANERET MEMORIA MATRIS ELISAE E. BAECKERS VIOQATAE MORTE STEPHANI BEISSEL GRATA VOLUNTATE STATUENDAM CURAVERUNT / LUDOVICUS AUGUSTUS. MARIA BEISSEL. A. D. MDCCCXCIII. / [rechts:] CHRISTI PARTICULA S. CRUCIS MELUSA EST. // rechts: BENEDIXIT REV. DOM. METZMACHER PAROCHUS AD S. JACOBUM."

86 Vgl. Stephan Beissel S. J.: Die Verehrung der Heiligen und ihrer Reliquien in Deutschland bis zum Beginne des 13. Jahrhunderts, Freiburg i. Br. 1890; Ders.: Die Verehrung der Heiligen und ihrer Reliquien während der 2. Hälfte des Mittelalters, Freiburg i. Br. 1892. Zur Bedeutung Beissels als Kunsthistoriker vgl. Gerald Goesche: Stephan Beissels, S. J. Sicht der christlichen Kunst, Aachen 1997.

Eliten von ihrem konkreten Lebensumfeld und der Zuwendung zu einer imaginären Annäherung an das christlich-katholische Mittelalter.

2.5 *Denkmal der sozialen Distinktion: Der Campo Santo auf dem Aachener Westfriedhof*

Ihren Höhepunkt erreichte die Selbstdarstellung der katholischen Eliten mit einem noch prestigeträchtigeren Projekt: dem Campo Santo des damals noch außerhalb des Stadtgebietes gelegenen katholischen Friedhofs an der Vaalser Straße, dem heutigen Westfriedhof. Die Anlage dieses nach dem Friedhof am Adalbertsteinweg zweiten kommunalen Friedhofs Aachens ist vor dem Hintergrund des fortschreitenden Urbanisierungsschubes zu sehen. Der 1899 nach Plänen des Stadtbaumeisters Joseph Laurent errichtete monumentale Campo Santo – die einzige Anlage dieser Art im Rheinland – entsprang dem Bedürfnis der städtischen Oberschicht, verdienten katholischen Bürgern ein herausragendes Denkmal zu errichten. Wiederum waren die tonangebenden Familien der Stadt bei dem Projekt federführend: Beissel, Bock und Lingens. Die Idee eines Campo Santo war für Aachen nicht völlig neu, denn schon 1883 hatte der Stadtbaumeister für den Friedhof am Adalbertsteinweg, den heutigen Ostfriedhof, einen Hallenkomplex mit unterirdischen Grüften und gedeckten Säulengängen, baulich verbunden mit einer Kapelle und einer Leichenhalle geplant; das Projekt wurde jedoch fallengelassen, da die Stadt inzwischen eine andere Lösung für die dringend notwendige Vergrößerung des Friedhofsareals ins Auge gefasst hatte.[87]

Bemerkenswert ist die Architektur des Campo Santo. Zwar gab es historische Vorbilder; zu nennen wären der 1283 von Giovanni Pisano vollendete Campo Santo in Pisa sowie einige vergleichbare Anlagen jüngeren Datums. Hierzu zählen die 1819 von Gustav Vorherr (1778–1848) nach dem Vorbild des Campo Santo in Bologna auf dem Alten Münchner Südfriedhof angelegten Gruftarkaden mit Reihengräbern in klarer geometrischer Anordnung sowie die späteren Erweiterungsbauten Friedrich von Gärtners (1791–1847)[88], ferner der 1888 von ‚Ringstraßenarchitekt' Heinrich von Ferstel (1828–1883) im Renaissancestil gestaltete Arkadenhof der Wiener Universität, der zur Aufnahme von

87 Vgl. Schild/Janssen: Der Aachener Ostfriedhof (Anm. 19), S. 31, Abb. 7.

88 Vgl. Alexander Langheiter/Wolfgang Lauter: Der Alte Südfriedhof in München. 2., überarb. Aufl., München 2013; Claudia Denk/John Ziesemer: Kunst und Memoria – Der Alte Südliche Friedhof in München, Berlin/München 2014.

Abb. 4: Gewölbegang des Campo Santo auf dem Aachener Westfriedhof (Foto: Wolfgang Cortjaens)

Denkmälern der berühmtesten Universitätslehrer bestimmt war.[89] In Grundriss und Formgebung weicht der Aachener Campo Santo jedoch von den geläufigen antikisierenden Anlagen der genannten zeitnahen Vorläufer ab. Auf die hügelige Geländesituation reagierte Joseph Laurent mit einem leicht gekrümmten Grundriss; als frei stehende Anlage ist der Campo Santo in die parkähnliche Landschaft hinein gestellt und auf Allansichtigkeit hin konzipiert. Um eine zentrale Eingangshalle, die nach außen von einem Turm mit sechseckigem Zeltdach und dekorativ-phantastischen Wasserspeiern markiert wird, gruppieren sich beidseitig je zwei langgestreckte Gewölbegänge mit gemeinsamer Mittelwand. Die kreuzrippengewölbten Joche sind durch spitzbogige Quergurte voneinander geschieden; zwischen den Längsgurten befinden sich die Nischen mit den aufwendig gestalteten Grablegen. Eiserne Gitter bedecken die Treppenabgänge,

89 Vgl. Thomas Maisel: Gelehrte in Stein und Bronze. Die Denkmäler im Arkadenhof der Universität Wien, Wien 2007.

über die man in die Grabkammern gelangt, die jeweils zwölf Sarkophagen Platz bieten. Die den Wandgrabmälern gegenüberliegende Seite besitzt großflächige gotische Maßwerkfenster. Die Verwendung von Tuffstein für die Außenhaut anstelle des im Raum Rhein-Maas verwendeten Backsteins zeigt die Loslösung von der doktrinären ‚Kölner Richtung' der 1850er Jahre.

Das Innere des Campo Santo wurde reich ausgestattet. Wandzonen und Gewölbe erhielten eine einheitliche Fassung mit gotisierenden Ornamenten[90], während der nur teilweise realisierte beziehungsweise erhaltene Kreuzweg in den Gewölbefeldern oberhalb der die Standorte bezeichnenden Denkmale, gemalt von dem aus Aachen stammenden Maler Heinrich Nüttgens (1866–1951), bereits Anklänge an den Jugendstil aufweist. Die einzelnen Wandgrabmäler konnten von den Familien individuell gestaltet werden. So bietet der Campo Santo noch heute trotz mancher Veränderung einen illustrativen Querschnitt durch den Formenreichtum der Sepulchralplastik am Übergang vom 19. zum 20. Jahrhundert, bei dem der jeweilige Zeitgeschmack ablesbar bleibt.[91] Der reich mit Figuren und Maßwerk verzierte, altarähnliche Aufbau der Grablege Elbern etwa ist ein Beispiel für die Umsetzung neugotischer Formen in Gusseisen; andere Wandgrabmäler greifen die in der damaligen Sepuchralplastik häufig vorkommende Form von Kreuzwegstationen auf (z. B. Grablege Delahaye), während in den Jahren des Ersten Weltkriegs schlichtere, kenotaphähnliche Male in edlen Granit- oder Marmorsorten (z. B. Grablege Springsfeld) dominierten. Die Familien Beissel und Lingens stellten ihre Grabstätten der Geistlichkeit ihrer jeweiligen Pfarrgemeinden zur Verfügung: So fanden in der Gruft Lingens die Pfarrer von St. Marien, in der Gruft Beissel jene von St. Jakob ihre Ruhestätte – eine Geste, die einmal mehr die enge Bindung der Aachener Oberschicht an die Ortsgeistlichen unterstreicht.

Die Vergabe der Grablegen folgte einem hierarchischen Schema: Die repräsentative Eingangshalle war als architektonisch hervorstechender Teil den Ehrenbürgern der Stadt vorbehalten (darunter Oberbürgermeister Philip Veltman). Die Bedeutung der Familie Bock für die Errichtung des Campo Santo ist daran ablesbar, dass ihr von Lorbeer umkränztes Wappen in die gotische Rankenornamentik

90 Zur künstlerischen Ausgestaltung, speziell zu den Wandbildern Nüttgens', vgl. N. N.: Im Campo Santo der Stadt Aachen, in: EdG vom 4. 11. 1904.

91 Vgl. Inge Zacher: Friedhofsanlagen und Grabmäler der kommunalen Friedhöfe, in: Eduard Trier/Willy Weyres (Hg.): Kunst des 19. Jahrhunderts im Rheinland Band 4: Plastik, Düsseldorf 1980, S. 385–442. Eine Übersicht über die Gestaltungsvielfalt der Sepulchralplastik im Rheinland bietet weiterhin die Dissertation von Ulrike Evangelia Meyer-Woeller: Grabmäler des 19. Jahrhunderts im Rheinland zwischen Identität, Anpassung und Individualität, Diss. Bonn 1999 (http://hss.ulb.uni-bonn.de/1999/0215/0215.pdf, Stand: 19. 7. 2019). Der Aachener Campo Santo ist in beiden Veröffentlichungen erstaunlicherweise nicht behandelt.

der Gewölbemalereien der Eingangshalle eingefügt wurde und exakt gegenüber dem Aachener Stadtwappen steht. Auch im Außenbereich gab es privilegierte Grabstellen. Zwar wurde gemäß der seit der Franzosenzeit geltenden Bestimmungen für die kommunalen Friedhöfe innerhalb des gegebenen Rasters in der Reihenfolge des Sterbedatums bestattet, doch waren den Besitzern von Kauf- und Familiengräbern sog. Wahlgräber, die repräsentativ entlang der Wege lagen, vorbehalten, während die günstigeren Reihengräber im Flurbereich ausgewiesen waren. Diese Zweiteilung entsprach einem allgemeinen Entwicklungstrend im Bestattungswesen, der nicht zuletzt dem großen Druck der wohlhabenden Schichten geschuldet war. Die hierarchischen Strukturen und das Elitenbewusstsein der bürgerlichen Klasse setzten sich so gewissermaßen über den Tod hinaus fort.

2.6 *Wandel der Leitbilder*

Die Inszenierungen der katholischen Aachener Eliten im öffentlichen Raum waren in hohem Maße selbstreferentielle Reaktionen auf die – vorgebliche – kulturelle Überlegenheit des größtenteils protestantisch geprägten liberalen Milieus. Waren in der Aufbruchsphase der 1848er-Revolution die Errichtung neuer katholischer Kirchen und Denkmäler noch unmittelbarer bildnerischer Ausdruck der politischen und sozialen Anliegen, so fand mit Beilegung des Konflikts von Kirche und Staat in den 1880er Jahren die Besetzung des öffentlichen städtischen Raums mit Denkmalen der katholischen Leitkultur ein allmähliches Ende. Der Mariensäule und der Kreuzanlage vor St. Jakob sowie einigen weiteren Anlagen im Stadtgebiet[92] standen nun die Denkmale des saturierten wilhelminischen Wirtschaftsbürgertums gegenüber.

Das wohl markanteste unter ihnen ist das monumentale Bronzestandbild des liberalen Politikers, Sozialreformers und späteren preußischen Finanzministers David Hansemann (1790–1864).[93] Zwar war der Vorkämpfer der *Rheinischen*

92 Zu nennen wären hier das monumentale Relief des Kalvarienbergs am Südschiff von St. Nikolaus (1895) und die im Zweiten Weltkrieg untergegangene, 1989 durch ein zeitgenössisches Werk ersetzte Kreuzgruppe ‚Henger Herrjotts Fott' in der Wirichsbongardstraße (1897). Ein Sonderfall ist der bereits 1845 errichtete Laufbrunnen auf dem Münsterplatz, der erst durch die 1877 erfolgte Hinzufügung von vier Nischenskulpturen in ein religiöses Denkmal der Kulturkampfzeit verwandelt wurde, dazu vgl. ausführlicher Richard Dünnwald: Aachener Architektur im 19. Jahrhundert. Friedrich Ark 1805–1877, Aachen 1974, S. 219–221 und Abb. 134; Cortjaens: Mariensäule (Anm. 72), S. 151 f.

93 Vgl. Bernhard Poll (Hg.): David Hansemann 1790–1864–1964. Zur Erinnerung an einen Politiker und Unternehmer, Aachen 1964; Rudolf Boch: David Hansemann: Das Kind der Industrie, in: Sabine Freitag (Hg.): Die 48-er. Lebensbilder aus der deutschen Revolution 1848/49, München 1998, S. 171–184.

Abb. 5: Denkmal für David Hansemann auf dem Aachener Hansemannplatz, H. Hoffmeister, 1884–1888 (wikicommons/giggel)

Eisenbahn und Begründer der *Aachen-Münchener Feuerversicherungs-Gesellschaft* ein bedeutender Sohn der Stadt und hatte 1847 sogar die Aachener Bürgerkrone empfangen; die in die Endphase des Kulturkampfs fallende Planung seines Denkmals wurde jedoch von längeren, konfessionell bedingten Auseinandersetzungen überschattet, bei denen sowohl Hansemanns Parteizugehörigkeit sowie sein Eintreten für eine Gleichstellung der Konfessionen eine Rolle spielten. Erst 1884 konnte der nach dem abgerissenen mittelalterlichen Stadttor benannte Kölntorplatz in Hansemannplatz umbenannt und dem *Arbeitsverein* und der *Feuerversicherungs-Gesellschaft* zwecks Neugestaltung und Errichtung des 1888 eingeweihten Denkmals überlassen werden.[94] In seiner Rede zur Einweihung des Standbildes betonte der Oberbürgermeister, das Denkmal gelte nicht „dem hervorragenden Staatsmann … es gilt in erster Linie David Hansemann, dem schlichten Bürger, der … in den Mauern dieser Stadt die beiden großen wirtschaftlichen Faktoren

94 Zur Vorbesichtigung des Entwurfs vgl. N. N., Lokalnachrichten: Hansemann-Denkmal, in: EdG vom 22.12.1886; Festschrift der Aachener- und Münchener Feuerversicherungsgesellschaft zum 75-jährigen Bestehen, Aachen 1900. Zu Hoffmeister vgl. Meyers Konversations-Lexikon, 4. Aufl. Leipzig/Wien 1885–1892, Bd. 17, S. 439; Thieme-Becker, Bd. 17, S. 286–287.

gründete, die damals zweifelsohne ihresgleichen in der Welt suchten ...".[95] Der nüchterne Stil dieses typischen ‚Gehrockdenkmals' war dem zur Monumentalität neigenden Realismus der Berliner Bildhauerschule verpflichtet; sein Schöpfer Heinz Hoffmeister (1851–1894) war ein Schüler des berühmten Albert Wolff.[96] Mit Ausnahme des anfänglich umstrittenen Hansemann-Standbildes entsprangen die von konfessionellen Animositäten weitgehend losgelösten Denkmale der Herrscher, Geistesgrößen oder politisch bedeutsamen Gestalten dem gewandelten Repräsentationsbedürfnis des mit der Nation ausgesöhnten Wirtschafts- und Bildungsbürgertums.[97] Formal aufwendiger gestaltet, doch in denselben nationalen und künstlerischen Kontext gehören die späteren Kaiserdenkmäler für Wilhelm I. (1901)[98] und Friedrich III. (1911)[99] sowie der zum Gedenken an die Aachener Referendarszeit des späteren Reichskanzlers von der Studentenschaft der Technischen Hochschule initiierte Bismarckturm im Stadtwald (1907), der dem Prinzip einer begehbaren Skulptur folgte und der architektonisch unter den zahllosen Zeugnissen des kaiserzeitlichen Bismarck-Kultes eine Sonderstellung einnimmt.[100] Auch nach dem allmählichen Niedergang der Aachener Industrie seit etwa 1860 blieb die wirtschaftliche Potenz der Stadt ein geläufiger Topos, sodass noch am Ende des Jahrhunderts Theodor Fontane (1819–1898) in seinem Alterswerk *Der Stechlin* die über potentielle Heiratspartien für ihren Neffen räsonierende protestantische Domina Adelheid auf Kloster Wutz als die prestigeträchtigsten Kandidatinnen „die rheinischen jungen Damen, also die von Köln und Aachen"[101] in Betracht ziehen ließ, deren einziger (freilich umso schwerwiegenderer) Makel ihr Katholizismus sei.

95 Vgl. Alexander Bergengrün: David Hansemann, Berlin 1901, S. 577.

96 Zur Berliner Bildhauerschule vgl. Peter Bloch/Sibylle Einholz/Jutta von Simson (Hg.): Ethos und Pathos. Die Berliner Bildhauerschule 1786–1914, Ausst.-Kat. Berlin 1990; Peter Bloch/Waldemar Grzimek: Die Berliner Bildhauerschule im neunzehnten Jahrhundert. Das klassische Berlin, Berlin 2006 (1. Aufl. Frankfurt a. M./Berlin 1978).

97 Vgl. Barbara Stambolis: Nationalisierung trotz Ultramontanisierung. „Alles für Deutschland, Deutschland aber Christus". Mentalitätsleitende Wertorientierungen deutscher Katholiken im 19. und 20. Jahrhundert, in: HZ 269 (1999), S. 59–97.

98 Zu dem 1942 demontierten und eingeschmolzenen Denkmal vgl. Herbert Lepper: Das Kaiser-Wilhelm-Denkmal zu Aachen. Ein Beitrag zur Repräsentanz nationaler und monarchischer Gesinnung im rheinischen Bürgertum während der Wilhelminischen Ära, in: AKbll 59 (1991–1993), Ostfildern 1994, S. 295–333.

99 Vgl. Herbert Lepper: Das Kaiser-Friedrich Denkmal zu Aachen und seine Enthüllung durch Wilhelm II. im Jahre 1911. Ein Beitrag zum Byzantinismus in der spätwilhelminischen Ära, in: AKbll 61 (1995–1997), Köln 1998, S. 307–353.

100 Der stilistisch eigenwillige Entwurf in Form eines großen bekrönten ‚B' stammte von dem Aachener Hochschulprofessor Georg Frentzen (1854–1923), vgl. Volker Pagemann: Bismarck-Denkmäler, in: Hans-Ernst Mittig/Volker Pagemann (Hg.): Denkmäler des 19. Jahrhunderts. Deutung und Kritik, S. 217–252; hier S. 219. Zu Frentzen vgl. Thieme-Becker, Bd. 12, S. 424.

101 Theodor Fontane: Der Stechlin, [Erstausgabe Berlin 1899], 2. Aufl. München 1985, S. 155.

Katholische Mobilisierung im preußischen Köln

Eine Bastion des bürgerlichen Ultramontanismus im 19. Jahrhundert

Ernst Heinen

1. Was heißt Ultramontanismus? Versuch einer Annäherung

Zu den bedeutsamsten und einflussreichsten Strömungen innerhalb des Katholizismus im 19. Jahrhundert, verstanden als Sozialform der Katholiken, zählte die im Gefolge der restaurativen und romantischen Erscheinungsformen nach 1815 aufgekommene, neuartige Kultur der Papstverehrung.[1] Durch die als Folge des Zusammenbruchs des Reichskirchensystems verursachten Säkularisationen, die es den Regierungen erlaubten, auf die äußeren und inneren Kirchenangelegenheiten der katholischen Kirche ohne Rücksicht auf althergebrachte Rechte Einfluss auszuüben, richtete sich der Blick alt-kirchlicher und in ihren Rechten gekränkter Kreise in Richtung „jenseits der Berge" (= ultra montes), nach Rom. Von dort erhoffte man sich Hilfe gegen die vermeintlichen und wirklichen Übergriffe der aufgeklärten Staaten.[2] Die Päpste – vor allem Gregor XVI. (1831–1846) und Pius IX. (1846–1878) – erkannten die sich hier bietenden Möglichkeiten, die deutschen bzw. europäischen Ortskirchen fester an die universale Gewalt des Heiligen Stuhls zu binden.

In Deutschland waren es neben anderen vorzüglich der Hofbauer-Kreis in Wien, der Görres-Kreis in München und der Mainzer Theologenkreis um die Zeitschrift „Der Katholik", die ihren Anhängern und Lesern die unverbrüchliche

1 Friedrich Heyer: Die katholische Kirche vom Westfälischen Frieden zum Ersten Vatikanischen Konzil, Göttingen 1963, S. 149–152; Wolfgang Seibrich: Das Bistum Trier als Teil der Gesamtkirche, in: Martin Persch/Bernhard Schneider (Hg.): Die Geschichte des Bistums Trier, Bd. 4: Auf dem Weg in die Moderne 1802–1880, Trier 2000, S. 151–174; Ernst Heinen: Die Kölner Laienadresse an Papst Pius IX. im Jahre 1859, in: AHVN 208 (2005), S. 225–240, Ders.: Für die Erhaltung des Patrimonium Petri. Die Kölner Bewegung zugunsten des Hl. Stuhls (November 1867/Januar 1868), in: Wolfgang Hasberg/Josef Schröder (Hg.): Flores considerationem amicorum. Festschrift für Carl August Lückerath zum 70. Geburtstag, Gleichen/Zürich 2006, S. 217–236.

2 Zur Geschichte des Begriffs siehe u. a. Ernst Heinen: Ultramontanismus, in: Volker Drehsen u. a. (Hg.): Wörterbuch des Christentums, Gütersloh/Zürich 1988, S. 1291. Für diesen Themenkomplex immer noch bedeutsam: Franz Schnabel: Deutsche Geschichte im neunzehnten Jahrhundert, Bd. 4, 2. Aufl. Freiburg 1959, vor allem S. 5–62. Dann: Roger Aubert u. a. (Hg.): Die Kirche in der Gegenwart. 1. Halbband. Die Kirche zwischen Revolution und Restauration, Freiburg/Basel/Wien 1971, S. 105–139; Heinz Hürten: Geschichte des deutschen Katholizismus 1800–1960, Mainz 1986, S. 11–61.

Treue und Loyalität zu Rom als Unterpfand der einen wahren und katholischen Kirche zu sehen lehrte.[3] Im Kontext der Papstverehrung entstanden neue bzw. wurden traditionsreiche Frömmigkeitsformen, die der Wut des aufgeklärten Purismus der staatlichen und kirchlichen Behörden entkommen waren, wiederbelebt. Die seit Jahrhunderten beim einfachen Landvolk in großem Ansehen stehenden Wallfahrten nach Altötting, Kevelaer oder zu dem Apostelgrab St. Matthias in Trier blieben trotz aller Unterdrückungsmaßnahmen, wenn auch sehr eingeschränkt, lebendig. Auch der seit dem 17. Jahrhundert in Frankreich aufgekommene und im 19. Jahrhundert erneuerte „Herz-Jesu-Kult" erfreute sich ständig steigender Beliebtheit. Neue Frömmigkeitsformen bildeten sich um den Marienkult. Die Einführung des Rosenkranzgebetes (und -festes) sowie der Maiandacht fanden trotz des Widerstands vieler aufgeklärter Geistlicher Eingang und zunehmenden Zuspruch bei breiten Bevölkerungsschichten. Ein besonderes Phänomen des 19. Jahrhunderts war die bis in die höheren Bildungsschichten eindringende Wundergläubigkeit, die sich an außerordentliche Phänomene wie Stigmatisierungen und Erscheinungen der Gottesmutter heftete. Sie konnten sich mittels moderner Kommunikationsmittel – Presse, Eisenbahn – schnell verbreiten. Die Unterdrückungsversuche durch die Regierungen, regierungsfreundliche Bischöfe, aufgeklärte Geistliche und Laien, die im Sinne der funktionalen Trennung der verschiedenen Lebensgebiete ihre Religion mehr durch verinnerlichte Frömmigkeit und eine sittliche Lebensgestaltung pflegten, waren kurzfristig retardierend; auf die Dauer vermochte sich ihr religiöser Rationalismus aber nicht durchzusetzen.[4]

3 Der Wiener Redemptorist Clemens Maria Hofbauer (1751–1820) scharte eine Gruppe von restaurativen Schriftstellern (u. a. den Staatsrechtler Adam Müller und den Dichter Friedrich Schlegel) um sich; die Zielvorstellungen des Kreises bewegten sich um die Reorganisation der Kirche im zentralistisch-autoritären Sinn. Das wiedererstarkte Papsttum fand die volle Unterstützung des Hofbauer-Kreises. Damit stand nach ihrer Ansicht der Kirche in Deutschland eine starke Kraft zur Seite, die es ermöglichte, diese aus den Fesseln des Staatskirchentums zu befreien. Dem Kreis, der sich in München um den Publizisten und Professor der Geschichte Joseph Görres (1776–1848) gebildet hatte, gelang es im Kontext der romantischen Zeitvorstellungen, d. h. im Versuch der Überwindung der intellektualistisch-aufgeklärten Ungläubigkeit, ein tieferes Verständnis für die katholische Religion in der gebildeten Öffentlichkeit zu gewinnen. Der Mainzer Priesterkreis, initiiert von den elsässischen Professoren des Priesterseminars, Bruno Liebermann (1759–1844) und Andreas Räß (1794–1887), übte einen weitreichenden Einfluss durch die Vermittlung der französischen, streng kirchlichen Literatur nach Deutschland im ultramontanen Sinne aus. Mit der von ihnen 1821 gegründeten Zeitschrift „Katholik" und den im Seminar ausgebildeten Geistlichen, darunter der spätere Erzbischof Geissel (Köln), verdrängten sie innerhalb von zwei Generationen alle außerhalb der „römischen" Richtung stehenden Positionen im deutschen Katholizismus.

4 Vgl. zum gesamten Kontext Ernst Heinen: Aufbruch – Erneuerung – Politik. Rheinischer Katholizismus im 19. Jahrhundert, in: RhVjbll 64 (2000), S. 266–289; Werner K. Blessing: Reform, Restauration, Rezession. Kirchenreligion und Volksreligiosität zwischen Aufklärung und Industrialisierung, in: Wolfgang Schieder (Hg.): Volksreligiosität in der modernen Sozialgeschichte, Göttingen 1986, S. 97–122.

Innerkatholisch wurde eine Bruchlinie sichtbar: auf der einen Seite die sich den Herausforderungen der modernen Welt – aber auch dem Zeitgeist – zum Teil allzu willig öffnenden, andererseits die an den überlieferten Lehren, Gebräuchen und Riten der Kirche festhaltenden Gläubigen. Im Rückblick auf die blutigen Erfahrungen und Verfolgungen der Kirche in Frankreich hatten zudem viele der in den ererbten Traditionen verharrenden Katholiken die von der romantischen Staats- und Gesellschaftslehre geprägte konservativ-reaktionäre Utopie einer mittelalterlichen Gesellschaft als gottgewollte Ordnung angenommen und verinnerlicht. Es war ein sinngebendes Deutungsmuster, das die Anschauung des von den Zwängen einer belastenden Vergangenheit befreiten Individuums nicht zulassen konnte. Jeglicher Liberalismus, in welcher Form auch immer, musste notwendigerweise der Verurteilung anheimfallen. So wird in der historischen und theologischen Forschung der den Katholizismus überlagernde Ultramontanismus – der Begriff ist heute frei von der negativen Konnotation des 19. und der ersten Hälfte des 20. Jahrhunderts – als eine historische Formation definiert[5], die folgende Elemente enthält: die Papstverehrung, den Rückgriff auf alte bzw. wiederbelebte Frömmigkeitsformen, einen theologischen Romanismus (Neuscholastik), antirevolutionäre und antiliberale Tendenzen (vor dem Hintergrund der negativen Erfahrungen in Frankreich) sowie den Kampf für die Unabhängigkeit der Kirche unter straffer Bindung an die römische Zentrale.

Dieses hier dargelegte System ist in seiner reinen Form nie historische Wirklichkeit geworden. Doch war die Wirkung des Ultramontanismus ambivalent: Einmal hat er als richtungweisendes Signal wesentlich zum religiösen Aufbruch des Katholizismus beigetragen; aus seiner Abwehr der Übergriffe des absolutistischen Staatskirchentums ist ihm Kraft und Stärke erwachsen. Die Ortsbischöfe waren ohne den Rückhalt des Papstes nicht dazu in der Lage, staatlichen Maßnahmen gegen die Kirche zu trotzen. Zweitens hat er innerkatholisch häufig genug negative Folgen für kreative Geister – z. B. Georg Hermes und später Ignaz Döllinger u. a. – gezeitigt. Ein Ergebnis war die jahrzehntelange Abgeschlossenheit und Abgrenzung des Katholizismus von der modernen Welt; sie konnte erst im 20. Jahrhundert allmählich überwunden werden.

5 Otto Weiss: Der Ultramontanismus. Grundlagen – Vorgeschichte – Struktur, in: Zeitschrift für bayerische Landesgeschichte 41 (1978), S. 821–877; Heinrich Linn: Ultramontanismus in Köln. Domkapitular Baudri an der Seite Erzbischof Geissels während des Vormärz, Siegburg 1987, S. 73–76.

2. *Der Kölner Ultramontanismus vor und nach der Revolution*

Die Verhaftung des Erzbischofs von Köln, Clemens August von Droste-Vischering (1773–1845), im Jahre 1837 hatte in der Stadt zunächst für wenig Aufregung gesorgt.[6] Selbst in den Reihen des städtischen Klerus regte sich kein Widerstand; im Gegenteil, viele waren nicht unglücklich darüber, dass der menschenscheue, wenig kommunikative Oberhirte gezwungen worden war, sein hohes Amt vorläufig aufzugeben. Erst das europaweite Aufsehen, das ein solcher polizeistaatlicher Akt der Willkür erregte, erweckte, namentlich unter dem Eindruck des „Athanasius", einer wortgewaltigen Philippika des alten Görres gegen den preußischen Staat, vereinzelte Widerstandskräfte im Kölner Bürgertum. 1838 entstand auf Initiative einiger Kölner Bürger eine Vereinigung, der Clemensverein, der sich nach außen hin zum Ziel setzte, den „Martyrer-Bischof" mit einem Denkmal zu ehren. Um vor den Nachstellungen der Polizei sicher zu sein, besprachen die Mitglieder aktuelle (kirchen-)politische Fragen intern und geheim. Von 1840 bis 1845 verlief das Vereinsleben außerhalb der Öffentlichkeit; vielleicht war es auch sanft entschlafen. Erst 1845 wandte sich der Verein in einer Zeitungsanzeige erneut an die Öffentlichkeit. Seine Arbeit ist bis Ende der 1860er Jahre belegt. Über seine Existenz fließen allerdings die Quellen nur spärlich. Dennoch ist der Verein bemerkenswert, weil seine Existenz ein Ereignis reflektiert, das durch den aus ultramontanen Anschauungen gespeisten Widerstand des Erzbischofs hervorgerufen wurde – zudem als kirchen-politische Laienvereinigung beispielgebend.

In dem im Jahre 1844 in Bonn gegründeten Borromäusverein zur Förderung des „guten Buches" in den Grenzen des von den sittlichen Geboten der Kirche Erlaubten, also gegen Werke aus dem Geist des Liberalismus und des Rationalismus, hatten sich Geistliche und Laien der rheinischen Diözesen Köln und Trier zusammengeschlossen. Köln war im Gründungszirkel mit einer Reihe bekannter katholischer Persönlichkeiten vertreten, so der Advokatanwalt Michael Schenk und der Verlagsbuchhändler Lambert Bachem, der Domkapitular und spätere Weihbischof Johannes Baudri, der Appellationsgerichtsrat Wilhelm

6 Dazu immer noch Heinrich Schroers: Die Kölner Wirren (1837), Berlin/Bonn 1927, S. 544–549. Schroers zitiert aus einem Brief der die Partei des Erzbischofs ergreifenden Annette von Droste-Hülshoff: „Die Kölner sind trotz ihrer Frömmigkeit so froh ihn los zu sein, daß sich keine Maus regt …", ebd., S. 546 Anm. 852. Clemens August Freiherr zu Droste-Vischering (1773–1845), 1798 Priester, 1807 Generalvikar des Bistums Münster, 1827 Weihbischof von Münster, 1835 Erzbischof von Köln; umfassende Biographie: Markus Hänsel-Hohenhausen: Clemens August Freiherr Droste zu Vischering. Erzbischof von Köln 1773–1845. Die moderne Kirchenfreiheit im Konflikt mit dem Nationalstaat, 2 Bde., Egelbach/Frankfurt a. M. 1991.

Franz Ludowigs sowie die Kaufleute Peter Pfennings und Wilhelm Bartmann.[7] Wie aus zeitlich späteren Quellen hervorgeht, gehörten, mit Ausnahme von Baudri, alle Genannten zum Gründungsstamm des Clemensvereins. Zu den Unterstützern des Borromäusvereins gehörten auch Männer wie der Urkölner Heinrich von Wittgenstein, 1848 Regierungspräsident in Köln und langjähriger Gemeinde-(Stadt-)verordneter in seiner Vaterstadt, der sich in der Regel allen streng-kirchlichen Bestrebungen entzog. Auch der Domkapitular Nikolaus Schweitzer, viele Jahre erfolgreicher Direktor des katholischen Lehrerseminars in Brühl, als Freund der hermesianischen Lehre bei dem späteren Erzbischof Geissel äußerst unbeliebt, begegnet uns. Was Wittgenstein und Schweitzer bewogen hatte, bei einer durchaus im ultramontanen Sinne handelnden Institution mitzumachen, dürfte damit zu tun haben, dass sie in dem Borromäusverein ein pastorales Instrument des praktischen Hermesianismus erkannten. Bei den Bemühungen um die Herausgabe einer katholischen Tageszeitung im Jahr 1844 und dann nochmals 1847 unter der Führung Lambert Bachems, flankiert von einem eigens dazu gegründeten Ausschuss, treffen wir wieder dieselben Persönlichkeiten an.[8] Hinzu kamen neue Männer, vor allem der erst 1844 von Elberfeld nach Köln gezogene Maler Friedrich Baudri[9] und der Referendar Freiherr Hermann von Fürth – beide sollten im Katholizismus in Köln noch eine gewichtige Rolle spielen.

Die im März/April 1848 errungenen Freiheiten der Presse, der Vereinigung und der Religion boten auch den Kölner Ultramontanen eine Plattform, sich neben den Konstitutionellen, den Demokraten und den Sozialisten im politisch turbulenten Leben der Stadt Köln einen öffentlichen Kommunikationszusammenhang herzustellen.[10] Zunächst im Kölner Wahlkomitee (April), dann im

7 Um im Folgenden den Fußnotenbereich zu entlasten, wird für die genannten und für die meisten weiter unten auftauchenden Kölner Persönlichkeiten auf die biographischen Nachweise in den umfassenden Personenregistern der vom Verfasser betreuten Edition der Tagebücher von Friedrich Baudri verwiesen: Ludwig Gierse/Ernst Heinen (Bearb.): Friedrich Baudri. Tagebücher 1854–1871. Erster Band: 1854–1857, Düsseldorf 2006, S. 329–360; Dies. (Bearb.): Friedrich Baudri. Tagebücher 1854–1871. Zweiter Band: 1858–1862, Düsseldorf 2009, S. 471–510; Ernst Heinen (Bearb.): Friedrich Baudri. Tagebücher 1854–1871. Dritter Band: 1863–1867, Düsseldorf 2013, S. 659–712. Der diese Edition abschließende vierte Band (1868–1871) ist im Manuskript abgeschlossen und wird 2019/2020 erscheinen.

8 Dazu: Ernst Heinen: Der Kölner Piusverein 1848/49 – ein Beitrag zu den Anfängen des politischen Katholizismus in Köln, in: JbKGV 57 (1986), S. 147–242, hier: S. 171–175.

9 Friedrich Baudri (1808–1874), Porträt- und Glasmaler, Kunstschriftsteller, Vereinsorganisator und Politiker. Führer der Kölner Ultramontanen in den 1850er und 1860er Jahren, siehe Ernst Heinen: Friedrich Baudri (1808–1874) – ein bedeutender Vertreter des politischen Katholizismus in Köln, in: JbKGV 74 (2003), S. 31–58.

10 Zur Entwicklung in der Revolution 1848/49: Jürgen Herres: 1848/49. Revolution in Köln, Köln 1998. Die entsprechenden Quellen liegen gedruckt in einer Edition vor: Heinz Boberach (Bearb.): Rheinische Briefe und Akten zur Geschichte der politischen Bewegung 1830–1850.

Piusverein (Ende Mai/Anfang Juni) und in dem vorbereitenden Ausschuss zur Gründung der Rheinischen/Deutschen Volkshalle (ab Mai) als einer großen katholischen Tageszeitung wurde eine Führungsgruppe erkennbar, die zahlenmäßig weit über den engbegrenzten Kreis derer hinausging, die im vorrevolutionären Clemens- oder Borromäusverein den Ton angaben. Das Wahlprogramm der Kölner Katholiken vom 15. April 1848 unterschied sich in seinem allgemeinen Teil nicht von den gemäßigt liberalen Programmen, seinen spezifischen Akzent legte es auf die schon in der vormärzlichen Zeit entwickelten kirchen-und schulpolitischen Forderungen. Plakativ formuliert: Unabhängigkeit der Kirche von jeglichem Staatskirchentum sowie unbeschränkte Lehr- und Unterrichtsfreiheit für die Kirche. Man erkennt hier deutlich das ultramontane Profil.

Mit der Gründung des Piusvereins am 10. Juni 1848 – es war die letzte politische Vereinsgründung in Köln – hatten sich die Kölner Ultramontanen ein organisatorisch festes Instrument zur Vertretung ihrer Interessen geschaffen.[11] Eindeutige Orientierung in Richtung allgemeiner und kirchenpolitischer Ziele sowie ein formales Gerüst, damit den vorausgegangenen Aachener und Mainzer Beispielen folgend, mit Statut und fester Mitgliedschaft (Beitrag und Abzeichen), bestimmten eine Association, die schon im Namen eine ultramontane Konnotation enthielt, weil sie an den regierenden Papst Pius IX. erinnert, der jedoch nur bei den europäischen Katholiken als Verteidiger der Freiheitsrechte galt. Die Initiatoren waren in ihrer Majorität Laien; es war jedoch nicht zu übersehen – auch für die damalige Öffentlichkeit nicht –, dass der Absolvent des Mainzer Seminars, der Nachfolger Droste-Vischerings, Johannes Geissel,[12] kraftvoll in das politische Geschehen eingriff. Sein berühmter Hirtenbrief vom 30. April 1848[13] war der erste in einer langen Reihe von bischöflichen Schreiben, die die Gläubigen „zur richtigen Wahl" anzuleiten suchten. Es besteht wohl

2. Band, 2. Hälfte (April–Dezember 1848), Köln/Bonn 1976. Umfassend zur Revolution von 1848/49 in Köln: Jürgen Herres: Köln in preußischer Zeit 1815–1871, Köln 2012, S. 237–288.

11 Dazu Heinen: Piusverein (Anm. 8), S. 159–167; Jürgen Herres: Städtische Gesellschaft und katholische Vereine im Rheinland 1840–1870, Essen 1996, S. 244–46; wichtig: Ders.: Politischer Katholizismus im Rheinland 1848/49, in: Politische Strömungen und Gruppierungen am Rhein 1848/49, Düsseldorf 1999, S. 39–70.

12 Johannes Geissel (1796–1864), eine der bedeutendsten Bischofsgestalten auf dem Stuhl des hl. Maternus im 19. Jahrhundert, 1842 Koadjutor und seit 1845 Erzbischof von Köln, 1850 Kardinal. Er führte durch eine geschickte Personalpolitik, der es nicht eines sanften Drucks ermangelte, die ultramontane Richtung in Köln zum Sieg. Vgl. Rudolf Lill: Johannes Kardinal von Geissel (1796–1864), in: Jürgen Aretz/Rudolf Morsey/Anton Rauscher (Hg.): Zeitgeschichte in Lebensbildern. Aus dem deutschen Katholizismus des 19. und 20. Jahrhunderts, Bd. 6, Mainz 1984, S. 9–29 und S. 266 (Literatur).

13 Der Hirtenbrief war zunächst nur an die Geistlichen seiner Erzdiözese gerichtet. Die Pfarrer sollten jedoch am 30. April, also einen Tag vor den Urwahlen, ihre Gläubigen im Sinne des Hirtenschreibens „aufklären", diesen ggfs. von der Kanzel verlesen. Teil-Abdruck bei Boberach: Rheinische Briefe (Anm. 10), S. 73–75.

kein Zweifel: Hinter der Gründung des Piusvereins durften die Zeitgenossen mit Recht die mächtige Gestalt des Erzbischofs vermuten.

Nach den vorliegenden Quellen gehörten der Vereinsführung an:

Advokatanwalt und Justizrat Otto Hardung (1797–1859), der im Dezember 1848 Offizialverteidiger von Andreas Gottschalk und Mathilde Franziska Anneke sowie langjähriger Präsident des Clemensvereins war. Lambert Bachem (1789–1854), Verleger und Buchdrucker, in dessen Verlag die Rheinische/Deutsche Volkshalle bis zu ihrem Verbot durch die preußischen Behörden im Juli 1855 erschien. Advokatanwalt Johann Baptist Haaß (1790–1876) sowie der aus einer alten reichsstädtischen Familie stammende Wilhelm Joseph Bartmann-Lyversberg (1798–1885). Der Mitgründer des Clemens- und Borromäusvereins Advokat Gustav Schenk (1818–1885) sowie dessen Bruder, der Advokat Eduard Schenk (1821–1900), der in den 1870er und 1880er Jahren Mitglied des preußischen Abgeordnetenhauses und des Reichstages (Zentrum) war. Der praktische Arzt Dr. med. Michael Braubach (1820–1893), der sich später rühmen konnte, aktives Mitglied in 42 Vereinen zu sein. Johann Balthasar Kreuser (1795–1870), Prof. am Marzellengymnasium (Tricoronatum), der als Redner auf den deutschen Katholikentagen berühmt und auch als Schriftsteller und Verfasser von kölnischen Karnevalsliedern hervorgetreten war – den Kölnern galt er in seinem Habitus und Auftreten als echtes Original. Johann Joseph Baudevin (1797–1864), Dombau-Zimmermeister und einer der vier Chefs des Kölner Pompiercorps (Feuerwehr). Der aus reichsstädtischer Familie stammende Freiherr Karl von Devivere (1800–1882), Rentner, der langjähriger Präsident des Kölner Vinzenzvereins war. Der praktische Arzt Dr. med. Eugen Schniewind (1814–1879), der aktiv im Kirchenvorstand von St. Gereon war. Appellationsgerichtsrat Bernhard Felix von Breuer, genannt Fürth, (1787–1849) und dessen Sohn, der Referendar Hermann von Fürth (1815–1888). Der Appellationsgerichtsrat Friedrich Wilhelm Graeff (1803–1885), der von November 1848 bis Februar 1851 kommissarischer Oberbürgermeister von Köln, Mitglied der preußischen Vereinbarungsversammlung, Vorstandsmitglied des Dombauvereins und von 1851–1875 Präsident des Landgerichts Trier war. Der Appellationsgerichtsrat Wilhelm Franz Daniel Ludowigs (1804–1855), der kurzfristig (1849/50) Vorsitzender des Verwaltungsrates der Deutschen Volkshalle war. Karl Peter Rübsahmen (1804–1855), der von 1850–1855 Vorsitzender des Verwaltungsrates der Deutschen Volkshalle war und zudem stellvertretender Präsident der rheinisch-westfälischen Katholikenversammlung in Köln im April 1849 war. Der Kaufmann Theodor Kamper, von 1835–1839 Mitglied der Handelskammer. Friedrich Baudri (1808–1874), Bruder von Weihbischof Johann Anton Friedrich Baudri (1804–1893), und gemeinsam mit Vinzenz Statz 1853 Begründer einer Glasmalereianstalt in Köln sowie als erfolgreicher Kunstschriftsteller energischer Verfechter der Neugotik. Als Geistliche sind zu nennen Damian Siebold, seit 1847 Pfarrer von St. Martin, und Gottfried Noecker, Kaplan an St. Martin, seit 1858 Pfarrer an St. Jakob.[14]

Die Brüder Reichensperger,[15] im preußischen und im Frankfurter Parlament Vorkämpfer für die Rechte und Interessen der Kirche, waren an der Gründung des Kölner Piusvereins wegen ihrer Abwesenheit von Köln nicht beteiligt. Die eben genannten Persönlichkeiten, überwiegend dem Bildungsbürgertum angehörend, bildeten sozusagen das ultramontane Stammpersonal der ersten Generation. Ihr Netzwerk war der Ausgangspunkt aller katholischen Vereine der 1850er und 1860er Jahre in Köln. Eine für die Herausbildung des Kölner Ultramontanismus so wichtige Persönlichkeit wie der Pfarrer Eugen Thissen (1813–1877) von St. Jakob hatte sich, wie andere katholische Vertreter aus dem Bildungs- und Wirtschaftsbürgertum auch, 1848 den Kölner Konstitutionellen angeschlossen. Über die Höhe der Mitgliederzahl des Piusvereins fehlt eine exakte Überlieferung. Ein Bericht im „Katholik“ sprach von etwa 1.000 Personen, die sich in die Mitgliederliste des Vereins eingetragen hätten. Dagegen standen die Klagen des amtierenden Vereinsvorsitzenden Lambert Bachem im Dezember 1848 über den geringen Mitgliederbestand im Vergleich zu Trier (300) und Aachen (600). Einer realistischen Einschätzung zufolge dürfte sich die Mitgliederzahl auf höchstens 200 bis 300 Personen belaufen haben. Der große Zulauf zur Demokratischen Gesellschaft und besonders zum Kölner Arbeiterverein mit ihren wesentlich höheren Mitgliederzahlen bildete dazu einen grellen Gegensatz und belegt die geringe Anziehungskraft des ultramontanen Programms. Obwohl beim Kleinbürgertum wie auch beim Proletariat der katholische Glaube als Erbe der Kindheit und Jugend im Sinne einer trostspendenden Funktion und als Zufluchtsort aus dem armseligen alltäglichen Dasein durchaus noch lebendig war, fand das Kleinbürgertum bei den Demokraten, das von der Hand in den Mund lebende Proletariat im Arbeiterverein seine unmittelbaren Lebensinteressen besser aufgehoben als bei den Ultramontanen. Deren Angebote und Verheißungen schienen ihnen eine hoffnungsvollere Zeit anzukündigen als das traditionelle caritative Angebot der Strengkirchlichen. Die Enttäuschung stellte sich erst später ein – auch eine Voraussetzung für den politischen Erfolg der Kölner Ultramontanen 20 Jahre später. Vorerst wie bei den Wahlen zur preußischen Verfassungsversammlung

14 Daten zu den genannten Personen bei Heinen: Piusverein (Anm. 8), S. 171–193.

15 August Reichensperger (1808–1895) war in die Frankfurter Nationalversammlung gewählt worden, vgl. Dieter Strauch: August Reichensperger als Rechtspolitiker, in: AHVN 209 (2006), S. 307–338. Peter Reichensperger (1810–1892) nahm sein Berliner Mandat in der preußischen Nationalversammlung wahr. Vgl. Ulrich von Hehl (Hg.): Peter Reichensperger 1810–1892, Paderborn etc. 2000.

im Januar/Februar 1849 gehörte der Sieg den Demokraten. Dennoch zerbrach die ultramontane Front nicht. Im April 1849 trafen sich bedeutende Persönlichkeiten des deutschen Katholizismus zur rheinisch-westfälischen Katholikenversammlung in Köln.[16] Eines der wichtigeren Themen war die deutsche Einheit: Während der große bayerische Kirchenhistoriker Ignaz Döllinger, Berater der ersten deutschen Bischofskonferenz im Oktober 1848 in Würzburg, in vorsichtigen Formulierungen unter dem Aspekt politischer Realität, trotz Absage König Friedrich Wilhelms IV., an die Frankfurter Deputation die kleindeutsche Lösung als Möglichkeit einer künftigen Einheit der Nation andeutete, erntete er von dem Freiburger Rechtsprofessor Franz Ritter von Buß (er war der Präsident des ersten deutschen Katholikentages Anfang Oktober 1848 in Mainz gewesen) und den Kölner Gastgebern erheblichen Widerspruch, so von dem jungen Fürth und Karl Peter Rübsahmen. Die Kölner Ultramontanen gingen Anfang Mai sogar so weit, dem preußischen König für die Ablehnung der Kaiserkrone eine Dankadresse zu widmen.

Zur gleichen Zeit hatte ein junger, von Elberfeld als Domvikar nach Köln versetzter Geistlicher, Adolph Kolping (1813–1865),[17] die Zeichen der Zeit deutlich besser erkannt, als die dem praktischen Leben entfernt stehenden Vertreter des katholischen Bildungsbürgertums. Er hatte die in Elberfeld von dem Elementarlehrer Johann Gregor Breuer in die Tat umgesetzte, dem dortigen evangelischen Jünglingsvereins entlehnte, Idee des Gesellenvereins mitgebracht. Mit dem Segen Geissels und der Hilfe des Piusvereins wurde in Köln ein Gesellenverein gegründet. Kolping hatte das Verdienst, diesen weit über die Grenzen Kölns zu führen. Seine Leitvorstellungen und Methoden waren der Schlüssel des Erfolgs: Bildung und Weiterbildung unter christlichem Vorzeichen sollten die Handwerksgesellen, nicht die Arbeiter, zu zufriedenen, materiell gesicherten und bescheidenen Menschen formen – Grundlage eines geordneten Familienlebens. Der Gesellenverein sollte unpolitisch bleiben, d.h. tagespolitische Distanz üben, doch im Grunde stieß das Werk des Gesellenvaters in politische Bereiche vor. Es war antirevolutionär, weil es die Gesellen in die bestehende Ordnung einfügte und antiliberal, weil es die kirchliche Normenwelt als unabdingbare Voraussetzung

16 Dazu Ernst Heinen: Das katholische Vereinswesen in der Rheinprovinz und in Westfalen 1848 bis 1855. Kirchenpolitik oder christliche Demokratie?, in: Winfried Becker/Rudolf Morsey (Hg.): Christliche Demokratie in Europa. Grundlagen und Entwicklungen seit dem 19. Jahrhundert, Köln/Wien 1988, S. 29–58, hier: S. 38–43.

17 Zu Kolping Hans-Joachim Kracht: Adolph Kolping. Priester, Pädagoge, Publizist im Dienst christlicher Sozialreform. Leben und Werk aus den Quellen dargestellt, Freiburg/Basel/Wien 1993. Zur Gründung und zum Aufbau des Gesellenvereins in Köln siehe die sorgfältig edierte Edition von Franz Lüttgen (Bearb.): Dokumente über den Kölner Gesellenverein 1849 bis 1865, Köln 1998.

zur Erreichung des Vereinszweckes betrachtete. Kein Wunder, dass sich in den von Kolping klugerweise eingerichteten Schutzvorstand Vertreter des katholischen Bürgertums berufen ließen, darunter auch der hermesianisch gesinnte Kölner Oberbürgermeister Hermann Joseph Stupp.

3. *Ultramontane Bestrebungen in Köln während der 1850er Jahre*

Die Kirchen- und Religionsartikel der preußischen Verfassung von 1848/50 hatten den Religionsgemeinschaften weitgehende Unabhängigkeit und Freiheit bei der Regelung ihrer inneren und äußeren Angelegenheiten verheißen.[18] Die in den katholischen Wahlprogrammen niedergelegten kirchenpolitischen Ziele schienen damit weitgehend erreicht. Es blieb abzuwarten, wie die preußische Administration die kirchlichen Freiheitsartikel deutete. Der staatliche Spielraum, sowohl für eine der Kirche günstige oder ungünstige Interpretation, war immerhin noch beträchtlich. Bis 1852 waren in der Tat kaum Eingriffe des Staates festzustellen. Das kirchliche Leben durfte sich frei entfalten. Kirchenhistoriker, wie Erwin Gatz, sprechen zu Recht von einem religiösen Aufbruch, der sich rein äußerlich in der zunehmenden Zahl von Volksmissionen, Prozessionen sowie Wallfahrten niederschlug.[19] Eine Einschränkung mussten sich jedoch die 1848 allgemeinen katholischen Vereine gefallen lassen. Die restriktive Anwendung des Vereinsrechts (Verordnung vom 11. März 1850) und des Presserechts (Gesetz vom 12. Mai 1851) demonstrierte augenscheinlich die sich gegen die in der Verfassung verbürgte Vereins- und Pressefreiheit richtende Unterdrückungspolitik. Sie zeigte gleichzeitig, wie weit die staatliche Exekutive die ihr von der Verfassung gelassenen Spielräume zu nutzen und teilweise sogar zu überschreiten wusste. Die Wirkung für alle politischen Vereine in der Rheinprovinz war tödlich. Der Kölner Piusverein sah sich gezwungen, auf das politische Alltagsgeschäft zu verzichten. Er mutierte zu einem reinen ultramontanen Bildungs- und Geselligkeitsverein für jedermann, der, wie die ständig abnehmende Teilnehmerzahl belegt, an Attraktivität verlor. Nach jahrelangem Dahinsiechen ließen ihre Führer – zuletzt Baudri als erster Vorsitzender – seit 1855 den Verein

18 Verfassungsurkunde für den Preußischen Staat vom 31. Januar 1850, in: Preußische Gesetzessammlung 1850, S. 17 ff. Analyse bei Ernst Rudolf Huber: Deutsche Verfassungsgeschichte seit 1789, Bd. 3: Bismarck und das Reich, 2. Aufl. Stuttgart 1970, S. 114–118.

19 Erwin Gatz: Rheinische Volksmission im 19. Jahrhundert dargestellt am Beispiel des Erzbistums Köln. Ein Beitrag zur Seelsorge im Zeitalter der katholischen Bewegung, Düsseldorf 1963, S. 77–91; Jonathan Sperber: Popular Catholicism in Nineteenth-Century Germany, Princeton 1984, schreibt von einem „Religious Revival 1850–1870“, S. 39–98.

einschlafen. Die politische Arbeit vor den Abgeordnetenhauswahlen wurde von ad hoc einberufenen Wahlkomitees übernommen. Die berüchtigten Raumer'schen Erlasse[20] von 1852 hatten zwar eine katholische Wahlbewegung in der Rheinprovinz entstehen lassen, doch sollte man sie nicht überschätzen. Die Beteiligung bei den Wahlen ging selten über die Zehnprozentmarke hinaus – in der Stadt Köln vielfach geringer.[21]

1852 gelang es dem ultramontanen Wahlkomitee, seinen Kandidaten, den erzbischöflichen Kanzler Aloys von Groote[22] (einer alten kölnischen Familie entstammend) durchzusetzen. Den zweiten Kölner Abgeordneten stellten die gemäßigten Liberalen in dem Appellationsgerichtsrat Ignaz Bürgers. Nach dessen Rückzug aus dem Berliner Parlament wurde bei der Ersatzwahl 1853 der ultramontane Appellationsgerichtsrat Karl Joseph Julius Haugh gewählt. 1855 wurde der stadtkölnische Wahlkreis um die Stadt Mülheim und den Landkreis Köln erweitert. Dieser Wahlkreis stellte nunmehr drei Abgeordnete. Von ultramontaner Seite wurde neben von Groote und Haugh der Appellationsgerichtsrat August Reichensperger gewählt. Nach seiner Ablehnung, weil er in seinem angestammten Wahlkreis (Euskirchen-Bergheim) gewählt worden war, errangen die gemäßigt Liberalen mit dem Notar und Gutsbesitzer (Haus Mielenforst) Dr. Friedrich Hohenschütz das zweite Mandat. Das Mandat für den 1856 zurückgetretenen Haugh gewann bei der Ersatzwahl Bartholomäus Haanen. Nach dem Tod von Hohenschütz 1856 setzten die Kölner Ultramontanen den aus Aachen stammenden Appellationsgerichtsrat Andreas Peltzer, Bruder des Aachener Bürgermeisters, durch. In den Jahren 1856 bis 1858 war der Wahlkreis Köln mit Mülheim und Köln-Land mit drei Abgeordneten fest in ultramontaner Hand. 1858 begann sich das politische Klima in Preußen mit der Regentschaft des späteren Wilhelms I. zu ändern. Die Ablösung des reaktionären Ministeriums Manteuffel/Westphalen wurde als Befreiung von schwerem Druck verstanden. Das höhere Interesse der Bürgerschaft an Politik brachte, dank der Lockerung des restriktiv gehandhabten Vereins-, Versammlungs- und Presserechts, eine höhere

20 Die Raumer'schen Erlasse (nach dem seinerzeitigen preußischen Kultusminister Karl Otto von Raumer 1805–1859) richteten sich gegen die Volksmissionen der Jesuiten und Redemptoristen in gemischt konfessionellen Gegenden und das Studium preußischer Theologiestudenten in Rom.

21 Zu den Wahlen in Köln (Beteiligung und Ergebnisse) vgl. Heinz Denk: Die Wahlen zum preußischen Abgeordnetenhaus und zum konstituierenden Reichstag des norddeutschen Bundes in der Stadt Köln in den Jahren 1849–1867, Diss. phil./MS Bonn 1954 (zu den Wahlen 1852, S. 92–105; die Ersatzwahl für Ignaz Bürgers, S. 106–108; die Wahlen 1855, S. 109–115; die Ersatzwahlen von 1856, S. 116 f.; die Wahlen 1858, S. 118–128).

22 Zu von Groote und zu den weiteren in diesem Abschnitt genannten Personen vgl. jeweils die Angaben bei Bernd Haunfelder (Bearb.): Biographisches Handbuch für das preußische Abgeordnetenhaus 1849–1867, Düsseldorf 1994.

Wahlbeteiligung. Vor diesem Hintergrund schafften es die Kölner Liberalen, von den drei Kölner Sitzen zwei durchzubringen: die Appellationsgerichtsräte Friedrich Ferdinand von Ammon und der in die Politik zurückgekehrte Ignaz Bürgers. Den Ultramontanen gelang es nur knapp, von Groote das Mandat zu erhalten. Bis weit in die 1860er Jahre sollten die Liberalen immer wieder die Mandate für das Abgeordnetenhaus gewinnen. Für die ultramontanen Wahlniederlagen macht die Forschung neben der höheren Wahlbeteiligung das Fehlen einer klaren Linie sowie den Rückzug auf rückwärtsgewandte ständegesellschaftliche Utopien verantwortlich. Der auch in Köln im Zuge der Hochindustrialisierung immer deutlicher werdende Modernisierungsprozess war von den meisten bildungsbürgerlichen Ultramontanen in seinen positiven Konsequenzen nicht erkannt worden. Das erklärt auch z. T. die Distanz katholischer Wirtschaftsbürger von den streng Kirchlichen; von jenen oft als „laue Katholiken" beschimpft.[23]

Die durch die von der Verfassung ermöglichten Freiräume ließen den religiösen Aufbruch, der sich schon in der Vormärzzeit angekündigt hatte, seine volle Wirkung entfalten. Hier setzten die Kölner Ultramontanen an und versuchten über den Ausbau von zweckrationalen Vereinigungen auf dem Gebiet der Caritas, der Kunst und der Geselligkeit in Köln eine katholische Bastion zu errichten.

Eine erste, frühe Vereinigung war die durch den Anlass mehr symbolhafte denn durch eine breite Wirkung sich auszeichnende spezifisch ultramontane Gründung eines Bürgerkomitees zur jährlichen Speisung von 72 Greisen, ausgewählt von den Pfarrern der 19 Pfarreien der Stadt Köln. Anlass war die dem Erzbischof Geissel von Papst Pius IX. verliehene Kardinalswürde. In dem Bürgerkomitee finden wir eine Reihe der Persönlichkeiten wieder, die schon bei der Gründung von Clemens- oder Piusverein mitgewirkt hatten. Religiöser Aufbruch und Segregation von den liberalen oder den Ultramontanen als liberal erscheinenden Vereinigungen können als die eigentlichen Triebfedern beim weiteren Ausbau eines durch Vereine oder vereinsähnliche Zusammenschlüsse gestärkten Netzwerks angesehen werden. Der 1852 gegründete christliche Kunstverein[24] – der Mainzer Katholikentag von 1851 hatte den Anstoß gegeben – vereinte beide Antriebe; zumal der seit 1839 bestehende allgemeine Kunstverein nach Ansicht der Ultramontanen die christliche Kunst (Malerei) nicht genügend berücksichtigte. In gleicher Weise sollte der christliche Kunstverein als Instrument zur Propagierung

23 Thomas Mergel: Zwischen Klasse und Konfession. Katholisches Bürgertum im Rheinland 1794–1914, Göttingen 1994, S. 148–155.

24 Grundlegend: Wolfgang Schmitz: Geschichte des Vereins für christliche Kunst, in: Dominik M. Meiering/Karl Schein (Hg.): Himmel auf Erden. Festschrift zum 150jährigen Jubiläum des Vereins für christliche Kunst im Erzbistums Köln und Bistum Aachen e. V., Köln 2003, S. 17–176.

Abb. 1: Die Einweihung der Mariensäule vor dem erzbischöflichen Palais am 8. September 1858, August Beck, 1858 (Köln, Historisches Archiv des Erzbistums Köln)

der Nazarener-Kunst und der Neugotik dienen. Das von Friedrich Baudri schon 1851 gegründete „Organ für christliche Kunst" wurde zum Kommunikationsorgan der christlichen Kunstvereine bestimmt. Gründer des kölnischen Vereins waren neben Friedrich Baudri dessen weihbischöflicher Bruder (als Präsident), Rentner Jaime Müller, Justizrat Jean Baptist Haaß, Prof. Kreuser, Domwerkmeister Vinzenz Statz, Konservator und Maler Johann Anton Ramboux, Religionslehrer Vosen, Oberpfarrer Schnepper von St. Columba sowie eine Reihe anderer, weniger bekannte Persönlichkeiten. Der Marienverein zur Errichtung einer Mariensäule, gegründet im Februar 1855, und das Marienhospital – erster Gründungsaufruf am 8. Mai 1855 – verdankten ihre Entstehung der am 8. Dezember 1854 erfolgten Verkündigung des Dogmas von der unbefleckten Empfängnis. Es ist der gleiche Kreis von Ultramontanen, der in allen bisherigen Vereinigungen aktiv tätig war. „Moderate" Katholiken, vor allem aus der neuen Kölner Oberschicht, sucht man hier vergeblich. Anfänglich wurden beide Gründungen in der Öffentlichkeit als ultramontane Konkurrenzunternehmen verstanden. Friedrich Baudri, der mittlerweile eine angesehene Stellung unter den Ultramontanen erlangt hatte, war ein energischer, fast fanatischer Verfechter der Mariensäule, wobei auch sicherlich materielle Motive zugunsten seines Freundes Statz, des Entwerfers der Säule, eine Rolle gespielt haben mochten. Auf der anderen Seite favorisierten Vosen, Schnepper u. a. ebenso energisch den Bau eines Hospitals. Die aufsehenerregende Auseinandersetzung, in die sich auch liberale und katholische, nicht ultramontane Ratsmitglieder zugunsten des Hospitals einmischten, fand schließlich ein versöhnliches Ende, als sich beide Gruppen einigten, nach Sicherung der Finanzierung der Mariensäule den erübrigten Teil des gesammelten Geldes der Hospitalstiftung zufließen zu lassen. Die in der rheinischen Kunstgeschichtsschreibung verfochtene These, die Mariensäule sei das Gegenbild zu der 1857 vom Kölner Regierungspräsidenten von Möller, dem Kölner Oberbürgermeister Stupp und wichtigen Vertretern des Kölner und rheinischen Wirtschaftsbürgertums liberaler bzw. antiultramontaner Provenienz angeregte Königsdenkmal anlässlich der 50-jährigen Zugehörigkeit der Rheinprovinz zu Preußen, lässt sich anhand vorliegender Quellen nicht verifizieren – zumal der Gedanke einer Mariensäule zwei Jahre vor der Initiative für das Königsdenkmal ventiliert worden war.[25] Eine seit 1857 bestehende zeitliche Parallelität beider Denkmalideen reicht nicht aus, um eine Kausalität zwischen Mariensäule und Königsdenkmal herzustellen, wenn auch einige Passagen der Einweihungsrede des Kölner Weihbischofs auf dem Katholikentag 1858 diesen Gedanken nahezulegen scheinen. Wie die beiden Marienvereine war auch der 1855 gegründete Verein vom Heiligen Lande ein frommer Geldsammelverein. Hier waren F. Baudri, J. Müller, der Aachener Stiftsherr Heinrich Wilhelm Prisac, der sich 1846 mit einem Pamphlet gegen die Kölnische Zeitung einen Namen als scharfer ultramontaner Kämpfer gegen den Liberalismus, oder was er als solchen ansah, erworben hatte, und der Domkapitular Gottfried Strauß als Initiatoren aufgetreten. Sein Zweck war die finanzielle Unterstützung der mit Rom unierten Christen in Palästina sowie die Organisation von Pilgerfahrten ins Heilige Land – damals noch eine geradezu abenteuerliche und nicht ungefährliche Reise. Einen eher weltlichen Akzent hatte die um die Jahreswende 1854/1855 gebildete gesellige Vereinigung „Colonia".[26] Zweck war die Sammlung des katholischen Bürgertums der Stadt. Die „Colonia" sollte einen Gegenpol gegen das großbürgerliche, liberale Casino bilden. Nach einer bei den Berliner Akten aufgefundenen Liste[27] gelang es innerhalb weniger

25 Iris Benner: „Auch andre Thöne schlagen an mein Ohr". Zeitgenössische Kritik am Denkmal Friedrich Wilhelms III. in Köln, in: Ralf Beines/Walter Geis/Ulrich Krings (Hg.): Das Reiterdenkmal König Friedrich Wilhelms III. von Preußen auf dem Heumarkt, Köln 2004, S. 524–539.

26 Ernst Heinen: Die Segregation des katholischen Bürgertums. Von der „Colonia" zur „Bürgergesellschaft", in: Thomas Deres/Joachim Oepen/Stefan Wunsch (Hg.): Köln im Kaiserreich. Studien zum Werden einer modernen Großstadt, Köln 2010, S. 11–28.

27 Geheimes Staatsarchiv PK Berlin, I HA Rep. 77 Tit. 662 Nr. 20 Bd. 2, S. 22–33; von Herres: Städtische Gesellschaft (Anm. 11) erstmals ausgewertet, S. 354 Anm. 53 und S. 360.

Wochen über 100 angesehene Vertreter des Kölner katholischen Bürgertums als Mitglieder zu werben – allesamt Männer, die durch ihre Aktivität bei diversen ultramontanen Bestrebungen der Öffentlichkeit durchaus bekannt waren. Es war ein bewusstes Zeichen der Segregation von der den Identitätsanspruch mit der Stadt erhebenden und verinnerlichenden bürgerlich-liberalen Stadtgesellschaft: Die Mitglieder der „Colonia“ hielten dem die große katholische Tradition ihrer Stadt entgegen; schon im Namen der Vereinigung, „Colonia“, sollte dieser Anspruch seinen Ausdruck finden. Köln als eine Bastion des streng kirchlichen Katholizismus war ihre Leitvorstellung. War dieser Zweck nicht zu hoch gegriffen? Schon wenige Jahre nach Gründung der „Colonia“ begann deren Verfall: Ursachen waren das Fehlen eines festen und dauerhaften Standortes (Haus), die Stagnation der Mitgliederzahl und nicht zuletzt interne Streitigkeiten, die zum Auszug wichtiger Mitglieder führten. Eine Neubildung im Zuge der auf den Katholikentagen propagierten Casinobewegung Anfang der 1860er Jahre sollte die Kölner „Colonia“ ersetzen. Mit der 1863 ins Leben gerufenen Bürgergesellschaft[28] hatten Friedrich Baudri und seine Freunde bei aller anfänglichen Skepsis vor dem Hintergrund der Erfahrung mit der „Colonia“ mehr Glück; sie besteht bis heute noch.

Obwohl die Ultramontanen bei der Bildung eines Netzwerkes von Vereinen und (Wahl-)Komitees erfolgreich waren, blieben Rückschläge nicht aus. Die preußischen Behörden beobachteten argwöhnisch das ultramontane Treiben. 1854 sollte der deutsche Katholikentag erstmals in Köln stattfinden. Trotz des Versprechens, politische Fragen nicht zu berücksichtigen, wurde die Versammlung verboten.[29] Noch härter traf den Kölner Ultramontanismus das Verbot der „Deutschen Volkshalle“ im Juli 1855. Alle Bemühungen, die Zeitung am Leben zu halten, schlugen fehl. Doch war schon vorher nicht zu übersehen, dass der ständige Redaktionswechsel, die unklare politische Linie des Blattes oder gar seine Angriffe auf die 1852 gebildete katholische Fraktion in Berlin, besonders August Reichensperger, schon vorher dem Blatt bei den Kölner Ultramontanen abträglich waren. Viele Kölner Katholiken wurden, wenn sie es nicht schon vorher getan hatten, Abonnenten der „Kölnischen Zeitung“, einer Zeitung, die Mitte der 1850er Jahre noch einen durchaus katholikenfreundlichen

28 Zur frühen Geschichte der Bürgergesellschaft sind als wichtigste Quelle die Tagebücher Baudris heranzuziehen (Anm. 7). Zudem: Josef Klinkenberg: Die Bürgergesellschaft zu Köln 1863–1913. Festschrift zur goldenen Jubelfeier am 6. Mai 1913, Köln 1913.

29 Ernst Heinen: Reaktion und Katholizismus. Das Verbot der Kölner Katholikenversammlung durch die preußische Regierung im Jahre 1854, in: Rainer S. Elkar (u. a.) (Hg.): „Vom rechten Maß der Dinge“. Beiträge zur Wirtschafts- und Sozialgeschichte. Festschrift für Harald Witthöft zum 65. Geburtstag, 1. Teilband, St. Katharinen 1996, S. 380–412.

Kurs fuhr; hinsichtlich des werdenden Ultramontanismus hielten sich Verlag und Redaktion der „Kölnischen Zeitung“ bedeckt. Im April 1860 gelang es dem Verleger Joseph Bachem, die „Kölnischen Blätter“ (1869 in „Kölnische Volkszeitung“ umbenannt) als zwar streng katholisches Zeitungsunternehmen ins Leben zu rufen. Die Zeitung wollte aber – anders als die untergegangene „Deutsche Volkshalle“ – kein bloßes, von den Weisungen des ultramontanen Katholizismus abhängiges Kommunikationsmittel sein.[30]

Über alle Schwierigkeiten hinweg und im Windschatten der beginnenden, sog. „Neuen Ära“ in Preußen gelang es dem ultramontanen Bürgertum, unterstützt von der Mehrheit des höheren und niederen Klerus, den Katholikentag erstmals nach Köln zu holen. Unter der Präsidentschaft August Reichenspergers wurde die X. Generalversammlung der katholischen Vereine Deutschlands (September 1858) ein glänzendes Ereignis.[31] Tausende Männer und Frauen nahmen als Zuhörer an den öffentlichen Veranstaltungen teil. Für die Geschichte der deutschen Katholikentage erwies sich die Kölner Versammlung als ein wichtiger Meilenstein. Unter maßgeblicher Mitarbeit Reichenspergers und Friedrich Baudris wurde ein neues Statut geschaffen, das die Katholikentage, die nur einem Kreis von Auserwählten zugänglich waren, aus der Enge herausführte und sich allen interessierten Katholiken öffnete. In der nachmärzlichen Phase hatte der sich im Revolutionsjahr herausbildende politische Katholizismus in Köln, gleich den liberalen und demokratischen Richtungen, den reaktionären Pressionen der preußischen Behörden beugen müssen. Bei allen kleinlichen Schikanen blieben diese im Ergebnis erfolglos; sie vermochten nicht, den engen Zusammenhalt und die Aktivitäten der Ultramontanen endgültig zu unterbinden. Hinzu kam, dass auf der anderen Frontseite die Herausforderung des kirchenfernen Liberalismus stand, dem auch viele Kölner katholische Bürger anhingen. Zur Abwehr dieses vermeintlich kirchenfeindlichen Liberalismus, der in seiner moderaten Form keineswegs – wie die Ultramontanen befürchteten – eine Zerstörung der Kirche anstrebte, sondern Religion und Kirche auf die ursprünglichen Aufgaben beschränken wollte, zogen sich die Streng-Kirchlichen auf die eigenen Verkehrskreise und Netzwerke zurück. Der Kölner Katholizismus zeigte damit schon früh Umrisse einer Bastion, an der die „Feinde der Kirche“ vergebens anstürmen sollten.

30 Dazu Mergel: Klasse und Konfession (Anm. 23), S. 195–210.

31 Ernst Heinen: Der erste deutsche Katholikentag in Köln 1858 – eine Demonstration kirchlich-bürgerlichen Bewusstseins, in: ZAGV 102 (2000) (Festgabe für Herbert Lepper zum 65. Geburtstag), S. 325–366.

4. *Schwächen und Stärken des ultramontanen Lagers. Die propäpstlichen Bewegungen 1859/1860 und 1867/1868*

Der Glasmaler Friedrich Baudri, seit 1856 einer der wenigen expliziten ultramontanen Stadtverordneten, stieg in den 1860er Jahren zum unumstrittenen Führer dieser „Bastion“ auf. Ausgezeichnete Rednergabe, schriftstellerisches Talent und hohe kommunikative Begabung, verknüpft mit hervorragenden Verbindungen zum Kölner Stadtklerus verschafften ihm ein großes Ansehen bei seinen katholischen Mitbürgern. Andere überragende Köpfe wie August Reichensperger, der sich (bis 1863) wegen seiner häufigen Anwesenheit als Abgeordneter in Berlin nur wenig um die Kölner Verhältnisse kümmern konnte, traten gegenüber dem „Populisten“,[32] wie er fälschlicherweise in der linksliberalen Geschichtsschreibung genannt wird, zurück. Bei den Verfassungskämpfen zwischen 1861 und 1866 traten auch die Ultramontanen erstmals wieder wie 1848/1849 als parteiähnliche Gruppierung in Erscheinung. Unter wechselndem Namen, im Frühjahr 1862 als „Alt-Kölnische Partei“, im Herbst 1862 als „Bürgerverein“, 1867 als „Neuer Bürgerverein“, erlitten die Ultramontanen trotz großen Einsatzes schwere Niederlagen.[33] Der Kölner „Fortschritt“ blieb bei allen Wahlen klarer Sieger. Die Schwächen der katholischen Partei waren die nicht genügend feste Organisation sowie die wenig klare Haltung in der Hauptfrage jener Jahre, der Umwandlung Preußens in einen parlamentarischen Staat. Hier besaßen die Kölner Fortschrittler ein wesentlich deutlicheres Profil. Nur einmal errang die ultramontane Partei einen Wahlerfolg: 1867 konnte der frühere Pfarrer von St. Jakob und seinerzeitige Stadtpfarrer von Frankfurt, Jakob Thissen – auch dank des allgemeinen, gleichen und geheimen Wahlrechts – das Kölner Mandat zum ersten norddeutschen Reichstag 1867 erringen. Auf dem gesellschaftlichen Feld erzielten die Ultramontanen durchaus Erfolge. In kurzer Zeit gewann die schon erwähnte Bürgergesellschaft über 400 Mitglieder – fast viermal mehr als die „Colonia“ je hatte. Immerhin ist zu bedenken, dass die Aufnahme in die Bürgergesellschaft Reputation bei den Mitbürgern und einen Hausbesitz bzw. ein Einkommen, das einen bürgerlichen Lebensstil garantierte, voraussetzte. Bedeutend war auch der Erfolg, den die Ultramontanen errangen, als es ihnen gelang, durch Besetzung der Vorstandsposten die Führung in der „Meisterschaft“ zu übernehmen. Die 1837 gegründete Meisterschaft wirkte in den ersten 20 Jahren als allgemeiner karitativer, nicht konfessioneller Verein für arm gewordene Handwerksmeister. 1859 erhielt die Meisterschaft ein neues

32 Mergel: Klasse und Konfession (Anm. 23), S. 199.
33 Heinen: Baudri (Anm. 9), S. 49–57.

Statut unter Neuakzentuierung ihrer Zielsetzung: Aus einem sozial-karitativen Verein, der seine Unterstützungsgelder ohne Rückzahlungsverpflichtung ausgab, wurde eine Art Kreditanstalt für finanziell in Schwierigkeiten geratene Handwerker und Gewerbetreibende; bei dem damaligen Bankensystem, dem in der Regel private Kreditvergabe für den kleinen Mittelstand fremd war, ein wahrer Segen. Eine Reihe ultramontaner Bürger ließ sich in den Vorstand wählen; schon 1863 hatte die „Meisterschaft" 1.250 zahlende Mitglieder. Es ist wahrscheinlich, dass das Kölner ultramontane Bürgertum hier ein Einfallstor für die Gewinnung des Kleinbürgertums sah. Mehr Licht würde eine weitere Erforschung der „Meisterschaft" bringen.

Im Jahr 1859 hatte die italienische Einigungsbewegung ihre wichtigsten Ziele erreicht. Der größte Teil Italiens stand unter piemontesisch-sardinischer Herrschaft; dem Papst war nur noch ein kleiner Rest des Kirchenstaates verblieben. Viele Katholiken Europas waren über die sog. Beraubung des Kirchenstaates empört. In vorderster Reihe marschierten die Kölner Ultramontanen. Von Kardinal Geissel und Weihbischof Baudri angeregt, veranlassten sie einen mit dem Jahr 1848 vergleichbaren Adressensturm. Ein Komitee führender Ultramontaner – zunächst nur zehn, später auf 40 Personen erweitert – verfasste die Adresse an den Papst und organisierte eine Fülle von Veranstaltungen in allen Städten und den meisten Dörfern des Erzbistums.[34] Bei den Veranstaltungen und an die Pfarreien wurden Listen verteilt, um möglichst viele Unterschriften zu sammeln. Insgesamt hatten 155.568 Personen unterschrieben, davon über 8.000 in der Stadt Köln. Dem Beispiel Kölns folgend, hatten sich außerhalb der Erzdiözese Koblenz, Mainz, Münster, Trier und Paderborn mit eigenen Adressen angeschlossen. Für die Bereitstellung finanzieller Mittel für den Papst wurde die Michaelsbruderschaft ins Leben gerufen und die Sammlung des schon im ausgehenden Mittelalter eingeführten Peterspfennig neu belebt. Einige Jahre später wurden die Kölner Katholiken erneut aufgerufen, ihre Anhänglichkeit und Loyalität gegenüber Papst Pius IX. zu bekunden. Leitende Beweggründe waren die unmittelbare Bedrohung des restlichen Kirchenstaates durch die Freischaren Garibaldis und der mögliche Verlust der päpstlichen Herrschaft über die Stadt Rom. Den Katholiken Kölns war der Gedanke absurd und fremd, den Hl. Vater, das Oberhaupt der Kirche, sich unter der Herrschaft eines italienischen Königs ducken zu sehen. Anders als 1859/60 begnügte man sich 1867/1868 nicht mit einer Adresse, sondern rief zusätzlich in allen Kölner Zeitungen zu

34 Knappe Darstellung bei Herres: Städtische Gesellschaft, (Anm. 11), S. 366–368; Heinen: Laienadresse (Anm. 1).

einer großangelegten Spendenaktion auf.[35] Öffentliche Versammlungen, Kundgebungen und Verlosungen von kleineren Kunstgegenständen und Schmuckstücken – letztere eine Aktion der Ehefrauen der führenden Ultramontanen – waren Ausdruck eines breitgestreuten kollektiven katholischen Selbstverständnisses, vor allem in der mittleren Bürgerschaft, dem sich auch Persönlichkeiten wie Heinrich von Wittgenstein nicht zu entziehen vermochten. Er hatte sich z. B. an der Geldsammlung mit 100 Talern beteiligt. Insgesamt schickten die Kölner 35.450 Taler nach Rom, eine vor dem Horizont der schwachen Kaufkraft breiter Schichten der Kölner Bevölkerung außerordentliche Summe. Am 28. Januar 1868 hatte die propäpstliche Bewegung mit einer großen Katholikenversammlung den Höhepunkt erreicht. Köln demonstrierte sich geradezu augenfällig als ultramontane Bastion. Friedrich Baudri eröffnete die Veranstaltung, die durch den Besuch des Erzbischofs Paulus Melchers und des Weihbischofs Baudri glanzvoll gekrönt wurde. Zu den Reden kamen bis zu 4.000 Zuhörer. Redner waren u. a. Melchers, Dr. med. Braubach, der berühmte Bonner Kirchenrechtler Prof. Dr. Ferdinand Walter, der im badischen Kulturkampf bewährte Führer der badischen Katholiken und Mitgründer der badischen Volkspartei, Kaufmann Jakob Lindau, Stadtpfarrer Johann Ibach aus Limburg, einer der Führer der hessischen Ultramontanen, sowie der berühmte Mainzer Kanzel- und Katholikentagsredner, Domkapitular Christoph Moufang – es war eine Auswahl der Elite des west- und südwestdeutschen Ultramontanismus. Mit der Verlesung und tausendfachen Zustimmung der Papstadresse endete der für die Kölner Streng-Kirchlichen denkwürdige und erfolgreiche Tag. Hinter dieser Demonstration äußerer eindrucksvoller Geschlossenheit hatten sich Risse aufgetan, die nur wenigen scharfblickenden Gegnern aufgefallen waren und ihre Ursache zum Teil in persönlichen Ressentiments – Reichensperger versus Baudri –, Akademikerdünkel und sachlich in den unterschiedlichen Ansichten über den Grad der Papstverehrung sowie der Funktion der katholischen Presse und Politik hatten. Mit den heraufziehenden schweren innerkatholischen Konflikten um Konzil und Unfehlbarkeitsdogma hatten sie nicht unmittelbar etwas zu tun. Allerdings hat die von der propäpstlichen Bewegung aufgeworfene „römische Frage", wie Christoph Weber zu Recht konstatiert, bei Beginn des Kulturkampfs eine nicht geringe Rolle gespielt. Es sei hier nur an den Interventionsantrag der Reichstagsfraktion des Zentrums erinnert, der schließlich zu ihrer parlamentarischen Isolation geführt hatte.[36]

35 Heinen: Patrimonium Petri (wie Anm. 1). Alle weiteren Angaben nach diesem Beitrag.

36 Christoph Weber: „Eine starke enggeschlossene Phalanx". Der politische Katholizismus und die erste deutsche Reichstagswahl, Essen 1992, S. 28–33.

5. *Der Kölner Ultramontanismus im Kulturkampf am Beispiel der Stadtverordnetenversammlung*

Der bekannte programmatische Aufruf Peter Reichenspergers vom 11. Juni 1870 in der „Kölnischen Volkszeitung“ führte zur Neubelebung der wenige Jahre zuvor untergegangenen Zentrumsfraktion.[37] Die „Kölnischen Blätter“ waren im April 1869 im Zusammenhang mit der Redaktionskrise um die päpstliche „Unfehlbarkeit“ umbenannt worden, neuer Hauptredakteur wurde der junge Rechtsanwalt Dr. Julius Bachem (1845–1918), später trat noch der Privatdozent für Geschichte an der Bonner Universität Dr. Hermann Cardauns (1847–1925) hinzu; als zweite Generation der Streng-Kirchlichen leiteten sie die Glanzzeit des Blattes ein. In Köln hatte der bei politischen Wahlen bisher erfolglose „Neue Bürgerverein“ die Wahlagitation übernommen. Wegen des Drei-Klassen-Wahlrechts blieb er bei den Abgeordnetenhauswahlen 1870 trotz des Reichensperger'schen Aufrufs wiederum ohne Mandatsgewinn. Anders bei den Reichstagswahlen: Unter dem Vorzeichen des allgemeinen, gleichen und geheimen Wahlrechts konnte er seinen Kandidaten, den Gutsbesitzer und bei allen ultramontanen Bestrebungen in Köln wirkenden Nikolaus Grosman(n) (1817–1897) durchsetzen. Ein Protest des Appellationsgerichtsrates von Ammon beim Reichstagspräsidenten wegen katholischer Wahlmanipulationen verlief im Sande. Das Kölner Reichstagsmandat blieb bis 1907 fest in der Hand des Zentrums. Nur dank des Drei-Klassen-Wahlrechts war der Liberalismus in der Lage, seine Mehrheit in der Stadtverordnetenversammlung und den größeren Teil der Kölner Mandate zum preußischen Abgeordnetenhaus bis zum Jahrhundertende zu halten. Vor diesem Hintergrund und angesichts des wirklichen bzw. vermeintlichen Bedrohungsszenariums durch den heraufziehenden Kulturkampf machte der bürgerliche Ultramontanismus in der Stadt Köln alle Anstrengungen, um seine Wählerplattform zu verbreiten. Die Stimme des „kleinen Mannes“ war bei den Reichstagswahlen so viel wert wie die Stimme des gebildeten und besitzenden Bürgers. Der Ausbau des „Neuen Bürgervereins“ signalisierte das Ringen um die bisher vernachlässigten Schichten. Mit der Umbenennung des Neuen Bürgervereins in „Katholischer Volksverein“ im November 1871 hatte das katholische Bürgertum Kölns ein Zeichen gesetzt. Der Katholische Volksverein – bisher kaum erforscht – hatte im Kulturkampf enormen Zulauf. Seine jeden Mittwoch gehaltenen Versammlungen – auf dem

37 Kölnische Volkszeitung Nr. 159 vom 11. Juni 1870; Abdruck bei: Ernst Heinen (Hg.): Staatliche Macht und Katholizismus in Deutschland. Dokumente des politischen Katholizismus von 1867 bis 1914, Paderborn 1979, S. 42f.

Höhepunkt des Kulturkampfes im Piusbau in der Sternengasse – wurden von tausenden Interessenten besucht.[38] Schon früh wurde der Katholische Volksverein ein lokaler Stützpfeiler der Zentrumsfraktionen in Berlin, nicht nur bei den Wahlen zu diesen Parlamenten, sondern auch zur Stadtverordnetenversammlung besorgte er die notwendige Wahlagitation. Seine zunehmend fester werdende Organisation verdankte der Verein der Führung des Kaufmanns Eduard Fuchs (1844–1923), eines Mannes der zweiten Generation nach Baudri. Gestützt auf die „Alten" wie Dr. Braubach, E. Schenk, bis 1874 auch Friedrich Baudri, der 1873 Mitglied des preußischen Abgeordnetenhauses und 1874 des Reichstags für den Wahlkreis Aachen geworden war, entwickelte sich sein Selbstverständnis als lokale Hilfstruppe des Zentrums – beispielhaft für die Organisationsbemühungen des rheinischen Zentrums auf der unteren Ebene.

Die katholische Partei in Köln während des letzten Drittels des 19. Jahrhunderts zu analysieren, ist bisher noch nicht möglich, dazu weist die lokale Forschung noch zu viele Lücken auf.[39] So kann hier nur kurz auf die kulturkämpferischen Streitigkeiten in der Stadtverordnetenversammlung eingegangen werden. Es war ein langer Weg, aus dem Kölner Stadtparlament eine Zentrumsfestung zu machen. In der Hochzeit des Kulturkampfes zwischen 1871 und 1880 beherrschte der Liberalismus das Feld. Die Partei mit der vermutlich größten Anhängerschaft – nach den Ergebnissen der Kölner Reichstagswahlen – blieb zweitrangig. Die wenigen Ultramontanen, wie Julius Bachem und Dr. Peter Joseph Roeckerath, Gymnasiallehrer und später Bauunternehmer, hatten einen schweren Stand. Hatten noch bis in die 1860er Jahre liberale und ultramontane Stadtverordnete, selbst unter den Bedingungen des Verfassungskonflikts, auch noch private Kontakte unterhalten,[40] so ließ der auch in der Stadtverordnetenversammlung erbittert geführte Streit während des Kulturkampfes, häufig die Grenze zur Feindseligkeit überschreitend, private Beziehungen kaum mehr zu.

Der Riss zwischen dem liberalen und katholischen Bürgertum, der sich in den 1850er und 1860er Jahren nur im unterschiedlichen Vereinsleben zeigte, wurde nunmehr auf allen Ebenen sichtbar. Der Kölner Katholizismus verband mit dem Liberalismus, getreu den Vorstellungen des päpstlichen „Syllabus errorum" („Verzeichnis der Irrtümer") von 1864, eine ihm feindselige Welt. Seine Welt wurde durch ein von der Religion geprägtes Bild geformt, dessen Säulen Suche nach der Harmonie unter den Menschen und Achtung vor der gottgewollten

38 Julius Bachem: Erinnerungen eines alten Publizisten und Politikers, Köln 1913, S. 41–46.
39 Zukünftig ist nun zu verweisen auf Band 10 der großen Geschichte der Stadt Köln von Thomas Mergel: Köln im Kaiserreich. 1871–1918, Köln 2018.
40 Reiche Belege in den Tagebüchern Friedrich Baudris 1858–1862 (Anm. 7, Bd. 1).

irdischen Ordnung waren. Die Kölner Liberalen werteten dieses katholische Weltbild als mittelalterlich, rückwärtsgewandt, finster. Der Graben zwischen beiden Anschauungen war tief und unüberbrückbar. Die Streitpunkte waren von unterschiedlichem Gewicht.[41] Zweifellos besaßen die Schulfragen für die Ultramontanen absolute Priorität. In der Auseinandersetzung um die Schulaufsicht und die Reform der Elementarschule (Volksschule) hatten die Liberalen durchaus gute Argumente. Doch die Art der Durchsetzung ihrer Vorstellungen verärgerte auch solche Katholiken, die nicht zu den Streng-Kirchlichen gehörten. Zwar lag die Schulpolitik der Kölner Liberalen durchaus im Trend der Modernisierung der Stadtgesellschaft, schließlich war eine gute Grundbildung aller Bevölkerungsschichten angesichts von Industrialisierung und Fortschritt der Technik das Gebot der Stunde. Doch mit Mätzchen, wie sie der erste weltliche Schulinspektor der Stadt Köln, der ansonsten um das Kölner Schulwesen sehr verdienstvolle Dr. Paul Brandenburg bei einer Entlassprüfung in der Pfarrschule für Mädchen St. Ursula aufführte, konnte der Seriosität der Schulreformen nur Abbruch getan werden. Brandenburg hatte die Mädchen aufgefordert, den Kasuswechsel an dem Satz „Der Kaiser Heinrich wurde in Canossa durch den Papst beschimpft“ vorzunehmen. In der Altkatholikenfrage entschied die Mehrheit immer im Sinne der neuen Konfession; zu den Altkatholiken zählten u. a. die einflussreichen Stadtverordneten Johann Classen-Kappelmann (1816–1879) und Johann Hamspohn (1840–1926). Attacken auf das Wallfahrts- und Prozessionswesen wegen angeblicher Verschmutzung der Straßen und Wege provozierten in der Kölner Bürgerschaft heftige Proteste. Der von den Nationalliberalen inaugurierte Sedantag zur Erinnerung an die Schlacht von Sedan am 2. September 1870 mit der Gefangennahme Napoleons III. stieß nicht nur die Katholiken vor den Kopf – der Mainzer Bischof Wilhelm Emmanuel von Ketteler (1811–1877) hatte in seinem berühmten Hirtenbrief den Gläubigen die Teilnahme an Sedanfeiern untersagt[42] –, sondern auch die Kölner Demokraten. Der demokratische Jurist und Stadtverordnete Karl Schneider (1813–1885) hielt es „für bedenklich, daß das Volk seine Siege feiere; hierzu komme noch, daß solches auch des Nachbarn wegen besser unterbleibe, mit dem man doch hoffentlich später wieder in gutem Einvernehmen leben werde“.[43] Neben einer Reihe von Einzelfragen, die hier unerörtert bleiben, brachten Bachem, Roeckerath und andere immer wieder ihre Forderungen nach Milderung des Zensus im Drei-Klassen-Wahlrecht, der

41 Ernst Heinen: Köln im Kulturkampf. Die Stadtverordnetenversammlung, in: Josef Schröder (Hg.): Beiträge zu Kirche, Staat und Geistesleben. Festschrift für Günter Christ zum 65. Geburtstag, Stuttgart 1994, S. 171–197.

42 Heinen: Staatliche Macht (Anm. 37), S. 68 (Abdruck des Hirtenschreibens).

43 Zitiert nach Heinen: Kulturkampf (Anm. 41), S. 196.

eigentlichen Machtbasis des Kölner Nationalliberalismus, im Stadtparlament zur Sprache. Jedes Mal wurden sie abgeschmettert. Die höhere Beteiligung von geringer verdienenden Wählern hätte zweifellos die Zentrumsmacht im Stadtparlament gestärkt.

Hatte sich schon in den 1850er und 1860er Jahren eine stabile ultramontane Front herausgebildet, die Köln nach außen als eine ultramontane Bastion erscheinen ließ, entwickelte sie sich in den 1870er und 1880er Jahren infolge der Übergriffe von Polizei und Staatsanwaltschaft auf die katholische Presse, der Verhaftung Erzbischof Melchers und der von der nationalliberalen Mehrheit im Stadtparlament ausgehenden kleinlichen Schikanen gegenüber der katholischen Bevölkerung Kölns zu einer das katholische Leben prägenden Subkultur mit scharfer Grenzlinie zu den nicht-katholischen Mitbürgern. Dieser Prozess war ambivalent: Einerseits festigte er den Katholizismus so sehr, dass er bis tief in das 20. Jahrhundert in Köln eine dominante politische (und gesellschaftliche) Kraft wurde und blieb; andererseits trug er wesentlich zu einer Konfessionalisierung und Fragmentierung der Stadtgesellschaft bei, was von vielen Historikern als schwere Hypothek für die deutsche Geschichte im 20. Jahrhundert bewertet wird.

Die Durchsetzung der Neugotik im katholischen Sakralbau des Rheinlandes

Sybille Fraquelli

Die Architektur des 19. Jahrhunderts ist geprägt von der Beschäftigung mit historischen Stilformen.[1] Besonders die Restaurierungsmaßnahmen mittelalterlicher Gebäude hatten dazu geführt, dass sich Architekten als Architekturhistoriker mit der Baukunst vergangener Epochen befassten. Dass sich dies auf ihre Bauten auswirkte, ist eine leicht nachzuvollziehende Folge davon.[2] Die Neugotik gehört zusammen mit der Neuromanik zu den Architekturstilen des Historismus, die schon in den ersten Jahrzehnten des 19. Jahrhunderts die Kunstlandschaft in ganz Europa veränderten. Die Wiederentdeckung der Gotik als Kunststil war dabei aber nichts Neues. Vielmehr ist die Neugotik als eine der Rezeptionsformen der mittelalterlichen Gotik zu sehen. Der bewusste Rückgriff auf die gotische Epoche erfolgte schon ab 1500[3] und hält genau genommen bis in die heutige Zeit an. Im historistischen Sakralbau des Rheinlandes ist die große Anzahl von neugotischen und neuromanischen Kirchen sehr auffällig, wobei die Neugotik zu dominieren scheint.[4] Dieser Eindruck war die Folge einer geschickten Kunstpolitik, die das Erzbistum Köln seit der Mitte des 19. Jahrhunderts betrieb.

1. Einleitung

Im Jahr 1912, als die Epoche der Neugotik und Neuromanik fast schon abgeschlossen war, machte der damalige Kölner Erzbischof Antonius Fischer in

1 Dazu z. B.: Barry Bergdoll: European Architecture 1750–1890, Oxford 2000 sowie Dieter Dolgner: Historismus. Deutsche Baukunst 1815–1900, Leipzig 1993 und Claude Mignot: Architektur des 19. Jahrhunderts, Stuttgart 1983.

2 Dolgner: Historismus (Anm. 1), S. 74–75; Mignot: Architektur (Anm. 1), S. 56.

3 Siehe dazu Hubertus Günther: Die ersten Schritte in die Neuzeit, in: Norbert Nussbaum/Claudia Euskirchen/Stephan Hoppe (Hg.): Wege zur Renaissance. Beobachtungen zu den Anfängen neuzeitlicher Kunstauffassung im Rheinland und in den Nachbargebieten um 1500, Köln 2003, S. 31–87.

4 Zum Kirchenbau im Rheinland siehe Willy Weyres: Katholische Kirchen im alten Erzbistum Köln und im rheinischen Teil des Bistums Münster, in: Eduard Trier/Willy Weyres (Hg.): Kunst des 19. Jahrhunderts im Rheinland. Bd. 1. Architektur I. Kultusbauten, Düsseldorf 1980, S. 75–193.

seinem Erlass „Zum Bau und der Ausstattung von Kirchen und anderen kirchlichen Gebäuden“ klare Festschreibungen. Der wichtigste Teil soll hier im Zusammenhang zitiert werden:

> Neue Kirchen sind der Regel nach nur im romanischen oder gotischen bzw. sog. Übergangsstile zu bauen. Für unsere Gegend empfiehlt sich durchgängig am meisten der gotische Stil. In letzterer Zeit geht das Bestreben mancher Baumeister dahin, spätere Stilarten, selbst ganz moderne Bauarten zu wählen. In Zukunft wird dazu – es müßten denn ganz eigentümliche Verhältnisse obwalten – keine Genehmigung erteilt werden.[5]

So wird hier durch die erzbischöfliche Behörde noch am Ausgang des Historismus eine traditionelle Bauart für Kirchen festgelegt und Neuromanik oder Neugotik als verbindlich definiert. Die Verordnung richtete sich insbesondere gegen den so genannten „Jugendstil“. Sie steht damit zwar bereits am Ende einer Epoche, dennoch ist sie hier der Ausgangspunkt. Im Folgenden soll aufgezeigt werden, wie schon ab den 1850er Jahren das Erzbistum Köln durch gezielte Maßnahmen einen bestimmten Baustil – nämlich vor allem die Neugotik – für die Kirchenbauten im Erzbistum durchgesetzt hat. Dabei steht hier nicht so sehr die Frage nach dem „Warum“, sondern eben nach dem „Wie“ im Vordergrund: Mit welchen Mitteln und Methoden versuchte die kirchliche Behörde, einen speziellen Kunststil im Erzbistum Köln durchzusetzen? Dazu soll zunächst dem Bemühen um eine „christliche Kunst“ besondere Aufmerksamkeit gewidmet werden. Daher wird die Gründung des „Vereins für Christliche Kunst“ im ersten Teil des Beitrages eine wichtige Rolle spielen, um dann die gezielte Steuerung der vom Verein vertretenen Kunstrichtung durch kirchenbehördliche Verordnungen und Erlasse zu betrachten. Einige Äußerungen werden verdeutlichen, dass insbesondere die Neugotik als die „christliche Kunst“ von den Initiatoren gefördert wurde. Abschließend sollen Beispiele zeigen, wie als Muster anzusehene neugotische Bautypen auch tatsächlich in Architektur umgesetzt wurden.

Auch wenn hier das Thema aus kunsthistorischer Sicht untersucht wird, ist es doch nicht nur für die Kunstgeschichte interessant. Denn wie die Kunst und speziell die Architektur im Erzbistum Köln im 19. Jahrhundert durch gezielte Maßnahmen *von oben* gelenkt wurde – ob sinnvoll oder nicht, sei einmal dahingestellt – zeigt auch, dass im neu errichteten Bistum Organisationsstrukturen etabliert wurden, die einen modernen *Verwaltungsapparat* kennzeichnen. Zudem

5 Erzbischof Antonius Fischer: Zum Bau und der Ausstattung von Kirchen und anderen kirchlichen Gebäuden, in: Kirchlicher Anzeiger für die Erzdiözese Köln, 52 (1912), Nr. 4, S. 29–33, hier S. 29.

kann man sich fragen, ob es nicht die bewusste Förderung durch einzelne Personen und die Propagierung als katholischer Kunststil schlechthin waren, die die Neugotik zu einem Inbegriff des „katholischen Milieus" im Rheinland – und darüber hinaus – gemacht haben.

Direkt im Vorfeld sei noch darauf hingewiesen, dass die Neugotik keinesfalls als rein katholischer Kirchenbaustil misszuverstehen ist. Im Gegenteil: Bei den evangelischen Sakralbauten lässt sich insbesondere von den 1850er bis in die 1880er Jahre ebenfalls ein besonderes Interesse für die Neugotik feststellen. Zwar gab es im evangelischen Kirchenbau keine festgelegten Bauvorschriften.[6] Doch empfiehlt das Eisenacher Regulativ von 1861 als Baustil ausdrücklich die Neugotik, und eine ganze Reihe evangelischer Kirchenbauten wurden im Laufe des 19. Jahrhunderts im neugotischen Stil errichtet.[7] Erst in den letzten Jahrzehnten des 19. Jahrhunderts wurde, vor dem Hintergrund eines allgemeinen Stilwandels, von der Bevorzugung mittelalterlicher Formen für den evangelischen Sakralbau Abstand genommen. Außerdem ist hervorzuheben, dass sich neben der Neugotik auch die Neuromanik – sowohl im katholischen als auch im evangelischen Sakralbau – als gleichberechtigt durchgesetzt hat.[8] Es sind ja grundsätzlich die *mittelalterlichen* Stilformen, die als Vorbild der „christlichen Kunst" verstanden wurden.

Zunächst noch ein kurzer Blick auf die Forschungs- und die Quellenlage. Als Quellen seien hier nur die wichtigsten genannt: Äußerst hilfreich ist die Sammlung der erzbischöflichen Verordnungen und Erlasse für das Erzbistum Köln, die von Karl Theodor Dumont 1874 herausgegeben wurden.[9] Einen reichen Fundus bieten weiterhin die Zeitschrift des „Vereins für christliche Kunst", das *Organ für christliche Kunst*, sowie die zahlreichen Veröffentlichungen der Hauptakteure der Neugotik. Was die Forschung betrifft, so ist bereits erkannt worden, dass innerhalb des Erzbistums Köln im 19. Jahrhundert bestimmte Stilformen für Sakralbauten gezielt gefördert wurden. So hat schon 1980 Willy Weyres auf das Phänomen der Lenkung der Stilformen durch das Kölner Generalvikariat aufmerksam

6 Einen kurzen und prägnanten Überblick zum evangelischen Kirchenbau bei Helmut Fußbroich: Zur Entwicklung des evangelischen Kirchenbaus, in Ders.: Evangelische Kirchen in Köln und Umgebung, Köln 2007, S. 58–65.

7 Zum Eisenacher Regulativ von 1861 siehe Eva-Maria Seng: Der evangelische Kirchenbau im 19. Jahrhundert. Die Eisenacher Bewegung und der Architekt Christian Friedrich von Leins, Tübingen 1995, S. 262–280.

8 Zur Neuromanik im Rheinland siehe Albrecht Mann: Die Neuromanik. Eine rheinische Komponente im Historismus des 19. Jahrhunderts, Köln 1966 sowie Godehard Hoffmann: Rheinische Romanik im 19. Jahrhundert. Denkmalpflege in der preußischen Rheinprovinz, Köln 1995.

9 Karl Theodor Dumont (Hg.): Sammlung kirchlicher Erlasse, Verordnungen und Bekanntmachungen für die Erzdiözese Köln, Köln 1874.

gemacht.[10] Auch Norbert Schöndeling hat 1989 in seiner Dissertation über das Bauwesen im linksrheinischen Teil des Erzbistums Köln u. a. auch diesen Aspekt untersucht.[11] Da der „Verein für christliche Kunst“ eine entscheidende Rolle für die Kirchenbaukunst bei der Durchsetzung der Neugotik spielte, sind hier auch die 2003 von Wolfgang Schmitz im Rahmen der Festschrift zum 150-jährigen Jubiläum gemachten Erkenntnisse zur Gründungsgeschichte des Vereins zu nennen.[12] Schließlich habe ich mich im Rahmen meiner Dissertation[13] über die Architektur der Neugotik in Köln mit der Thematik ausführlich auseinandergesetzt. Der Beitrag beruht maßgeblich auf den Ergebnissen meiner Untersuchung.

2. *Die Gründung des „Vereins für christliche Kunst“*

Anfang des 19. Jahrhunderts hatte sich die Auftraggeberlage für Kirchenbauten vehement verändert: Waren im 17. und 18. Jahrhundert noch die katholischen Landesherren und die großen Orden die Träger und Förderer von Kirchenbauten gewesen, so waren es im 1824 neu errichteten Erzbistum Köln im linksrheinischen Gebiet die Kirchenfabriken und – subsidiär – die Zivilgemeinden, im rechtsrheinischen die Patrone oder der Staat.[14] Im Laufe des 19. Jahrhunderts löste Preußen auch rechts des Rheines seine Pflicht zur baulichen Unterhaltung der Pfarrkirchen ab, womit auch hier immer mehr Pfarrgemeinden zu Baulastträgern und damit zu Bauherren wurden. Durch die preußische Verfassung von 1848/1850 gestand der preußische Staat der Kirche nun die selbstständige Regelung ihrer inneren Angelegenheiten zu.[15] So war es nun der katholischen Kirche möglich, mehr Einfluss auf das kirchliche Bauwesen auszuüben. Zusammen mit neuen theologischen Vorstellungen standen nun die Zeichen auf eine „Rückkehr“ zur – wie es schlagwortartig hieß – *christlichen* Kunst. Dies bedeutete stilistisch

10 Willy Weyres: Katholische Kirchen im alten Erzbistum Köln und im rheinischen Teil des Bistums Münster, in: Eduard Trier/Willy Weyres (Hg.): Kunst des 19. Jahrhunderts im Rheinland. Bd. 1. Architektur I. Kultusbauten, Düsseldorf 1980, S. 75–193, hier S. 76 ff.

11 Norbert Schöndeling: Das kirchliche Bauwesen des 19. Jahrhunderts im linksrheinischen Teil des Erzbistums Köln. Finanzierung, Bau und Unterhaltung kirchlicher Gebäude, Diss., Aachen 1989.

12 Wolfgang Schmitz: Die Geschichte des Vereins für christliche Kunst, in: Dominik M. Meiering/Karl Schein (Hg.): Himmel auf Erden? Festschrift zum 150-jährigen Jubiläum des Vereins für christliche Kunst im Erzbistum Köln und Bistum Aachen e. V., Köln 2003, S. 18–175.

13 Sybille Fraquelli: Im Schatten des Domes. Architektur der Neugotik in Köln (1815–1914), Köln 2008.

14 Eduard Hegel: Geschichte des Erzbistums Köln. 5. Band. Das Erzbistum Köln zwischen der Restauration des 19. Jahrhunderts und der Restauration des 20. Jahrhunderts (1815–1962), Köln 1987, S. 317.

15 Schöndeling: Bauwesen (Anm. 11), S. 50.

eine Abwendung vom Klassizismus, der für kirchliche Kunst als unpassend empfunden wurde. Ideologisch wurde damit argumentiert, dass er sich auf die – heidnische – Antike bezog. Eine Rückbesinnung auf die Kunstschöpfungen des – christlichen – Mittelalters wurde dagegen als angemessener empfunden. Dass der Rückzug des Staates aus der kirchlichen Baupraxis von den Zeitgenossen tatsächlich als Ausgangspunkt für diese Neupositionierung der sakralen Kunst verstanden wurde, zeigt folgendes Zitat aus dem *Organ für christliche Kunst*:

> Seitdem die Kirche aus der Vormundschaft des Staates herausgetreten ist und ihre Angelegenheiten selbstständig leitet, hat sie die hohe Bedeutung einer christlichen Kunst dadurch bethätigt, dass sie allen ernsten Bestrebungen in dieser Richtung Schutz und Pflege zu theil werden liess.[16]

Das allgemeine Interesse für das Mittelalter und die Erhaltung seiner Kunstschätze – übrigens erst durch entsprechende staatliche Gesetze verbindlich gemacht – sowie der Wunsch einer künstlerischen Neuorientierung führten dazu, dass sich die Kirche mit der gezielten Förderung einer bestimmten Kunstrichtung auseinandersetzte. Erste Vorschläge wurden dabei bereits 1845 an die Behörde herangetragen: Der Maler Friedrich Baudri[17], Bruder des späteren Kölner Weihbischofs Johann Anton Friedrich Baudri, wandte sich mit dem Entwurf eines „Statuts des Vereins für christliche Kunst im Erzbisthum Cöln" an den Kölner Erzbischof. Zweck dieses Vereins sollte sein, „die vorhandenen Kunstwerke der Kirchen und kirchlichen Gebäude zu erhalten und herzustellen und durch neue den Bedürfnissen auf eine würdige Weise abzuhelfen"[18]. Dabei ging es natürlich auch darum, Künstlern Aufträge auf dem Gebiet der sakralen Kunst zu verschaffen. Die Eingabe Friedrich Baudris wurde zunächst ad acta gelegt, bis Anfang der 1850er Jahre – vielleicht im Zusammenhang mit der neuen Gesetzeslage – diese Idee wieder auflebte. Und die Brüder Baudri versuchten nun eine ausgesprochene Koryphäe für ihr Vorhaben zu gewinnen: den Juristen August Reichensperger.[19] Er galt als eine der wichtigsten Instanzen

16 Organ für christliche Kunst 9 (1859), S. 1–5, hier S. 2.
17 Zu Baudri siehe Ludwig Gierse/Ernst Heinen (Bearb.): Friedrich Baudri. Tagebücher 1854–1871, Erster Band, Düsseldorf 2006.
18 Organ für christliche Kunst 1 (1851), S. 26. Zur Entstehungsgeschichte des Vereins vgl.: Organ 1 (1851), S. 25–26, S. 34–35, S. 44–45, S. 55–56, S. 57–58; Organ 2 (1852) (Beilage), S. 49–52 und S. 165–168; Organ 3 (1853) (Beilage), S. 165–168.
19 Zu Reichensperger siehe z. B. Mario Kramp/Rolf Lauer/Werner Schäfke (Hg.): August Reichensperger. Koblenz – Köln – Europa. Katalog der Ausstellung im Mittelrhein-Museum Koblenz 10.9.–30.10.2005 und im Kölnischen Stadtmuseum 10.12.2005–16.2.2006, Koblenz 2004.

für die Kunst des Mittelalters und war ein äußerst wortgewandter Fürsprecher für Gotik und Neugotik. Seine Veröffentlichungen, seine Mitgliedschaft in verschiedenen Vereinen, seine internationalen Kontakte und nicht zuletzt seine Kennerschaft sollten ihn zu einem bekannten Fachmann auf dem Gebiete der mittelalterlichen und der neugotischen Kunst machen. Er wurde eine der zentralen Schaltstellen im Netz der Gotik- und Neugotikbegeisterten in Deutschland, England, Frankreich, Holland und Belgien, die auf internationalen Kongressen, bei gegenseitigen Besuchen und mittels eines regen Briefverkehres ihr Wissen austauschten.[20] Reichensperger entwickelte Statuten für einen deutschlandweiten „Verein für katholische Kunst“, mit denen er im Juni 1851 an die Öffentlichkeit ging. Die Gründungen solcher christlichen Kunstvereine waren bereits auch in anderen europäischen Ländern initiiert worden bzw. erfolgten parallel zu den von Köln aus gesteuerten Bemühungen einer Vereinsgründung.[21] Reichensperger sah vor, dass „in möglichst engem Anschluss an die Vorschriften, die Traditionen und die bestehende Organisation der Kirche, sowie an anerkannte Musterwerke“[22] eine Förderung der christlichen Kunst in allen Gattungen erfolgen sollte. In den einzelnen Diözesen sollten Zweigvereine gebildet werden, ein Zentralausschuss die Vereine koordinieren und eine Vereinszeitschrift herausgeben. Spitze einer jeden Organisation sollte der jeweilige Bischof sein. Ziel war die Erforschung, Erhaltung und „würdige“ Restaurierung der kirchlichen Kunstschätze und die Sorgfalt dafür, „dass bei neuen Anlagen und Anschaffungen dieselben im Plan und Ausführung ihrer Bestimmung und dem Geiste der Kirche entsprechen“.[23]

Im Jahr 1851 einigten sich auf der Versammlung des Katholischen Vereins Deutschlands in Mainz die Mitglieder auf eine selbstständige Stellung der Vereine, die unter den Schutz der Bischöfe gestellt werden sollten. Zudem wurde das von Friedrich Baudri herausgegebene *Organ für christliche Kunst* zum offiziellen Presseorgan erklärt.

20 Die engen Verbindungen innerhalb der Neugotik hat vor allem der Kongress in Leuven veranschaulicht. Vgl.: Jan De Maeyer/Luc Verpoest (Hg.): Gothic Revival. Religion, Architecture and Style in Western Europe 1815–1914. Proceedings of the Leuven Colloquium, 7.–10. November 1997, Leuven 2000, besonders Einleitung S. 12–13 sowie die Beiträge von Verpoest, S. 105–114, und Pantus, S. 133–138.

21 Nadine-Josette Chaline: La confrérie de Saint-Jean, in: De Maeyers/Verpoest: Gothic Revival (Anm. 20), S. 169–172. Zur Gründung von christlichen Kunstvereinen siehe auch August Reichensperger: Fingerzeige auf dem Gebiete der kirchlichen Kunst. Nebst einem Titelkupfer, 31 Tafeln mit 125 Abbildungen (nach Zeichnungen von V. Statz), Leipzig 1854, S. 113–124.

22 Organ 1 (1851), S. 44.

23 Ebd., S. 44.

Der erste Diözesanverein nach den vorgeschlagenen Statuten bildete sich in Paderborn.[24] Im Februar 1853 entstand schließlich auch in Köln der „Christliche Kunstverein" mit Weihbischof Baudri als erstem Präsidenten. Zu den Gründungsmitgliedern gehörten neben Friedrich Baudri u. a. die Architekten Vincenz Statz und Heinrich Nagelschmidt sowie der Maler und Konservator der Wallraf'schen Sammlung, Johann Anton Ramboux, und der Bildhauer Christoph Stephan.[25] Innerhalb des Vereins wurde ein Bauausschuss gebildet, dessen Aufgabe die Erhaltung und kunstgerechte Herstellung der alten Denkmale, die Sammlung ihrer baulichen und geschichtlichen Reste und schließlich die Errichtung von Neubauten nach kirchlichen Gesetzen war.[26] Mitglieder waren u. a. die Künstler Statz, Nagelschmidt und Ramboux sowie Friedrich Baudri als Vorsitzender.[27] Das Studium der Kunstgeschichte sollte durch Sammlungen, Vorträge und Veröffentlichungen besonders gefördert werden, um die „Verbreitung eines richtigen Geschmackes"[28] zu ermöglichen. Mit der Gründung des Diözesanmuseums im Jahr 1853 und der Eröffnung der Sammlung im neugotischen Gebäude am Domhof in Köln im Jahr 1860 wurde besonders dieser „pädagogische" Anspruch des Vereins zielstrebig verfolgt.

3. *Absicherung der Linie durch erzbischöfliche Verordnungen*

Im Erzbistum Köln wurden nun die Bemühungen um die regelrechte Erziehung der Auftraggeberschaft und der Künstler hin zu einer bestimmten Kunstrichtung zusätzlich durch erzbischöfliche Erlasse und Verordnungen abgesichert. Am 27. Juli 1852 veröffentlichte das Generalvikariat eine Verordnung, die die kirchenrechtliche Grundlage einer die gesamte Bautätigkeit im Erzbistum Köln bestimmenden Stilrichtung bildete.[29] Zunächst wird das „ernste Bestreben"[30] um die Neugotik besonders hervorgehoben – und sie damit auch ausdrücklich als „christliche Kunst" in den Vordergrund gestellt. Doch sollte das Engagement um die Kunst nun in korrekte Bahnen gelenkt werden:

24 Organ 2 (1852), S. 65–68.
25 Organ 3 (1853) (Beilage), S. 41–44.
26 Ebd., S. 42.
27 Organ 5 (1855) (Beilage), S. 135.
28 Organ 3 (1853) (Beilage), S. 43.
29 Verfahren bei kirchlichen Neubauten und Reparaturen, Erzbischöfliches Generalvikariat, 27. Juli 1852, abgedruckt bei und zitiert nach Dumont: Sammlung (Anm. 9), S. 230–232. Zu den Vorstellungen bei Neubauplanungen von Kirchen siehe auch Reichensperger: Fingerzeige (Anm. 20), S. 19–20.
30 Dumont: Sammlung (wie Anm. 9), S. 231.

> So wichtig und so anerkennenswerth dieses Bestreben auch ist, so schwierig und selten ist eine gründliche und sichere Kenntnis sowohl der ältern, noch vorhandenen Kunstdenkmäler, als auch der neu herzustellenden und zu schaffenden Kunstwerke in Architektur und Bildnerei. Es kann aber nach der Natur der Sache das Urtheil über ältere Werke sowohl, als über neue Kunstschöpfungen nothwendig nicht den einzelnen Kirchenvorständen überlassen, sondern es muß dieses Urtheil nothwendig den Sach- und Kunstverständigen anheimgegeben und einer möglichst allseitigen Prüfung unterworfen werden.[31]

Sach- und Kunstverständige – in Abgrenzung zu den laienhaften Kirchenvorständen – sollten also sicherstellen, dass die Pläne für Neubauten und Restaurierungen auch im Sinne einer „christlichen Kunst“ erfolgten. Deshalb wurde vorgeschrieben, das Kölner Generalvikariat in die Bauplanung rechtzeitig mit einzubeziehen:

> Hierzu aber, sowie ganz besonders zur Erbauung neuer Kirchen in einem reinen, unserm katholischen Cultus entsprechenden Stile wird vor allem anderen nothwendig sein, daß vor Anfertigung der erforderlichen Pläne, überhaupt vor allen vorbereitenden oder einleitenden Maßnahmen zuvörderst der geistlichen Behörde von dem eingetretenen Bedürfnisse oder von dem gefassten Entschlusse Kenntnis gegeben, und dabei die augenblickliche Lage der Sache, bezüglich der vorhandenen Baumittel, der Räumlichkeit, des Zustandes der alten Gebäulichkeiten usw. klar auseinander gesetzt werde.[32]

Doch nicht nur Kirchenbauten, auch die Planungen für Neubauten für die Wohnungen der Geistlichen sollten einer Kontrollinstanz vorgelegt werden:

> Auch der Wohnung des Geistlichen, insbesondere aber der Pfarrwohnung, soll man es ansehen, daß ihre Bestimmung mit kirchlichen Zwecken im Zusammenhange steht. Es kann dieses auch ohne besondere Vermehrung der Kosten in der Regel dadurch erreicht werden, daß man, statt die modernen, geradlinigen Bauformen anzuwenden, sich an gute Muster aus der Blüthezeit der christlichen Kunst anschließt und etwa durch Anbringung eines Heiligenbildes oder sonst eines christlichen Emblems auf die Bestimmung der Wohnung hindeutet.[33]

Ein weiterer Punkt bezog sich auf die zu verwendenden Baustoffe. Hier machte sich die Behörde ein Credo August Reichenspergers zu Eigen, für den die Steinsichtigkeit der Bauten auch konstruktive Wahrhaftigkeit bedeutete. Daher wandte er sich gegen jegliche architekturvortäuschenden Materialien wie beispielsweise

31 Dumont: Sammlung (Anm. 9), S. 231.
32 Ebd., S. 231.
33 Ebd., S. 231.

Stuck.[34] Zudem war Reichensperger ein ausgesprochener Feind des modernen Materials Gusseisen, dessen Verwendung für den Dachstuhl des Kölner Domes er erfolglos bekämpfte.[35]

Auch dazu machte die erzbischöfliche Verwaltung klare Vorschriften:

> Namentlich gilt dieses von Uebertünchungen und Uebermalungen mit Oelfarbe, gegen welche nicht eindringlich genug gewarnt werden kann, sowie von der Anwendung aller bloß auf Schein berechneter Surrogate, wie Gußeisen, Gyps, Holzgewölbe und dergleichen. Man soll nie vergessen, daß das oberste Gesetz der christlichen Kunst die Wahrheit ist, sowie daß das Echte, Gediegene und Gute in den bei weitem allermeisten Fällen, wenn man die Dauer in's Auge fasst, zugleich auch das Wohlfeilste ist.[36]

Einige Jahre später, im Juli 1861, sah sich die Behörde veranlasst, erneut darauf hinzuweisen, dass das Einholen der Genehmigung für künstlerische Arbeiten am oder im Kirchengebäude unbedingt notwendig sei:

> Die Oberaufsicht über die Gestalt, Einrichtung und Ausstattung der Kirchengebäude ist wie eine Pflicht, so auch ein unveräußerliches Recht der Kirchenbehörde, deren Prüfung und Entscheidung derartige Pläne ohne Ausnahme unterliegen, und welche nicht zugeben kann, daß die christliche Kunst in Kirchen und auf kirchlichen Stätten ihre Formen und Gebilde einem fremden, oft sogar entgegengesetzten Geiste entlehnt.[37]

4. *Neugotik als christliche Kunst*

Inspirationsquelle für die „christliche Kunst" sollten mittelalterliche Kunstschätze sein. Der „Verein für christliche Kunst" stellte dabei zunächst – vermutlich insbesondere durch das Engagement von August Reichensperger – besonders die Gotik als Vorbild in den Vordergrund. Dies soll an einigen Äußerungen gezeigt werden. Für Reichensperger war als Inspirationsquelle für Künstler „der edle, ernste, kerngesunde Styl des dreizehnten Jahrhunderts"[38] vorrangig. Dieses Primat favorisierte und propagierte schließlich auch das *Organ für christliche Kunst*:

34 Reichensperger: Fingerzeige (Anm. 20), S. 28–29.
35 Siehe dazu Thomas Schumacher: Großbaustelle Kölner Dom. Technik des 19. Jahrhunderts bei der Vollendung einer gotischen Kathedrale, Köln 1993, S. 459–462.
36 Dumont: Sammlung (Anm. 9), S. 232.
37 Ebd., Nr. 183 Nachsuchung der Genehmigung zu Kirchenbauten und Reparaturen, GV, 23. Juli 1861, S. 228–229, hier S. 229.
38 Reichensperger: Fingerzeige (Anm. 20), S. 24.

> Um dieses zu erreichen, genügt es auch nicht, aus der gothischen Periode überhaupt, wie sie je nach den verschiedenen Zeiten und Ländern uns entgegentritt, zu schöpfen, sondern wir müssen unsere Vorbilder aus der reinsten Zeit, dem XIII. Jahrhundert, und aus den Werken unseres Vaterlandes nehmen.[39]

Dabei wird übrigens diese Beschränkung damit begründet, dass ein fester „Ausgangspunkt" gewonnen werden soll, um das Handwerk auf dieser Grundlage neu auszubilden.[40]

Noch 1872 geht die Redaktion des Organs auf die Stilproblematik ein und entscheidet sich eindeutig für die Neugotik:

> Aber das glauben wir betonen zu sollen, dass die Gothik, als der letzte [...] berechtigte Ausläufer der christlichen Kunstweise, als die Efflorescenz einer mehr als tausendjährigen Kunstarbeit auf dem Untergrunde christlicher Ideen alle Vorzüge der voraufgegangenen Kunstweisen in sich schliesst, dieselben aber durch höhere Vergeistigung mittels des Spitzbogens um eine Stufe höher hinausführt und dass man sich desshalb eines Rückschritts [...] schuldig machen würde, wenn man nicht in dem gothischen Stile das reinste und vollendeste Muster des kirchlichen Baustiles anerkennen würde.[41]

Die mittels der gezielten Steuerung eingeführte und kontrollierte Kunstrichtung fruchtete im Erzbistum Köln schon bald. Bereits 1853 stellte das Organ triumphierend fest:

> Es gehört hier bereits mit zu den seltensten Ausnahmen, wenn eine Kirche nicht im gothischen Style gebaut wird, deren jetzt schon mindestens dreissig entworfen und in der Ausführung begriffen sind – ohne noch die vielen Kapellen und Restaurationsbauten in Anschlag zu bringen.[42]

Auch über das Erzbistum Köln hinaus lässt sich übrigens für andere Bistümer ein vergleichbares Engagement für die Neugotik feststellen. Im Erzbistum Trier, wo ebenfalls das Generalvikariat für Bausachen zuständig war, wurden beispielsweise gerne Architekten, die neugotisch bauten, für Sakralbauten verpflichtet.[43]

39 Organ 2 (1852), S. 118.
40 Ebd., S. 118.
41 Joseph van Endert: Zum XXII. Jahrgang, in: Organ 22 (1872), S. 3.
42 Organ 3 (1853) (Beilage), S. 166.
43 Franz Ronig: Zum Kirchenbau und zur Kirchenkunst des 19. Jahrhunderts im Bistum Trier, in: Martin Persch/Bernhard Schneider (Hg.): Auf dem Weg in die Moderne 1802–1880. Geschichte des Bistums Trier. Bd. 4, Trier 2000, S. 445–481.

Dazu gehörte neben den bekannten Schülern der Kölner Dombauhütte, Vincenz Statz und Friedrich Schmidt, auch Carl Friedrich Müller, ein Schüler des Kasseler Neugotikers Georg Gottlieb Ungewitter. Zudem war der Trierer Generalvikar und Weihbischof Johann Georg Müller eng mit August Reichensperger befreundet.[44] Er stammte – wie Reichensperger – aus Koblenz. Als Erzbischof von Münster ernannte Müller mit Hilger Hertel 1857 einen ausgewiesenen Neugotiker aus der Kölner Dombauschule zum Diözesanbaumeister.[45] Auch im Erzbistum Paderborn setzte sich in der Mitte des 19. Jahrhunderts die Neugotik als der bevorzugte Stil für katholische Kirchenbauten durch.[46] Die Anbindung nach Köln war durch die Besetzung des Bischofssitzes mit dem Kölner Priester Konrad Martin gegeben. Außerdem war auch Martin mit Reichensperger gut bekannt und stand mit ihm in Briefkontakt.[47] Als Diözesanbaumeister wurde mit Arnold Güldenpfennig 1856 ein Schüler der Berliner Bauakademie verpflichtet, der seine Kirchenbauten aber bevorzugt im neugotischen Stil errichtete.[48] In beiden Bistümern waren zwar schon vor der Jahrhundertmitte neugotische Bauten entstanden, doch erst mit der Besetzung der Diözesanbaumeisterstellen mit Hertel und Güldenpfennig in Münster bzw. Paderborn war der Weg für eine Bevorzugung der Neugotik frei.[49] Auch das *Westfälische Kirchenblatt für Katholiken*, das ab 1848 erschien, war ab der Jahrhundertmitte auf der Linie der Bischofsleitung und propagierte die Gotik als Musterstil der Kirchenbaukunst.[50] Zeitgleich wurde also in Köln, Münster und Paderborn die Neugotik als der favorisierte Baustil für die neu zu errichtenden Sakralbauten propagiert.

5. *Beispiele*

Der Eindruck des Vorherrschens der Neugotik im katholischen Sakralbau war also vor allem die Folge einer geschickten Personalpolitik. Im Erzbistum Köln wurde ein Architekt beinahe monopolartig mit Aufträgen betraut, die er – als überzeugter Neugotiker – eben alle in neugotischen Stilformen

44 Weyres: Katholische Kirchen (Anm. 4), S. 76.
45 Ursula Markfort: Die Sakralbauten der Baumeisterfamilie Hertel im Bistum Münster, Diss. TH, Mainz 1996, S. 13–16 und S. 302.
46 Hans Jürgen Brandt/Karl Hengst: Geschichte des Erzbistums Paderborn. Dritter Band. Das Bistum Paderborn im Industriezeitalter. 1821–1930, Paderborn 1997, S. 333 ff.
47 Norbert Aleweld: Franz Mündelein (1857–1926). Ein westfälischer Kirchenbaumeister am Ende des Historismus, Paderborn 2000, S. 18–19.
48 Aleweld: Mündelein (wie Anm. 47), S. 24.
49 Ebd., S. 16.
50 Brandt/Hengst: Geschichte (Anm. 46), S. 335.

ausführte. Wenn aber andere Architekten beauftragt worden waren, konnte er ihre Pläne, aufgrund seiner Befugnisse, in seinem Sinne korrigieren. Ich spreche von Vincenz Statz.[51] Ausgebildet unter Ernst Friedrich Zwirners Leitung an der Kölner Dombauhütte war er nicht nur Gründungsmitglied des „Vereins für christliche Kunst", sondern auch seit den 1850er Jahren als Gutachter in Bausachen – zunächst wohl ehrenamtlich – für den erzbischöflichen Stuhl tätig. Er war jene Instanz, der alle Pläne vorzulegen waren, abgesichert wurde seine Position durch die Ernennung zum Diözesanbaumeister im Jahre 1863. Zudem war er sehr eng mit August Reichensperger befreundet. Die Freundschaft bestand seit Herbst 1841 und basierte vermutlich auf ihrem beiderseitigen Engagement für den Domweiterbau.[52] Und dass beide gemeinsam über viele Kirchenbauprojekte berieten, zeigt eine späte Äußerung von Statz aus dem Jahr 1895 dazu:

> Der Kirchenbau war nun Hauptsache geworden; fast täglich kamen Aufträge, und an Reichensperger richtete alle Welt Anfragen und Bitten um Rathschläge. Er kam dann mit den Plänen zu mir, und wir hielten gemeinsam Kritik. Und so haben wir denn im Interesse der guten Sache Tausende von Plänen begutachtet.[53]

Im Jahr 1854, zeitgleich zu Statz' regelmäßiger Tätigkeit als Gutachter für kirchliche Bauprojekte, erschienen die *Fingerzeige auf dem Gebiete der kirchlichen Kunst* von August Reichensperger. Sie können als Musterbeispiel des Zusammenspiels von Theoretiker und Praktiker bezeichnet werden. Denn Vincenz Statz lieferte für Reichenspergers Buch die dazugehörigen Bildtafeln.[54] Das hier gezeigte Titelbild, das einen Geistlichen und einen jungen Wanderer (oder vielleicht einen Baumeister?) vor einem reichen, spätgotischen Portal zeigt, kann auch als Freundschaftsbild der beiden Männer gedeutet werden. Auf den beiden Steinblöcken auf der linken Seite hat Statz nicht nur seine Initialen, sondern auch die von Reichensperger eingemeißelt. Reichensperger propagierte Statz' Werdegang, der handwerklich geprägt war, als Paradebeispiel einer neugotischen Architektenausbildung: Statz hatte nie die Bauakademie

51 Zu Vincenz Statz immer noch Hans Vogts: Vincenz Statz (1819–1898). Lebensbild und Lebenswerk eines Kölner Baumeisters, Mönchengladbach 1960.

52 Ludwig Pastor: August Reichensperger (1808–1895), sein Leben und sein Wirken auf dem Gebiet der Politik, der Kunst und der Wissenschaft, mit Benutzung seines ungedruckten Nachlasses, 2 Bände, Bd. 1, Freiburg i. Br. 1899, S. 171–172.

53 Pastor: Reichensperger, 1. Band (Anm. 52), S. 172.

54 Reichensperger: Fingerzeige (Anm. 20). Vgl. auch Claudia Grund: Deutschsprachige Vorlagenwerke des 19. Jahrhunderts zur Neuromanik und Neugotik. Eine kritische Bibliographie auf der Grundlage der Bestände der Universität Eichstätt, Wiesbaden 1997, Kat. 87, S. 183–184. In erster Linie wandte sich der Band an diejenigen, die den Neubau oder die Restaurierung von Kirchen zu verantworten hatten.

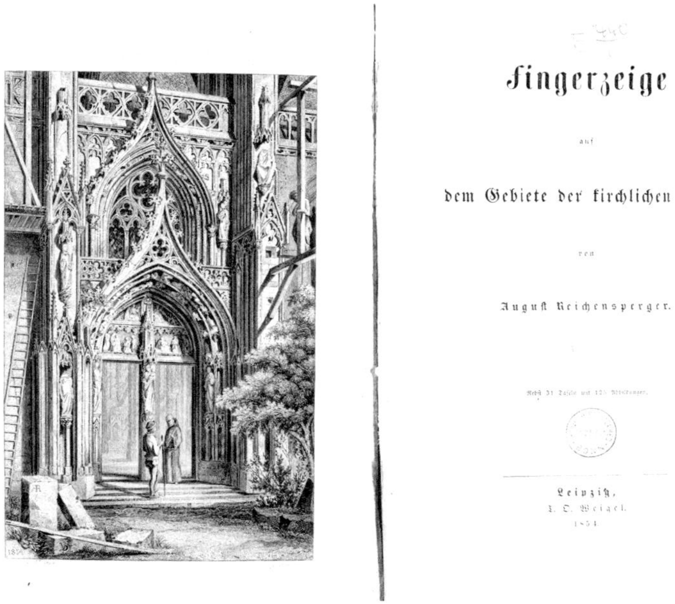

Fingerzeige

auf

dem Gebiete der kirchlichen Kunst

von

August Reichensperger.

Nebst 31 Tafeln mit 125 Abbildungen.

Leipzig,
T. O. Weigel.
1854.

Abb. 1: Titelblatt aus August Reichensperger: Fingerzeige auf dem Gebiete der kirchlichen Kunst. Nebst einem Titelkupfer, 31 Tafeln mit 125 Abbildungen (nach Zeichnungen von V. Statz), Leipzig 1854 (Repro)

besucht und auch keine staatliche Prüfung abgelegt. Ganz im Sinne einer Bauhütten-Idee setzte Reichensperger Statz' praktische Erfahrungen aus der Dombauhütte in Verbindung zur Ausbildung der mittelalterlichen Architekten und in den Gegensatz zu den akademisch geschulten, „verkopften" Baumeistern der staatlichen Hochschulen. Die *Fingerzeige* sind explizit an die Auftraggeberschaft sakraler Kunst gerichtet, sollen klarstellen „was man zu thun und zu lassen hat"[55] und „dem ausführenden Meister bei dem Mangel an guter Muster zur Richtschnur dienen".[56] Der Band beschäftigt sich dabei nicht nur mit Kirchenbauten, sondern auch mit Wohnbauten für Geistliche – wie es der zitierte Erlass ja ebenfalls tat.

Schon 1846 hatte Reichensperger in einer Veröffentlichung die Gestaltung mittelalterlicher Häuser als Vorbild für Wohnbauten in Erinnerung gerufen: Ein Christenhaus habe sich durch einen frommen Spruch, das Aufstellen eines

55 Reichensperger: Fingerzeige (Anm. 20), S. III.
56 Ebd., S. III.

Abb. 2: Tafel XXVI aus August Reichensperger: Fingerzeige auf dem Gebiete der kirchlichen Kunst, Leipzig 1854 (Repro)

Schutzpatrons oder einer Hausmadonna auf einer Konsole mit Baldachin nach außen erkennen zu geben.[57] „Von dem Hausschlüssel an, bis hinauf zu der Wetterfahne“[58] seien die Bauten künstlerisch gestaltet und Ausdruck der Meisterhand des Besitzers gewesen.

Dass diese Ideen auch tatsächlich baulich umgesetzt wurden, zeigt die Gegenüberstellung des „Idealbaus“ aus den *Fingerzeigen* und der Fassadenzeichnung von Friedrich Baudris Wohnhaus in der Mohrenstraße in Köln, das er sich von Vincenz Statz 1853 bis 1854 bauen ließ. Neben der Steinsichtigkeit und der symmetrischen Aufteilung der Fassade sind es besonders der Treppengiebel und die Zinnen, die die augenscheinlichen Gemeinsamkeiten der Häuser ausmachen. Weiterhin erhalten beide Bauten durch Wappenfelder ihre Individualität.

57 August Reichensperger: Ueber den Bau unserer Wohnungen (1846), in: Ders.: Vermischte Schriften über christliche Kunst, Leipzig 1856, S. 409–419, hier S. 410.

58 Reichensperger: Wohnungen (Anm. 57), S. 412.

Abb. 3: Haus Baudri, Mohrenstraße 19, Vincenz Statz, 1853–1854 (Planungen 1852) (Repro aus: Hans Vogts, Vincenz Statz [1819–1898]. Lebensbild und Lebenswerk eines Kölner Baumeisters, Mönchengladbach 1960, Abb. 30, S. 82 [Organ f. christl. Kunst]

Besonderer Wert wurde natürlich auf den Bau von Kirchen und Kapellen gelegt. Reichensperger sieht als die beste Grundrissform „das längliche Viereck mit vorspringendem nach Osten gerichteten (orientirtem) Chore, welches besondere Fenster erleuchten".[59] Ebenso seien Vorhalle und Querschiff zu empfehlen, bei einer größeren Kirche sollte in der Breite und der Höhe eine Dreiteilung erfolgen, die Schiffe überwölbt und der Haupteingang in die Westfront gelegt werden.[60] Neben der stilistischen Festlegung auf das 13. Jahrhundert wurden selbstverständlich auch bei den Kirchenbauten die Steinsichtigkeit und damit die Wahrhaftigkeit propagiert. Eine neugotische Musterkapelle, jedoch ohne Querschiff, hielt selbstverständlich auch Einzug in die *Fingerzeige*. Es handelt sich um eine zweijochige Saalkirche mit Kreuzrippengewölbe und einem rechteckigen Chor, der von allen drei Seiten beleuchtet wird. Die Fassade ist symmetrisch aufgebaut mit abgestuften Strebepfeilern an den beiden Seiten und einem offenen Glockenstuhl.

59 Reichensperger: Wohnungen (Anm. 57), S. 26.
60 Ebd., S. 27.

Abb. 4: Tafel III August Reichensperger: Fingerzeige auf dem Gebiete der kirchlichen Kunst, Leipzig 1854 (Repro)

Auch hier lassen sich erstaunliche Übereinstimmungen zu den von Statz gebauten Kapellen feststellen. In Köln-Ehrenfeld beispielsweise baute Statz 1860 eine Kapelle, die durch die Dreiteilung der Fassade und den offenen Glockenstuhl viele Ähnlichkeiten mit dem „Muster" aufweist. Auch die erste neugotische Kapelle in Köln, damals St. Marien in Köln-Nippes, heute St. Heinrich und Kunigund, zeigt in ihrer Fassadengestaltung ein ganz ähnliches Schema, wie es vier Jahre später in den *Fingerzeigen* als mustergültig publiziert wurde. Diesem Bau kommt eine ganz besondere Bedeutung zu. 1847 lieferte Statz – angeblich unaufgefordert – der Kirchengemeinde die ersten Entwürfe.[61] Der Gemeinde sollte gezeigt werden, dass auch ohne großen Kostenaufwand neugotisch gebaut werden kann. Die Neugotik galt aufgrund der Anforderungen an die Steinmetze als kostspieliger im Vergleich zu anderen Bauweisen. Den Stellenwert dieses Projektes unterstreicht auch die Tatsache, dass das *Organ* sozusagen exklusiv über

61 E[rnst]W[eyden]: (Correspondenz-Nachrichten. Köln.), in: Kölner Domblatt 34/1847, 31.10.1847.

Abb. 5: Titelbild Organ für christliche Kunst, 1855 (Repro)

den Bau berichtete: Die erste Bildbeigabe, die in der Zeitschrift erschien, war die Abbildung der kleinen Kapelle in Köln-Nippes. Nach Ansicht der Redaktion des *Organs* war der Bau in der Lage, „an einem lebendigen Beispiele zu beweisen, dass bei sehr geringen Mitteln dennoch eine solide, in allen Theilen schön und würdig ausgeführte Kirche gebaut werden kann, wenn die Sache auf die rechte Art angegriffen und mit warmer, religiöser Gesinnung gefördert wird“.[62]

Noch einmal zurück zu den Wohnbauten. Auf die Bedeutung des von Friedrich Baudri herausgegebenen *Organs für christliche Kunst* wurde nun schon mehrmals hingewiesen. Interessant ist, dass sich diese Bedeutung auch künstlerisch widerspiegelt. Schaut man sich nämlich den von Vincenz Statz entworfenen (ursprünglichen) Titel der Zeitschrift genauer an (er wurde 1856 geändert), dann fallen die beiden Wohnbauten auf der rechten Seite auf. Diese Bauten sind mit kleineren Abweichungen von Statz auch tatsächlich errichtet worden:

Zunächst – wie schon gezeigt – für Baudri selbst. Das repräsentative Wohnhaus, das sich Statz 1867 in der St.-Apern-Straße in Köln errichtete[63], weist erstaunliche Ähnlichkeiten zu dem Wohnhaus auf dem Titel der Zeitschrift auf. Es ist ebenfalls dreigeschossig, hat einen Zinnenkranz als Abschluss und die charakteristischen Eckwarten.

Es ließen sich noch zahlreiche andere Bauten hinzuziehen, die die praktische Umsetzung der in den *Fingerzeigen* und im *Organ für christliche Kunst* propagierten künstlerischen Ideen durch Vincenz Statz zeigen. Die hier

62 Organ 1 (1851), S. 33.
63 Siehe auch Wolfram Hagspiel: Das „St.-Claren-Viertel“ – seine bauliche und städtebauliche Entwicklung bis zur Gegenwart, in: Werner Schäfke (Hg.): Am Römerturm. Zwei Jahrtausende eines Kölner Stadtviertels, Köln 2006, S. 205–252, hier S. 245–247.

Abb. 6: Haus des Baumeisters Statz in der St.-Apern-Straße 28–30, Vincenz Statz 1867 (Inschr.), Fotografie um 1895 (Köln, Kölnisches Stadtmuseum, Grafische Sammlung, Inv.-Nr. KSM 1970/291; Foto: Rheinisches Bildarchiv, rba_mf039842)

gezeigte Auswahl macht recht deutlich, wie eng die Verbindungen zwischen August Reichensperger, Friedrich Baudri und Vincenz Statz gewesen sind. Diese wurden durch die erzbischöfliche Behörde zusätzlich gesichert, indem diesbezügliche Verordnungen zum kirchlichen Bauwesen erlassen wurden und Statz 1863 mit der entsprechenden Kompetenz durch seine Ernennung zum Diözesanbaumeister ausgestattet wurde. Vincenz Statz konnte dadurch – zumindest theoretisch – sämtliche Baumaßnahmen im Erzbistum beeinflussen. Dabei wird auch den Bauherren nicht entgangen sein, dass die Entwürfe fremder Architekten länger bei der Genehmigung festsaßen, die von Statz dagegen postwendend gebilligt wurden.[64] Dies mag dazu beigetragen haben, dass die Bauherren dazu übergingen, direkt Vincenz Statz als Architekten zu beauftragen.

Das Generalvikariat scheint ab Mitte der 1850er Jahre ausdrücklich Statz als Architekten für Baumaßnahmen oder als Berater den Kirchenvorständen im

64 Willy Weyres: Die Kölner Dombauhütte und die Neugotik im Rheinland, in: Kölner Domblatt 41 (1976), S. 195–214, hier S. 208.

ganzen Bistum empfohlen zu haben.[65] Statz wiederum schlug dann Künstler oder Handwerker für Arbeiten vor, die er selbst nicht ausführen konnte.[66] Eng arbeitete er vor allem mit Friedrich Baudris Glasmalereiwerkstatt zusammen. Für zahlreiche Statz'sche Kirchenbauten lieferte dieser die Glasfenster.[67]

Dass bei der Auftragsvergabe tatsächlich diese engen Verbindungen eine Rolle spielten, belegt auch ein undatierter, am 18. Juli 1854 zu den Akten gegebener Brief an das Generalvikariat. Dieses – anonyme – Schreiben ist nur mit „seiner Eminenz unterthänigste Architekten und Meister“ unterzeichnet. Es beweist, dass die engen Verflechtungen zwischen den genannten Protagonisten der Neugotik tatsächlich bestanden und man – überspitzt – von einem regelrechten „neugotischen Klüngel“ sprechen kann, der die Kunstrichtung im Erzbistum Köln bis in die 1880er Jahre hinein geprägt hat:

> An Seine Eminenz den Hochwürdigsten Herrn Kardinal-Erzbischof von Köln
>
> Der Maurermeister Vinzenz Statz wird allenthalben und jederzeit bei Bauten an Kirchen und Klöstern vom hohen General-Vikariate [...] den Kirchenvorständen aufgedrängt und erklärlicher Weise von letzteren als Untergebenen auch angenommen. Aber was sind die Folgen davon? Das ist die ungeheure Erbitterung des gesammelten Handwerkerstandes. Warum sind die denn so erbittert? Eben durch diese schmähliche Bevorzugung und Begünstigung von Seiten des geistlichen Regiments! Und diese Erbitterung ist so weit gediehen, daß der Wunsch fast jedem Herzen sich aufdrängt, daß in Bausachen das weltliche Regiment doch wieder an die Stelle des geistlichen treten möchte, da doch in jenem eine bei Weitem größere Unparteilichkeit herrschte. Der Hr. Statz macht nun bei diesen Bauten auch so nebenbei noch ein großartiges Geldgeschäft [...] – an diesen Statz-Finanzen sollen auch betheiligt sein Hr Maler Baudri, dessen Hochwürdigster Herr Bruder und ein anderer weltlicher Beamter von hohem Ansehen! Obschon wir für unseren Theil diese Betheiligung für ein schlechtes Märchen halten, so ist doch so und nicht anders die Fama mit ihrem Gezüngel --. Und welcher Schaden wird bei den katholischen Gläubigen angerichtet durch das Ärgernis, welches eine geistliche Behörde gibt, in dem sie sich einer groben Parteilichkeit und des Verdachts eines Klüngels schuldig macht [...]! Dazu kommt auch noch der ganz gewaltige Umstand, daß die hohe Geistlichkeit gar nicht einmal zusieht, ob ein solcher Herr Statz auch kirchlich gesinnte Meister

65 Als 1854 beispielsweise für die Pfarrkirche St. Laurentius in Bergisch Gladbach eine neue Orgel hergestellt werden sollte, wurde dem Kirchenvorstand ausdrücklich eine Zusammenarbeit mit Vincenz Statz empfohlen. Siehe: Schreiben des Generalvikariats an den Kirchenvorstand vom 8. Mai 1854, in: PfA St. Laurentius Bergisch Gladbach, Nr. 418.

66 Im erwähnten Falle des Orgelbaus der Pfarrkirche St. Laurentius in Bergisch Gladbach empfahl er beispielsweise dem Kirchenvorstand den Bildhauer Stephan, ebenfalls im „Verein für Christliche Kunst“ engagiert. Schreiben von Statz an den Kirchenvorstand vom 1. Dezember 1854, in: PfA St. Laurentius Bergisch Gladbach Nr. 418.

67 Vgl.: Ludwig Gierse: Die neugotischen Glasmalereien aus der Kölner Werkstatt von Friedrich Baudri am unteren Niederrhein. Insbesondere die Fenster der katholischen Pfarrkirche St. Peter und Paul in Straelen, in: Geldrischer Heimatkalender 1997, S. 145–158.

aus dem Herzen Christi anstelle oder einen solchen, der bei jeder Gelegenheit über Gott und seine Kirche und deren Diener geschimpft und sie auf alle mögliche Weise gelästert. [...] Daß alle Lobhudeleien in den Zeitungen über Statz aus bestochener Hand kommen, wie Fama spricht, ist nicht sehr zu bestreiten, weil andere Architekten und Werkmeister bei schön ausgeführten Kirchenbauten [...] gar nicht genannt wurden; und welche Schulbildung hat denn Hr Statz? O! wehe! Welche Hülfswissenschaften aus der Naturlehre versteht denn H. Statz: o! Wehe! Was außer seiner Gothik? [...] Seiner Eminenz unterthänigste Architekten und Meister.[68]

68 Schreiben (ad acta 18. Juli 1854), in: AEK, CR 27.18,1.

Preußische Großstadt vor dem Aufbruch

Eine Selbstvergewisserung des katholischen Kölns im Kulturkampf (1877)[1]

Joachim Oepen

1. Mai 1877: Der Kölner Weihbischof Johann Baudri (1804–1893) begeht sein Goldenes Priesterjubiläum und erhält zu diesem Anlass eine Glückwunschadresse von Seiten des katholischen Kölns – an sich kein Umstand, der es rechtfertigen würde, sich im Abstand von rund 140 Jahren gleich zweimal mit dieser Glückwunschadresse zu beschäftigen.[2] Gewiss bekleidete Baudri als Generalvikar (1846–1876) und Weihbischof (1850–1893) keine unbedeutenden Ämter in der Kölner Kirche, stand aber eben nicht als Erzbischof an der Spitze der Diözese. Zudem waren solche prachtvoll und aufwendig ausgestatteten, zu feierlichen Anlässen (meist Jubiläen) an hochstehende Persönlichkeiten gerichtete Gruß- und Glückwunschadressen im 19. Jahrhundert alles andere als eine Seltenheit. Und dennoch verdient die Glückwunschadresse für Baudri aufgrund der Entstehungshintergründe und des Quellenwertes ein besonderes Augenmerk.

1. *Hintergründe, Beschreibung und Inhalt der Glückwunschadresse*

Als Baudri 1877 sein Priesterjubiläum beging, standen in Preußen die Zeichen im Verhältnis zwischen Staat und Kirche nach wie vor auf Sturm; die Siedehitze des Kulturkampfes war schon seit einiger Zeit erreicht. Insbesondere galt

1 Ein 2011 erschienener Beitrag zum gleichen Thema war dem 2010 verstorbenen Kollegen Wolfgang Schmitz gewidmet und ist Teil der Festschrift zum 75. Geburtstag des Kölner Domkapitulars und Historikers Prof. Dr. Norbert Trippen, der am 19. April 2017 verstorben ist. Daher sei mit diesem Beitrag an Norbert Trippen erinnert.

2 In einem ersten Beitrag Joachim Oepen: Das katholische Köln. Eine Glückwunschadresse für den Kölner Weihbischof Baudri 1877, in: Heinz Finger/Reimund Haas/Hermann-Josef Scheidgen [Hg.]: Ortskirche und Weltkirche in der Geschichte. Kölnische Kirchengeschichte zwischen Mittelalter und Zweitem Vatikanum. Festgabe für Norbert Trippen zum 75. Geburtstag, Köln/Weimar/Wien 2011, S. 437–464) wurde die im AEK befindliche Glückwunschadresse inhaltlich vorgestellt und von den Entstehungshintergründen analysiert. Eine seinerzeit angekündigte weitergehende Auswertung erfolgt mit dem vorliegenden Beitrag, der sich im ersten und zweiten Teil auf den Beitrag von 2011 stützt und daher weitgehend auf Belege verzichtet.

Erzbischof Paulus Melchers (1866–1885) weit über Köln hinaus als Symbolfigur des kirchlichen Widerstandes. Nach zwei Pfändungen, einer aufsehenerregenden Verhaftung und einer halbjährigen Gefängnisstrafe hatte sich der Erzbischof einer drohenden zweiten Festnahme 1875 durch Flucht entzogen, woraufhin die staatlichen Behörden ihn für abgesetzt erklärten. Auch Baudri hatte unter den Folgen des Kulturkampfes zu leiden, musste er in jenen Jahren doch ebenfalls eine Folge von Anklagen, Verurteilungen, Pfändungen u. ä. über sich ergehen lassen, galt zudem wie der Erzbischof als Generalvikar abgesetzt und als Weihbischof gesperrt. Gleichwohl blieb Baudri eine Schlüsselfigur für die Kölner Kirche und die Verwaltung des Erzbistums, die teils mit Hilfe von Geheimdelegaten durchgeführt wurde.

Was lag da für das katholische Köln näher, als das goldene Priesterjubiläum des Weihbischofs und Generalvikars zu nutzen, um die Verbundenheit zur Kirche in besonderer und öffentlichkeitswirksamer Weise zum Ausdruck zu bringen? Das scheint mit Delegationen aus dem gesamten Erzbistum und einem Festmahl von mehreren hundert Personen auch gelungen zu sein, wenn man jedenfalls der kirchennahen Presse Glauben schenken darf. Die Feierlichkeiten begleiten mehrere Glückwunschadressen u. ä., von denen die hier zur Rede stehende wohl die aufwendigste war, und zwar sowohl hinsichtlich der materiellen Ausstattung als auch organisatorisch, hatten die Initiatoren am Ende doch mehr als 1.000 Namen zusammengetragen, von denen 893 Personen eigenhändig unterzeichneten. Wenn die in dem Beitrag von 2011 angestellten Überlegungen richtig sind, ist es innerhalb von weniger als einem Monat gelungen, diese Unterschriften zusammenzutragen. Dennoch war Vollständigkeit in dieser doch eher kurzen Frist offenbar nicht zu erreichen. Das zeigen die Fehlquoten bei den Kirchenvorständen und Gemeindevertretungen, deutlicher aber noch die Tatsache, dass bei 18 angekündigten „Konferenzen" des Elisabethvereins tatsächlich nur zwölf durch Unterschrift vertreten sind.[3]

Rund 1.300 Mark dürfte die Adresse gekostet haben, was mehr als das Jahresgehalt eines Kanzleidieners im preußischen Staatsdienst ausmacht. Dementsprechend aufwendig war die materielle Ausstattung der Glückwunschadresse mit einem Einband aus Samt, Leder und mit in Messing gefassten (Glas-?)Perlen sowie den Wappen Baudris und der Stadt Köln, mit Messingschließen und einem gemusterten Goldschnitt, den kalligraphisch gestalteten Texten und den historistischen

3 Auf dem entsprechenden Schmuckblatt (fol. 34) sind in kalligraphischer Schrift die Präsidentinnen der 18 Konferenzen des Vereins in den einzelnen Pfarrgemeinden angekündigt, doch statt diesen unterschrieben nur zwölf Präsidentinnen, davon bei sechs zusätzlich die Vizepräsidentinnen.

Abb. 1: Die reichillustrierte Titelseite der Glückwunschadresse mit einer Darstellung Kölns (Köln, Historisches Archiv des Erzbistums Köln)

Miniaturmalereien. Mit dem Goldschmied Gabriel Hermeling war nicht zuletzt ein renommierter Kölner Künstler an der Anfertigung der Andresse beteiligt.

Inhaltlich hat die Glückwunschadresse einen klaren Aufbau: Die ersten beiden Blätter – anders als die nachfolgenden Blätter (Karton) aus Pergament – weisen den reich verzierten *Widmung*stext (fol. 1) und einen *Glückwunsch*text (fol. 2) auf, den die 25 Mitglieder eines eigens zusammengestellten Festkomitees unterschrieben. Auf je eigenen Blättern folgen dann

- Unterschriften von Klerus und Angehörigen der *Dompfarrei* (fol. 3);
- Unterschriften von *Abgeordneten* des Deutschen Reichstags, des Preußischen Abgeordnetenhauses und der Kölner Stadtverordnetenversammlung, durchweg dem Zentrum angehörend (fol. 4);
- Unterschriften von Klerus, Kirchenvorstand, Gemeindevertretern aller 19 Kölner *Pfarrgemeinden* mit Ausnahme von St. Peter[4] und der Dompfarrei[5] (fol. 5–21);

4 Warum St. Peter als einzige Pfarrgemeinde fehlt, ist nicht ersichtlich.

5 Siehe jedoch die Unterschriften der Dompfarrei fol. 3; die Dompfarrei hatte keinen Kirchenvorstand und keine Gemeindevertretung.

- Namen von Ordensfrauen bzw. Unterschriften von Ordensmännern von fünf Kölner *Ordensgemeinschaften*[6] (fol. 22–26);
- Unterschriften von Mitgliedern oder Vorständen von insgesamt 22 *kirchlichen bzw. kirchennahen Vereinigungen* auf Stadtebene: Kongregationen, Vereine u. a. (fol. 27–45).

Wie in der Adresse selbst zu lesen ist, war es das Ziel der im Festkomitee zusammengeschlossenen Organisatoren, dem Weihbischof Glückwünsche von der gesamten „katholische[n] Bürgerschaft Cölns"[7] zu überbringen. Das ist dem Festkomitee durchaus gelungen, denn wie die obige Aufstellung erkennen lässt, ist das katholische Köln doch in großer Geschlossenheit in der Glückwunschadresse vertreten. Dass die Zahl der Ordensgemeinschaften – teilweise mit mehreren Niederlassungen in der Stadt – insgesamt recht klein ist, hängt mit der damaligen Situation der Klöster zusammen. In Folge der ordensfeindlichen Kulturkampfgesetzgebung seit 1872 waren allein in der Stadt Köln sieben Klöster aufgehoben worden, bestehen bleiben konnten nur krankenpflegende Gemeinschaften. Beeindruckend sind hingegen für den Bereich der Pfarrgemeinden – mit St. Peter fehlt nur eine einzige vollständig – die Quoten der durch eigenhändige Unterschrift vertretenen Mitglieder der Kirchenvorstände (96 %) und Gemeindevertretungen (87 %). Die niedrigere Quote bei den Gemeindevertretungsmitgliedern ist womöglich mit den organisatorischen Schwierigkeiten zu erklären, galt es hier doch, mehr als 440 Unterschriften zusammenzutragen.[8]

Sieht man von den rund 150 Ordensfrauen und -männern ab, deren Namen in Verbindung mit den genannten fünf Klostergemeinschaften aufgeführt sind, dann enthält die Glückwunschadresse Namen oder Unterschriften von lediglich 84 Geistlichen gegenüber 797 Laien, darunter immerhin 39 Frauen. Initiative und Ausrichtung der Adresse waren also eindeutig eine Sache der katholischen Laien. Die Zusammensetzung des Festkomitees unterstreicht diesen Eindruck noch, findet sich doch auch hier kein einziger Geistlicher. Auch bei sieben der insgesamt 22 Vereinigungen gehört kein Kleriker zu den Unterzeichnern.[9] Überhaupt sind

6 Es fehlen drei sehr kleine Ordensniederlassungen von maximal vier Schwestern, sodann aber das Cellitinnenkloster in der Kupfergasse; auch hierfür ist ein eindeutiger Grund nicht erkennbar.

7 Glückwunschadresse, fol. 2.

8 Signifikant sind lediglich die Zahlen für St. Alban und St. Maria in der Kupfergasse, wo elf von 24 bzw. 14 von 24 Gemeindevertretungsmitgliedern die Adresse unterzeichneten. Lässt man diese Zahlen unberücksichtigt, ergibt sich bei den Gemeindevertretungen der übrigen 15 Pfarrgemeinden eine Beteiligung von 91 %.

9 Kongregation der Marienkinder höherer Stände; Verein vom hl. Vinzenz von Paul; Bürgergesellschaft; Paulusverein; Clemensverein; kath. Volksverein; Bürgerkomitee.

die 84 Geistlichen allesamt in konkreten Funktionen als Pfarrer, Präsides, Klosterkommissare o. ä. vertreten, nicht aber als eigene Korporationen[10] – sowohl das Kollegium der Kölner Stadtpfarrer wie auch das Domkapitel tauchen nicht auf.

2. *Quellenwert*

Die Glückwunschadresse für Weihbischof Baudri stellt also ein außerordentliches Spiegelbild des katholischen Kölns dar, näherhin vor allem der Laien, also des katholischen Bürgertums der Stadt, das einen gewichtigen Anteil an der gesamtstädtischen Gesellschaft bildet. Abgebildet sind weniger die breite Masse Kölner Katholiken, sondern eher die führenden Köpfe in den Vereinen und kirchlichen Gremien – das aber mit fast 800 Personen in einer beeindruckenden Breite. Diese Momentaufnahme eines wichtigen Segments der städtischen Gesellschaft Kölns fällt in die Jahre unmittelbar vor Niederlegung der mittelalterlichen Stadtmauer (1881). Durch dieses Ereignis und seine Folgewirkungen beschleunigte sich der Urbanisierungs- und Modernisierungsprozess der Stadt rapide. Das hatte Konsequenzen für alle Bereiche des städtischen Lebens und des gesellschaftlichen Umfeldes, auch und gerade im kirchlichen Bereich. Köln entwickelte sich „von einer noch mittelalterlich geprägten regionalen Metropole im Rheinland zu einer modernen, urbanen Großstadt".[11] Analog zum Titel der Ausstellung von 1988 „Großstadt im Aufbruch"[12] kann man bei der Glückwunschadresse von einem Bild der katholischen „Großstadt vor dem Aufbruch" sprechen.

In diesem Sinne ist mit Hilfe der Adresse eine in Teilen vollständige Übersicht über die katholischen Laien und deren Organisationen möglich, wie sie sonst in den Quellen nicht überliefert ist: Während entsprechende amtliche Verzeichnisse über den Klerus vorhanden sind, ist die Quellenlage etwa für die Kirchenvorstände und Gemeindeversammlungen insbesondere für die 2. Hälfte des 19. Jahrhunderts äußerst ungünstig. Gleiches gilt für die einzelnen in der Adresse vertretenen Vereinigungen. So boten sich Untersuchungen des in der Adresse

10 Eine gewisse Ausnahme bildet der Borromäusverein (fol. 41), auf dessen Blatt neben dem Schriftführer und Schatzmeister 17 Kapläne bzw. Pfarrer aus den einzelnen Pfarrgemeinden unterschrieben. Dies hat indessen seine Ursachen in der Struktur des Vereins, vgl. Jürgen Herres: Städtische Gesellschaft und katholische Vereine im Rheinland 1840–1870, Essen 1996, S. 151.

11 Gebhard Aders u. a.: Großstadt im Aufbruch. Köln 1888. Ausstellung des Historischen Archivs der Stadt Köln, Köln 1988, S. 9 (Eberhard Illner); den Prozess der Großstadtwerdung Kölns skizzierte mit den unterschiedlichen Facetten zuletzt: Thomas Mergel: Köln im Kaiserreich. 1871–1918, Köln 2018, vor allem S. 117–433.

12 Aders u. a.: Großstadt (Anm. 11).

Abb. 2: Glückwunschadresse mit den Unterschriften der Mitglieder des deutschen Reichstages, des preußischen Abgeordnetenhauses und des Stadtverordnetenkollegiums (Köln, Historisches Archiv des Erzbistums Köln)

abgebildeten Spektrums des kirchlichen Vereins- und Kongregationswesens sowie der pfarrlichen Gremien der Kirchenvorstände und Gemeindevertretungen an.

Hinausgehend über den reinen Informationswert der Adresse – so kann beispielsweise ermittelt werden, aus wie vielen und welchen Personen sich ein konkreter Kirchen- oder ein Vereinsvorstand zusammensetzte – lag eine genauere Analyse der Vielzahl von Unterschriften geradezu auf der Hand. Dazu wurde der Versuch unternommen, sämtliche Namen der 526 in der Adresse unterschreibenden Kirchenvorstands- und Gemeindevertretungsmitglieder in den Kölner Adressbüchern von 1876 und 1877[13] zu verifizieren, was in 500 Fällen (95 %) auch gelungen ist.[14] Da die Adressbücher Berufsangaben enthalten, sind bereits erste Aussagen über die soziale Stratifikation des katholischen Bürgertums möglich. Für

13 Adreßbuch für Köln, Deutz und Mülheim a. Rh. sowie der Umgebung Köln's, 23. Jahrgang, hg. von W. Greven's Söhne, Köln 1877, sowie unter dem gleichen Titel das Adressbuch 1876 (22. Jahrgang, Köln 1876).

14 Eine Identifizierung der Mitglieder beider pfarrlichen Gremien wird erheblich dadurch erleichtert, dass die jeweiligen Personen innerhalb des Pfarrbezirks wohnen mussten. Indessen bleiben trotz dieses Vorteils Unterschriften wie „J. Schmitz" (Kirchenvorstandsmitglied St. Jakob) nicht näher identifizierbar.

eine noch eingehendere Analyse bietet sich als zweite Quelle schließlich die Bürgerrolle des Jahres 1877 an,[15] in der alle Wahlberechtigten für die Stadtverordnetenversammlung und das Preußische Abgeordnetenhaus aufgeführt sind. Bekanntlich galt im gesamten Rheinland seit 1845 das kommunale Dreiklassenwahlrecht, sodass in der Bürgerrolle für jeden dort aufgeführten Wähler die Zugehörigkeit zu einer der drei Wählerklassen zu ermitteln ist. Auf diese Weise sind aussagekräftige Auswertungen über die Zusammensetzung des katholischen Bürgertums nach Klassen- und Sozialstruktur und weiterführende Beobachtungen möglich.

3. *Auswertungen*

3.1 *Mehrfachnennungen*

An erster Stelle soll indessen auf die Doppel- und Mehrfachunterschriften von Personen eingegangen werden. Diese fallen schon beim flüchtigen Durchblättern der Adresse ins Auge und zeigen eine prinzipiell gute Vernetzung des katholischen Bürgertums untereinander. Tatsächlich finden sich keineswegs nur die genannten 797 Unterschriften von Laien, sondern insgesamt 920. Die Differenz von 123 Unterschriften rührt von jenen Doppel- oder Mehrfachunterschriften von Personen her, welche die Adresse in unterschiedlichen Funktionen an mehreren Stellen unterzeichneten. Am häufigsten treten sie beim Festkomitee auf, und das in zweifacher Hinsicht: Hier sind sowohl anteilmäßig (im Vergleich zu den Pfarrgemeinden und Vereinigungen) die meisten Personen mit zwei und mehr Unterschriften vertreten als auch die Personen mit den meisten Nennungen überhaupt. Konkret sind von den 25 Mitgliedern des Festkomitees 21 in der Adresse noch wenigstens ein weiteres Mal aufgeführt, wobei der Fabrikant, Kaufmann und Stadtverordnete Otto Loosen (1819–1904) und der Arzt, Stadtverordnete und Reichstagsabgeordnete Dr. Bernhard Michael Braubach (1820–1893) mit jeweils insgesamt sechs Unterschriften an der Spitze liegen. Dieser Befund einer besonders guten Vernetzung der Festkomiteemitglieder ist angesichts ihrer Aufgabe, viele hundert Unterschriften aus einer großen Zahl von Vereinigungen, Klöstern und Pfarrorganen einzuholen, alles andere als erstaunlich. Außerdem ist in diesem Festkomitee das Kölner katholische Bürgertum wie in einem Brennglas und in seinen vielfältigen Bezügen verdichtet.[16] Dass kein einziger Geistlicher dem

15 Bürgerrolle oder Liste der stimmfähigen Bürger der Stadt Köln, Köln 1877.
16 Siehe die detaillierte Liste bei Oepen: Köln (Anm. 2), S. 453–456. Ergänzend sei hier noch darauf hingewiesen, dass der größte Anteil der Festkomiteemitglieder der I. Wählerklasse

Festkomitee angehörte, unterstreicht, dass die Glückwunschadresse eine Initiative der katholischen Laien war. Insgesamt zeigt sich jenes dichte Kommunikations- und Beziehungsgeflecht des katholischen Bürgertums der Mittel- und Oberschicht, wie es sich seit dem Vormärz herausgebildet hatte.[17] Neben Braubach, ohnehin „an allen Aktivitäten der Kölner Katholiken maßgeblich beteiligt",[18] angeblich Mitglied in 42 Vereinen und noch in den letzten Lebensjahren in die Überlegungen zum Bau der Kölner Neustadtkirchen involviert,[19] und Loosen[20] sind in der Glückwunschadresse andere Multifunktionäre vertreten wie etwa die Brüder Gustav (1818–1885) und Eduard Schenk (1821–1900), deren „ganze Familie im Mittelpunkt der katholisch-politischen Bestrebungen stand".[21] Beide waren Stadtverordnete, der Advokat Gustav zudem Kanzler des Erzbistums, während Eduard sich als Mitglied des preußischen Abgeordnetenhauses und des Reichstages engagierte. Von der Verlegerfamilie Bachem sind Josef (1821–1893), Gründer der späteren „Kölnischen Volkszeitung" anzutreffen,[22] ebenso sein Verwandter Julius (1845–1918).[23] Aber auch viele andere, die nicht dem Festkomitee angehörten oder überhaupt die Adresse nur einmal unterschrieben, lassen sich mühelos in die katholische Gesellschaft Kölns einordnen. So kann der Arzt Dr. Eugen Schniewind (1814–1879) schon 1848/49 im Piusverein als Vorstandsmitglied nachgewiesen werden,[24] während Peter Joseph Roeckerath (1837–1905), Stadtverordneter, Mitglied des preußischen Abgeordnetenhauses und des Reichstages, später

angehörte (10 Personen = 43 %), während 4 Personen (17 %) der II. Klasse und 9 Personen (39 %) der III. Klasse angehörten. Für 2 in Sürth bzw. Neuss wohnhafte Festkomiteemitglieder konnte die Wählerklasse nicht ermittelt werden, die daher in dieser Statistik auch nicht enthalten sind.

17 Herres: Gesellschaft (Anm. 10), S. 345.

18 Ernst Heinen: Der Kölner Piusverein 1848–49. Ein Beitrag zu den Anfängen des politischen Katholizismus in Köln, in: JKGV 57 (1986), S. 147–242, hier S. 183; zu Braubach ferner: Thomas Deres (Bearb.): Der Kölner Rat. Biographisches Lexikon, Bd. 1: 1794–1919, Köln 2001, S. 100; vgl. auch den Beitrag von Ernst Heinen in diesem Band.

19 Joachim Oepen: Kirchenbauplätze und Pfarrsystem der Kölner Neustadt, in: ders., Wolfgang Schaffer (Hg.): Kirche, Kanzel, Kloster. Pfarrgründungen, Kirchenbau und Seelsorge in der Kölner Neustadt 1880–1920, Köln 2006, S. 22–43, hier S. 27.

20 Zu Loosen: Deres: Rat (Anm. 18), S. 132–133.

21 Eberhard Gothein: Die Stadt Cöln im ersten Jahrhundert unter Preußischer Herrschaft 1815 bis 1915, Bd. 1, Teil 1: Verfassungs- und Wirtschaftsgeschichte der Stadt Cöln vom Untergange der Reichsfreiheit bis zur Errichtung des Deutschen Reiches, Köln 1916, S. 497; zu G. und E. Schenk: Deres: Rat (Anm. 18), S. 151–152; Heinen: Piusverein (Anm. 18), S. 181–183; vgl. auch den Beitrag von Ernst Heinen in diesem Band.

22 Thomas Mergel: Zwischen Klasse und Konfession. Katholisches Bürgertum im Rheinland 1794–1914, Göttingen 1994, S. 407; Eckehard Schneider: Joseph Wilhelm Peter Bachem, in: Heinz-Dietrich Fischer (Hg.): Deutsche Presseverleger des 18. bis 20. Jahrhunderts, Pullach 1975, S. 151–162.

23 Mergel: Klasse (Anm. 22), S. 277.

24 Heinen: Piusverein (Anm. 18), S. 187, vgl. auch den Beitrag von Ernst Heinen in diesem Band; in der Adresse als Mitglied der Gemeindevertretung St. Gereon.

insbesondere als Stifter der Agneskirche hervortreten sollte.[25] Neben August Reichensperger (1808–1895) als Mitglied des Reichstags sowie der Gemeindevertretung St. Gereon finden sich auch seine Ehefrau Clementine Simon (1822–1902), Präsidentin des Bonifatius-Damenvereins zur Beschaffung von Paramenten und der Konferenz von St. Gereon des Elisabethvereins, sowie seine Tochter Marie Reichensperger, später verheiratete Le Hanne (1848–1921), Mitglied des Bonifatius-Damenvereins zur Beschaffung von Paramenten und der Kongregation der Marienkinder.[26] Marie Le Hanne Reichensperger sollte später (1900) zur Gründerin des „Katholischen Fürsorgevereins für Mädchen und Frauen" werden, der noch heute im „Sozialdienst katholischer Frauen" fortlebt. Diese knappen Angaben sollen genügen, um das Spektrum der gesellschaftlichen Kreise zu verdeutlichen, das in der Glückwunschadresse vertreten ist.

3.2 *Vereine und Kongregationen*

Insgesamt 22[27], meist kirchliche Kongregationen und Vereine sind in der Glückwunschadresse genannt:[28]

1. Marianische Kongregationen für verheiratete Herren (1873; 72 Mitgl.), junge Kaufleute (1858), Lehrlinge (1866; 50 Mitgl.), fol. 27.[29]

25 Zu Roeckerath: Deres: Rat (Anm. 18), S. 149–150; Joachim Oepen: Kirche in den „Kappesfeldern". St. Agnes, in: Oepen/Schaffer: Kirche (Anm. 19), S. 110–122; in der Adresse als Mitglied der Gemeindevertretung St. Pantaleon und des Vorstands des katholischen Volksvereins.

26 Zu Reichensperger vor allem Mario Kramp/Rolf Lauer/Werner Schäfke (Hg.): August Reichensperger. Koblenz, Köln, Europa. Ausstellung im Mittelrhein-Museum Koblenz … Koblenz 2005. – Seine Ehefrau ist in der Adresse jeweils als „Frau Reichensperger" aufgeführt, doch ergibt sich eine Bestätigung dieser Identifizierung durch die Angaben bei Maria Victoria Hopmann: Marie Le Hanne-Reichensperger. „Die Frau Bergrat". 1848–1921, Mainz 1939, S. 23, wonach Clementine Simon die Elisabethkonferenz an St. Gereon 1853 mitbegründete, ihr 40 Jahre vorstand und den Bonifatius-Damenverein bis zu ihrem Tode leitete. – Die Identifizierung von „M. Reichensperger" mit Marie Le Hanne Reichensperger ergibt sich aufgrund der genealogischen Zusammenhänge der Familie sowie der Angaben bei Hopmann: Le Hanne, S. 23.

27 Die Glückwunschadresse zählt 22 Vereinigungen auf, die nachfolgende Aufstellung enthält jedoch nur 19 Positionen, weil unter den Positionen 1 und 6 eng miteinander zusammenhängende, gleichwohl eigenständige Kongregationen und Bruderschaften aufgeführt sind, die in der Adresse auch jeweils auf einem Blatt zusammengefasst sind.

28 Die folgende Aufstellung nennt den Namen der Vereinigung, Gründungsdatum und Mitgliederzahl (sofern in der Adresse erwähnt) sowie die Blattangabe in der Glückwunschadresse. Wenn im weiteren Text nicht noch einmal auf die jeweilige Vereinigung eingegangen wird, finden sich sodann in der Fußnote grundlegende Quellen- oder Literaturangaben.

29 Zu diesen Kongregationen vgl.: Sodalen-Tagung, Köln 10.–11.10.1926 unter dem Protektorate S. Em., des H. H. Kard. u. Erzbischofs Schulte. Festschrift zur Erinnerung an die Einführung der ersten Marianischen Kongregation Deutschlands in Köln 1576, hg. vom Ortsausschuß der Kölner Männer- und Jünglings-Kongregationen, Köln 1926, S. 32; Herres: Gesellschaft (Anm. 10), S. 373.

2. Marianische Männerkongregation für die Bürger Kölns an Groß St. Martin (1608, 250 Mitgl.), fol. 28.[30]
3. Kongregation der Marienkinder höherer Stände, fol. 29.
4. Junggesellensodalität an St. Alban (1658, 400 Mitgl.), fol. 30.
5. Kongregation für Handwerkerlehrlinge an St. Kolumba (1861, 150 Mitgl.), fol. 31.
6. Mäßigkeitsbruderschaften an St. Jakob (1871, 600 Mitgl.) und in der Klosterkirche St. Vinzenz von Paul, Stolkgasse (1871, 750 Mitgl.), fol. 32.
7. Männersodalität an St. Cäcilien (1860, 1.200 Mitgl.), fol. 37.
8. Verein vom hl. Vinzenz von Paul: Provinzialrat für Rheinpreußen, örtlicher Verwaltungsrat für Köln, Präsidenten der 18 Konferenzen auf Pfarrebene, fol. 33.[31]
9. Elisabethverein (1852, 200 Mitgl.), fol. 34.
10. Verein vom hl. Grab, fol. 35.[32]
11. Bonifatiusverein: Diözesanvorstand, Bonifatius-Damenverein zur Beschaffung von Paramenten, Bonifatius-Lokalverein, fol. 38.[33]
12. Paulusverein zur Unterstützung hilfsbedürftiger Priester, fol. 39.
13. Katholischer Gesellenverein: Schutzvorstand, engerer Vorstand, fol. 40.
14. Verein vom hl. Carl Borromäus, fol. 41.[34]
15. Clemensverein (1837, 41 Mitgl.), fol. 42.[35]
16. Verein für christliche Kunst (1853), fol. 43.[36]

30 Zur Bürgersodalität: [Joachim Oepen]: Die Geschichte der Kongregation, in: Kommt, lasset uns anbeten. 400 Jahre Marianische Männerkongregation Köln 1608–2008, Köln 2008, S. 15–31.

31 Zum Vinzenzverein: Herres: Gesellschaft (Anm. 10), S. 325–326, 346–348.

32 Zum Verein vom hl. Grab: AEK, Nachlass J. Müller, vor allem S. 55–57, 65; Stephan Mock/ Michael Schäbitz: Das Heilige Land als Auftrag 1855–2005. 150 Jahre Deutscher Verein vom Heiligen Lande, Köln 2005, S. 18–19. – Der 1855 zur Unterstützung der katholischen Kirche in Palästina gegründete Verein vom hl. Grab vereinigte sich 1895 mit dem Palästina-Verein der Katholiken Deutschlands zum Deutschen Verein vom Heiligen Lande.

33 Zum Bonifatiusverein: Norbert Hergenröther: Das Wirken des „Bonifatiusvereins“ in den Diasporagebieten der Erzdiözese Köln, in: Günter Riße/Clemens A. Kathke (Red.): Diaspora: Zeugnis von Christen für Christen. 150 Jahre Bonifatiuswerk der deutschen Katholiken, Paderborn 1999, S. 335–340.

34 Zum Borromäusverein: Eduard Hegel: Das Erzbistum Köln zwischen der Restauration des 19. Jahrhunderts und der Restauration des 20. Jahrhunderts. 1815–1962, Köln 1987, S. 436–437; Herres: Gesellschaft (Anm. 10), u. a. S. 392.

35 Der Clemensverein, tatsächlich 1838 gegründet, gilt als „erster bürgerlich-katholischer Verein in der Rheinprovinz“ (Jürgen Herres: Köln in preußischer Zeit. 1815–1871, Köln 2012, S. 155) vgl. Herres: Gesellschaft (Anm. 10), S. 153–154.

36 Zum „Verein für christliche Kunst“: Wolfgang Schmitz: Geschichte des Vereins für christliche Kunst, in: Dominik Meiering/Karl Schein (Hg.): Himmel auf Erden? Festschrift zum 150-jährigen Jubiläum des Vereins für christliche Kunst im Erzbistum Köln und Bistum Aachen e. V., Köln 2003, S. 17–175.

Abb. 3: Initiale auf der Seite des katholischen Gesellenvereins mit einer Zeichnung der Minoritenkirche als Kirche des Gesellenvereins in der Mitte; auf den Spruchbändern die Namen von Periodika, die auf Adolph Kolping zurückgehen, der den Gesellenverein wesentlich prägte (Köln, Historisches Archiv des Erzbistums Köln)

17. Kath. Volksverein, fol. 44.[37]
18. Bürgerkomitee zur Jahresfeier der Cardinals-Erhebung, fol. 45.[38]
19. Bürgergesellschaft (1862, 242 Mitgl., 158 auswärtige Mitgl.), fol. 36.

Vereinigungen, die auf rein pfarrlicher Ebene agierten, sind nicht vertreten, was mit der Systematik der Glückwunschadresse zusammenhängt, unterzeichnen für die

37 Der „Katholische Volksverein" wurde 1867 als „Neuer Bürgerverein" gegründet und war „the first specifically Catholic political club founded in the Rhineland after 1848" (George G. Windell: The Catholics and German Unity 1866–1871, Minneapolis 1954, S. 34).

38 Zum Bürgerkomitee siehe AEK, CR I 19,7. Das Bürgerkomitee war 1850 anlässlich der Kardinalserhebung von Erzbischof von Geissel gegründet worden und übernahm eine von Geissel zur Erinnerung an die Kardinalserhebung gestiftete jährliche Verköstigung von 72 „Greisen" aus der Stadt Köln.

Pfarrgemeinden doch Klerus, Kirchenvorstand und Gemeindevertretung. So fehlen etwa der 1844 gegründete „gesellige St. Cunibertus-Bauverein" ebenso wie die Bauvereine von St. Alban und St. Andreas.[39] Ohnehin muss in Rechnung gestellt werden, dass das pfarrliche Vereins- und Verbandswesen, wie es etwa Christoph Schank für die 1902 gegründete Pfarrei St. Agnes beschrieben hat,[40] um 1877 erst in den Anfängen seiner Entwicklung stand. Der Wert der Adresse liegt aber schlichtweg darin, dass wie in sonst kaum einer anderen Quelle auf der Ebene der Gesamtstadt das fast vollständige Spektrum des katholischen Kongregations- und Vereinswesens abgebildet ist. Dieses hatte sich, wie auch die in der Adresse genannten Gründungsdaten zeigen, vor allem in den vorangegangenen zwei Jahrzehnten entwickelt, getragen insbesondere von bürgerlich-katholischen Kreisen.[41] Letztere zeigen insbesondere die mehrfach in der Adresse unterschreibenden, gut untereinander vernetzten Vertreter des katholischen Bürgertums. Allerdings sind bei weitem nicht alle katholischen Vereine und Bruderschaften vertreten, wie bereits der flüchtige Blick auf eine von Jürgen Herres erstellte Übersicht für 1874 zeigt.[42] Konkret fehlen etwa der Franziskus-Xaverius-Missionsverein,[43] die Bürgersodalität an St. Mariä Himmelfahrt,[44] die Kevelaerbruderschaft an St. Kunibert,[45] die Petrus-von-Mailand-Bruderschaft,[46] der Zentral-Dombauverein[47] und andere mehr. Allerdings waren diese Vereinigungen teils von nachgeordneter Bedeutung oder von doch nicht so großer Kirchennähe bzw. nicht allzu stark vom katholischen Bürgertum geprägt.

Aber auch für die in der Glückwunschadresse genannten Bruderschaften und Vereine ist in einigen Fällen kaum etwas über deren Existenz bekannt. So reicht die schriftliche Überlieferung der an St. Alban ansässigen Junggesellensodalität

39 Mitteilungen über den Stand und die Verwaltung der Stadt Köln, Heft 3, Köln 1884, S. 54–55; zu den Bauvereinen; Sybille Fraquelli: Wer soll das bezahlen? Über die Finanzierung kostspieliger Maßnahmen, in: dies.: Die romanischen Kirchen im Historismus, Bd. 2, Köln 2011, S. 239–258, hier S. 249–250.

40 Christoph Schank: „Kölsch-katholisch". Das katholische Milieu in Köln 1871–1933, Köln/Weimar/Wien 2004, vor allem S. 213–275.

41 Herres: Gesellschaft (Anm. 10), S. 342.

42 Die Tabelle „Katholische Vereine und Bruderschaften in der Rheinprovinz 1874" bei Herres: Gesellschaft (Anm. 10), S. 392, weist für Köln 139 Vereine und Bruderschaften auf, wobei auch Vereine auf pfarrlicher Ebene (32 Cäcilien-/Paramentenvereine) mitgezählt sind oder die einzelnen Konferenzen des Vinzenzvereins auf Pfarrebene offenbar als je eigener Verein gerechnet werden. Damit ist jedenfalls kein exakter Vergleich mit der Glückwunschadresse möglich.

43 Vgl. Herres: Gesellschaft (Anm. 10), S. 148–149; Hegel: Erzbistum (Anm. 34), S. 436, wonach der Xaverius-Verein immer hinter dem Bonifatiusverein zurückstand.

44 Oepen: Geschichte (Anm. 30), S. 25.

45 Gottfried Amberg: Die Kölner Kevelaer-Bruderschaft von 1672. Geschichte und Leben, Köln 1973.

46 Zeugen Kölner Brau-Kultur 1396–1996. Ausstellung zur 600-Jahrfeier der St. Peter von Mailand Bruderschaft, Köln 1996, S. 101–121.

47 Kathrin Pilger: Der Kölner Zentral-Dombauverein im 19. Jahrhundert. Konstituierung des Bürgertums durch formale Organisation, Köln 2004.

bis 1819; darüber hinaus gibt es lediglich einzelne Erwähnungen.[48] Der Adresse ist auch die Mitgliederzahl zu entnehmen, die in den vorangegangenen Jahrzehnten offenbar um mehr als ein Drittel zurückgegangen war.[49] Auch die für eine Kongregation typischen Leitungsstrukturen (geistlicher Präses, Präfekt, zwei Assistenten, Sekretär) sind zu erkennen. Bei der an St. Kolumba ansässigen, 1861 gegründeten Kongregation für Handwerkerlehrlinge versagen das Pfarrarchiv und die einschlägige Darstellung zur Pfarrgeschichte[50] ebenfalls, während die Glückwunschadresse die Mitgliederzahl sowie die mit geistlichem Präses, zwei Assistenten (der 1. Assistent gleichzeitig Sekretär), Consultor, Aspirantenführer und zwei Chorknaben differenziertere Struktur der Vereinigung aufführt. Die Männersodalität an St. Cäcilien – mit immerhin 1.200 Mitgliedern – ist in den Quellen kaum zu greifen,[51] wie es auch über die Kongregation der Marienkinder höherer Stände noch nicht einmal einschlägiges Aktenmaterial zu geben scheint.[52] Offenbar handelt es sich um eine Betätigung von Damen der höheren Gesellschaft, deren männliche Verwandte in anderen Funktionen in der Adresse vertreten sind wie etwa bei Marie Reichensperger, der Tochter von August Reichensperger. Ohnehin gehörten die zehn Damen der Kongregation der Marienkinder zu jenen 37 Frauen, die überhaupt in der Glückwunschadresse durch eigenhändige Unterschrift vertreten sind. Neben den Marienkindern sind dies Präsidentinnen oder Vizepräsidentinnen der pfarrlichen Konferenzen der Elisabethvereine sowie die beim Bonifatius-Damenverein zur Beschaffung von Paramenten genannten Damen.[53] Die gesellschaftliche Verortung der Frauen der beiden letztgenannten Vereinigungen ist eine ähnliche wie bei den Marienkindern.

48 So z. B. 1843: Herres: Gesellschaft (Anm. 10), S. 219; 1860: Hubert Andreas Müller: Die Kölner Bürger-Sodalität 1608–1908, Paderborn 1909, S. 184. 1914 ging diese Sodalität ein: Sodalen-Tagung (Anm. 29), S. 32.

49 Herres: Gesellschaft (Anm. 10), S. 220: 570 Mitglieder (1826) gegenüber 400 Mitgliedern in der Glückwunschadresse.

50 Eduard Hegel: St. Kolumba in Köln. Eine mittelalterliche Großstadtpfarrei in ihrem Werden und Vergehen, Siegburg 1996.

51 In einer Aufstellung der Marianischen Kongregationen Kölns unter Leitung der Jesuiten (Bartholomew J. Murphy: Der Wiederaufbau der Gesellschaft Jesu in Deutschland im 19. Jahrhundert. Jesuiten in Deutschland 1849–1872, Frankfurt/New York 1985, S. 171, Anm. 385) wird unter den insgesamt sechs Vereinigungen eine 1860 gegründete und 1400 Mitglieder umfassende Kongregation „virorum opificum" erwähnt, bei der es sich am ehesten um die o. g. handeln könnte. Auch bei Müller: Bürger-Sodalität (Anm. 48), S. 184 wird die Männerkongregation an St. Cäcilien für 1860 kurz erwähnt, ebenso für 1862 in einer Akte über die Cäcilienkirche (AEK, GVA-Ortsakten I 3520).

52 Vgl. grundsätzlich, jedoch fast ausschließlich mit Blick auf die Verhältnisse in Frankreich und der Schweiz: Selina Krause: „Marienkinder" im Schweizer Katholizismus des 19. Jahrhunderts. Religiosität, Weiblichkeit und katholische Gesellschaftsbildung, Berlin 2010.

53 Insgesamt sind bei den drei Vereinigungen 45 Frauen aufgeführt, wobei sich auch hier die Zahl durch Doppelnennungen auf 37 reduziert. Daneben sind in der Adresse noch 138 Ordensfrauen genannt, die jedoch nicht durch eigenhändige Unterschrift vertreten sind.

Auch über den Paulusverein ist nur wenig bekannt. Er war 1875 als Reaktion auf die Gehaltssperre für den Klerus in Folge der Kulturkampfgesetzgebung (sog. „Brotkorbgesetz“) gegründet worden und gehörte zu jenen Sammelvereinen, die auch an anderen Orten entstanden waren zur konkreten materiellen Unterstützung der betroffenen Geistlichen, denen vielfach die wirtschaftliche Existenzgrundlage entzogen worden war. Der Kölner Paulusverein soll bis 1885 1 Mio. Mark gesammelt und verteilt haben.[54] Die Glückwunschadresse verrät nun einiges über den Vorstand, der durch neun Unterschriften vertreten ist: durchweg katholische, ultramontane Persönlichkeiten der Stadt. Dass sie gut vernetzt waren, zeigt die Tatsache, dass acht von ihnen mindestens noch ein weiteres Mal, meist aber mehrfach in der Adresse vertreten sind. Gleich sechs gehörten gleichzeitig dem Festkomitee für Baudris Priesterjubiläum an. So finden wir hier Vater und Sohn Braubach, erneut auch Otto Loosen, schließlich den Stadtverordneten und Kanzler des Erzbistums Michael Schenk. Das sind die Kreise, von denen der passive Widerstand gegen die staatlichen Maßnahmen des Kulturkampfes organisiert und getragen wurde.

Auch über die beiden Mäßigkeitsbruderschaften ist kaum etwas bekannt. Immerhin lässt sich den Akten der kirchlichen Verwaltung[55] entnehmen, dass Ende des Jahres 1870 offenbar auf Initiative der Jesuiten[56] in Köln gleich zwei Mäßigkeitsbruderschaften errichtet werden sollten – und damit war man von den seelsorglichen Bedürfnissen her ganz auf der Höhe der Zeit. Gerade erst in der Zeit der Industrialisierung war hochkonzentrierter Alkohol in Form von Branntwein und Schnaps zu einem typischen, oft in zu großen Mengen konsumierten Getränk der Unterschichten geworden. In der Konsequenz sahen Regierungen, Kirchen und große Teile der führenden Gesellschaften Moral und Arbeitsfähigkeit der arbeitenden Bevölkerung, vor allem der Männer, gefährdet. Dementsprechend entstanden solche Mäßigkeits- und Abstinenzvereine, deren Hauptziel die Bekämpfung der Trunksucht war.[57] Die beiden Kölner Vereinigungen waren allerdings von vornherein als Bruderschaften angelegt, und so erging

54 Herbert Lepper: Die kirchenpolitische Gesetzgebung der Jahre 1872 bis 1875 und ihre Ausführung im Regierungsbezirk Aachen. Ein Beitrag zur Geschichte des „Kulturkampfes“ in der Erzdiözese Köln, in: AHVN 171 (1969), S. 200–258, hier S. 236; Karl Bachem: Vorgeschichte, Geschichte und Politik der deutschen Zentrumspartei. Zugleich ein Beitrag zur Geschichte der katholischen Bewegung, sowie zur allgemeinen Geschichte des neueren und neuesten Deutschland 1815–1914, Bd. 3, Köln 1927, S. 310; Hegel: Erzbistum (Anm. 34), S. 566 mit Anm. 66.

55 AEK, CR I 22.21, Schriftwechsel von 1870–1871.

56 Die entsprechende Eingabe vom 29. 12. 1870 ist nicht unterzeichnet, stammt aber offenbar von P. Laurentius Ketterer SJ, der auch im weiteren Verlauf immer wieder als Handelnder auftritt.

57 Mergel: Köln (Anm. 11), S. 276, 280.

über die Kölner Bistumsverwaltung Ende 1870 die Bitte an die römische Kurie, der Papst möge die Übertragung von Statuten, Ablässen und Privilegien einer entsprechenden Breslauer Bruderschaft für die Kölner Vereinigungen erlauben. Dabei bewiesen die Initiatoren seelsorgliche Klugheit, wenn ausdrücklich erwähnt wird, dass den Mitgliedern der beiden Kölner Mäßigkeitsbruderschaften auch dann die entsprechenden Ablässe zuteilwerden sollten, wenn sie ein Mäßigkeitsgelübde nicht fürs gesamte Leben, sondern nur für ein Jahr ablegten. 1871 genehmigten Rom und Köln die beiden Bruderschaften wie gewünscht, von denen dann eine fürs nördliche Stadtgebiet und mit 300 Mitgliedern an der Klosterkirche der Vinzentiner in der Stolkgasse ansässig war und von einem der dortigen Vinzentinerpater betreut wurde. Die zweite Bruderschaft fürs südliche Stadtgebiet wies 1871 559 Mitglieder auf und war in der Pfarrkirche St. Georg ansässig; sie betreute der Jesuit Laurentius Ketterer. Danach finden sich von beiden Vereinigungen in den Unterlagen keine Spuren mehr. Dass sie auch noch sechs Jahre später existierten und eine von beiden die Mitgliederzahl sogar mehr als verdoppelt hatte, belegt erst die Glückwunschadresse. Die Betreuung lag nunmehr in der Hand der beiden zuständigen Pfarrer von St. Andreas und St. Georg, waren Jesuiten und Vinzentiner kulturkampfbedingt doch 1872 bzw. 1873 des Landes verwiesen worden;[58] nach wie vor war die Bruderschaft für das nördliche Stadtgebiet aber an der Klosterkirche der Vinzentiner ansässig.

Wie bei den Mäßigkeitsbruderschaften und der Junggesellensodalität gibt die Glückwunschadresse in manchen Fällen wenigstens rudimentäre Auskünfte über Mitgliederzahlen und Vereinsstrukturen. So waren die katholischen Gesellenvereine bewusst so organisiert, dass einem Geistlichen als Leiter ein „Schutzvorstand" zur Seite stand, der vorwiegend aus katholischen Honoratioren bestand, ging es doch „vor allem [um] eine Sicherung der gesellschaftlichen und religiösen Ordnung".[59] Dementsprechend sind von zwölf in der Adresse genannten Mitgliedern des Schutzvorstandes neun mehrfach in der Adresse vertreten und gehörten der I. oder II. Wählerklasse an,[60] darunter etwa Dr. Heinrich Schellen (1818–1884), Direktor des Realgymnasiums Kreuzgasse, der Landgerichtsrat und Reichstagsabgeordnete Eugen von Kesseler (1832–1885), der Fabrikant August Weyers und einmal mehr Dr. Bernhard Michael Braubach. Die zehn Mitglieder des engeren Vorstands hingegen waren durchweg Handwerker, von denen gerade einmal zwei der III. Wählerklasse angehörten.

58 Zu den Vinzentinern: Hegel: Erzbistum (Anm. 34), S. 276, 558.
59 Herres: Gesellschaft (Anm. 10), S. 348; ähnlich: Herres: Köln (Anm. 35), S. 402.
60 Bei den drei weiteren Mitgliedern des Schutzvorstandes ist die Identifizierung unsicher.

Bei den 22 in der Glückwunschadresse genannten Vereinigungen handelt es sich also durchweg um solche mit kirchlichem oder ausgesprochen kirchennahem Charakter. Mit der Bürgergesellschaft ist lediglich ein Verein vertreten, der formal kein kirchlicher, sondern ein rein bürgerlicher Geselligkeitsverein war. Gleichwohl bildete die 1863 – nicht 1862, wie in der Adresse angegeben – gegründete Bürgergesellschaft eine wichtige Vereinigung für das katholische, ja ultramontane Besitz- und Bildungsbürgertum der Ober- und Mittelschicht.[61] Sodann fällt der auf den ersten Blick womöglich überraschend hohe Anteil von Bruderschaften, Kongregationen und Sodalitäten[62] auf: Diese stellen einen Anteil von zehn Vereinigungen gegenüber zwölf Vereinen; das Verhältnis zwischen beiden Organisationsformen ist also weitgehend ausgeglichen. Lassen sich anhand mehrerer Kriterien und Merkmale Bruderschaften und Vereine durchaus voneinander abgrenzen,[63] so zeigt sich in der Praxis, dass manche Vereinigungen durchaus Elemente der jeweils anderen Organisationsform aufweisen. So waren die Elisabethvereine[64] ihrer Struktur nach alles andere als typische bürgerliche Vereine, sondern wiesen eine große Nähe zu Bruderschaften auf: Sie standen unter Anleitung und Aufsicht des jeweiligen Pfarrers, zudem war allen Vereinigungen im Erzbistum ein erzbischöflicher Kommissar übergeordnet; 1877 war dies der Domkapitular und Dompfarrer Franz Alexander August Halm, der auch in der Glückwunschadresse unterschrieb. Ferner hatten die Elisabethvereine Ablässe verliehen bekommen, wie überhaupt die wöchentlichen Zusammenkünfte („Konferenzen") zum Teil den Charakter einer „religiösen Weihestunde"[65] hatten. Umgekehrt weisen die beiden Mäßigkeitsbruderschaften zwar mehrere Merkmale von Bruderschaften auf,[66] doch kann keine Rede davon

61 Ernst Heinen: Die Segregation des katholischen Bürgertums. Von der „Colonia" zur „Bürgergesellschaft", in: Thomas Deres/Joachim Oepen/Stefan Wunsch (Hg.): Köln im Kaiserreich. Studien zum Werden einer modernen Großstadt, Köln 2010, S. 11–28, hier S. 24–27; Mergel: Klasse (Anm. 22), S. 268.

62 Zur Abgrenzung dieser drei letztlich synonym verwendeten Begriffe siehe Joachim Oepen: Bruderschaften im 19. Jahrhundert, in: Römische Quartalschrift 99 (2004), S. 180–209, hier S. 184. Im Folgenden wird hier zusammenfassend der Begriff „Bruderschaften" verwendet.

63 Kriterien zur Abgrenzung bei Oepen: Bruderschaften (Anm. 62), S. 187.

64 In der Glückwunschadresse tritt der „St. Elisabeth-Verein" unter Führung Halms als erzbischöflicher Kommissar als ein einziger Verein auf, dem 18 Konferenzen in den einzelnen Pfarrgemeinden zugeordnet sind. Aus der Synopse der Angaben im Kirchlichen Anzeiger für die Erzdiözese Köln 17 (1868), S. 66–67, den Angaben bei Magdalena Lüttgen: Die Elisabethvereine. Frauen im Dienst am Nächsten seit dem Jahre 1840, insbesondere in Rheinland und Westfalen, Siegburg 2003, S. 101, sowie der Glückwunschadresse ist zu schließen, dass 1877 in allen 19 Kölner Pfarrgemeinden außer St. Maria in Lyskirchen eine Konferenz des Elisabethvereins bestand.

65 Lüttgen: Elisabethvereine (Anm. 64), S. 30; ebd., S. 28–32 zu den Elisabethvereinen im Erzbistum Köln. Ähnliche Beobachtungen zum bruderschaftlichen Charakter der Elisabethvereine auch bei Oepen: Bruderschaften (Anm. 62), S. 28.

66 Neben der Bezeichnung als Bruderschaft waren die bischöfliche Genehmigung und die Möglichkeit des Ablasserwerbs für die Mitglieder typische Merkmale der Sozialform Bruderschaft (dazu Oepen: Bruderschaften [Anm. 62], S. 187).

sein, dass – wie für Bruderschaften typisch – „religiös-kirchliche Zwecke im Vordergrund standen, caritative, gesellschaftliche und andere dahinter zurücktraten oder vollständig entfielen“[67] –, im Gegenteil, der gesellschaftspolitisch als sinnvoll angesehene Verzicht auf Alkohol bildete sogar den Hauptzweck dieser Vereinigungen.

Gleich acht Kongregationen bzw. Bruderschaften waren von Jesuiten initiiert und wurden ursprünglich von diesen geleitet,[68] bis der Jesuitenorden 1872 aufgehoben wurde. Auch unter der Leitung von Diözesanklerikern bestanden diese Vereinigungen mit teils hohen Mitgliederzahlen weiter, wie die Glückwunschadresse eindrucksvoll zeigt; sie stellten dort etwas mehr als ein Drittel aller aufgeführten kirchlichen Vereinigungen.

Allerdings geht es nicht um eine Feinziselierung dieser in der Glückwunschadresse genannten Vereinigungen, sondern um die Erkenntnis, dass das Gesamtspektrum des „kirchlichen Vereinswesens“ keineswegs nur auf genau diese Organisationsform des Vereins reduziert werden darf. Neben dieser im 19. Jahrhundert noch recht neuen Assoziations- und Organisationsform stand vielmehr das traditionelle Bruderschaftswesen – und das mit beträchtlicher und nahezu gleicher Quantität, wie die Glückwunschadresse illustriert und damit bereits an anderer Stelle gewonnene Einsichten bestätigt:[69] *Beide* Typen, Verein und Bruderschaft, „entwickeln sich relativ unvermittelt nebeneinander her“[70] und wurden zu wichtigen Bausteinen des Katholizismus und des katholischen Milieus. Dass dabei die in der Adresse vertretenen Bruderschaften keine rein auf den eigentlichen Kirchenraum konzentrierten Gebets- und Frömmigkeitsvereinigungen waren, ergibt sich schon ipso facto, denn angesichts der kirchenpolitischen Lage des Jahres 1877 hatte die Glückwunschadresse den Charakter einer bewussten politischen Demonstration. Blickt man nicht alleine auf die Zahl der vertretenen Vereinigungen, sondern auf die Mitgliederzahlen, soweit sie angegeben sind, dann fallen sofort die nach Hunderten zählenden Mitglieder auf, an der Spitze die Männersodalität an St. Cäcilien mit mehr als Tausend. Damit scheint die Glückwunschadresse zu bestätigen, dass in dieser Zeit die Bruderschaften „zum Instrument der ‚organisierten Massenreligiosität‘“ und zu „katholischen Massenorganisationen“ geworden waren, „weit eher als die noch in den Anfängen stehenden neuen katholischen Vereine“.[71]

67 Oepen: Bruderschaften (Anm. 62), S. 187 (Zitat grammatikalisch umgestellt).

68 Marianische Kongregationen für verheiratete Herren, junge Kaufleute, Lehrlinge, für die Bürger Kölns an Groß St. Martin, Junggesellensodalität an St. Alban, Kongregation für Handwerkerlehrlinge an St. Kolumba, Mäßigkeitsbruderschaft an St. Jakob, Männersodalität an St. Cäcilien.

69 Herres: Gesellschaft (Anm. 10); Oepen: Bruderschaften (Anm. 62), passim.

70 Herres: Gesellschaft (Anm. 10), S. 399.

71 Oepen: Bruderschaften (Anm. 62), S. 199.

Die Glückwunschadresse ist indessen zeitlich noch vor dem Aufkommen der christlich-sozialen und der katholischen Arbeitervereine verortet, die erst seit den 1880er Jahren in verstärktem Maße auftraten[72] und folglich in der Glückwunschadresse keine Rolle spielen.

3.3 Kirchenvorstände und Gemeindevertretungen

Dass in der Glückwunschadresse von 1877 die beiden pfarrlichen Gremien der Kirchenvorstände und Gemeindevertretungen, die für die Verwaltung des örtlichen Kirchenvermögens zuständig waren, personell in großer Breite dokumentiert sind, darf man als Glücksfall der Überlieferung bewerten. Denn beide Gremien waren durch die Gesetzgebung der preußischen Regierung des Jahres 1875 erst kurz zuvor ins Leben gerufen worden – und diese Gesetzgebung hatte, bedingt durch den Kulturkampf, durchaus antikirchliche oder doch wenigstens antiklerikale Tendenzen. Die Kirchenvorstände traten an die Stelle der in Köln wie im gesamten linksrheinischen Teil des Erzbistums bereits 1809 eingerichteten Kirchenräte (meist aber auch schon als „Kirchenvorstand" bezeichnet), doch ergänzte sich das Gremium nun nicht mehr durch Zuwahl (Kooptation), sondern durch Wahl aller (männlichen, selbstständigen, volljährigen) Gemeindemitglieder. Der Kirchenvorstand sollte kontrolliert werden durch das neu geschaffene, dreimal so große Gremium der Gemeindevertretung, das ebenfalls von den Gemeindemitgliedern gewählt wurde. Es ging also eindeutig darum, „die Position der Laien gegenüber den Geistlichen zu stärken" und klerikalen Einfluss zu beschneiden.[73] Die Bischöfe waren davon alles andere als begeistert, reagierten jedoch flexibel, indem sie die loyalen Katholiken aufforderten, für die neuen Gremien zu kandidieren und dort mitzuarbeiten. Ist das gelungen? Oder wurden Kirchenvorstände und Gemeindevertretungen zu Korrektiven oder gar Gegenspielern der Pfarrer? Mit Hilfe der Glückwunschadresse lässt sich auf diese Fragen eine recht präzise Antwort geben, wofür eine Analyse der 526 in der Glückwunschadresse genannten Kirchenvorstands- und Gemeindevertretungsmitglieder Voraussetzung ist.

72 Herres: Gesellschaft (Anm. 10), S. 394; Mergel: Köln (Anm. 11), S. 419.
73 Hegel: Erzbistum (Anm. 34), S. 197 (Zitat); ebd., S. 196–197, 567 und Mergel: Klasse (Anm. 22), S. 260; Mergel: Köln (Anm. 11), S. 87, 317 generell zu Kirchenvorstand und Gemeindevertretungen. – Zur Größe der Gremien siehe schon Oepen: Köln (Anm. 2), S. 450.

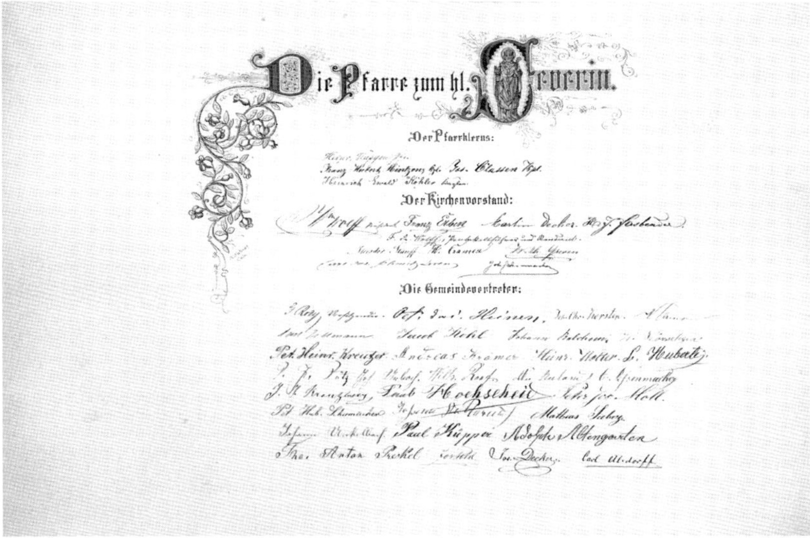
Die Pfarre zum hl. Severin.

Der Pfarrklerus:

Der Kirchenvorstand:

Die Gemeindevertreter:

Abb. 4: Unterschriften von Pfarrklerus, Kirchenvorstand und Gemeindevertretung der Pfarre St. Severin (Köln, Historisches Archiv des Erzbistums Köln)

Grundlagen für eine solche Analyse waren, wie bereits ausgeführt, die Adressbücher der Jahre 1876 und 1877 sowie die Bürgerrolle von 1877. Tatsächlich konnten die meisten der in den Adressbüchern identifizierten Mitglieder beider Gremien auch in der Bürgerrolle nachgewiesen werden (456 von 500); bei 44 war dies nicht der Fall. Dazu muss man sich das Prinzip des durchaus umstrittenen Dreiklassenwahlrechts vor Augen führen, bei dem „das gesamte Steueraufkommen durch drei geteilt wurde. Die wenigen Reichen, die das erste Drittel der Steuern zahlten, wählten ein Drittel der Stadtverordneten. Die schon größere, aber immer noch sehr kleine Gruppe, die das zweite Drittel der Steuern entrichtete, wählte das zweite Drittel, und die vielen, die für das dritte Drittel aufkamen, wählten die übrigen Abgeordneten. Politische Macht hing also von ökonomischen Ressourcen ab."[74] Allerdings galt für die kommunalen Wahlen ein jährliches Mindesteinkommen (sog. Zensus) von 400 Talern, ab dem man überhaupt wählen durfte, sofern man über keinen Grundbesitz verfügte. Damit waren viele Handwerker, Fabrikarbeiter, Tagelöhner und andere von vornherein ausgeschlossen – so wie mutmaßlich auch die 44 Kirchenvorstands- und

74 Mergel: Köln (Anm. 11), S. 63.

Gemeindevertreter, die in der Bürgerrolle nicht nachgewiesen werden können. Das heißt aber auch, dass etwa in der I. Klasse nur die dünne Schicht der sehr Reichen vertreten war, und überhaupt in allen drei Wählerklassen nur die Oberschicht und die obere Mittelschicht erfasst sind. Die Masse der Stadtbevölkerung blieb außen vor – Frauen ohnehin, aber auch bei den Männern stellten 1877 die drei Wählerklassen nur ein knappes Drittel (9.623) aller Berechtigten (29.885) zur Reichstagswahl, für die das Dreiklassenwahlrecht nicht galt.

Was sind nun die Ergebnisse einer Analyse der 526 Kirchenvorstands- und Gemeindevertreter, die in der Glückwunschadresse genannt sind, nach Pfarrgemeinden (Wohnvierteln) und Wählerklassen? Auf den ersten Blick sind die Ergebnisse ernüchternd, zeigen sich doch kaum signifikante Abweichungen für diese Gruppe von den Ergebnissen für alle Wähler. Gleichwohl lassen sich Aussagen für die Struktur des katholischen Köln wie der Gesamtstadt treffen.

Zunächst zur Analyse der Kirchenvorstands- und Gemeindevertreter nach Wählerklassen:

	Zahl (Anteil) der Wähler 1877[75]	**Zahl (Anteil) in der Adresse 1877**
I. Klasse	457 (4,7 %)	45 (9,9 %)
II. Klasse	1.779 (18,5 %)	181 (39,7 %)
III. Klasse	7.387 (76,8 %)	230 (50,4 %)
Summen	**9.623 (100 %)**	**456 (100 %)**
Wahlberechtigte ohne Wählerklasse[76]	20.262	44

Das Ergebnis ist recht eindeutig: In absoluten Zahlen liegt der Schwerpunkt der beiden pfarrlichen Gremien in der III. Wählerklasse und nimmt über die II. bis zur I. Klasse hin ab. Wahlberechtigte, die keiner der drei Wählerklassen angehörten, sind mit einem Anteil von nur 8,8 % (44 von 500) in diesen Gremien vertreten, was zweifelsohne damit zusammenhängt, dass sich in den

75 Angaben nach: Bürgerrolle oder Liste der stimmfähigen Bürger der Stadt Köln 1877, Köln 1877; Georg Neuhaus: Die Stadt Cöln im ersten Jahrhundert unter Preußischer Herrschaft, Bd. 1,2: Die Entwicklung der Stadt Cöln von der Errichtung des Deutschen Reiches bis zum Weltkriege, Köln 1916, S. 64–65.

76 Die Zahl 20.262 in der ersten Spalte (Zahl der Wähler 1877 insges.) errechnet sich aus der Zahl der Wahlberechtigten für den Reichstag 1877 (29.885; Neuhaus: Cöln [Anm. 75], S. 62) abzüglich der in den Klassen I–III zugeordneten Wähler. In der zweiten Spalte (Zahl in der Adresse 1877) ist die Anzahl der Kirchenvorstands- und Gemeindevertreter aufgeführt, für die keine Zugehörigkeit zu den Wählerklassen I–III ermittelt werden konnte, die aber vermutlich für den Reichstag wahlberechtigt waren.

Kirchenvorständen und Gemeindevertretungen zu einem Großteil Honoratioren engagierten. Vergleicht man die prozentualen Anteile der Wähler aller drei Klassen mit denjenigen, die in den pfarrlichen Gremien vertreten sind, dann bestätigt sich dieser Eindruck: Während in der I. Klasse der Anteil von Gremienvertreten mehr als doppelt so hoch ist wie bei den Wählern (9,9 % zu 4,7 %), sind bei der II. Klasse nur noch zwei Drittel mehr in den Gremien als bei den Wählern vertreten (39,7 % zu 18,5 %), während sich in der III. Klasse das Verhältnis umkehrt (50,4 % zu 76,8 %);[77] Wähler der I. Klasse waren in den Gremien im Durchschnitt also stärker vertreten als die Wähler der II. Klasse und diese wiederum als die der III. Klasse. Differenziert man zwischen Kirchenvorständen und Gemeindevertretungen, so liegen bei letzteren die Schwerpunkte in der II. und III. Wählerklasse, während in den Kirchenvorständen insbesondere Wähler der II. Klasse vertreten sind, bei jedoch signifikant mehr Wählern der I. Klasse in Kirchenvorständen als in den Gemeindevertretungen:

	Kirchenvorstände: Zahl (Anteil)	Gemeindevertretungen: Zahl (Anteil)
I. Klasse	32 (24,2 %)	13 (3,5 %)
II. Klasse	61 (46,2 %)	120 (32,6 %)
III. Klasse	32 (24,2 %)	198 (53,8 %)
Ohne Klasse	7 (5,3 %)	37 (10,1 %)
Summen	**132 (100 %)**	**368 (100 %)**

Damit sind die Kirchengemeinden insgesamt gut mit den mittleren und oberen Gesellschaftsschichten der Stadt vernetzt, bis hin zur unteren Mittelschicht, werden doch Berufe wie Rotgerber (Cornelius Badorff, GV St. Pantaleon), Anstreicher (Gottfried Barthel, GV St. Johann Baptist), Gärtner (Wilhelm Bolder, GV St. Kunibert), Kassierer (Hermann Brock, GV St. Johann Baptist) und Posamentierer (Hubert Odendahl, GV St. Pantaleon) genannt. Hingegen fehlen die unteren Schichten weitgehend, wie nicht nur die knapp 9 % der Gremienvertreter erkennen lassen, die keiner der drei Wählerklassen angehören,[78] sondern auch

77 Ein weitgehend ähnliches Bild ergibt sich, wenn man in den drei Klassen jeweils die Anteile derjenigen Personen ausrechnet, die in der Glückwunschadresse vertreten sind: I. Klasse 9,8 % (45 von 457 Pers.); II. Klasse 10,2 % (181 von 1779 Pers.), III. Klasse 3,1 % (230 von 7387 Pers.).

78 Bei diesen insgesamt 44 KV- und GV-Mitgliedern können allerdings Unstimmigkeiten im Adressbuch und in der Bürgerrolle nicht ausgeschlossen werden, sodass eine Zuordnung zu einer Wählerklasse nicht möglich war. Damit würden sich aber die absoluten wie relativen Anteile der Personen, die tatsächlich keiner der drei Wählerklassen angehörten, noch weiter verringern.

die Tatsache, dass sich nicht einmal Berufsangaben wie Arbeiter und Tagelöhner finden. Insgesamt findet sich vor allem in den Kirchenvorständen eine deutliche Tendenz zu größeren Anteilen der höheren Schichten. Gleichwohl sind in den *einzelnen* Kirchenvorständen meist nicht mehr als ein oder zwei Vertreter der I. Klasse zu finden.[79] Dies verdeutlicht, dass die kirchlichen Gremien der Pfarrgemeinden jedenfalls nicht von den oberen Gesellschaftsschichten dominiert wurden. Vielmehr finden sich einzelne profilierte Vertreter, die auf weiteren Blättern der Glückwunschadresse in anderen Zusammenhängen unterschrieben haben, was deren hohes Engagement zeigt. So engagierten sich etwa Dr. Bernhard Michael Braubach im Kirchenvorstand von St. Maria in der Kupfergasse, Otto Loosen in dem von St. Gereon, während Eduard Schenk der Gemeindevertretung von St. Aposteln, Josef Bachem der von St. Mariä Himmelfahrt und Peter Josef Roeckerath der von St. Pantaleon angehörten.

Wenn man von Ausnahmen wie Josef Bachem absieht, ist allerdings das höhere und Wirtschaftsbürgertum nicht eben zahlreich vertreten. So fehlen beispielsweise Vertreter der Familien Stollwerck, Guilleaume, Clouth, Michels, Trimborn und Dumont, die um 1877 vielfach auch wirtschaftlich im Aufwind waren,[80] sich später durchaus in Kirchenvorständen oder kirchlichen Vereinen engagierten.[81] Grundsätzlich ist hier allerdings auch zu berücksichtigen, dass größere Teile des – oft liberalen – Kölner Wirtschaftsbürgertums ohnehin der evangelischen Konfession angehörten und die Katholiken dort unterrepräsentiert waren.[82] Damit bietet die Glückwunschadresse das gesellschaftliche Abbild einer Stadt, in der sich die tonangebende liberale Gesellschaft vom katholischen Bürgertum weitgehend separiert hat. Nur letzteres ist in den kirchlichen Gremien und wohl auch den wichtigsten Vereinigungen vertreten. Allerdings sind auch hier nur die oberen und mittleren Schichten bzw. das Besitz- und Bildungsbürgertum anzutreffen, während die Masse der einfachen Katholiken außen vor war.[83] Das hat sein Spiegelbild in der geringen

79 Der KV von St. Maria in der Kupfergasse hat vier Mitglieder der I. Klasse, die KVs von St. Kolumba, Groß St. Martin, St. Severin und St. Ursula jeweils drei.

80 Mergel: Klasse (Anm. 22), S. 217–218; vgl. ebd., S. 406–415 die Familienbiographien Bachem, Guilleaume, Michels, Trimborn.

81 Für Stollwerck und Guilleaume siehe Gabriele Oepen-Domschky: Kölner Wirtschaftsbürger im Deutschen Kaiserreich. Eugen Langen, Ludwig Stollwerck, Arnold von Guilleaume und Simon Alfred von Oppenheim, Köln 2003, S. 266–277.

82 Mergel: Klasse (Anm. 22), S. 221; siehe auch die Angaben bei Barbara Becker-Jákli/Alwin Müller: Zur Religionszugehörigkeit Kölner Unternehmer (1810 bis 1870), in: Klara van Eyll (Red.): Kölner Unternehmer und die Frühindustrialisierung im Rheinland und in Westfalen (1835–1871). Ausstellung des Rheinisch-Westfälischen Wirtschaftsarchivs zu Köln …, Köln 1984, S. 217–231.

83 In der Analyse ähnlich: Heinen: Segregation (Anm. 61), S. 27.

Beteiligung von Unterschichten an den Wahlen für Kirchenvorstand und Gemeindevertretung.[84] Dass in der Zeit des Kaiserreiches die Katholiken im Bereich des gewerblichen Bürgertums aufholten,[85] spiegelt sich in der Glückwunschadresse (noch) nicht wider.

Die Identifizierung von 500 kirchlichen Gremienvertretern und deren Zuordnung zu Wählerklassen macht es ferner möglich, in der Stadt des Jahres 1877 einzelne Pfarrgemeinden und damit Teilbereiche zu identifizieren, in denen einzelne Klassen besonders stark oder schwach vertreten waren. Allerdings ergab eine nähere Auswertung, dass sich derartige signifikante Schwerpunkte nicht ausmachen lassen: Die Klassenzugehörigkeiten sind relativ ausgeglichen über die Pfarrgemeinden verteilt. Dieses zunächst nichtssagende Ergebnis ist gleichwohl aussagekräftig, denn es zeigt die Situation Kölns wenige Jahre vor Beginn der Stadterweiterung. Die sozialen Lagen waren in der Gesamtstadt relativ gut durchmischt; es gab offenbar keine soziale Segregation, die sich etwa in ausgesprochen „armen" oder „reichen" Pfarrgemeinden niedergeschlagen hätte. Auch eine Citybildung ist nicht zu erkennen. Entwicklungen solcher Art setzten erst mit der Erweiterung Kölns und dem Ausbau der Neustadt ein.[86] Auch insofern bietet die Glückwunschadresse ein Abbild des katholischen Teils der „Großstadt vor dem Aufbruch".

Eine vergleichbare detaillierte Analyse der Klassenzugehörigkeit von Personen, die in der Adresse für die einzelnen Vereinigungen verzeichnet sind, bot sich aus mehreren Gründen nicht an.[87] Insbesondere bestand die Schwierigkeit darin, dass von den jeweiligen Personen außer der Zugehörigkeit zu einem Verein oder einer Bruderschaft lediglich der Name bekannt ist und nicht die Pfarrzugehörigkeit – anders als bei den Kirchenvorstands- und Gemeindevertretungsmitgliedern, was eine sichere Identifizierung oft überhaupt erst ermöglichte. Lediglich bei der Marianischen Männerkongregation für Bürger konnte für 19 der 26 dort genannten Namen eine Identifizierung und Klassenzuordnung vorgenommen werden. Demnach war die I. Wählerklasse mit einem Sodalen vertreten, die II. Klasse mit zwei und die III. Klasse mit

84 So Mergel: Klasse (Anm. 22), S. 274–275 für die Wahl zu beiden Gremien in der Bonner Münsterpfarrei 1875.
85 Mergel: Klasse (Anm. 22), S. 222.
86 Vgl. dazu die Ergebnisse der zeitlich weiter ausgreifenden Analysen (1871–1911) bei Oepen-Domschky: Wirtschaftsbürger (Anm. 81), S. 59–63.
87 Während bei der Kongregation der Marienkinder, dem St. Elisabeth-Verein und dem St. Bonifatius-Damenverein ausschließlich Frauen aufgeführt sind, die ohnehin kein Wahlrecht besaßen, handelt es sich bei den Marianischen Kongregationen für junge Kaufleute und Lehrlinge sowie bei der Junggesellensodalität augenscheinlich um jüngere Männer, von denen nicht unbedingt eine Nennung in der Bürgerrolle zu erwarten war.

16. Das unterstreicht die bereits an anderer Stelle gewonnene Einsicht, dass solche Bruderschaften wie die Kölner Bürgersodalität vor allem aus Angehörigen kleinbürgerlicher Schichten bestand und das gehobene Bürgertum kaum ansprach. „Für die bürgerlichen Eliten hatte, anders als in den Jahrhunderten zuvor, die Bruderschaft als Kommunikationsrahmen und Repräsentationsform ihre soziale Funktion verloren.“[88]

Für die Mitglieder in den pfarrlichen Gremien ergibt sich aus der Auswertung der Glückwunschadresse schließlich noch ein besonderer Aspekt. Bereits Sybille Fraquelli war aufgefallen, dass im 19. Jahrhundert Architekten, Künstler und Handwerker, die an Kölner Kirchen arbeiteten, sich nicht selten als Mitglieder des Kirchenvorstands oder der Gemeindevertretung ihrer jeweiligen Pfarrgemeinde engagierten.[89] Gleichzeitig bildete „ihre“ Pfarrkirche oft auch einen Schwerpunkt der künstlerischen oder handwerklichen Tätigkeit. Dass dabei klassische Interessenskonflikte entstanden – „nämlich Auftraggeber und Auftragnehmer gleichzeitig zu sein“[90] –, bisweilen als „Klüngel“ bezeichnet, scheint man nicht als gravierendes Problem wahrgenommen zu haben, wie das weitgehende Schweigen der Akten zu diesem Sachverhalt zeigt. Wie nach Fraquellis Ausführungen zu erwarten, sind in der Glückwunschadresse der 1863 in den Kirchenvorstand von St. Severin gewählte Bauunternehmer Franz Erben (1846–1914) sowie Bildhauer Heinrich Bong (1837– nach 1909) als Gremienmitglied in St. Ursula anzutreffen.[91] Mit Hilfe der Adresse lassen sich allerdings noch weitere Architekten, Künstler und Handwerker als Kirchenvorstands- und Gemeindevertretungsmitglieder identifizieren, wie etwa der Bildhauer Richard Moest (1841–1906), der der Gemeindevertretung von St. Kunibert angehörte und für diese Kirche einen Altar schuf.[92] Peter Beyer, 1876 Gründer der Rheinischen Mosaikwerkstätten Peter Beyer & Söhne, war Mitglied des Kirchenvorstands von St. Georg.[93] Insgesamt sind in der Adresse zwölf Gremienmitglieder vertreten, die auch im Künstler- und Handwerkerverzeichnis von Sybille Fraquelli aufgeführt sind.[94] Doch es ist

88 Oepen: Bruderschaften (Anm. 62), S. 204.

89 Sybille Fraquelli: Bildende Künstler und Architekten. Auftragsvergabe, Planung und Durchführung der Arbeiten, in: dies.: Die romanischen Kirchen im Historismus, Bd. 2, Köln 2011, S. 259–278, vor allem S. 275–276.

90 Ebd., S. 275.

91 Ebd.

92 Sybille Fraquelli: Künstler- und Handwerkerverzeichnis, in: dies.: Die romanischen Kirchen im Historismus, Bd. 2, Köln 2011, S. 355–376, hier S. 366; zu Moest auch Dagmar Preising (Hg.): Collectionieren, Restaurieren, Gotisieren. Der Bildschnitzer Richard Moest 1841–1906, zum 100. Todesjahr, Aachen 2007.

93 Fraquelli: Künstler (Anm. 89), S. 274; dies.: Künstler- und Handwerkerverzeichnis (Anm. 92), S. 357.

94 Außer den oben genannten sind dies der Kunstmaler Josef Fischer (GV St. Kunibert), der Schlosser Wilhelm Heyartz (GV St. Ursula), der Goldschmied Gabriel Joseph Heinrich

davon auszugehen, dass angesichts der Überlieferungslage dieses Verzeichnis notgedrungen unvollständig ist; ohnehin sind bei Fraquelli ausschließlich die zwölf romanischen Kirchen Kölns berücksichtigt. Daher ist eine weitergehende Quantifizierung dieses Befundes kaum sinnvoll. Wie der Bildhauer Hubert Biemüller, Gemeindevertretung St. Kunibert, oder Joseph Giorlandi, Inhaber einer „Gipsfigurenfabrik" und Gemeindevertretungsmitglied von St. Georg, sind in der Adresse jedenfalls weitere Künstler und Handwerker vertreten, für die eine Tätigkeit im kirchlichen Kontext durchaus vorstellbar wäre. Bei Johann Baptist Düster, Inhaber einer Paramentenhandlung und Mitglied der Gemeindevertretung von Groß St. Martin, dürfte dies außer Frage stehen.

4. *Fazit*

Die Glückwunschadresse zum goldenen Priesterjubiläum des Kölner Weihbischofs Baudri ist ohne Frage eine außerordentliche Quelle, und zwar sowohl wegen der materiellen Ausstattung und des organisatorischen Aufwandes, der für das Zustandekommen der Adresse notwendig war, als auch wegen der inhaltlichen Ausrichtung insbesondere auf das katholische Bürgertum der Stadt. Vor dem Hintergrund des nach wie vor schwelenden Kulturkampfes erhält die Adresse den Charakter einer bewussten politischen Demonstration und war gewiss auch als solche gedacht. Am 1. Mai 1877, der Feier von Baudris goldenem Priesterjubiläum, muss die Übergabe der Glückwunschadresse durch das Festkomitee etwas ganz Besonderes gewesen sein, erwähnten doch gleich zwei Zeitungen (Kölnische Volkszeitung, Germania) in ihrer Berichterstattung zum Festtag die Adresse und druckten sogar den Glückwunschtext ab.

Eine größere Fernwirkung war der Glückwunschadresse indessen nicht beschieden, was auch in der Natur der Sache liegt. Neben dem Akt der Übergabe an den Jubilar am Festtag selbst lag eine der wesentlichen Wirkungen der Adresse im Prozess ihrer Herstellung, näherhin im Zusammentragen der Namen und Unterschriften bzw. dem dabei notwendigen organisatorisch-logistischen Aufwand. Indem nämlich zum Unterzeichnen die einzelnen Blätter wochenlang

Hermeling (KV St. Kunibert; auch an der Anfertigung der Glückwunschadresse beteiligt), Johann Heuckeshoven, Bildhauer- und Steinmetzbetrieb (GV St. Gereon), der Schreiner/Bildhauer Carl Hohmann (GV St. Maria im Kapitol), der Bildhauer August Jaegers (GV St. Gereon), der Glasmaler Jakob Melchior (GV St. Johann Baptist), Heinrich Porzelt, Marmor- und Steingeschäft (GV St. Pantaleon), der Bildhauer Edmund Ludwig Renard d. Ä. (GV St. Jakob); vgl. Fraquelli: Künstler- und Handwerkerverzeichnis (Anm. 92), passim. – GV: Gemeindevertretung, KV: Kirchenvorstand.

durch die verschiedenen Gremien und Vereinigungen des katholischen Kölns zirkuliert haben müssen, gewiss auch mit einem Entwurf des Glückwunschtextes, dürfte ein wichtiger Prozess, wenn nicht angestoßen, so doch wenigstens verstärkt worden sein: Angesichts einer wahrgenommenen ernsthaften Bedrohung durch den preußischen Staat vergewisserte sich das bürgerliche katholische Köln seiner selbst, seiner Bedeutung, seines Zusammenhangs untereinander und seines Selbstbewusstseins.

Sodann bildet die Glückwunschadresse ein seltenes, mehr oder weniger vollständiges Spiegelbild des katholischen Kölns im Jahre 1877 im Sinne einer Momentaufnahme. Dabei zeigen insbesondere Mehrfachnennungen einzelner Personen das dichte Kommunikations- und Beziehungsgeflecht des ultramontanen katholischen Bürgertums der Mittel- und Oberschicht auf. Für einige der 22 aufgeführten Kongregationen und Vereine, über die nur wenig bekannt ist, bildet die Adresse schlichtweg einen wichtigen Nachweis oder gibt Auskünfte über die Binnenstrukturen. Bei einem großen Teil der Vereinigungen ist zu unterstellen, dass deren Mitglieder sich zu einem beträchtlichen Teil aus „handwerklich-kleingewerblich-bürgerlichen Sozialgruppen"[95] rekrutierten. Wie die Glückwunschadresse zeigt, entstammen die Vorstände und das Führungspersonal der Vereinigungen indessen durchweg dem katholischen Bürgertum. Einfache Katholiken oder die Arbeiterschaft sucht man vergebens – eine Beobachtung, die auch auf die Kirchenvorstände und Gemeindevertretungen zutrifft.

Eine Analyse der Mitglieder dieser beiden Gremien erbrachte zunächst die Erkenntnis, dass in dieser Phase vor Niederlegung der Stadtmauer (1881) die Gesamtstadt recht homogen strukturiert und die sozialen Lagen relativ gut durchmischt waren; auch eine echte Citybildung ist nicht zu erkennen. Nur wenige Jahre später sollten hier gewaltige Veränderungen einsetzen. Schließlich wurde die Behauptung aufgestellt, dass die Glückwunschadresse eine präzise Antwort zu geben vermag auf die Frage, ob es tatsächlich gelungen ist, die Vorstellungen der Bischöfe umzusetzen, wie auf die vom Gesetzgeber verordnete Einrichtung von Kirchenvorständen und Gemeindevertretungen zu reagieren sei – dass nämlich kirchentreue Katholiken für diese Gremien kandidieren und dort loyal mitarbeiten sollten. Tatsächlich hat die Forschung solche Antworten durchaus schon gefunden, die jedoch im Licht der Glückwunschadresse präzisiert und vertieft werden können. So erhält die lapidare Feststellung, dass beide Gremien, die eigentlich als Korrektiv für die

95 Herres: Gesellschaft (Anm. 10), S. 394.

Geistlichkeit gedacht waren, am Ende durchweg in deren Sinne besetzt waren,[96] eine eindrucksvolle Bestätigung, allein schon, indem um die 87 % bzw. 96 % der Gremienmitglieder eine solche Adresse eigenhändig unterschreiben, die eindeutig eine kirchenpolitische Demonstration ganz im Sinne der Kirchenführung und der Bischöfe darstellte und damit ein aktives Handeln von mehr als 500 Gremienvertretern darstellt.

Das Phänomen, dass Künstler und Handwerker auch kirchliche Aufträge übernahmen und gleichzeitig den pfarrlichen Gremien angehörten, weist ebenfalls, auch wenn wir keine genauen Zahlen kennen, deutlich in die gleiche Richtung. Denn ausgerechnet solche im kirchlichen Auftrag tätigen Kirchenvorsteher und Gemeindevertreter dürften sich kaum als Korrektive oder Gegenspieler des Pfarrklerus geeignet haben. Im Gegenteil sind wohl genau hier die schon aus eigenem wirtschaftlichem Interesse loyalen Katholiken zu finden, die sich in den 1877 noch recht jungen Gremien engagierten. Mehr noch verschärfte sich das von Sybille Fraquelli aufgeworfene grundsätzliche Problem der Interessenskollision durch die Einrichtung von Kirchenvorständen und Gemeindevertretungen eher noch, indem für diese Gremien schlichtweg mehr Personen benötigt wurden als für die früheren Kirchenräte. Dies vergrößert die Wahrscheinlichkeit, einen im kirchlichen Umfeld tätigen Künstler oder Handwerker auch in einem der beiden Gremien anzutreffen, etwa auch weil er gezielt hierfür „geworben" worden war.

Allerdings wird auch deutlich, dass die Kirchenvorstände und Gemeindevertretungen sich aus den mittleren und oberen Gesellschaftsschichten der Stadt rekrutieren und mit diesen bestens vernetzt waren, während untere Schichten weitgehend fehlen. Das gleichzeitige weitgehende Fehlen des liberalen Bürgertums verdeutlicht die doppelte Segregation eines ultramontanen katholischen Bürgertums: Einerseits separierte man sich in politisch-ideologischer Hinsicht innerhalb der bürgerlichen Gesellschaft – dabei spielte der Kulturkampf eine wichtige Rolle –, andererseits in sozialer Hinsicht von den unteren Schichten des entstehenden „katholischen Milieus", das damit alles andere als homogen war.[97] Die Glückwunschadresse ist ein hervorragender Indikator für den Stand dieses Prozesses im Jahre 1877. Was die Sphäre der Kirchenvorstände und Gemeindevertretungen betrifft, hatte langfristig das Fehlen unterer Schichten, die schon rein zahlenmäßig die Basis des kirchlichen Lebens und eben jenes „katholischen Milieus" bildeten, tiefergehende Konsequenzen. Zwar bildete sich „eine aktive Funktionärsschicht von Laien, meist bessere Bürger", heraus, „die

96 Mergel: Köln (Anm. 11), S. 87.
97 Mergel: Klasse (Anm. 22), S. 279.

sich auf die Dauer als stabilisierender Faktor des kirchlichen Lebens erwies“[98] und durchaus Selbstbewusstsein entwickelte, doch wuchs, wie Thomas Mergel zu Recht feststellt, eben auch „die Distanz zwischen dieser Funktionärsschicht und der Basis. […] So bildete sich eine Herrschaft weniger Engagierter heraus, die das katholische Leben dominierten.“[99] Das schlug sich nicht zuletzt in den geringen Wahlbeteiligungen zu den Gremien nieder – ein Faktum, dass sich bis heute gehalten hat, ohne daraus vorschnell auf Kontinuitäten schließen zu wollen.[100]

98 Mergel: Köln (Anm. 11), S. 317.
99 Ebd.
100 Bei den heutigen Kirchenvorstandswahlen liegen die Wahlbeteiligungen oft nur bei 1–3 %. – Die Gemeindevertretungen wurden bereits 1924 durch eine neue Gesetzgebung aufgelöst; Hegel: Erzbistum (Anm. 34), S. 197.

Geliebt im ungeliebten Westen

Die Hohenzollern in Köln während des Kaiserreichs

Thomas Mergel

Seit 1815 war das Rheinland preußisch; aber der ungeliebte Westen war den Altpreußen lange suspekt, mit seiner liberalen Verfassung, seiner prononcierten industriellen Modernität und seiner Bürgerlichkeit, aber auch mit seinem Katholizismus. Die Vorbehalte waren lange beiderseitig, und sie schwanden nur langsam. Ausgerechnet der große Förderer des Kölner Doms, Friedrich Wilhelm IV., war nach der Revolution von 1848/49 überzeugt von der „rheinischen Treulosigkeit" und attestierte den Rheinländern mangelnde Bindung an das Herrscherhaus.[1] Gerade in der Zeit vor der Reichsgründung hatte es nicht an Konflikten gefehlt: Der Verfassungskonflikt um Bismarcks Militärpolitik hatte das Rheinland und Köln in den 1860er Jahren entschieden an der Seite der Opposition gesehen. Auch der Preußisch-Österreichische Krieg von 1866 war in Köln auf Besorgnis und Widerwillen gestoßen, und von den Katholiken bis hin zu den Linksliberalen hatte sich eine breite Front gegen den „Bruderkrieg" gebildet. Dennoch: Dies war keine Ablehnung Preußens mehr, sondern der Wunsch nach einem liberalen Preußen. Mit dem Sieg über Österreich und der daraufhin erfolgten Konsolidierung der preußischen Machtposition in Deutschland war aber die Stimmung gänzlich umgeschlagen: Nun waren auch die meisten Kölner froh, Preußen zu sein.[2]

Man muss aber nicht nur unterscheiden zwischen Preußen und der deutschen Nation, für die auch die Rheinländer sich seit den Befreiungskriegen begeisterten, sondern auch zwischen der mentalen Distanz gegenüber einem Land, das man als bürokratisch und staatsfromm empfand, und dem Verhältnis

1 Jürgen Herres: Köln in preußischer Zeit 1815–1871, Köln 2012, S. 290.

2 Zum Verhältnis des Rheinlands und im besonderen Kölns zu Altpreußen vgl.: Georg Mölich/Meinhard Pohl/Veit Veltzke (Hg.): Preußens schwieriger Westen. Rheinisch-preußische Beziehungen, Konflikte und Wechselwirkungen, Duisburg 2003; Stefan Lewejohann/Sascha Pries (Hg.): Achtung Preußen! Beziehungsstatus: kompliziert. Köln 1815–2015. Begleitband zur gleichnamigen Ausstellung des Kölnischen Stadtmuseums vom 29. Mai 2015 bis 25. Oktober 2015, Mainz 2015; einschlägig für die folgenden Ausführungen sind: Thomas Parent: Die Hohenzollern in Köln, Köln 1981; sowie zu den Denkmälern umfassend: Iris Benner: Kölner Denkmäler 1871–1918. Aspekte bürgerlicher Kultur zwischen Kunst und Politik, Köln 2003.

gegenüber seinen Repräsentanten. Denn im Zeitalter der „nationalen Monarchie" (Wilhelm Oncken) standen der Kaiser und seine Dynastie gewissermaßen persönlich für die Legitimität des Gesamtstaats ein und die auch und gerade im „Zeitalter der Revolution", als das das 19. Jahrhundert seit Jakob Burckhardt firmiert, eher noch wachsende und vielfach massenmedial abgestützte Popularität der Monarchie wurde durch die Popularität der dafür einstehenden Personen beglaubigt.[3] Im Folgenden soll vor diesem Hintergrund deshalb die Präsenz der Hohenzollern in Köln untersucht und gefragt werden, inwieweit das Verhältnis zu den Hohenzollern den Kölnern auch Preußen näherbrachte. Und dieses Verhältnis unterlag Konjunkturen.

Vor allem nach 1871 wurden die Hohenzollern auf vielfache Weise in der Stadt präsent, sehr viel mehr als vorher: Da waren zum einen die regelmäßigen Besuche von Mitgliedern des Kaiserhauses, die zu den unterschiedlichsten Anlässen auftauchten. Meist waren es glänzende Feste, in denen nicht nur Preußen und das Kaiserreich gefeiert wurden, sondern in denen die Kölner auch sich selbst feierten. Da waren weiterhin die Denkmäler der Hohenzollern – fünfzehn sollten es am Ende sein, nicht gerechnet die Büsten, Statuen und Bilder, die, teils von Privatleuten, teils als Schmuck an öffentlichen Gebäuden – quasi nebenher aufgestellt wurden. Denkmäler sind ein Spezifikum der Erinnerungs- und Propagandakultur des 19. Jahrhunderts, die ein Stadtbild prägen mochten und die häufig zivilgesellschaftlich initiiert und finanziert waren. Die Einweihungsfeierlichkeiten für diese Denkmäler waren, ebenso wie die Besuche, immer Seismographen für das Verhältnis zwischen Preußen und Köln. Man kann die Popularität aber auch an der Benennung von Straßen und Institutionen sehen. Zwei repräsentative Abschnitte der Ringe stellen in ihrer Benennung eine Hommage an das Kaiserhaus dar: der Hohenzollernring und der Kaiser-Wilhelm-Ring, beide 1882 so benannt, außerdem das Kaiser-Friedrich-Ufer. Ab 1830 hieß das ehemalige Karmeliter-Gymnasium „Königliches Friedrich-Wilhelm-Gymnasium", und unmittelbar nach der Reichsgründung wurde das erst 1868 gegründete Realgymnasium durch kaiserliche Ordre in „Kaiser-Wilhelm-Gymnasium" umbenannt. 1903 wurde das zweite Kölner Mädchenlyzeum auf den Namen „Kaiserin-Augusta-Schule" getauft. Seit 1879 existierte auch eine Wilhelm-Augusta-Stiftung, die sich eine Epileptiker-Klinik zum Ziel setzte – ein Ziel, das übrigens nie verwirklicht wurde. Man könnte ferner auf die Beliebtheit des Hohenzollernnamen „Wilhelm" verweisen. Willy Millowitsch, geboren 1909, steht dafür.

3 Vgl. Volker Sellin: Gewalt und Legitimität. Die europäische Monarchie im Zeitalter der Revolutionen, München 2011; Martin Kohlrausch: Der Monarch im Skandal. Die Logik der Massenmedien und die Transformation der wilhelminischen Monarchie, Berlin 2005.

1. *Im Zeichen Bismarcks und Wilhelms I.: Loyale „Reichsfeinde“*

Der Deutsch-Französische Krieg von 1870/71, der unter Führung Preußens die Gründung des Deutschen Kaiserreichs bringen sollte, setzte ein erstes, öffentlich nicht übersehbares Zeichen für den Willen der Kölner, gute Preußen zu sein.[4] Ein unbeschreiblicher Enthusiasmus herrschte in Köln, als am 1. August 1870 abends König Wilhelm I. mit seinem Generalstab auf dem Weg an die Front in Köln eintraf, und Tausende sangen „Heil Dir im Siegerkranz“. Es kann kein Zweifel daran herrschen, dass die Kölner den Krieg überzeugt unterstützten. Am 2. März 1871 fand eine Friedens- und Siegesfeier in der Stadt statt, begleitet von einer Illumination, die sich noch glänzender am Geburtstag des neuen Kaisers am 22. März wiederholte. Auf die Initiative des Kölner Oberbürgermeisters Alexander Bachem ging es zurück, dass Wilhelm I., als er am 15. März 1871 in Saarbrücken als Sieger und nunmehriger Deutscher Kaiser wieder deutschen Boden betrat, von einer Delegation rheinischer Bürgermeister feierlich empfangen wurde; sie überreichten ihm einen drei Pfund schweren goldenen Lorbeerkranz mit der Widmung „Ihrem Kaiser und Heldenkönige die dankbare Rheinprovinz 1870–1871“.[5]

Von Alexander Bachem stammte auch die Idee, dem Kaiser ein Denkmal zu setzen. Wilhelm I. jedoch wollte keine Monumente von sich zu Lebzeiten sehen. Deshalb auch hatte er darauf bestanden, das Reiterstandbild von ihm, das zusammen mit einem Standbild seines Bruders Friedrich Wilhelms IV. seit 1867 den Deutzer Aufgang zur Rheinbrücke zierte, nicht als Denkmal, sondern nur als Ornament zu verstehen, weshalb es nicht zu einer offiziellen Einweihung gekommen war. Erst 1888 sollte der Plan eines Denkmals für den ersten deutschen Kaiser umgesetzt werden.

Der Kulturkampf, jene Auseinandersetzung, die viele als einen Kampf Preußens gegen die katholische Kirche verstanden, stellte manche der Kölner Anhänglichkeiten zunächst wieder in Frage. Der Widerstand, namentlich im Rheinland, gegen die Kulturkampfgesetze, förderte auf Seite der Altpreußen die Vermutung, dass die Rheinländer eben doch nicht so loyal seien wie geglaubt. Dennoch: Zwar fühlten die Katholiken sich an den Rand gestellt und ihre Religion schlecht behandelt. Aber auch im Kulturkampf blieb die Popularität der Hohenzollern groß, zumal man vom Kaiserpaar wusste, dass es viele der Maßnahmen des

4 Zum Folgenden: Herres: Köln (Anm. 1), S. 341–346.

5 Zu dieser Ehrung umfassend Jürgen Herres: Rhein-Preußen. Eine deutsch-deutsche Beziehungsgeschichte im 19. Jahrhundert, in: Manfred Groten (Hg.): Die Rheinlande und das Reich, Düsseldorf 2007, S. 159–202, hier S. 159f.

Reichskanzlers Bismarck nur zähneknirschend mittrug. Selbst wenn viele katholische Kölner mit dem preußischen Staat haderten, weil er ihren Erzbischof ins Exil getrieben hatte und weil er die Altkatholiken hofierte: Die Spitzen des Staates – und das galt mit Einschränkungen sogar für Bismarck – blieben unangetastet. Der spätere Oberbürgermeister Max Wallraf, auch er Katholik, erinnerte sich an seine überschäumende Bismarck-Begeisterung in seiner Jugendzeit, während der Hochzeit des Kulturkampfs.[6]

Das war nicht nur jugendlicher Leichtsinn. Am 1. April 1875 – man befand sich in der Hochphase der Kulturkampfgesetzgebung – beschloss der Stadtrat, und zwar einstimmig, den Reichskanzler Otto von Bismarck anlässlich seines 60. Geburtstags zum Ehrenbürger der Stadt zu ernennen.[7] Nur zur Erinnerung: Mehr als die Hälfte der Stadtverordneten war katholisch. Die Bismarck-Verehrung lag schon während dessen Lebzeiten vor allem den liberalen Eliten am Herzen; doch selbst während des Kulturkampfes war auch den ultramontanen Katholiken der Reichskanzler als der Reichsgründer eine Ikone.

Doch Bismarck polarisierte, mehr als die Hohenzollern selbst. 1876 vermachte der Textilindustrielle Christoph Andreae in seinem Testament der Stadt 20.000 Mark zur Errichtung eines Denkmals für Bismarck, das innerhalb von drei Jahren aufgestellt sein müsse.[8] Es war auch im 19.Jahrhundert durchaus ungewöhnlich, wenngleich nicht völlig undenkbar, dass man einem noch Lebenden ein Denkmal errichtete. Darüber gab es heftige Debatten im Stadtrat und in der Öffentlichkeit. Die drei ultramontanen Abgeordneten argumentierten, dass viele Bürger der Stadt Gegner Bismarcks seien und durch ein Denkmal verletzt würden, konnten sich aber nicht durchsetzen. Denn gerade Bismarcks Kulturkampfpolitik schien den liberalen Stadträten ein Denkmal wert, und hier lag ein tiefer Dissens vor. Gegen die drei Zentrumsstimmen beschloss der Stadtrat die Annahme der Schenkung und am 1. April 1879, Bismarcks Geburtstag, wurde das Denkmal enthüllt. Es war erst das zweite Bismarck-Denkmal im Deutschen Reich. Inzwischen aber hatte die Stimmung sich gewandelt, denn nicht nur waren 1878 die Sozialistengesetze in Kraft getreten, die die Sozialdemokraten in die Illegalität zwangen und die von den bürgerlichen Parteien, auch von den Katholiken, breit unterstützt wurden. Bismarck hatte auch seine politischen Partner gewechselt, sich den Konservativen zugewandt und sich von den Nationalliberalen distanziert. Im Kulturkampf suchte er seit 1878 eine

6 Max Wallraf: Aus einem rheinischen Leben, Hamburg 1926, S. 25.
7 Verhandlungen der Stadtverordneten-Versammlung vom Jahre 1875, S. 70.
8 Zum Bismarck-Denkmal: Benner: Kölner Denkmäler (Anm. 2), vor allem S. 94–101, 144 ff., 183–186; Sascha Pries: „Ein Schlag ins Gesicht". Die Kölner Bismarck-Statue und der Kulturkampf, in: Lewejohann/Pries: Achtung Preußen! (Anm. 2), S. 109–113.

Abb. 1: Das Kölner Bismarck-Denkmal auf dem zentralen Augustinerplatz vor dem Civil-Casino, Fotografie um 1910 (Köln, Stadtkonservator Köln, Foto-Nr.: 286655)

Versöhnung. Die Aufstellung des Denkmals 1879 war deshalb nicht mehr von Kulturkampfaffekten dominiert, sondern thematisierte Bismarck als den Reichsgründer und Franzosenbesieger. Oberbürgermeister Hermann Becker betonte bei der Denkmalsenthüllung, dass die Stadt Köln sich selbst ehre, indem sie den „Einiger Deutschlands" ehre. Doch das kennzeichnete den offiziellen Part, denn es gab durchaus Proteste.

Wesentlich weniger umstritten als der Reichskanzler war die Hohenzollernfamilie. Sie stand über den Parteistreitigkeiten. Mehrfach kamen während der 1870er Jahre Mitglieder des Kaiserhauses nach Köln, den Kulturkampfanimositäten zum Trotz.[9] Dennoch versuchte man, bei der Organisation der Besuche ein Aufeinandertreffen von Kaiser und Klerus möglichst zu vermeiden. Im August 1875 eröffnete der Kronprinz die Internationale Gartenbauausstellung; seine Mutter, die Kaiserin Augusta, sah sich die Blumen zwei Wochen später auch an.

9 Hierzu: Parent: Hohenzollern, S. 93 ff.

Es waren dies schwierige Besuche, denn kurz zuvor hatte der Erzbischof Melchers sein Palais räumen müssen, weil er die Geldstrafen nicht bezahlte, die ihm wegen Verstößen gegen die Kulturkampfgesetzgebung auferlegt worden waren. Augusta besichtigte den Dom, aber ohne mit dem Erzbischof zusammenzutreffen. Bereits drei Wochen später, am 29. September 1875, kam Wilhelm I. erstmals in seiner Rolle als deutscher Kaiser nach Köln. Auch er wollte die Gartenbauausstellung besichtigen. Wie schwierig das Verhältnis zwischen Staat und Kirche war, ist daran zu ersehen, dass er von einem Besuch im Dom absah, obwohl der Bau ihm am Herzen lag. Beim Kaiserbesuch 1877 verzichteten umgekehrt die katholischen Würdenträger auf die Anwesenheit beim Festkonzert, weil der altkatholische Bischof Reinkens auch auf der Gästeliste stand.

So problematisch auch die Atmosphäre zwischen Staat und Kirche bei diesen Gelegenheiten war: Die Stadtoberen gaben sich alle Mühe, einen großen Festtag daraus zu machen; der Besuch schmückte auch sie. Der Kaiserbesuch 1877 war so aufwendig, dass der Kaiser im Jahr darauf für die nächste Gelegenheit – die Eröffnung des Denkmals für seinen Vater Friedrich Wilhelm III. auf dem Heumarkt – darum bat, den Besuch bescheidener auszugestalten.

Diese Denkmalseröffnung 1878 fand auch noch im Zeichen des Kulturkampfes statt; und trotzdem zeigten sich hier bereits Zeichen der Versöhnung.[10] Deutlicher als beim Bismarckdenkmal, das ja erst im Jahr darauf enthüllt wurde, zeigten sich hier Anzeichen der Versöhnung – es lag an der Person des Monarchen und an der Inanspruchnahme der Geschichte. Denn das Denkmal, das kein städtisches, sondern eines der Rheinprovinz war, sollte an die Vereinigung der Rheinlande mit Preußen im Jahr 1815 erinnern. Es war darüber hinaus nicht nur ein Denkmal für die Person des Monarchen, sondern auch eine Selbstdarstellung des Bürgertums durch die Verewigung bedeutender Personen wie Otto von Camphausen oder Peter Merkens am Denkmal.Das Projekt ging bereits auf die 1850er Jahre zurück und sollte damals schon dem Zweck dienen, das schwierige Verhältnis zwischen Preußen und den Rheinlanden zu verbessern. 1865 war in einer aufwendigen Feier der Grundstein gelegt worden. Wegen des Verfassungskonflikts, in dem Kölner linksliberale Politiker an der Spitze des Widerstands gegen Bismarck standen, war das Projekt aber nicht mehr vorangekommen. Nun sollte dem nicht mehr so sein. Als am 29. August 1878 im Stadtrat über die Enthüllung des Denkmals beraten wurde, war trotz gewisser „Nickligkeiten" seitens der Katholiken in Ton und Verlauf der Debatte der Wille

10 Hierzu: Ralf Beines/Walter Geis/Ulrich Krings (Hg.): Köln: Das Reiterdenkmal für König Friedrich Wilhelm III. von Preußen auf dem Heumarkt, Köln 2004; Benner: Kölner Denkmäler (Anm. 2), S. 64–70.

Abb. 2: Einweihung des Reiterdenkmals auf dem Heumarkt am 26. September 1878 im Beisein der kaiserlichen Familie, Johann Heinrich Schönscheidt, 1878 (Köln, Kölnisches Stadtmuseum, Grafische Sammlung, Inv.-Nr. HM 1902/57; Foto: Rheinisches Bildarchiv, rba_d040956)

sichtbar, sich langsam wieder zu vertragen.[11] Peter Josef Röckerath, der Führer der Katholiken, war der Ansicht, dass die Wunden von damals verheilt seien und die ganze Stadt die Vereinigung feiern könne. Dafür allerdings forderte er einen „allgemeinen Charakter" des Festes, sprich: Nicht nur die liberalen Eliten sollten sichtbar sein, sondern die ganze Stadtbevölkerung. In der Feier sollte sich das Denkmal als ein Monument des Volkes präsentieren. Also sollten alle Hauptvereine der Stadt zu dem Bankett im Gürzenich eingeladen werden. Röckerath plädierte, „...dass, was damals gesündigt worden sei, heute wieder gut gemacht werde". Wenn diese Einlassung auch liberalerseits ärgerliche und von persönlicher Abneigung nicht freie Antworten provozierte, so war Röckeraths Punkt doch ein Friedensangebot: auf der Basis der Erinnerung an die Befreiung von der Franzosenherrschaft ganz Köln dazu einzuladen, die Zugehörigkeit zu Preußen zu feiern.

Zur Einweihung am 26. September 1878 kam das Kaiserpaar mit dem Kronprinzen nach Köln und wurde von den Kölnern begeistert empfangen.[12] Der Kaiser trug den Arm noch in einer Schlaufe, Andenken an das Attentat, das wenige Wochen vorher auf ihn verübt worden war und das den Anlass zur

11 Verhandlungen der Stadtverordneten-Versammlung vom Jahre 1878, S. 232 f.
12 Vgl. Stadtanzeiger, 26. 9. 1878: Die Feier der Enthüllung des Königsdenkmals.

Einbringung des Sozialistengesetzes gegeben hatte; auch das sollte die Versöhnung befördern. Die Häuser der Innenstadt waren mit Fahnen und Kornblumen – die Lieblingsfarbe des Kaisers war blau – geschmückt, und ein Sturm der Begeisterung empfing den Kaiser. Die Enthüllungsfeier folgte dem liturgischen Kanon, der sich bei vielen Denkmalsenthüllungen des Kaiserreichs eingespielt hatte und der mit dem Kaiser erlösergleiche Assoziationen verband. Greven's Adressbuch von 1879 beschrieb in seiner Chronik für das Jahr 1878 die Szene so: „Nach einleitenden Musikaufführungen gab der Kaiser das Zeichen zur Enthüllung des Denkmals und in diesem Augenblicke trat die Sonne hell aus dem dunklen Gewölk und überstrahlte den siegreichen Kaiser und das Standbild seines Vaters. Unbeschreiblicher Jubel durchbrauste die Luft in diesem feierlichen Momente, der den Anwesenden unvergeßlich bleiben wird."[13] Die Sonne strahlte auf den Kaiser: Hier zeichnete sich in Stil und Ton ein Ende der Entfremdung ab.

2. *Der Dom als Versöhnungsmoment*

Ein ungleich komplizierterer symbolischer Ort für das schwierige Verhältnis zwischen Köln und Preußen, aber auch für die Versöhnung, war der Dom.[14] Seit dem Vormärz wurde wieder daran gebaut, und der preußische König Friedrich Wilhelm IV., der Bruder des nun amtierenden Kaisers, hatte viel Herzblut und Geld hineingesteckt, weil er den Dom als ein exemplarisches Monument deutscher Größe wiederhergestellt sehen wollte. Ohne die finanzielle Unterstützung der Preußen wäre der Dom noch lange nicht fertig gewesen. Auch für Wilhelm selbst hatte der Dom eine besondere Bedeutung. 1867 soll er vertraulich dem italienischen Kronprinzen Umberto gegenüber geäußert haben, er wolle die Vollendung des Kölner Doms beschleunigen, um sich dort zum Kaiser krönen zu lassen.

Für das Jahr 1880 war die Fertigstellung vorgesehen, und das stellte ein Problem dar; denn zwar war das Ende des Kulturkampfes absehbar, aber noch waren Kirche und Staat einander Feind. Wie sollte man da ein Gebäude einweihen, das die einen als deutsches, die anderen aber als ein katholisches Monument sahen? Die Behörden standen vor einem Dilemma. Denn dass sich hier die preußische

13 Zitiert nach Benner: Kölner Denkmäler (Anm. 2), S. 67. Diese Szene wird aber auch im Stadtanzeiger berichtet, mag also mehr als Stilisierung sein.
14 Kathrin Pilger: Kaiserdenkmal oder Gotteshaus? Das Ringen um die Symbolik des Kölner Doms im Kulturkampf, in: GiK 47 (2000), S. 24–47.

Monarchie in angemessener Weise zeigen wollte, war selbstverständlich; für die Hohenzollern war der Dom gerade im Zeichen der Reichsgründung ein Symbol, das ihren Anspruch auch auf den Westen Deutschlands untermauerte. Ebenso war aber zu erwarten, dass die katholische Kirche sich selbst darstellen wollte, denn schließlich war der Kölner Dom nicht nur eines der größten Gotteshäuser der Welt, sondern auch die Zentralkirche des Erzbistums. Für den Katholizismus war der Dom vor allem ein Symbol für die Widerstandskraft ihrer Kirche gegen dem protestantischen Liberalismus. Und, nicht zu vergessen, auch das Kölner Bürgertum wollte sich präsentiert sehen, denn das Bürgertum hatte nicht nur den Dombau finanziell und ideell unterstützt, sondern es sah den Dom auch als ein Denkmal der traditionsreichen Bürgerstadt, die in der Moderne zur Metropole wurde. Weil diese unterschiedlichen Interessen so schwer auszutarieren waren, wurde der Abschluss des Dombaus absichtlich verzögert.[15]

Bismarck seinerseits wollte keinesfalls ein Fest, das man als eine Versöhnungsgeste im Kulturkampf hätte interpretieren können. Soeben verhandelte man mit dem Heiligen Stuhl, und da wollte der Eiserne Kanzler keine Trümpfe vorzeitig aus der Hand geben. Am liebsten wäre es ihm gewesen, der Kaiser hätte überhaupt nicht mitgewirkt; das, so wusste er, war aber nicht machbar, weil Wilhelm eine Teilnahme als Ausdruck des Vermächtnisses seinem verstorbenen Bruder Friedrich Wilhelm IV. gegenüber empfand.

Ohne den katholischen Klerus würde es auch nicht gehen; ebenso klar war aber für die preußische Regierung, dass der abgesetzte und ins Ausland emigrierte Erzbischof Melchers nicht dabei sein werde. Dass das Metropolitankapitel, das immerhin auch vom liberal dominierten Dombauverein eingeladen wurde, nur eine periphere Rolle spielen sollte, lag aber auch auf der Linie des Kaisers. Entscheidend wurden dessen Wünsche. Er selbst bestimmte schließlich, dass im Dom kein großer Festgottesdienst, sondern lediglich ein Te Deum stattfinden solle. In wesentlichen Fragen setzten sich die staatlichen Stellen über die kirchlichen Interessen hinweg, erleichtert dadurch, dass das Domkapitel überaltert und führungslos war.

Die große Frage war, wie der politische Katholizismus sich zu der Feier stellen würde. Einige einflussreiche Leute, darunter die Ikone des Dombaus, August Reichensperger, waren geneigt, die Feier überhaupt zu boykottieren. Doch die

15 Zum Folgenden vor allem: Kathrin Pilger: Der Kölner Zentral-Dombauverein im 19. Jahrhundert. Konstituierung des Bürgertums durch formale Organisation, Köln 2004, S. 284–296; Leo Haupts: Die Kölner Dombaufeste 1842–1880 zwischen bürgerlich-nationaler und dynastisch-höfischer Selbstdarstellung, in: Dieter Düding/Peter Friedemann (Hg.): Öffentliche Festkultur. Politische Feste in Deutschland von der Aufklärung bis zum Ersten Weltkrieg, Hamburg 1988, S. 191–211.

Zentrumspartei schätzte die Stimmung in Köln wie in der ganzen Rheinprovinz schon richtig ein: Es bestand ein breiter Wunsch, das Fest großartig zu feiern und es zu einem auch nationalen Weihefest zu machen. Explizite Interessen, die kirchlichen Aspekte zu betonen oder gar daraus eine Kulturkampfmanifestation zu machen, waren nicht auszumachen. Auf den zahlreichen Katholikenversammlungen, die sich mit dem Thema beschäftigten, herrschte Ratlosigkeit, vor allem auch deshalb, weil man dem verehrten Hohenzollernkaiser durchaus die Ehre lassen wollte, Vollender des Doms zu sein, und ihn nicht für Bismarcks Kulturkampfpolitik in Haftung nehmen wollte. Eher als die Hohenzollern wurden die Liberalen in der eigenen Stadt als Gegner gesehen.[16]

Unter diesen Bedingungen gab der Kölner Zentrumspolitiker Julius Bachem die Parole von der „würdigen Zurückhaltung" aus, derer sich der organisierte Katholizismus befleißigen solle. Aber auch katholische Politiker plädierten für eine Teilnahme der Katholiken, gerade im Zeichen des abklingenden Kulturkampfes; denn es war zu erwarten, dass die Kölner Katholiken dem Kaiser mit derselben Ehrfurcht begegnen würden wie alle anderen. Auch im Vorstand des Zentral-Dombauvereins waren nur zwei Katholiken, die sich der Teilnahme verweigerten, und selbst August Reichensperger machte am Ende mit.

So bot das Dombaufest wenig Anlass, oppositionelle Akzente zu setzen. Aber eine regelrechte Versöhnungsfeier zwischen Katholiken und Deutschem Reich war ebenso wenig möglich. Die Feier wurde unter diesen Umständen zu einer Veranstaltung, die die staatlichen Leistungen und die nationale Symbolik betonten. Doch auch dem Kölner Bürgertum sollte es gelingen, sich eindrucksvoll in Szene zu setzen. Ausdruck des städtischen Engagements waren die 7.000 Mark, die der Stadtrat als Zuschuss zum Fest bewilligte – gegen die Stimmen der Zentrumsvertreter.

Vor großer Kulisse, massenhaftem Publikum und reich geschmückten Häusern zogen das Kaiserpaar und das Kronprinzenpaar am 15. Oktober ein, jubelnd empfangen von den Kölnern.[17] Die Begrüßungsreden betonten die nationale Tradition, aber auch das bürgerschaftliche Engagement beim Dombau. Am Westportal wurde das Kaiserpaar begrüßt vom greisen Weihbischof Johann Anton Friedrich Baudri, dem vorher vom Protokoll zugestanden worden war, in seiner Ansprache auf die Abwesenheit des emigrierten Erzbischofs zu verweisen und so auch einen katholischen Standpunkt anzudeuten.

16 Am prägnantesten wurde diese Haltung bei einer Versammlung des Katholischen Volksvereins am 6. Oktober: Kölnische Volkszeitung, 7. 10. 1880.

17 Berichte vom Tage: Kölnische Volkszeitung 15. 10. 1880: Das Kölner Dombaufest; Kölnische Zeitung, 15. 10. 1880: Die Dombaufeier; Kölnische Zeitung 16. 10. 1880: Die Dombaufeier.

Abb. 3: Darstellung des Wagens der Germania im historischen Festzug zur Domvollendung, zu ihren Füßen die zu den Rheinstaaten: Borussia, Bavaria, Badenia und Hassia, Tony Avenarius 1881 (wikicommons)

Dem Kaiser lag nichts daran, die konfessionellen Konflikte bei diesem Anlass weiter zu treiben als unbedingt notwendig. Unter Geschützdonner und dem Läuten der Kaiserglocke wurde eine Urkunde in den Schlussstein der Kreuzblume auf dem südlichen Turm eingefügt. Das Te Deum fand in einem vollbesetzten Dom statt, dessen Mittelschiff allerdings für geladene Gäste, meist Beamte und Militärs, reserviert war, sodass das zahlreiche Volk sich in den Seitenschiffen drängeln musste. Abends wurde die Stadt illuminiert; der Dom wurde zu diesem Anlass erstmals elektrisch beleuchtet.

Der nächste Tag sah den eigentlichen Höhepunkt vor: einen historischen Festzug, originäre Leistung des Kölner Bürgertums, von ihm innerhalb kürzester Zeit organisiert und finanziert.[18] Er zeigte lebende Bilder aus der Geschichte des Dombaus, und hier spielten die Bürger sich selbst. Verkleidet als Patrizier, Edelfrauen, Dombaumeister oder Stadtsoldaten zogen die Mitglieder der bürgerlichen Oberschicht am Kaiserpaar vorbei, dazu – Höhepunkt des Zugs – eine Germania, die den Lorbeerkranz über den Dom hielt, Sinnbild der nationalen Bedeutung der katholischen Bischofskirche. Dass die Leistungen der Kölner Erzbischöfe für den Dombau dabei in den Hintergrund traten, stieß zwar den Katholiken auf, spielte aber in der Euphorie des Tages keine Rolle. Etwa drei

18 Wolfgang Hartmann: Der historische Festzug zur Einweihung des Kölner Doms, in: Hugo Borger (Hg.): Der Kölner Dom im Jahrhundert seiner Vollendung, Bd. 2, Köln 1980, S. 140–149.

Stunden dauerte der Zug. Der Kaiser war von Rührung ergriffen, nahm den Helm ab – und wollte das Ganze noch einmal sehen: Auf seinen Wunsch hin zog der Festzug ein zweites Mal an ihm vorbei.

Dass vier Mitglieder des Zentral-Dombauvereins hohe Auszeichnungen und Orden erhielten, weil sie „den ultramontanen Bestrebungen der clerikalen Mitglieder des Vorstandes stets mit Energie entgegengetreten seien“[19], erhöhte das Prestige des liberalen Bürgertums, das zweifellos einer der Gewinner des Dombaufestes war und das sich im historischen Festzug selbst feierte. Die katholische Kirche und der politische Katholizismus waren dagegen unübersehbar im Hintertreffen, und die Berichterstattung in der katholischen Presse versäumte auch nicht, enttäuscht darauf hinzuweisen: In der Tat hatte man gehofft, dass die Dombaufeier einer Versöhnung im Kulturkampf Anschub verleihen könnte. Nicht zu übersehen war aber auch, dass die städtische Bevölkerung durch ihre Teilnahme und ihren Jubel deutlich gemacht hatte, dass sie das Fest gerne als nationales Fest begehen wollte. Die Begeisterung der Kölner war ein unübersehbarer Hinweis darauf, dass man des Kulturkampfes langsam leid war und nun auch wieder dazugehören wollte.

3. *Nationalismus und Obrigkeit: Die Wilhelminische Zeit*

Acht Jahre später, 1888, starb Wilhelm I. Bereits vier Tage später wurde in einer außerordentlichen Stadtratssitzung der einstimmige Beschluss gefasst, 30.000 Mark für ein Kaiser-Wilhelm-Denkmal zur Verfügung zu stellen.[20] Ein Komitee wurde ins Leben gerufen, dem nicht nur namhafte Industrielle, Kaufleute und Politiker, sondern auch der Weihbischof und der Domprobst angehörten, und das sich zur Aufgabe stellte, durch öffentliche Spenden den Betrag auf die riesenhafte Summe von 300.000 Reichsmark aufzustocken. Und in der Tat: Zwei Jahre später war der Betrag gesammelt. Ausgewählt wurde ein klassisch fürstentypischer Denkmalstyp, wie schon bei Friedrich Wilhelm III.: Ein Reiterstandbild, das Wilhelm in Generalsuniform mit wallendem Mantel und flatterndem Helmbusch darstellte: als „Wilhelm der Siegreiche“, wie die Inschrift lauten sollte. Als Standort war der soeben erst erschlossene und noch kaum bebaute Kaiser-Wilhelm-Ring festgelegt, und damit erstmals ein Ort außerhalb der Altstadt. Das Denkmal stand nicht nur in Konkurrenz zu einem ganz ähnlichen Projekt, das zur selben Zeit im benachbarten Mülheim vorwärtsgetrieben wurde,

19 Zit. n. Pilger: Zentral-Dombauverein (Anm. 15), S. 295.
20 Verhandlungen der Stadtverordneten-Versammlung von 1888, (13.3.1888), S. 103.

sondern auch zu dem Plan eines Provinzialdenkmals in Koblenz, dem Sitz des Oberpräsidiums. Es gab viele, die Wilhelm ein Denkmal setzen wollten.

1897 war es dann soweit. In diesem Jahr jagten sich die Hohenzollern-Feste. Denn es stand auch der 100. Geburtstag des verstorbenen Kaisers an, und eine Bürgerinitiative wollte diesen Geburtstag feiern. Man einigte sich darauf, den Geburtstag mit der Grundsteinlegung des Denkmals zu verbinden. Es wurde ein dreitägiges Fest im März, das den Reichsgründer ehrte. Ein Vierteljahr darauf, im Juni, stand allerdings schon die Einweihungsfeier des Denkmals an, und der junge Kaiser Wilhelm II. hatte sich dazu angesagt. Die Stadt war wie immer überbordend geschmückt, ein hohes Polizei- und Soldatenaufgebot sicherte das Fest.[21] Nun aber war es nicht nur ein Fest der Kölner Bürger, die ihre Verbindung mit dem Kaiserhaus dokumentieren wollten, sondern es war auch als eine Fremdenverkehrsattraktion gedacht: Man hoffte auf Touristen. Wenn auch die sozialdemokratische Presse den Aufwand und den Untertanengeist, der sich in der Feierkultur äußerte, harsch kritisierte: Beim Publikum stieß die Feier auf Begeisterung. Die Hymne, die bei der Enthüllungsfeier von allen Kölner Männergesangsvereinen vorgetragen wurde und deren Text von Stadtbaumeister Joseph Stübben persönlich gedichtet worden war, bezog sich indes nur am Anfang auf den toten Großvater, um in der dritten Strophe bei Wilhelm II. zu enden. Es hieß da:

> Des Ahnherrn Verehrung zu pflegen,
> Zog heute der Enkel hinaus
> Geleitet von Gottes Segen
> Von Volkes Jubelgebraus[22]

Es war also nun nicht mehr der alte Kaiser, sondern der Enkel, der als ein Heilsbringer erschien, und, welch ein Zufall: Im Moment, da der junge Kaiser das Denkmal seines Großvaters enthüllte, trat nach dem Bericht des Stadtanzeigers plötzlich die Sonne aus der Wolkenwand „und überflutete die ganze Reiterfigur mit ihren an ‚Kaiserwetter' gemahnenden Strahlen".[23]

Auch die üblichen Ordensverleihungen fanden statt, ebenso das obligate Festessen mit 300 geladenen Gästen, acht Gängen und exquisiten Weinen. Bei dieser Gelegenheit beließ es der Kaiser nicht bei den gewohnten Bekundungen kaiserlicher Gewogenheit, sondern er nutzte den Anlass politisch: Er hielt eine Rede, in der er im Zeichen des „Vater Rhein" die Flottenaufrüstung beschwor,

21 Hierzu Benner: Kölner Denkmäler (Anm. 2), S. 168–174. Berichte im Kölner Tageblatt, im Kölner Lokalanzeiger und im Stadtanzeiger 18. u. 19. 6. 1897.
22 Stadtanzeiger, 19. 6. 1897: Kaisertage am Rhein.
23 Ebd.

mit der Parole: „Der Dreizack gehört in unsere Faust!" Es war dies eines der frühesten Statements zur Flottenpolitik und wurde im In- und Ausland aufmerksam zur Kenntnis genommen. Der Kaiser nutzte die Denkmalsenthüllung zu politischer Propaganda, obwohl in Berlin bekannt war, dass die Zuneigung der Rheinländer gegenüber der Flottenpolitik alles andere als groß war. Umso mehr Kritik erregte, vor allem auf katholischer und sozialdemokratischer Seite, die finanzielle Seite der Feier, denn der sechsstündige Besuch hatte 350.000 Mark gekostet – man mag dies gerne mit dem Jahreslohn eines Industriearbeiters von etwa 1.000 Mark vergleichen. Diese Kritik sollte vor allem von der Arbeiterbewegung zukünftig bei den meisten Besuchen geäußert werden.

Doch die Hohenzollern waren eben auch Gegenstand der Zuneigung des Volkes. Das galt vor allem für zwei Personen: Für Kaiser Friedrich III. und für die Kaiserin Augusta. Für beide wurde 1903 gleichzeitig ein Denkmal eingeweiht, und beide waren gedacht als Volksdenkmäler. Schwülstig schrieb der Stadtanzeiger über die „Liebe, Dankbarkeit, Treue und Anhänglichkeit", die diese Denkmäler „dem Dulder auf dem deutschen Kaiserthrone und seiner hochseligen Mutter errichtet haben".[24] Kaiser Friedrich III., der nur 99 Tage regierende Kaiser, Sohn Wilhelms I. und Vater Wilhelms II., wurde im Volk mythisch verehrt, weil man ihm die Perspektive einer liberalen Monarchie zuschrieb. Nach mehreren Initiativen sollte er ein Denkmal erhalten, zu dem jeder sein Scherflein beitragen konnte. Ganz ähnlich war es mit dem Denkmal für die Kaiserin Augusta, die Frau des ersten Kaisers, die als liberal und katholikenfreundlich sowie als Urbild einer guten Mutter und Ehefrau galt; sie war Gegenstand regelrechter Volksverehrung, und viele Schulen und Wohltätigkeitsanstalten trugen ihren Namen. Als Kronprinzessin hatte sie in Koblenz gelebt, weshalb man ihr eine innige Liebe zur Rheinprovinz nachsagte. Mit dem Kölner Bürgertum hatte sie gute Kontakte gepflegt, und mit Gustav von Mevissen war sie sogar befreundet. Das Denkmal, das in Sichtweite zum Reiterdenkmal ihres Mannes auf dem Kaiser-Wilhelm-Ring aufgestellt wurde, stilisierte sie als eine Mutterfigur; seitliche Postamente stellten ihre Barmherzigkeit und ihr Engagement für Bildung und Caritas dar.

Demgegenüber verblieb das Denkmal für Friedrich III. im Rahmen des Kanons, wie ihn das Reiterstandbild Friedrich Wilhelms III. geprägt hatte. Liberal oder nicht, Volkskaiser oder nicht – Friedrich wurde als Militär in Rüstung, mit Helm und Marschallstab dargestellt. Dazu passte, dass trotz der Propaganda als volkstümliches Denkmal das Planungskomitee faktisch von Vertretern der Kriegervereine dominiert wurde.

24 Stadtanzeiger 1.10.1903: Die Enthüllung der Denkmäler für Kaiser Friedrich und Kaiserin Augusta. Zu den Denkmälern: Benner: Kölner Denkmäler (Anm. 2), S. 87–92, 174–178.

Abb. 4: Feierliche Einweihung des Denkmals für Kaiserin Augusta am 1. Oktober 1903 durch Kronprinz Friedrich Wilhelm sowie den Großherzog und die Großherzogin von Baden, Foto 1903 (Rheinisches Bildarchiv, rba_mf108818)

Was sich in der Ikonographie der Kaiserdenkmäler ebenso wie in der Rede Wilhelms II. zur Flottenpolitik von 1897 abzeichnete, war eine immer stärkere obrigkeitliche Überfrachtung des Verhältnisses zwischen Köln und den Hohenzollern. Die Monarchen wurden als übermächtige Herrscher und siegreiche Feldherrn inszeniert, was nicht zuletzt daran lag, dass das Kaiserhaus selbst immer mehr schon in der Planungsphase Einfluss nahm. In der Wilhelminischen Epoche wurden aber auch die Besuche und Einweihungsfeiern immer weniger ein Präsentationsforum des städtischen Bürgertums, sondern immer mehr zu einer politisch aufgeladenen Form der Selbstdarstellung der Hohenzollernmonarchie. Das musste nicht immer politisch so explizit geschehen wie bei Wilhelms Flottenrede. Aber es geschah eben auch nicht ohne Zufall, dass 1903, bei der Enthüllung des Denkmals für Friedrich III., der ja immerhin der Vater des amtierenden Kaisers war, der Kaiser selbst nicht teilnahm. Stattdessen schickte er seinen 21-jährigen Sohn, den Kronprinzen. Der liberale Friedrich III. war politisch nicht nach dem Geschmack Wilhelms II., der auf dem „persönlichen Regiment" des Monarchen bestand.

Das galt umso mehr für die Diskussion, die sich um die Ornamentierung der seit 1907 im Neubau befindlichen Rheinbrücke entspann. Denn wiederum waren als „Brückenschmuck" je zwei Reiterstandbilder an den Brückenausgängen geplant, darunter auch ein Standbild des noch quicklebendigen Wilhelms II., das ausgerechnet an der prominentesten Stelle, direkt vis-à-vis dem Dom, aufgestellt werden sollte. Es handelte sich, das sollte erwähnt werden, um ein staatliches Unterfangen, denn Brücke und Standbilder wurden von der Verwaltung der Staatseisenbahnen besorgt. Wenn auch die Eisenbahnverwaltung den Begriff des Denkmals ablehnte und stattdessen nur von Brückenschmuck sprach – dass der amtierende Kaiser sich hier zu Lebzeiten selbst ein Denkmal gesetzt hatte, stand auch für Zeitgenossen außer Frage.

1911 wurde die Brücke eingeweiht, die schon jetzt im Volksmund unter dem Begriff der „Hohenzollernbrücke" firmierte, obwohl ihr offizieller Name ursprünglich „Nordbrücke" war.[25] Die Benennung scheint verständlich, nicht nur wegen der Reiterstandbilder. Der Kaiser hatte vielmehr auch selbst Einfluss auf die wuchtige Turmportalgestaltung der Brücke genommen. Und er nahm mit seiner Frau an der Eröffnung teil. Nun kamen sie nicht nur mit einem Sonderzug, sondern sie hatten auch Autos dabei, mit denen sie eine Rundfahrt unternahmen, an den Kaiserdenkmälern vorbei. Dass sie mit dem Auto fuhren, bedauerten, so der ironische Kommentar der sozialdemokratischen Rheinischen Zeitung, viele, die durch das Fehlen von Pferden und deren Exkrementen um ersehnte Devotionalien gebracht worden seien.[26]

Die Inszenierung war wie immer bombastisch, die Straßen waren reich geschmückt, es gab eine Flottenparade und ein gigantisches Feuerwerk, und wie immer schien die Sonne, wenn man den Zeitungsberichten glauben darf; die Rheinische Zeitung beklagte ironisch die vielen Sonnenstiche.[27] Die Stadt war gestopft voll mit begeisterten Menschen, die um ein Haar den Gürzenich gestürmt hätten, wäre da nicht ein entschlossener Einsatz der Polizei gewesen: Ein Kaiserbesuch war auch ein großes Event, und der Kult um den Kaiser hatte durchaus etwas von einem Starkult. Dem widerspricht nicht, dass es offene und versteckte Kritik gab. Die Rheinische Zeitung monierte nicht nur die Kosten und druckte die Menüfolge des Festmahls ab, sondern verwies auch auf die Eitelkeit des Kaisers, zu Lebzeiten sein eigenes Denkmal aufzustellen und auch selbst zu eröffnen.[28] Andere kritisierten den Reisekaiser subtiler und mit kölschem Humor:

25 Vgl. hierzu: Parent: Hohenzollern (Anm. 2), S. 117–122.
26 Rheinische Zeitung 23.5.1911: Die Kölner Kaiserstunden.
27 Ebd.; weitere Berichte: Stadtanzeiger 23.5.1911: Kaiserliche Gäste in Köln; Lokalanzeiger, 23.5.1911: Das Kaiserpaar in Köln.
28 Rheinische Zeitung 24.5.1911: Nachlese.

Bald nach dem Besuch des Monarchen fand man sein neues Reiterstandbild an der Rampe der Hohenzollernbrücke mit einer Reisetasche dekoriert, gerade als wenn ihm jemand eine gute Weiterreise wünschen wollte.[29]

4. Loyalitäten im Ersten Weltkrieg

Als am 25. Juli 1914 in Köln wie in den anderen großen Städten des Reichs die Kriegsbegeisterung ausbrach, da brachten auch die Kölner Hochrufe auf den Kaiser aus und sangen „Die Wacht am Rhein".[30] Da Köln nicht nur der größte Eisenbahnknotenpunkt, sondern auch einer der wichtigsten Militärstützpunkte im Westen des Reichs war und als Aufmarschzentrum diente, liefen hier Transporte mit Hunderttausenden von Soldaten durch. In der Festung selbst lagen etwa hunderttausend Soldaten. Und selbstverständlich ließ sich der Kaiser hier sehen, nun durchweg in militärischem Habit. Die Kölner, deren Unterstützung für den Krieg außer jeder Frage stand, waren begeistert. Am 25. Juli 1916, als Wilhelm auf der Durchreise vom westlichen zum östlichen Kriegsschauplatz war, besuchte er in Begleitung einiger Offiziere inkognito den Dom – nicht zum ersten und nicht zum letzten Mal war er ohne großen Bahnhof in der Stadt. Doch er wurde erkannt. Die katholische Kölnische Volkszeitung berichtete, immer noch ein wenig atemlos ob der Sensation:

> Obgleich der Kaiser Mütze und die gleiche schlichte feldgraue Uniform trug wie die ihn begleitenden Offiziere, hatte ihn ein Herr erkannt. Mit Windeseile verbreitete sich über den Domplatz und die anliegenden Straßen der Ruf: Der Kaiser ist im Dom! Von allen Seiten strömte die Menge herbei, die Straßenbahnwagen leerten sich und diejenigen, die im Begriff waren, einzusteigen, warteten mit den übrigen. Als der Kaiser aus dem Dom trat, spielte sich dann eine den Anwesenden unvergeßliche, ergreifende Szene ab. Zuerst eine kurze, stürmische, begeisterte Begrüßung durch brausende Hurra- und Hochrufe, und dann eine feierliche, alle ergreifende Stille, Verstummen alles Straßenlärms. Alle Männer, ob reich, ob arm, entblößten ihr Haupt, die Frauen, ohne Unterschied des Standes, begrüßten den Herrscher mit dem Taschentuch oder winkten ihm mit den Händen in seelischer Ergriffenheit zu. Auch der Kaiser war offenbar von dieser eigenartigen, aus der Tiefe des Herzens kommenden Begrüßung im Innersten bewegt und dankte der Menge.[31]

29 Benner: Kölner Denkmäler (Anm. 2), S. 218.
30 Vgl. hierzu: Thomas Mergel: Köln im Ersten Weltkrieg, in: Portal Rheinische Geschichte 2015, http://rheinische-geschichte.lvr.de/Epochen-und-Themen/Themen/koeln-im-ersten-weltkrieg/DE-2086/lido/57d1365e54c212.59206620 [Stand: 17.03.2018].
31 Kölnische Volkszeitung 25.7.1916: Der Kaiser in Köln.

Abb. 5: Westbau, Mittelportal: Kaiserglocke, Ankunft am 13. Mai 1875, Außenansicht von Westen, Historische Fotografie von Theodor Creifelds, 13. Mai 1875 (Hohe Domkirche Köln, Dombauhütte)

Seine Popularität war auch nach zwei Kriegsjahren ungebrochen, und mit ihrer Sympathie versicherten die Kölner dem Kaiser, dass sie auch jetzt noch den Krieg unterstützten.

Dennoch: Die Loyalität gegenüber den Hohenzollern war nicht grenzenlos. Als im letzten Kriegsjahr 1918 langsam das Metall für die Kriegsführung ausging, war man auf der Suche nach Ersatz. Die von Kaiser Wilhelm zur Domvollendung geschenkte Kaiserglocke, eine der größten Glocken der Welt, wurde im Juli 1918 von der Dombehörde den Militärbehörden ohne Entschädigung überlassen.[32] Sie war 1874 aus dem Metall von 22 Geschützen hergestellt worden, die im Deutsch-Französischen Krieg erbeutet worden waren. Allerdings hatte sie niemals ein reines C getönt, sondern ein cis; von daher war der Verlust verschmerzbar. Da die Glocke zu groß war, um sie in Gänze abzubauen, wurde sie noch in hängendem Zustand zerlegt und erst dann abgebaut.

32 Volker Standt: Köln im Ersten Weltkrieg. Veränderungen in der Stadt und des Lebens der Bürger 1914–1918, Göttingen 2014, S. 385 ff.

Problematischer gestaltete sich die Konfiskation von Denkmälern, von denen die Stadt ja voll war und die zumeist aus kriegswichtigem Metall waren. Ein Berliner Sachverständigenausschuss sollte bestimmen, bei welchen die Kriegsverwendung höher stand als der künstlerische Wert. Überraschenderweise beschloss dieser, dass die Denkmäler der lokalen Kölner Größen Wallraf, Richartz und Kolping der Einschmelzung anheimfallen sollten. Die Denkmäler der Hohenzollern dagegen sollten allesamt stehenbleiben. Dagegen regte sich nun aber Widerstand, und eine „geradezu vorrevolutionäre Stimmung" machte sich breit.[33] Im Stadtrat, in der Presse und in öffentlichen Versammlungen diskutierte man erregt, warum ausgerechnet diese drei lokalen Heroen geopfert werden sollten, wo es doch allein in Köln drei Standbilder Wilhelms I. gebe, bei denen der künstlerische Wert keineswegs über jeden Zweifel erhaben sei.[34] Hier zeigte sich eine erste Abwendung vom Hohenzollernkult. Oberbürgermeister Adenauer erklärte, es auf eine zwangsweise Enteignung ankommen zu lassen und wandte sich schließlich direkt an den Kaiser. Auf dessen Intervention hin wurden die drei Denkmäler verschont, die Hohenzollerndenkmäler blieben aber trotzdem stehen. Hier zeigte sich eine Grenze der Kriegsbereitschaft der Kölner. Die Hohenzollern standen ihnen durchaus nahe; aber die lokalen Helden waren ihnen doch näher.

5. *Schluss*

Wir wissen seit langem, dass es sich bei der angeblichen Preußenfeindlichkeit der Kölner um eine Legende handelt. Das mag für die erste Hälfte des 19. Jahrhunderts, vielleicht bis in die 1850er Jahre gelten. Schon im Vorfeld der Reichsgründung aber hatte sich abgezeichnet, dass die Kölner ihren Frieden mit Berlin gemacht hatten. Auch sie wollten an Größe und Ruhm Preußens und erst recht des Deutschen Kaiserreichs teilhaben, wenn auch die meisten sich dieses Reich liberaler, weniger militärisch und weniger bürokratisch gewünscht hätten. Die Monarchenfamilie stand jedoch im Grunde außerhalb dieses Verhältnisses. Man könnte es auch zuspitzen: Die Hohenzollern haben es den Kölnern leichter gemacht, Preußen zu sein. Selbst in den schwersten Krisenzeiten – vor allem im Kulturkampf – waren die Mitglieder der Herrscherfamilie gerngesehene Gäste in Köln; eher bei den liberalen Eliten als beim katholischen Volk. Aber auch hier überspielte die Zuneigung zum Kaiser, das monarchistische Grundgefühl,

33 Benner: Kölner Denkmäler (Anm. 2), S. 219.
34 Verhandlungen der Stadtverordnetenversammlung von 1918, (8. 8. 1918), S. 307–312.

der Wunsch dazuzugehören und nicht zuletzt auch das Bedürfnis nach eindrücklichen Ereignissen die politischen und konfessionellen Probleme. Große Feiern wie die Einweihung des Heumarkt-Denkmals oder das Dombaufest 1880 haben, auch durch ihre Prachtentfaltung und dadurch, dass das Kölner Bürgertum sich hier entsprechend in Szene setzen konnte, ihren Teil dazu beigetragen, dass die kulturkampfbedingte Entfremdung erstaunlich schnell überwunden wurde. Für die Wilhelminische Epoche, nach 1890, kann man in Köln konstatieren, was auch für andere Teile der deutschen Gesellschaft gilt: Die Monarchie inszenierte sich weniger als Volksmonarchie denn vielmehr als eine über den Wassern schwebende, quasireligiös legitimierte Obrigkeit. Das, was man kritisch Untertanenmentalität nennen könnte, war auch den Kölnern alles andere als fremd. Selbst wenn man dem jungen Kaiser Wilhelm II. auf lange Zeit nicht die Verehrung entgegenbrachte, die man seinem Großvater, dem Reichsgründer, entgegengebracht hatte, auch wenn dessen Bedürfnis nach Repräsentation und Unterwürfigkeit doch immer wieder Spott und Kritik entgegenschlug: Er war eben doch der Hohenzollernkaiser. Erst gegen Ende des Ersten Weltkriegs sollte es damit sein Bewenden haben. Und Wilhelm hat sich zu dieser Zeit in der Stadt am Rhein auch nicht mehr sehen lassen.

Konrad Adenauer – ein Preuße wider Willen?

Holger Löttel

War Konrad Adenauer ein Preuße wider Willen? Zumindest spielte Preußen in seinem Leben eine höchst zwiespältige Rolle: Vom Habitus her erscheint er als echter Preuße, aufgewachsen im spezifischen Milieu des preußischen Köln, wo er eine Reihe von Eigenschaften verinnerlichte, die man damals wie heute als „preußisch" bezeichnen würde. Sodann war er ein preußischer Beamter, der im Staatsdienst Karriere machte und verschiedene Mandate wahrnahm, vornehmlich auf kommunaler und provinzialer Ebene, aber auch in Berlin mit Schnittpunkten zur Reichspolitik. Nach 1945 hingegen positionierte sich Adenauer als scharfer Preußenkritiker, der die „deutsche Katastrophe"[1] in der ersten Hälfte des 20. Jahrhunderts auf unheilvolle Tendenzen zurückführte, die im Preußentum angelegt gewesen seien. Sein Verhältnis zu Preußen, oft klischeehaft überspitzt, wirft also Fragen auf: War er schon frühzeitig ein „Preuße wider Willen", der mit seinen Loyalitäten haderte, oder hat es einen Bruch in seinem Verhältnis zu Preußen gegeben – und wenn ja, wie ist dieser historisch begründet? Wo geben die diesbezüglichen Äußerungen Einblick in tiefere Schichten seines Denkens, und wo waren sie eher politisch-taktisch motiviert?

Antworten hierauf sollen durch eine biographische Annäherung gegeben werden, die Adenauers Preußenbild in den Kontext seiner Herkunft setzt. An *erster* Stelle steht, dem Thema „Köln und Preußen" entsprechend, eine Milieuskizze des preußischen Köln, wo Adenauer die maßgeblichen lebensgeschichtlichen Impulse erhielt; *zweitens* gilt die Aufmerksamkeit der Prägung durch Elternhaus und Schule. *Drittens* folgt die Darstellung dem preußischen Beamten auf seinem Karriereweg im Kaiserreich und in der Weimarer Republik; es wird also seine langjährige Tätigkeit in den preußischen Instanzen, aber auch die heikle Rolle in der Rheinlandbewegung nach dem Ersten Weltkrieg betrachtet. Vor dem Hintergrund seiner Erfahrungen im Nationalsozialismus sind *viertens* die preußenkritischen Äußerungen aus der Nachkriegszeit zu bewerten, als Adenauer rückblickend Bilanz zog, während er sich gleichzeitig aufmachte, die politischen Geschicke Westdeutschlands von Grund auf neu zu gestalten.[2]

1 Vgl. Friedrich Meinecke: Die deutsche Katastrophe, Wiesbaden 1946.

2 Nicht nachgegangen wird der lange kontrovers diskutierten Frage, ob das negative Preußenbild Adenauers auch seine Deutschlandpolitik nach 1949 in dem Sinne beeinflusst habe, dass er die Wiedervereinigung nicht wollte oder nur halbherzig anstrebte (eine These, die in der Forschung ohnehin kaum noch vertreten wird). Vielmehr stehen, dem Fokus des

1. Das preußische Köln

Das Köln, in dem Adenauer 1876 das Licht der Welt erblickte, gehörte seit über 60 Jahren zum Königreich Preußen.[3] Die Herrschaft der Hohenzollern hatte im Stadtbild ihre Spuren hinterlassen.[4] An den markanten Orten und Plätzen blickten die aus Stein gehauenen oder in Metall gegossenen Monarchen auf das bunte Treiben der Kölner herab. Seit 1878 thronte das Standbild Friedrich Wilhelms III. über dem Heumarkt im Herzen der Altstadt. Auf der rechtsrheinischen Rampe der Rheinbrücke wurde der Besucher vom Reiterdenkmal Wilhelms I. empfangen, auf der gegenüberliegenden Seite des Flusses, zum Dom hin, grüßte Friedrich Wilhelm IV., der an dieser Stelle 1911 von Wilhelm II. abgelöst werden sollte. Bismarck zierte ab 1879 den Augustinerplatz, bereits vier Jahre zuvor hatten die Kölner dem eisernen Kanzler die Ehrenbürgerschaft ihrer Stadt verliehen.[5]

Das mächtigste Monument preußischer Präsenz am Rhein bildete freilich der Dom. Mit der Thronbesteigung Friedrich Wilhelms IV. waren neue Impulse für die Vollendung des Bauwerks freigesetzt worden. Die 1842 mit Unterstützung des Kölner Großbürgertums wieder aufgenommenen Arbeiten neigten sich in den Kindheitsjahren Konrad Adenauers dem Ende entgegen. 1880 nutzte das Königshaus die Fertigstellung zu einer pompösen Selbstinszenierung. Zwei Tage lang feierte Wilhelm I. in der Gesellschaft spendabler Bürger die Domweihe als Zeugnis der deutschen Einheit unter preußischer Führung. In Begleitung seines Vaters wohnte der vierjährige Konrad Adenauer dem Spektakel bei, und noch 85 Jahre später konnte er sich vermeintlich an den Eindruck erinnern, den das glanzvolle Fest bei ihm hinterlassen hatte: „Ich habe den Kaiser aus nächster Nähe gesehen, als er in einer offenen Kalesche über die Straße fuhr. Ja, ich habe das Bild noch genau vor Augen. Es war in Köln in der Nähe des Bahnhofs."[6]

Sammelbandes entsprechend, die preußisch-kölnischen Wurzeln seiner Biographie und die daraus abzuleitende Geschichtsauffassung im Vordergrund.

3 Zum preußischen Köln bis 1871 vgl. unter Berücksichtigung der maßgeblichen politischen, wirtschaftlichen, gesellschaftlichen und kulturellen Aspekte Jürgen Herres: Köln in preußischer Zeit 1815–1871, Köln 2012. Vgl. daran anschließend jetzt Thomas Mergel: Köln im Kaiserreich 1871–1918, Köln 2018. Im Kontext der Adenauer-Biographie vgl. vor allem den „Prolog" bei Hans-Peter Schwarz: Adenauer. Der Aufstieg 1876–1952, Stuttgart 1986, S. 7–49, dem sich die nachfolgende Darstellung verpflichtet weiß.

4 Wer diese Spuren heutzutage erkunden will, kann das schön tun anhand des „historischen Stadtführers" von Werner Jung: Das neuzeitliche Köln, Köln 2004, S. 62–111, hier 96 ff.

5 Vgl. dazu Sascha Pries: „Ein Schlag ins Gesicht". Die Kölner Bismarck-Statue und der Kulturkampf, in: Stefan Lewejohann/Sascha Pries (Hg.): Achtung Preußen! Beziehungsstatus: kompliziert. Köln 1815–2015, Mainz 2015, S. 109–113.

6 Interview Adenauers mit Friedrich L. Müller (Bild am Sonntag) vom 21. Dezember 1965, in: Rudolf Morsey/Hans-Peter Schwarz (Hg.): Adenauer. Die letzten Lebensjahre 1963–1967, bearb. von Hans Peter Mensing, Bd. I, Nr. 302, S. 65–75, hier 68.

Der Alltag im preußischen Köln wurde freilich nicht durch pompöse Feiern zu Ehren der Monarchie bestimmt; er war grauer und wesentlich von dem Festungs- und Garnisonscharakter der Stadt geprägt, die von zwei Ringen aus Forts und Artilleriestellungen umzogen war, deren Rayon entweder gar nicht oder nur spärlich bebaut werden durfte.[7] In ihrer Entwicklung wurde die Stadt durch die militärischen Vorgaben massiv behindert. Zur Reichsgründungszeit waren etwa 7.000 Soldaten in Köln stationiert (bei einer Gesamtzahl von 110.000 Einwohnern)[8]; sie gehörten zum täglichen Leben dazu wie die Arbeiter und Handwerker, ohne dass es – wie noch im Vormärz und während der 1848er Revolution[9] – zu nennenswerten Reibungen gekommen wäre.[10]

Vorbehalte zwischen katholischen Rheinländern und protestantischen „Altpreußen" bestanden fort. Ein kulturelles Überlegenheitsgefühl war gerade den Kölnern nicht fremd; noch 1949 sollte Adenauer gegenüber US-Außenminister Dean Acheson maliziös vermerken, am Rhein sei schon die „europäische Zivilisation" behütet worden, als man „im östlichen Deutschland noch Menschenopfer" dargebracht habe.[11] Man sollte diesen Aspekt allerdings nicht überbewerten. Lange vorbei waren die Zeiten, in denen die Kölner ihre neuen Herren als rückständige „Litauer" verunglimpften, während sich umgekehrt die Regierungsbeamten aus Berlin über den „lauen Charakter" der Domstädter mokierten, die einem „gemächliche[n] Leben" zuneigten und „eigentliche Tatkraft" vermissen ließen.[12]

Die Erinnerungen an die große Krise der rheinisch-preußischen Beziehungen, Bismarcks Kulturkampf von 1871 bis 1878, waren um die Jahrhundertwende bereits ziemlich verblasst, auch wenn Adenauer die Konfrontationspolitik gegenüber

7 Vgl. dazu die Beiträge in Henriette Meynen (Hg.): Festungsstadt Köln. Das Bollwerk im Westen, Köln 2010; ferner Fortis Colonia e. V. (Hg.): Eine Grünanlage mit Geschichte. Festungsbauten und Äußerer Grüngürtel in Köln, Köln 2015.

8 Diese Angaben für 1864 nach Hildegard Brog: Die Mauer muss weg! Köln als Festungsstadt, in: Thomas Deres u. a. (Hg.): Köln im Kaiserreich, Köln 2010, S. 29–43, hier 40. Vgl. ferner Herres: Köln (Anm. 3), S. 354. Zur Stationierung preußischer Truppen in Köln bis 1914 vgl. Michael Vollert: Die Garnison – Truppenteile in Köln, in: Meynen: Festungsstadt Köln (Anm. 7), S. 371–375, hier 372 f.

9 Vgl. dazu detailliert Herres: Köln (Anm. 3), S. 168–289.

10 Vgl. zu diesen Anpassungsprozessen Dieter Klein-Meynen: Anfangs eine gespaltene Beziehung – Leben in der Festungs- und Garnisonsstadt Köln, in: Meynen: Festungsstadt Köln (Anm. 7), S. 376–411, hier 400 f.

11 Vgl. Dean Acheson: Present at the Creation. My Years in the State Department, London 1969, S. 341. Zum politischen Kontext des Zitats vgl. Henning Köhler: Konrad Adenauer. Eine politische Biographie, Berlin 1994, S. 570; zum kulturellen Kontext Bernd-A. Rusinek: „Rheinische" Institutionen, in: Jörg Engelbrecht u. a. (Hg.): Rheingold. Menschen und Mentalitäten im Rheinland. Eine Landeskunde, Köln/Weimar/Wien 2003, S. 109–146, hier 113.

12 Die Zitate bei Carl Dietmar/Werner Jung: Kleine illustrierte Geschichte Kölns, 10. Aufl. Köln 2009, S. 100.

dem Zentrum zeitlebens kritisierte.[13] Seitdem hatten sich die stadtbürgerlichen Eliten mit dem preußischen Staat weitgehend arrangiert. Das wurde ihnen auch leicht gemacht, denn die Jahre des preußischen Köln, sofern sie in die aufsteigende Lebenskurve Adenauers fielen, waren Jahre eines großen Booms, in denen die Stadt einen jahrhundertelang aufgestauten Entwicklungsschub nachholte. Zu verdanken hatte sie das nicht zuletzt ihren tatkräftigen Oberbürgermeistern, die nach der Rheinischen Städteordnung von 1856 zugleich Chefs der Verwaltung und Vorsitzende der Stadtverordnetenversammlung waren. Den Gestaltungsspielraum, der ihnen damit anheimgestellt wurde, wussten sie weidlich auszunutzen.

Ein gutes Beispiel hierfür ist die Beseitigung der mittelalterlichen Stadtmauer ab 1881.[14] Der junge Konrad Adenauer gehörte zur letzten Generation von Kindern, die im Schatten dieses imposanten Bauwerks aufwuchsen und spielten.[15] Die Mauer schnürte den verwinkelten Gassen der Altstadt die Frischluft ab und verhinderte Maßnahmen zur Verbesserung der Hygiene. Für den Abriss sprachen aber vor allem die rasant wachsenden Wohnsiedlungen und Industrieanlagen der Neustadt, die nicht an den Stadtkern angebunden waren. Zudem lockte ein saftiger Erlös aus dem Verkauf des heiß begehrten Baulandes zwischen der alten Mauer und dem inneren Festungswall. Dass die Kölner ihr altes Gemäuer ungefähr zur gleichen Zeit niederrissen, als sie mit der Domweihe die steingewordene Mittelalterromantik feierten, ist nur auf den ersten Blick ein Widerspruch. Die Vergangenheitsnostalgie dieser Zeit war das Gegenstück einer Modernisierungseuphorie, die das Alte nicht nur metaphorisch überwinden, sondern sprichwörtlich einzureißen trachtete: „Was [unsere Vorfahren] bauen mussten, damit Köln groß wurde, das müssen wir sprengen, damit Köln nicht klein werde", so begründete Oberbürgermeister Hermann Becker die Niederlegung der Mauer: „Abbrechen wollen wir, aber nur um aufzubauen. Um des alten Köln willen wollen wir einem neuen Köln Raum schaffen."[16]

13 Vgl. Corinna Franz: „Ein großer Außenpolitiker, aber ein sehr schlechter Innenpolitiker". Otto von Bismarck im Urteil Konrad Adenauers, in: Ulrich Lappenküper (Hg.): Otto von Bismarck und das „lange 19. Jahrhundert". Lebendige Vergangenheit im Spiegel der „Friedrichsruher Beiträge" 1996–2016, Paderborn 2017, S. 840– 854, hier 846 f. (Wiederabdruck eines Beitrags von 2009).

14 Vgl. dazu Brog: Die Mauer muss weg! (Anm. 8); Thomas Mergel: Von der ummauerten zur offenen Stadt. Die Entfestigung Kölns und die Erweiterung des Stadtgebietes 1881–1914, in: Thomas Deres u. a. (Hg.): Köln im Kaiserreich (Anm. 8), S. 45–63.

15 So Adenauer in einem Schreiben an seine Schwiegertochter Gisela vom 17. Dezember 1955: „An die Stadtmauern erinnere ich mich sehr gut. Ich erinnere mich, wie das Schaafentor gesprengt wurde. Es war für uns Kinder damals ein tiefer Eindruck." Rudolf Morsey/Hans-Peter Schwarz (Hg.): Adenauer. Briefe 1955–1957, bearb. von Hans Peter Mensing, Berlin 1998, Nr. 80, S. 117 f., hier 117.

16 Rede Beckers am 11. Juni 1881, in: Jürgen Herres u. a. (Hg.): Quellen zur Geschichte der Stadt Köln, Bd. 3: Das 19. Jahrhundert (1794–1914), Köln 2010, Nr. 30, S. 282 f., hier 283.

Tatsächlich wirkte der Mauerabriss wie eine Initialzündung der weiteren Stadtentwicklung.[17] Bis 1888 waren die linksrheinischen sowie die unmittelbaren rechtsrheinischen Vororte eingemeindet. Zu dieser Zeit erstrahlte die Neustadt bereits im Glanz neu angelegter Prachtboulevards. Geprägt wurde das Stadtbild nun nicht mehr durch die Enge verwinkelter Gassen, sondern durch lichte, weiträumige Offenheit.[18] Prachtbauten, Alleen und Denkmäler säumten die neue Ringstraße, wo doppelte Fahrbahnen Platz für den Durchgangsverkehr in Form von Kutschen und Pferdebahnen boten.[19] Deren Zeit sollte aber in den ersten Jahren des neuen 20. Jahrhunderts schon wieder abgelaufen sein, als sich der elektrische Straßenbahnbetrieb auf ganzer Linie durchsetzte.[20]

Adenauer war sich seiner Kölner Wurzeln zeitlebens sehr bewusst: „[W]as ich bin – im Guten wie im Schlechten –, das ist gewachsen auf diesem Boden und geformt worden in dieser Atmosphäre."[21] Welche Spurenelemente hinterließ die preußisch-kölnische Sozialisation jedoch in größerer historischer Perspektive? Der Adenauer-Biograph Hans-Peter Schwarz nennt die entscheidenden Stichworte: Er verinnerlichte einen „Fortschrittsoptimismus, der erst mit den Katastrophen des 20. Jahrhunderts in die Krise" geriet. „Fortschrittsglaube, Modernisierungswille, Technikbegeisterung, Glaube an die Berge versetzende Kraft der wirtschaftlichen Entwicklung" – das „sind die Ideen, die in der Luft liegen, als Adenauer in Köln aufwächst".[22] So erschließt sich das lokale Umfeld seiner Prägung. Das persönliche Wertefundament erhielt er in der Familie, von Vater und Mutter gleichermaßen, die preußische Attitüde wohl hingegen in erster Linie vom Vater.

17 Vgl. Bernhard Wacker: Die Stadt platzt aus allen Nähten – die Stadtentwicklung unter dem Einfluss der Befestigung 1873–1914, in: Meynen: Festungsstadt Köln (Anm. 7), S. 442–445.

18 Vgl. die fotographische Dokumentation in Reinhard Matz/Wolfgang Vollmer: Köln vor dem Krieg. Leben, Kultur, Stadt 1880–1940, Köln 2012, S. 45 ff.

19 Vgl. dazu die rückblickenden Erinnerungen Adenauers im Interview mit der CBS am 22. August 1962, Archiv der Stiftung Bundeskanzler-Adenauer-Haus (StBKAH) 02.27, S. 20.

20 Vgl. dazu Doris Lindemann: Kölner Mobilität. 125 Jahre Bahnen und Busse, Köln 2002; dies.: Eine Postkarte erzählt Kölner Verkehrsgeschichte – Die allerletzte Pferdebahn der Stadt Cöln, 22. Mai 1907, in: Herres: Quellen (Anm. 16), Nr. 36, S. 323–327; Wolfgang Reinhardt: Geschichte des Kölner Verkehrs. 3000 Jahre Mobilität im Rheinland, Wiesbaden 2017, S. 256 f.

21 Ansprache Adenauers aus Anlass der Verleihung der Ehrenbürgerwürde der Stadt Köln am 4. Januar 1951, StBKAH 02.08, S. 2.

22 Schwarz: Aufstieg (Anm. 3), S. 18.

2. *Biographische Prägungen: Elternhaus, Bildungsaufstieg und Anfänge der politischen Karriere*

Konrad Adenauers Vater, Johann Conrad Adenauer, 1833 als Bäckerssohn in Bonn geboren,[23] war ein rheinischer Preuße durch und durch – ein Verwaltungsbeamter im mittleren Dienst, der die als „preußisch" apostrophierten Eigenschaften von Fleiß, Disziplin und Pflichterfüllung mustergültig verkörperte.[24] Das schlug sich zwangsläufig auch in der Kindererziehung nieder. Als Adenauers älterer Bruder August einmal seine Schulaufgaben liegen ließ, um zu einem Großfeuer am Neumarkt zu laufen, beschied ihn der Vater streng: „‚Und wenn Kanonen neben dir gefeuert werden, du hast bei deiner Arbeit zu bleiben'."[25] Die militärischen Anleihen dieses Tadels kamen nicht von ungefähr. Um einem perspektivlosen Landarbeiterleben in Meßdorf bei Bonn zu entfliehen, war Johann Conrad Adenauer als junger Mann zum Militär gegangen und hatte 17 Jahre lang in der preußischen Armee gedient, mit Kampf- und Reserveeinsätzen im Krieg gegen Österreich 1866 und im Deutsch-Französischen Krieg 1870/71. Spätere Berichte, er habe bei der Schlacht von Königgrätz eine österreichische Regimentsfahne erbeutet, sind eher zweifelhaft.[26] Fest steht, dass er nach schwerer Verwundung 1867 zum Secondo-Leutnant ernannt wurde.[27] Viel gesprochen wurde darüber in der Familie allerdings nicht. Wenn der Vater seinen Kindern einmal vom Krieg berichtete, dann eher über das Leiden der Verwundeten und das Grauen in den Lazaretten.[28]

Nach seinem Ausscheiden aus dem Militärdienst schlug Johann Conrad Adenauer eine mittlere Beamtenkarriere als Appellationsgerichts-Sekretär am Königlichen Landgericht ein, die ihren Höhepunkt 1883 in der Beförderung zum Kanzleirat fand. Voller Stolz trug er den zum Reichsgründungsjubiläum 1891 verliehenen Roten Adler-Orden IV. Klasse, eine prestigeträchtige Auszeichnung, deren Verleihung die innere Integration des preußischen Staats befördern sollte.[29]

23 Vgl. die genealogischen Details bei Herbert Weffer: Die Vorfahren Konrad Adenauers. Zum 100. Geburtstag des Bundeskanzlers am 5. Januar 1976, in: Mitteilungen der Westdeutschen Gesellschaft für Familienkunde, Bd. 27, Jahrgang 64, Heft 5 (Januar–März 1976), S. 113–116.

24 Zum Werdegang Johann Conrad Adenauers vgl. die literarische Annäherung von Werner Biermann: Konrad Adenauer. Ein Jahrhundertleben, Berlin 2017, S. 17–35.

25 Paul Weymar: Konrad Adenauer. Die autorisierte Biographie, München 1995, S. 15.

26 Die Darstellung geht zurück auf ebd., S. 17. Zur militärgeschichtlichen Einordnung des Vorgangs vgl. Schwarz: Aufstieg (Anm. 3), S. 58 f.

27 Vgl. Köhler: Adenauer (Anm. 11), S. 27 f.

28 Vgl. so das Schreiben Adenauers an seinen Sohn Konrad, Jr., vom 2. April 1962, StBKAH VI A/40.

29 Vgl. Marko Kreutzmann: Die höheren Beamten des Deutschen Zollvereins. Eine bürokratische Funktionselite zwischen einzelstaatlichen Interessen und zwischenstaatlicher Integration (1834–1871), Göttingen 2012, S. 86 f.

Abb. 1: Johann Conrad Adenauer mit dem Roten Adler-Orden IV. Klasse, Foto Atelier Liesendahl (Archiv der Stiftung Bundeskanzler-Adenauer-Haus, Bad Honnef-Rhöndorf)

26 Jahre später, am 30. August 1918, wurde Konrad Adenauer mit der gleichen Ordensstufe geehrt.[30] Der preußische Staatsdienst war also ein verbindendes biographisches Element in der Familie Adenauer. Ferner zeigt sich der spektakuläre beruflich-soziale Aufstieg, der im Übergang von einer Generation zur nächsten gelungen war – schließlich erhielt der Sohn den Orden sozusagen am Beginn seiner Karriere, während er für den Vater eher den Abschluss und die Krönung der Laufbahn symbolisiert hatte.

Höhere berufliche Weihen blieben Johann Conrad Adenauer, dem Volksschulabsolventen, nämlich versagt. So richtete sich der elterliche Ehrgeiz ganz auf den Werdegang der Kinder. Eisern wurde gespart und in die Ausbildung des Nachwuchses investiert; zudem erteilte der Vater Privatunterricht, damit die Söhne – neben Konrad noch August und Johannes – bei der Einschulung eine Klasse überspringen konnten.[31] Sichtbarster Erfolg dieser Bemühungen

30 Vgl. Gustav Andreas Tamann/Engelbert Hommel (Hg.): Die Orden und Ehrenzeichen Konrad Adenauers, Bad Honnef 1999, S. 178–181. Diese Ordensausfertigung befindet sich heute im Archiv der Stiftung Bundeskanzler-Adenauer-Haus.

31 Zwei diesbezügliche „Privatzeugnisse“ Johann Conrad Adenauers für seinen Sohn Konrad aus den Jahren 1881 und 1882 sind im Archiv der Stiftung Bundeskanzler-Adenauer-Haus überliefert.

um Bildungsaufstieg war die Aufnahme auf das „Königlich Katholische Gymnasium an der Apostelnkirche“, wo alle drei Adenauer-Brüder in den 1890er Jahren das Abitur ablegten.

An dieser Lehranstalt wurde der Versuch unternommen, die katholische Tradition des Rheinlandes mit der Kultivierung eines borussischen Nationalbewusstseins zu verbinden.[32] Zweimal in der Woche wohnten die Schüler dem Gottesdienst bei, ferner war es Sitte, nach dem Empfang der Erstkommunion den Glückwunsch des Direktors entgegenzunehmen. In der Aula fanden zu Kaisers Geburtstag große Feiern statt, und es gelangten dort auch patriotische Bühnenstücke zur Aufführung. Welchen Eindruck all das bei dem jungen Adenauer hinterlassen hat, ist schwer zu beurteilen.[33] Eine dezidiert antipreußische Haltung kann ebenso wenig belegt werden wie glühende Deutschtümelei. Im Abituraufsatz überging er die politisch akzentuierte Prüfungsfrage: „Warum hat der Deutsche recht, auf seinen Rheinstrom stolz zu sein?“, und wählte stattdessen ein Thema zur deutschen Literatur.[34]

In Anlehnung an seinen Vater entwickelte Adenauer allerdings die Gepflogenheiten eines habituellen Preußentums, die er zeitlebens beibehielt. Das machte ihn zu einem tadellosen Verwaltungsbeamten von eiserner Disziplin und einem geschworenen Feind behördlichen Schlendrians, speziell auch jener Laisser-faire-Haltung, zu der die „kölsche Mentalität“ schon damals tendierte.[35] Nach seiner Wahl zum Beigeordneten 1906 und der Beförderung zum Ersten Beigeordneten drei Jahre später bekamen Adenauers Mitarbeiter das rasch zu spüren. Im November 1909 ordnete er die Anlegung von „Restverzeichnissen“ für unerledigte Vorgänge an, verbunden mit der Ankündigung: „Gegen Beamte, welche die Erledigung ihrer Sachen über Gebühr verzögern, werde ich rücksichtslos vorgehen.“[36]

32 Vgl. hierzu und zum folgenden Schwarz: Aufstieg (Anm. 3), S. 78f. Zur Geschichte des Apostelngymnasiums im Kaiserreich vgl. Klaus Zimmermann (Hg.): 150 Jahre Apostelngymnasium, Köln 2010, S. 40ff.

33 Etwas verschmitzt berichtete Adenauer rückblickend: „Ich erinnere mich genau an jenen Tag im Apostelngymnasium von Köln. Wir hatten einen Kastellan, ein früherer Militär, eine sehr würdige Erscheinung. Dieser Kastellan erschien in unserer Klasse. Er sagte dem Lehrer: ‚Seine Majestät der Kaiser ist gestorben.‘ Wir bekamen dann frei. Der Unterricht fiel aus. Sobald der Lehrer aus der Klasse war, haben wir ein derartiges Triumphgeheul über den Ausfall des Unterrichts ausgestoßen, dass wir zur Strafe eine Stunde Arrest bekamen.“ Informationsgespräch vom 21. Dezember 1965, in: Morsey/Schwarz: Letzte Lebensjahre (Anm. 6), Bd. II, Nr. 302, S. 68.

34 Vgl. Schwarz: Aufstieg (Anm. 3), S. 84ff.

35 Vgl. so leicht augenzwinkernd Klein-Meynen: Gespaltene Beziehung (Anm. 10), S. 410.

36 Zitiert nach Everhard Kleinertz: Konrad Adenauer als Beigeordneter der Stadt Köln (1906–1917), in: Hugo Stehkämper (Hg.): Konrad Adenauer. Oberbürgermeister von Köln. Festgabe der Stadt Köln zum 100. Geburtstag ihres Ehrenbürgers am 5. Januar 1976, Köln 1976, S. 33–78, hier 51.

Man sollte sich also vom „Singsan[g] seines Kölner Idioms“ und dem rheinischen Humor nicht täuschen lassen: Adenauer war, was seine Amtsführung betraf, „ein eher atypischer Rheinländer von sozusagen preußischer Härte“.[37] Wie sehr er das preußische Arbeitsethos verinnerlicht hatte, illustrierte er im Januar 1924 bei einer Gedenkfeier für Wilhelm von Becker, der die Geschicke der Stadt von 1886 bis 1907 geleitet hatte. Adenauer, zu diesem Zeitpunkt schon über sechs Jahre im Amt des Oberbürgermeisters, bescheinigte seinem Vorgänger sämtliche Tugenden, die ein gutes Stadtoberhaupt ausmachen sollten: „Tatkraft“, ein „hohes Pflichtgefühl, Ernst der Lebensauffassung, ein fester Glaube an Gott, nie rastender Fleiß und ungemeine Zähigkeit in der Verfolgung seiner Ziele“. Dabei gab er durchaus zu, dass die „politischen Ansichten“ von Beckers, der evangelisch gewesen war und aus Tangermünde stammte, eher den „östlichen Anschauungen“ als den „westlichen“ zuzuordnen gewesen seien. Die Integration war aber deshalb gelungen, so Adenauer, weil von Becker neben „hervorragenden Fähigkeiten“ über „ausgezeichnet[e] Charaktereigenschaften“ verfügt und überdies seine Arbeit für Köln „mit ganzem Herzen und mit ganzer Seele“ betrieben hatte.[38] Es ist anzunehmen, dass Adenauer die Attribute eines so verstandenen Preußentums auch für sich selbst reklamierte.

Von außen wurde das ähnlich empfunden, freilich nicht immer in freundlicher Auslegung. Noch 1955 nahm das Satiremagazin „Simplicissimus“ den „quasi-monarchischen“ Regierungsstil des Bundeskanzlers aufs Korn, indem es die „Dynastie Adenauer“ im Habitus der Hohenzollern vor der Kulisse des Kölner Doms aufmarschieren ließ und dabei eine schöne Symbiose von protestantischem Preußentum und rheinischem Katholizismus zustande brachte. Als ihm die Karikatur vorgelegt wurde, soll Adenauer amüsiert reagiert und ausgerufen haben: „‚Selten so gelacht!‘“[39]

37 Hans-Peter Schwarz: Von Adenauer zu Merkel. Lebenserinnerungen eines kritischen Zeitzeugen, hg. von Hanns Jürgen Küsters, München 2018, S. 375. Anders wirkte Adenauer, der sehr charmant und gewinnbringend sein konnte, auf den Schweizer Historiker Jean Rudolf von Salis: „Dieser Kölner Bürger und umgängliche Rheinländer hat nichts, aber auch gar nichts [...] Zackiges an sich. In seiner Person überlebte das Rheinland die preußische Annexion von 1815.“ Aufzeichnung über das Gespräch vom 5. August 1964, in: Morsey/Schwarz: Letzte Lebensjahre (Anm. 6), Bd. I, Nr. 124, S. 268–276, hier 269.

38 Alle Zitate: Rede Adenauers anlässlich der Gedächtnisfeier der Stadt Köln für Wilhelm von Becker am 20. Januar 1924, StBKAH 02.01, S. 14 f.

39 So nach den Angaben des Umschlagtextes von H. E. Köhler/W. E. Süskind: Wer hätte das von uns gedacht. Jugendjahre der Bundesrepublik Deutschland, Boppard am Rhein 1961. Die Unterschrift „Der Chef des Hauses Adenauer mit seinen Söhnen und Töchtern nach dem Dankgottesdienst im Kölner Dom auf dem Wege zur Paroleausgabe in Bonn“ bezog sich auf eine bekannte Fotografie vom 1. Januar 1912 („Kaiser Wilhelm II. mit seinen Söhnen auf dem Wege zur Parole-Ausgabe im Berliner Zeughaus“).

Abb. 2: Vorlage von Hanns Erich Köhler für das Titelbild „Dynastie Adenauer ausgerufen" der Satirezeitung „Simplicissimus" aus dem Jahr 1955 (© Wilhelm-Busch-Gesellschaft e. V., Hannover)

3. Eine Karriere in Preußen: Adenauer als Kölner Oberbürgermeister (1917–1933)

Ein bekanntes Foto zeigt den frisch inaugurierten Oberbürgermeister Konrad Adenauer 1917 an seinem Schreibtisch im Kölner Rathaus (vgl. Abb. 3). Gesichtsausdruck und Haltung strahlen Stolz und Selbstbewusstsein aus; unzweifelhaft sah sich Adenauer in der Tradition großer Stadtoberhäupter, die ihr Amt mit unbändiger Gestaltungskraft ausgeübt und einer herrschaftlichen Attitüde versehen hatten. Hiervon zeugt auch das 1928 in der Zeitschrift „Jugend" veröffentlichte Porträt des Malers Eduard Horst, auf dem die würdevolle Pose noch augenfälliger hervorgehoben und mit der Örtlichkeit des Kölner Rathauses in Verbindung gebracht wird (Vgl. Abb. 4).[40]

Adenauer verstand sich als Interessenvertreter Kölns; er agierte im lokalen Raum, die kommunalpolitische Bühne war sein vorrangiges Betätigungsfeld.[41]

40 Ein Entwurfsstadium dieses Porträts (ohne Hintergrund) wurde der Stiftung Bundeskanzler-Adenauer-Haus im Jahr 2009 geschenkt; es befindet sich als Leihgabe im Kölnischen Stadtmuseum.

41 Eine noch immer lesenswerte Einführung in die Kölner Amtsjahre Adenauers bietet Engelbert Hommel: Der Kölner Konrad Adenauer, Köln 1983. Für das detaillierte Studium unverzichtbar

Aber er war eben auch ein preußischer Beamter, der seinen Titel am 21. Oktober 1917 noch von Wilhelm II. als preußischem König verliehen bekam.[42] Obwohl Adenauer in seiner Antrittsrede drei Tage zuvor Preußen gänzlich unerwähnt gelassen hatte,[43] findet sich bei ihm für die Zeit vor 1918 „kein Beleg für eine spezifisch preußenkritische Haltung".[44] Für das Verständnis von Adenauers politischem Wirken in der Weimarer Republik ist ohnehin entscheidend, dass er sich nach dem Untergang des Kaiserreiches hin zu einem republikanischen Preußen wandelte. Man könnte auch sagen, in seiner Person wurden die preußischen Sekundärtugenden mit den demokratischen Primärtugenden zu einer keineswegs selbstverständlichen Eintracht gebracht. Damit entwickelte er sich zu einem authentischen Träger jener parlamentarischen Demokratie, die nicht zuletzt an den demokratischen Defiziten ihrer Funktionseliten gescheitert ist. Das war auch der Grund für das abrupte Ende von Adenauers Karriere 1933.

Schon seit den frühen Oberbürgermeisterjahren griff Adenauers Wirken über den engen Kölner Radius hinaus. Im Zuge seiner Amtsübernahme wurde er im Dezember 1917 in den rheinischen Provinziallandtag und wenige Monate später, im März 1918, in den Provinzialausschuss gewählt, dessen Vorsitz er im Dezember 1920 übernahm.[45] Im Mai 1921 schließlich trat er die Präsidentschaft des Preußischen Staatsrats an, die er bis zur nationalsozialistischen Machtübernahme innehaben sollte.[46] Untergebracht im 1919 aufgelösten Preußischen Herrenhaus,[47] dem heutigen Sitz des Bundesrats, vertrat der Staatsrat die Interessen

sind ferner die Beiträge in Stehkämper: Konrad Adenauer (Anm. 36). Vgl. ferner die Quellen mit inhaltlicher Kontextualisierung in Günther Schulz (Hg.): Konrad Adenauer 1917–1933. Dokumente aus den Kölner Jahren, bearb. von Simon Ebert und Bettina Hinterthür, Köln 2007, bes. S. 271–287 (zu Preußen und Berlin). Eine Untersuchung zur Kommunalpolitik liegt vor mit Volker Frielingsdorf: Konrad Adenauers Wirtschaftspolitik als Kölner Oberbürgermeister, Basel 2002. Vgl. jetzt auch unter Berücksichtigung der städtischen Wirtschafts-, Kultur und Gesellschaftsgeschichte Rita Wagner (Hg.): Konrad der Große. Die Adenauerzeit in Köln 1917–1933, Mainz 2017.

42 Ludwig Biewer, der Adenauer nicht als preußischen Politiker „im landläufigen Sinn" verstanden wissen möchte, bezeichnet ihn als „Politiker in Preußen", gesteht aber zu, er sei „Politiker und Staatsmann preußischer Prägung" gewesen. Ludwig Biewer: Konrad Adenauer – ein preußischer Politiker? Sein politisches Wirken in den Jahren 1906–1933, in: Jahrbuch Preußischer Kulturbesitz, Bd. XIX (1982), S. 109–127, hier 122.

43 Vgl. den Hinweis hierauf in Schulz: Konrad Adenauer 1917–1933 (Anm. 41), S. 271; zum Wortlaut der Rede ebd., Nr. 3, S. 64–66.

44 Rudolf Morsey: Adenauer und Berlin 1901–1949. Ein spannungsreiches Verhältnis, in: Dietrich Murswiek u. a. (Hg.): Staat – Souveränität – Verfassung. Festschrift für Helmut Quaritsch zum 70. Geburtstag, Berlin 2000, S. 535–549, hier 538.

45 Vgl. Horst Romeyk: Adenauers Beziehungen zum Rheinischen Provinzialverband und zu staatlichen Behörden, in: Stehkämper: Konrad Adenauer (Anm. 36), S. 295–328, hier S. 295 f.

46 Vgl. dazu Konrad Adenauer: Konrad Adenauer als Präsident des Preußischen Staatsrats, in: Stehkämper: Konrad Adenauer (Anm. 36), S. 355–404.

47 Dem Preußischen Herrenhaus, der Ersten Kammer des Preußischen Landtags, hatte Adenauer seit 1918 angehört. Golo Mann wusste später zu berichten, „von allen Parlamenten, in denen

Abb. 3: Der neugewählte Oberbürgermeister Konrad Adenauer in seinem Büro im Kölner Rathaus, Fotografie wohl 1917 (Archiv der Stiftung Bundeskanzler-Adenauer-Haus, Bad Honnef-Rhöndorf)

der Provinzen bei Gesetzgebung und Verwaltung innerhalb des Freistaates, war gegenüber der Staatsregierung allerdings kein allzu starker Machtfaktor. Es ist aber doch bemerkenswert, dass ausgerechnet Adenauer, der ambivalente Preuße, so viele Jahre einem der obersten preußischen Staatsorgane vorsaß. Das Amt führte ihn fast monatlich nach Berlin, wo er ab 1931 über eine Dienstwohnung verfügte (in der Wilhelmstraße 64, heute Hausnummer 54 und Sitz des Ernährungs- und Landwirtschaftsministeriums), die ihm nach seiner Vertreibung aus Köln im März 1933 als kurzfristiger Unterschlupf dienen sollte. Während seiner regelmäßigen Aufenthalte in der Hauptstadt pflegte er politische Kontakte zur preußischen Ministerialbürokratie, in den Sitzungen des Staatsrats übte er sich in der Lenkung eines parlamentarischen Gremiums. Auf den Nutzen dieser Erfahrungen kam er später gelegentlich zu sprechen: „Der Staatsrat arbeitete gut, schnell, sachlich und fast reibungslos. Bei diesem Teil meiner Tätigkeit [...]

er saß", habe es ihm „am meisten [imponiert]". Begegnungen und Gespräche mit Golo Mann am 18./19. April 1966, in: Morsey/Schwarz: Letzte Lebensjahre (Anm. 6): Bd. II, Nr. 353, S. 195–206, hier 197.

Abb. 4: Titelseite der Rheinlandnummer der Zeitschrift „Jugend" (Heft Nr. 24, 1928), die anlässlich der Kölner Ausstellung „Pressa" erschien (Köln, Kölnisches Stadtmuseum, Grafische Sammlung, Inv.-Nr. BA 106444; Foto: Rheinisches Bildarchiv, rba_d045185)

lernte ich die politischen und wirtschaftlichen Probleme in größerem Rahmen kennen, als dieses im allgemeinen einem Oberbürgermeister möglich ist. Ich lernte […] Menschen beurteilen und sammelte sehr viele Erfahrungen."[48]

Eine detaillierte Untersuchung der Tätigkeit Adenauers in den preußischen Gremien steht noch aus. Wenn auch nachrangig im Vergleich zur Beanspruchung in und durch Köln, war sie doch ein fester Bestandteil seiner politischen Biographie, und sie kann auch als Bekenntnis zur Integration Preußens in den demokratischen Verfassungsstaat gewertet werden. Symbolisch hierfür steht eine Ausfertigung der Weimarer Reichsverfassung vom 11. August 1919, die Adenauer in seiner Funktion als Staatsratspräsident von Reichsinnenminister Carl Severing zum zehnjährigen Verfassungstag, also am 11. August 1929, erhalten hat. Das Stück hat Jahre und

48 So Adenauer in der 1961 veröffentlichten Schallplatte „Aus meinem Leben". Abrufbar ist diese Audioquelle unter https://www.konrad-adenauer.de/dokumente/audios-aus-meinem-leben (das hier erwähnte Zitat findet sich in der dritten Datei des Kapitels „Oberbürgermeister von Köln"), Stand: 19.7.2019. Zur rückblickenden Würdigung des Staatsrats vgl. auch Konrad Adenauer: Erinnerungen 1945–1953, Stuttgart 1965, S. 152, 154.

Jahrzehnte in Adenauers Besitz überdauert; heute ist es in der Dauerausstellung der Stiftung Bundeskanzler-Adenauer-Haus in Bad Honnef-Rhöndorf zu sehen. Für die Verteidigung der demokratischen Institutionen ging Adenauer, obgleich er die Radikalität der NS-Bewegung lange falsch eingeschätzt hat,[49] ein hohes politisches wie persönliches Risiko ein. So geriet er im Februar 1933 in offene Konfrontation zur NSDAP, als er das Amt des Staatsratspräsidenten nutzte, um sich „[g]egen die ‚Gleichschaltung' in Preußen"[50] zu wehren und die Auflösung des Preußischen Landtags blockierte. Verhindern konnte er die entsprechende Beschlussfassung von Landtagspräsident Hans Kerrl und Franz von Papen, Reichskanzler und Reichskommissar für Preußen, allerdings nicht.[51]

Durch seine preußischen Ämter, in Berlin wie in der Rheinprovinz, wurde Adenauer schließlich auch auf Reichsebene zu einer bedeutenden Figur, wobei er sich durch seine Mitgliedschaft in der Deutschen Zentrumspartei parteipolitisch positionierte.[52] Anfang und Mitte der 1920er Jahre brachten ihn seine Parteifreunde gar als Kanzlerkandidaten ins Spiel; bei einer Gelegenheit, im Mai 1926, soll die Ernennungsurkunde zur Unterschrift durch Reichspräsident von Hindenburg schon bereit gelegen haben.[53] Letztlich schreckte Adenauer jedoch davor zurück, sein politisches Kapital in einem der Weimarer Kurzkabinette aufs Spiel zu setzen. Nüchtern kalkulierend zog er seine zwar lokale, aber weitgehend sichere und umfassende Machtbasis in Köln vor.

Dort konnte er in den ersten Jahren nach der Revolution mit großer Geste daran gehen, das Erscheinungsbild der Stadt umzugestalten. Bei seinen städtebaulichen Projekten genoss er die Rückendeckung aus Berlin, wo man Zeichen für die Zugehörigkeit der linksrheinischen Gebiete setzen wollte. Politische Spannungen ergaben sich freilich in den Revolutionswirren 1918/19 und dann noch einmal im Krisenjahr 1923, als das Verhältnis der Rheinlande zu Preußen und Berlin auf eine Zerreißprobe gestellt wurde.

Im Dezember 1918 trieb Adenauer die Sorge um, die bevorstehende Versailler Konferenz könnte die Gründung eines rheinischen Pufferstaats außerhalb des

49 Noch im Dezember 1932 schlug Adenauer eine Beteiligung der NSDAP bei der Regierungsbildung in Preußen vor, um die politischen Verhältnisse zu beruhigen. Vgl. dazu kritisch Schwarz: Aufstieg (Anm. 3), S. 338 f.

50 Rudolf Morsey: Adenauer und der Nationalsozialismus, in: Stehkämper: Konrad Adenauer (Anm. 36), S. 447–497, hier 459.

51 Vgl. Adenauer: Preußischer Staatsrat (Anm. 46), S. 397.

52 Vgl. Wolfgang Stump: Konrad Adenauers Beziehungen zur Zentrumspartei, in: Stehkämper: Konrad Adenauer (Anm. 36), S. 433–446.

53 Vgl. so das Interview Adenauers mit Friedrich L. Müller (Bild am Sonntag) vom 21. Dezember 1965, in: Morsey/Schwarz: Letzte Lebensjahre (Anm. 6), Bd. II, Nr. 302, S. 73 f. Zum politischen Kontext vgl. Hugo Stehkämper: Adenauer und das Reichskanzleramt, in: ders.: Konrad Adenauer (Anm. 36), 405–431, hier 412 ff.

Deutschen Reiches oder gar eine Eingliederung nach Frankreich beschließen. In dieser Situation machte er sich die in Zentrumskreisen lancierte Parole einer „Rheinischen Republik“ zu Eigen, die freilich auch von separatistischen Kräften vereinnahmt wurde, die eine territoriale Loslösung vom Reich anstrebten. Obwohl er deren Wortführer Adam Dorten unklugerweise mehrmals im Rathaus empfing, hat Adenauer ein solches Programm nie vertreten. Was ihm vorschwebte, war die Gründung einer „Westdeutschen Republik“ unter Einschluss rechtsrheinischer Gebiete ohne Preußen, aber innerhalb des Reichsverbands. Hierin sah er einen probaten Weg, das französische Sicherheitsinteresse zu befriedigen, das ja primär – wie er am 1. Februar 1919 bei einer programmatischen Rede im Kölner Hansasaal hervorhob – auf die Eindämmung Preußens hin gerichtet war: „In der Auffassung unserer Gegner ist Preußen der böse Geist Europas, Preußen ist in ihren Augen der Hort des kulturfeindlichen, angriffslustigen Militarismus“. Mit der Gründung einer „Westdeutschen Republik“ hingegen würde die „Beherrschung Deutschlands durch ein vom Geiste des Ostens, vom Militarismus beherrschtes Preußen unmöglich gemacht“. Obwohl er mehrfach wiederholte, er gebe hier nur „den Gedankengang unserer Gegner“[54] wieder, sprach so doch kein Freund der Hohenzollern, sondern der Oberbürgermeister einer gebeutelten und besetzten Festungsstadt,[55] der eine doppelte Zielsetzung verfolgte: Einerseits wollte er die Rheinlande im Reich halten, andererseits die Voraussetzungen schaffen, um „das Gesicht Deutschlands ein für allemal nach Westen zu wenden“.[56]

Adenauer war freilich Legalist, kein Revolutionär. Die Errichtung des neuen Bundesstaats sollte rechtskonform erfolgen und durch die Reichsverfassung abgesichert sein. So erteilte er dem separatistischen Gedankengut, wie es die Gruppe um Dorten vertrat, eine klare Absage. Als die Separatisten am 1. Juni 1919 die Republik ausriefen, distanzierte er sich entschieden.[57] Der Aufruf verpuffte wirkungslos.

54 Alle Zitate: Ansprache Adenauers vor einer Versammlung der linksrheinischen Abgeordneten in der National- und der preußischen Landesversammlung sowie der Oberbürgermeister der besetzten rheinischen Städte, in: Schulz: Konrad Adenauer 1917–1933 (Anm. 41), Nr. 37, S. 203–218, hier 211.

55 Vgl. dazu umfassend Volker Standt: Köln im Ersten Weltkrieg. Veränderungen in der Stadt und des Lebens der Bürger 1914–1918, Göttingen 2014.

56 Heinrich August Winkler: Adenauer und der deutsche Sonderweg, in: Anselm Doering-Manteuffel/Hans-Peter Schwarz (Hg.): Adenauer und die deutsche Geschichte, Bonn 2001, S. 10–18, hier 13.

57 Vgl. so auch nachträglich die Schilderung Adenauers in einem Schreiben an Jere Clemens King vom 5. September 1956, in: Morsey/Schwarz: Briefe 1955–1957 (Anm. 15), Nr. 201, S. 235 f., hier 236.

Schließlich verfügte der Versailler Friedensvertrag eine alliierte Rheinlandbesetzung für 15 Jahre und beseitigte so die unmittelbare Abtrennungsgefahr, da sich die Engländer, wie Adenauer im Übrigen auch gehofft hatte, den Pariser Annexionsforderungen entgegenstellten. In Anerkennung dieser neuen Lage verfolgte der Oberbürgermeister seine Pläne nicht weiter. Das freilich hinderte ihn nicht daran, sie im Krisenjahr 1923 wieder zu aktivieren, dieses Mal mit deutlicher Akzentsetzung auf der „gegenseitige[n] Verflechtung" der Schlüsselindustrien als Basis einer langfristigen Friedenssicherung im westeuropäischen Raum.[58]

Es spricht also einiges dafür, dass Adenauer die Lösung von Preußen nicht um ihrer selbst willen anstrebte, sondern als Teil eines Krisenmanagements begriff, das flexibel gehalten und an die jeweilige Lage anzupassen war.[59] Ebenso deutlich zu erkennen ist seine Bereitschaft, eine Trennung zu akzeptieren, sofern ihm das im Interesse der Rheinlande geboten schien. Man wird auch annehmen dürfen, dass er sich eine Zukunft seiner Heimat außerhalb Preußens gut vorstellen konnte. Ein programmatisches Antipreußentum als Triebfeder seiner Politik kann aber nicht belegt werden. Wer sich darüber wundert, mit welcher Selbstverständlichkeit Adenauer im Frühjahr 1919 Pläne für eine Auflösung der Rheinprovinz propagierte, nur um sich ein Jahr später an die Spitze des Preußischen Staatsrats wählen zu lassen, der sollte nicht vergessen, dass der spätere Bundeskanzler nie Bedenken gehegt hat, „öffentlich oder auch nur gesprächsweise artikulierte Aversionen je nach Lage einzuschalten oder auszuknipsen".[60] Damit ist nicht gesagt, seine Preußenkritik sei nur opportunistisch motiviert gewesen und hätte keinerlei weltanschaulichen Gehalt besessen. Bei der Quellenanalyse sind Adenauers diesbezügliche Äußerungen durchaus ernst zu nehmen, sie müssen aber „im politischen Zusammenhang der Zeit", in der sie fielen, „nicht selten sogar im Banne der jeweiligen Situation" und als „Instrument aktueller Zwecke" verstanden werden.[61]

58 Vgl. den Gegenvorschlag Adenauers zu einer Denkschrift des Präsidenten der Interalliierten Rheinlandkommission, Paul Tirard, vom 12. Dezember 1923, in: Schulz: Konrad Adenauer 1917–1933 (Anm. 41), Nr. 41, S. 224–227, hier 225.

59 Vgl. so klassisch Karl Dietrich Erdmann: Adenauer in der Rheinlandpolitik nach dem Ersten Weltkrieg, Stuttgart 1966. Die revisionistische Deutung von Henning Köhler, Adenauer habe „die faktische Unabhängigkeit des Rheinstaates" angestrebt, ist nicht etabliert. Vgl. Henning Köhler: Adenauer und die rheinische Republik. Der erste Anlauf 1918–1924, Opladen 1986, S. 277 (Zitat); abgewogener formulierend ders.: Adenauer (Anm. 11), S. 14f. Vgl. dagegen Schwarz: Aufstieg (Anm. 3); Rudolf Morsey: Adenauers Rheinlandpolitik 1918/19 in der Sicht von NSDAP- und SED-Autoren (1933/34 und 1952/1961), in: Historisch-Politische Mitteilungen 10 (2005), S. 81–100, hier 99; Martin Schlemmer: Konrad Adenauer und die Rheinlandfrage. Eine unerledigte Streitfrage?, in: GiW 19 (2004), S. 7–23, hier 20; ders.: „Los von Berlin". Die Rheinstaatbestrebungen nach dem Ersten Weltkrieg, Köln/Weimar/Berlin 2007.

60 Hans-Peter Schwarz: Anmerkungen zu Adenauer, 2. Aufl. München 2005, S. 127.

61 Klaus Hildebrand: Kommentar zu Heinrich August Winkler: Adenauer und der deutsche Sonderweg, in: Doering-Manteuffel/Schwarz: Adenauer und die deutsche Geschichte (Anm. 56), S. 19–23, hier 19.

4. *Die Verdüsterung des Preußenbilds nach 1945*

Der tatsächliche Bruch, der sich in Adenauers Abrechnung mit Preußen nach 1945 niederschlägt, gründet wohl in seinen Erfahrungen während des „Dritten Reiches", die manche seiner fest gefügten Wertvorstellungen erschütterten.[62] Im Frühjahr 1933 in Schimpf und Schande aus seiner Heimatstadt vertrieben, mühte er sich bis Mitte der 1930er Jahre um die Rettung seiner bürgerlichen Existenz, kämpfte um finanzielle Ansprüche und wechselte mehrfach die Wohnorte, bevor er am Rhöndorfer Zennigsweg eine neue Heimstatt fand. Aber auch hier, wo er vordergründig ruhige Jahre verbrachte, blieb er unter Beobachtung des Regimes und war mancherlei Schikane ausgesetzt. Adenauer ist in der Zeit des Nationalsozialismus zweimal verhaftet worden, einmal für wenige Tage nach dem Röhm-Putsch 1934 und dann für drei Monate nach dem Hitler-Attentat vom 20. Juli 1944. Nur mit Glück hat er den Aufenthalt im Gestapo-Gefängnis Brauweiler im Herbst 1944 lebend überstanden; seine ebenfalls inhaftierte Frau Gussie ist an den Spätfolgen eines Selbstmordversuches während der Haft im März 1948 gestorben.[63]

So war Adenauer, auch wenn er im „Dritten Reich" nicht ständig verfolgt wurde und seine Lebensumstände letztlich wieder konsolidieren konnte, eben doch ein Opfer staatlicher Gewaltherrschaft, und sicherlich hat er in Brauweiler in die Abgründe der menschlichen Natur geblickt.[64] Als er unter dem Eindruck solch persönlich-existentieller Erfahrungen über die tieferen Ursachen des Nationalsozialismus nachdachte, ergab sich eine „gewisse Bereitschaft, den

62 Vgl. dazu grundlegend Morsey: Adenauer und der Nationalsozialismus (Anm. 50); Schwarz: Aufstieg (Anm. 3), S. 341–424; Köhler: Adenauer (Anm. 11), S. 273–322. Zu Adenauers biographischen Erfahrungen *im* Nationalsozialismus, seinem späteren Blick *auf* den Nationalsozialismus und die damit zusammenhängenden vergangenheitspolitischen Aspekte vgl. Corinna Franz: Konrad Adenauers Umgang mit der NS-Vergangenheit, in: Stefan Creuzberger/Dominik Geppert (Hg.): Die Ämter und ihre Vergangenheit. Ministerien und Behörden im geteilten Deutschland 1949–1972, Paderborn 2018, S. 17–45. Auf Dokumentenbasis erschlossen wird dieser Lebensabschnitt Adenauers durch Rudolf Morsey/Hans-Peter Schwarz (Hg.): Adenauer im Dritten Reich, bearb. von Hans Peter Mensing, Berlin 1991; dazu noch ergänzend Freundschaft in schwerer Zeit. Die Briefe Konrad Adenauers an Dora Pferdmenges 1933–1949, bearb. von Hans Peter Mensing und Ursula Raths, Bonn 2007.

63 Vgl. Hans Peter Mensing: Emma, Gussie und Konrad Adenauer, mit ihren Töchtern Ria Reiners, Lotte Multhaupt und Libet Werhahn, in: ders., Aus Adenauers Nachlass. Beiträge zur Biographie und Politik des ersten Bundeskanzlers, Köln 2007, S. 149–170, hier 164 f.

64 Rückblickend berichtete Adenauer: „[M]eine Zelle lag gerade über dem Raum, in dem Menschen gemartert wurden. Das war ein Betonbau, und ich konnte alles hören und habe manche Nacht schweißbedeckt auf meinem Strohsack gelegen wegen der geistigen Qualen, die ich da mitmachen mußte, wenn ich das alles hörte. [...] [D]amals ist mir wie nie zuvor klargeworden, dass es doch einen Teufel gibt, dass das Böse wirklich Macht hat." Informationsgespräch vom 23. Juni 1958, in: Rudolf Morsey/Hans-Peter Schwarz (Hg.): Adenauer. Teegespräche 1955–1958, bearb. von Hanns Jürgen Küsters, Nr. 29, S. 290–298, hier 295, 297.

Gang der Entwicklung seit Beginn des 19. Jahrhunderts grundsätzlich zu überprüfen und neu zu bewerten“. So trat er in der frühen Nachkriegszeit in die „Preußen-kritischst[e] Phase seines Lebensweges“[65] ein, in der er eine Geschichtsauffassung[66] entwickelte, die sich vor allem um zwei Leitmotive drehte: die Staatshörigkeit der Deutschen und ihre religiöse Entwurzelung.

Ausformuliert findet sich das schon im März 1946, als er in der Aula der Kölner Universität eine große Grundsatzrede hielt, die programmatisch gesehen zu seinen wichtigsten Ansprachen überhaupt gehört. Seinen Zuhörern brachte er dort folgende Deutung der jüngeren Vergangenheit näher:

> Das deutsche Volk krankt seit vielen Jahrzehnten [...] an einer falschen Auffassung vom Staat, von der Macht, von der Stellung der Einzelperson. Es hat den Staat zum Götzen gemacht und auf den Altar erhoben. Die Einzelperson, ihre Würde und ihren Wert hat es diesem Götzen geopfert. Die Überzeugung von der Staatsomnipotenz, von dem Vorrang des Staates und der im Staat gesammelten Macht vor allen anderen, den dauernden, den ewigen Gütern der Menschheit, ist in zwei Schüben zur Herrschaft gelangt. Zunächst breitete sich diese Überzeugung von Preußen ausgehend nach den Freiheitskriegen aus. Dann eroberte sie nach dem siegreichen Krieg von 1870/71 ganz Deutschland.[67]

In einem Schreiben vom Dezember 1946 ging er noch weiter und bezeichnete den Nationalsozialismus als „konsequente Weiterbildung des preußischen Staatsgedankens“.[68]

Das Motiv vom Staatskult als Glaubensersatz passte zu seiner These, die Deutschen seien „eines der religionslosesten und unchristlichen Völker Europas“. Nicht von ungefähr fiel in der Universitätsrede die berühmt-berüchtigte Bemerkung, er – Adenauer – sei in Berlin stets von dem „Gefühl“ beschlichen worden, „in einer heidnischen Stadt zu sein“.[69] Indem die preußische Staatsvergottung den deutschen Menschen vom ethischen Grundsatz des christlichen Sittengesetzes entfernte, habe sie ihn anfällig gemacht für die „materialistische Weltauffassung“ der totalitären Bewegungen, die Adenauer dem Nationalsozialismus ebenso attestierte wie dem Bolschewismus. Er fand auch

65 Alle Zitate: Schwarz: Aufstieg (Anm. 3), S. 449.

66 Vgl. dazu noch immer grundlegend und materialreich Anneliese Poppinga: Konrad Adenauer. Geschichtsverständnis, Weltanschauung und politische Praxis, Stuttgart 1975.

67 Universitätsrede Adenauers am 24. März 1946, in: Hans-Peter Schwarz (Hg.): Konrad Adenauer. Reden 1917–1967. Eine Auswahl, Stuttgart 1975, S. 82–106, hier 85. Vgl. ähnlich auch den Wortlaut einer Rede im Nordwestdeutschen Rundfunk am 6. März 1946, StBKAH 02.03, S. 1.

68 Schreiben Adenauers an Hans Schmitt vom 22. Dezember 1946, in: Rudolf Morsey/Hans-Peter Schwarz (Hg.): Adenauer. Briefe 1945–1947, bearb. von Hans Peter Mensing, Berlin 1983, Nr. 419, S. 399 f., hier 399.

69 Universitätsrede (Anm. 67), S. 88. Dort auch das vorstehende Zitat.

nichts dabei, das Diktum der „materialistischen Weltauffassung" gegen seine parteipolitischen Gegner von der Sozialdemokratie zu wenden, namentlich gegen den gebürtigen Westpreußen Kurt Schumacher, dem er ein autoritäres Staatsverständnis unterstellte und als Inkarnation „des alte[n] preußische[n] Geist[s]" identifizierte.[70]

Es ist hier also gleichfalls nicht ganz einfach, den programmatischen Kern der Preußenkritik von ihrem taktisch motivierten Einsatz zu unterscheiden. Gerade in den ersten Nachkriegsjahren war es außenpolitisch geboten, die Westbindung der Bundesrepublik durch eine ideelle Distanzierung von Preußen abzusichern, das von den Alliierten 1947 per Federstrich zerschlagen worden war und ihnen als Hort des deutschen Militarismus galt. Schon als im Dezember 1945 britische Militärangehörige Adenauer in seinem Rhöndorfer Wohnhaus aufsuchten, teilte er einem jungen Stabsoffizier mit, der „größte Fehler, den die Engländer je in ihrer Deutschlandpolitik gemacht haben", sei gewesen, dass sie 1815 auf dem Wiener Kongress „törichterweise Preußen als Wacht gegen Frankreich [...] an den Rhein gestellt haben".[71]

In späteren Jahren hingegen, als sich die Bundesrepublik politisch konsolidierte, schien es nicht mehr opportun, solche historischen Bezüge offensiv zu thematisieren. Im Juni 1949, wenige Wochen nach Verabschiedung des Grundgesetzes und vor der ersten Bundestagswahl, beschied Adenauer dem Kölner Bachem-Verlag, es erscheine ihm „zweifelhaft [...], ob in der heutigen Zeit viel Interesse und Verständnis für die Vorgänge im alten Preußen besteht".[72] Als der nationalliberale Flügel des Koalitionspartners FDP im November 1953 mit einer Preußen-Apologie hervortrat, beruhigte der Kanzler einen besorgten Briefschreiber: „Die Wiederaufrichtung Preußens verlangt kein irgendwie maßgebender vernünftiger Mensch."[73] In den historischen Reflexionen seiner Memoiren während der 1960er Jahre griff er die Grundgedanken seiner nach 1945 entworfenen Geschichtsauffassung zwar wieder auf, brachte sie aber nicht mehr so explizit mit der preußenkritischen Deutung in Verbindung.[74]

70 Ebd., S. 101.

71 Zitiert nach Schwarz: Aufstieg (Anm. 3), S. 449. Zu dem Zitat vgl. auch Wilhelm Ribhegge: Preußen im Westen. Kampf um den Parlamentarismus in Rheinland und Westfalen 1789–1947, Münster 2008, S. 1.

72 Schreiben Adenauers vom 20. Juni 1949, in: Rudolf Morsey/Hans-Peter Schwarz (Hg.): Adenauer. Briefe 1949–1951, bearb. von Hans Peter Mensing, Berlin 1985, Nr. 20, S. 37.

73 Schreiben Adenauers an Joseph Joos vom 21. November 1953, in: Rudolf Morsey/Hans-Peter Schwarz (Hg.): Adenauer. Briefe 1951–1953, bearb. von Hans Peter Mensing, Berlin 1995, Nr. 30, S. 45 f., hier 45. Die Äußerungen des FDP-Bundestagsabgeordneten Erich Mende bezeichnete er an dieser Stelle als „Produkt eines politisch nicht gereiften Menschen".

74 Als er im ersten Band seiner „Erinnerungen" über die „Voraussetzungen für den Nationalsozialismus" nachdachte, erwähnte er das Phänomen der „Staatsomnipotenz" nur allgemein im

Welche Ergebnisse legen die biographischen Betrachtungen über Konrad Adenauer und Preußen nun abschließend nahe? Zunächst sollte man sich davor hüten, die pointierten Äußerungen des späten Adenauer unreflektiert auf frühere Lebensabschnitte zu übertragen. Geboren und aufgewachsen im preußischen Köln, hatte Adenauer zwar die distanzierte Grundhaltung der katholischen Rheinländer gegenüber dem „Osten" verinnerlicht, zugleich aber ein geschmeidiges Verhältnis zu Preußen entwickelt und im preußischen Staat eine respektable Karriere gemacht. Bei genauerem Hinsehen fällt auf, dass sich Preußenkritik nach dem Ersten Weltkrieg stets auf die untergegangene Militärmonarchie, nicht das demokratische Preußen seiner eigenen Tage bezog. Im Zuge der Erfahrungen im Nationalsozialismus kristallisierte sich bei Adenauer, dem alten Mann, ein zusehends düsteres Preußenbild heraus, wobei seine Kritik am preußischen Staatsgedanken auch als Chiffre für seine Menschenskepsis insgesamt verstanden werden kann, speziell für die vermeintliche Sehnsucht der Deutschen nach starken Führern, die er mit seinem robusten Regierungsstil durchaus selbst bediente.

Lebensgeschichtlich betrachtet, konnte Adenauer den rheinischen Preußen, der in ihm steckte, nicht verleugnen, und es ist bezeichnend, dass er in den Karikaturen der 1950er Jahre oft als Friedrich der Große, Bismarck oder generell in Uniform mit Pickelhaube porträtiert wurde.[75] Über das historisch-politische Erbe der Hohenzollern fällte er aber ein überwiegend negatives Urteil. Als Bundeskanzler wurde er nicht zuletzt von dem Anspruch geleitet, die westdeutsche Demokratie hiervon zu emanzipieren. Man kann ihn also, wenn auch mit Abstrichen, als „Preußen wider Willen" bezeichnen.

Zusammenhang mit dem „siegreichen Krieg von 1870/71". Die einschlägige Passage liest sich ähnlich wie die Preußenkritik aus der Universitätsrede von 1946 (siehe oben das in Anm. 67 nachgewiesen Zitat) – nur ohne Nennung Preußens: „Das deutsche Volk krankte seit vielen Jahrzehnten […] an einer falschen Auffassung vom Staat, von der Macht, von der Stellung der Einzelperson gegenüber dem Staat. Es hatte den Staat zum Götzen gemacht und auf den Altar gehoben; die Einzelperson, ihre Würde und ihren Wert hatte es diesem Götzen geopfert." Adenauer: Erinnerungen (Anm. 48), S. 44.

75 Vgl. die Beispiele in Ernst Maria Lang: Deutschland, ich muss dich lassen. Aus dem Leben des Bundeskanzlers, München 1964, Titelbild, S. 35; Walther Freisburger (Hg.): Konrad sprach die Frau Mama … Adenauer in der Karikatur, Hamburg 1955, S. 67, 81, 92, 94; ders. (Hg.): Konrad bleibst du jetzt zu Haus? Adenauer in der Karikatur, Hamburg 1963, S. 52. Später wurde diese Wahrnehmungskomponente, die zeitgenössisch noch durchaus bissig-satirisch ausfiel, in das verklärend-anekdotische Adenauer-Bild integriert: „Man kennt an Adenauer […] den besten preußischen Alten Herrn, den das Rheinland je hervorgebracht hat: Preußentum und Kölsch plus Menschenverachtung, eine unwiderstehliche Mischung." Rezension eines Adenauer-Anekdoten-Buchs in der Wochenzeitschrift „Die Zeit", zitiert nach Walter Henkels: Adenauers gesammelte Bosheiten. Eine anekdotische Nachlese, Düsseldorf/Wien 1983, S. 10f.

Autorinnen und Autoren

Dr. Hildegard **Brog**, Historikerin, Neuwied – Dr. Wolfgang **Cortjaens**, Kunsthistoriker, Herzogenrath – Dr. Peter **Dohms** (†), Archivar und Historiker, Meerbusch – Dr. Sybille **Fraquelli**, Kunsthistorikerin, Köln – Thomas **Gampp**, Friedrich-Wilhelm-Gymnasium, Köln – Prof. Dr. Ernst **Heinen**, Historiker, Köln – Stefan **Lewejohann**, Kölnisches Stadtmuseum, Köln – Dr. Holger **Löttel**, Stiftung Bundeskanzler-Adenauer-Haus, Bad Honnef-Rhöndorf – Prof. Dr. Thomas **Mergel**, Humboldt-Universität zu Berlin, Berlin – Georg **Mölich**, Landschaftsverband Rheinland, Bonn – Dr. Joachim **Oepen**, Historisches Archiv des Erzbistums Köln, Köln – Dr. Max **Plassmann**, Historisches Archiv der Stadt Köln, Köln